कन्हैयालाल माणिकलाल मुंशी

गुजराती के सुप्रसिद्ध कथाकार। इतिहास और संस्कृति के मर्मज्ञ तथा प्राच्य विद्या के बहुश्रुत विद्वान।

जन्म : 30 दिसम्बर, 1887, भड़ौंच (गुजरात)।

शिक्षा : बी.ए., एल-एल.बी., डी-लिट्., एल-एल.डी.।

प्रारम्भ (1915) में 'यंग इंडिया' के संयुक्त संपादक, सन् 1938 से आजीवन भारतीय विद्या भवन के अध्यक्ष और 'भवन्स जर्नल' के संपादक। सन् 1937-57 के दौरान दस वर्षों तक गुजराती साहित्य परिषद के अध्यक्ष। सन् 1944 में हिंदी साहित्य सम्मेलन के अध्यक्ष। सन् 1951 से मृत्युपर्यंत वह संस्कृत विश्व परिषद के भी अध्यक्ष रहे। सन् 1952 से 1957 तक उत्तर प्रदेश के राज्यपाल का पद-भार सँभाला। उसी दौरान सन् 1957 में उन्होंने भारतीय इतिहास कांग्रेस की अध्यक्षता की।

प्रकाशित कृतियाँ : *लोमहर्षिणी, लोपामुद्रा, जय सोमनाथ, भगवान परशुराम, तपस्विनी, पृथ्वीवल्लभ, भग्नपादुका, पाटण का प्रभुत्व, कृष्णावतार* (सात खंड)–*बंसी की धुन, रुक्मिणीहरण, पाँच पाण्डव, महाबली भीम, महामुनि व्यास, युधिष्ठिर, सत्यभामा* (उपन्यास); *वाह रे मैं वाह* (नाटक); *आधे रास्ते, सीधी चढ़ान, स्वप्नसिद्धि की खोज में* (आत्मकथा के तीन खंड)।

निधन : 8 फरवरी, 1971

भगवान परशुराम

कन्हैयालाल माणिकलाल मुंशी

राजकमल पेपरबैक्स

पहला हिन्दी संस्करण
राजकमल प्रकाशन प्राइवेट लिमिटेड द्वारा
1948 में प्रकाशित

राजकमल पेपरबैक्स में
पहला संस्करण : 1984
छठा संस्करण : 2024

राजकमल पेपरबैक्स : उत्कृष्ट साहित्य के जनसुलभ संस्करण

राजकमल प्रकाशन प्रा. लि.
1-बी, नेताजी सुभाष मार्ग, दरियागंज
नई दिल्ली-110 002
द्वारा प्रकाशित

शाखाएँ : अशोक राजपथ, साइंस कॉलेज के सामने, पटना-800 006
पहली मंजिल, दरबारी बिल्डिंग, महात्मा गांधी मार्ग, प्रयागराज-211 001
1, अनमोल सोराबजी संतुक लेन, धोबी तलाव, मरीन लाइंस, मुम्बई-400 002
वेबसाइट : www.rajkamalprakashan.com
ई-मेल : info@rajkamalprakashan.com

बी.के. ऑफसेट
नवीन शाहदरा, दिल्ली-110 032
द्वारा मुद्रित

मूल्य : ₹350

BHAGWAN PARSHURAM
Novel by K.M. Munshi

ISBN : 978-81-7178-824-8

प्रस्तावना

सन् 1921-22 में महाभारत और पुराणों से प्रेरणा प्राप्त करके मैंने पौराणिक विषयों पर नाटक लिखना प्रारम्भ किया। उस समय से मेरा संकल्प था कि मैं महाभारत के प्रसंगों की पूर्व-कथाकृतियों की एक माला लिखूँ। इसके लिए जो मैंने थोड़ा-बहुत अभ्यास किया, वह नीचे लिखे लेखों में प्रकट किया है :

1. प्राचीन भारतीय इतिहास के सीमा-चिह्न (समालोचक, 1922)।
2. Mahismati (Indian Antiquary, 1923)
3. Early Aryans in Gujarata.
   (Vassanji Madhavji, Lectures delivered in the University of Bombay, 1938)
4. The Legend of Parashurama.
   (Address at the Bhandarkar Oriental Institute Poona, 1944)
5. The Aryans of the West Coast.
   (Glory that was Gurjardesh, vol. I)

पहले चार नाटकों का एक (इसको महाकाव्य भाग्य से ही कहा जा सकता है) महानाटक लिखने का संकल्प किया था, उसी के अनुसार 1922 में 'पुरन्दर पराजय', 1923 में 'अविभक्त आत्मा', 1924 में 'तर्पण' और 1929 में 'पुत्र समोवडी' लिखा। 1932 में इस महानाटक के उपोद्‌घात के रूप में 'विश्वरथ' नाम से एक उपन्यास लिखा। इसके पश्चात् 'शम्बर कन्या', 'देवे दीधेली' और 'विश्वामित्र ऋषि'–ये तीन नाटक लिखे। ये चारों लोपामुद्रा के चारों भागों में प्रकट हुए हैं।

फिर मुझे ज्ञात हुआ कि नाटक गुजराती पाठकों के लिए सुगम नहीं हैं, रुचिकर भी नहीं हैं। क्योंकि 'देवे दीधेली' जैसे नाटकों ने भाग्य से पाठकों का ध्यान आकृष्ट किया इसलिए इस महानाटक का उत्तरार्ध उपन्यास के रूप में मैंने लिखने का विचार किया। इसको मैंने दो भागों में बाँटा–'लोमहर्षिणी' और 'भगवान् परशुराम'।

यह महानाटक चार स्वाभाविक स्कन्धों में विभक्त हुआ है।

[प्रथम स्कन्ध]

1. देवों और दानवों में युद्ध। मानवों के राजा ययाति ने दानवों के गुरु शुक्राचार्य की पुत्री देवयानी से विवाह किया। ययाति इन्द्रासन प्राप्त करके खो देता है। दानव और मानवों की कायरता से क्षुब्ध शुक्राचार्य उसको छोड़कर चले जाते हैं। अपुत्र

पिता के लिए पुत्र के समान प्रिय देवयानी उसके साथ चली जाती है। इस प्रकार भृगुओं में आद्य श्री शुक्राचार्यजी की कथा आरम्भ होती है। (पुत्र समोवडी)

2. सप्तर्षियों के साथ अरुन्धती ने किस प्रकार स्थान प्राप्त किया; आर्यों के सप्तसिन्धु में आने पर क्या-क्या कठिनाइयाँ हुईं; पति और पत्नी की तन्मयता का आदर्श संस्कृति रूप से किस प्रकार फैला—इसका दर्शन। (अविभक्त आत्मा)
3. नर्मदा के तीर पर बसते हुए शर्याति की राजकन्या सुकन्या भृगुओं में श्रेष्ठ च्यवन ऋषि के साथ विवाह करती है। इन्द्र ने च्यवन को भगाया। (पुरन्दर पराजय)

इस स्कन्ध की वस्तु ऋग्वेद काल में भी कथा-रूप में थी, इस प्रकार मानव-इतिहास के उषाकाल में आर्य-संस्कृति के दर्शन करने का प्रयत्न इस स्कन्ध में है।

[द्वितीय स्कन्ध]

इसमें ऋग्वेद काल का प्रारम्भिक दर्शन है जो वास्तविकता से ओत-प्रोत है। कुछ-कुछ कथाएँ तो ऋग्वेद के मन्त्रों से ली गई हैं।

1. आर्यों और दस्युओं में युद्ध चला करता है। तृत्सुओं का राजा दिवोदास दस्युओं के राजा शम्बर को मारकर उसका दुर्ग छीन लेता है।
2. ऋषि लोपामुद्रा महर्षि अगस्त्य से प्रेम करती है और उनको वरण कर लेती है।
3. तृत्सुओं का पुरोहितपद, जो वसिष्ठ के पास था, विश्वामित्र को मिल जाता है।
4. ऋषि विश्वामित्र गायत्री मन्त्र का दर्शन करते हैं।

इसके साथ कुछ पुराणों की कथाओं का आधार भी ग्रहण किया गया है।

1. भार्गव ऋचीक नर्मदा तट पर वास करती हुई माहिष्मती की हैहय जाति के राजा महिष्मत को शाप देकर नर्मदा तट से सरस्वती नदी के तट पर आते हैं तथा गाधी राजा की कन्या को स्वीकार करते हैं। उससे जमदग्नि नाम का पुत्र उत्पन्न होता है। मामा और भांजे का साथ-ही-साथ भरण-पोषण होता है।
2. विश्वामित्र और वसिष्ठ में वैर-भाव बढ़ता है।
3. विश्वामित्र राजपद छोड़कर ऋषि बन जाते हैं और ऋषि विश्वामित्र नाम से प्रसिद्ध हो जाते हैं।

इन वस्तुओं के आधार पर 'विश्वरथ', 'शम्बर कन्या', 'देवे दीधेली' और 'विश्वामित्र ऋषि' की रचना हुई है।

[तृतीय स्कन्ध]

ऋग्वेद में आए हुए मुनि वसिष्ठ और महर्षि विश्वामित्र के मन्त्र जिस समय प्रसिद्ध हुए थे, वही वास्तविक ऋग्वेद का काल है। 'लोमहर्षिणी' उसी समय की कथा है। इसकी रचना का आधार निम्नलिखित है :

1. तृत्सुओं के राजा सुदास का पुरोहितपद विश्वामित्र से वसिष्ठ ले लेते हैं।
2. वसिष्ठ की प्रेरणा से सुदास का विश्वामित्र से प्रेरित दशराज के साथ जो युद्ध प्रारम्भ होता है, उसको दाशराज्ञ कहा जाता है।

3. विश्वामित्र आर्य और दस्युओं के भेद का विवेचन कर रहे थे। उधर वसिष्ठ मुनि आर्यों की सनातन शुद्धि और विद्या के प्रतिनिधि थे।
4. अजीगर्त के पुत्र शुनःशेप का नरमेध हो रहा था। उसमें विश्वामित्र ने अड़चन डाल दी। यह प्रसंग ऐतरेय ब्राह्मणों में भी मिलता है।
5. राजा सुदास की सहायता के लिए जो वीतहव्य थे, वे पुराणों में निर्दिष्ट नर्मदा-तट के हैहय तालजंघ जाति के लोग ही थे। पुराणों में किसी भी स्थान पर परशुराम के बालकपन की कथा नहीं आई।

आगामी स्कन्ध में परशुराम के बालकपन का वर्णन किया गया है।

[चतुर्थ स्कन्ध]

1. इसमें परशुराम का जीवन आ जाता है। इसकी कथा हमने पुराणों से ली है। ऋग्वैदिक काल और ब्राह्मणों में निर्दिष्ट समय में जो व्यवधान पड़ जाता है, उसी समय की यह कथा है।
2. इसके उपसंहार रूप में 'तर्पण' लिखा गया है, जिसमें और्व ऋषि परशुराम के पास से जामदग्न्यास्त्र प्राप्त करते हैं। इसमें शुक्राचार्य से सगर राजा तक कथाओं का चार स्कन्धों में समावेश हुआ है। इन महानाटकों के लिए जो आधार प्राप्त हुए हैं, उनमें से कुछ तो श्री दुर्गाशंकर शास्त्री से प्राप्त टिप्पणियों में और कुछ मेरे उपर्युक्त संशोधनात्मक लेखों में प्राप्त हो सकेंगे। यह पुराण-कथा एक अर्वाचीन उपन्यासकार के पिछले पच्चीस वर्षों के प्रयत्नों का फल है। महाभारत, रामायण और भागवत के रचयिताओं ने पुष्कल काल्पनिक सामग्री प्रस्तुत कर दी है। किन्तु अब पिछली शताब्दियों ने इस पर अपनी मोहर लगा दी है। मैंने जो सामग्री प्रस्तुत की है, उसको कुछ लोग अक्षम्य मानेंगे।

किन्तु मेरे सामने तो एक ही प्रश्न था—वैदिक और पौराणिक समय का दिग्दर्शन कराना। इस स्वनिर्धारित कर्तव्य के लिए सामग्री की खोज में मैंने यथासाध्य ऋग्वेद और पुराण की सहायता ली है। इन महानाटकों की रचना मेरी स्वतन्त्र कलाकृति है; मानव जीवन के मेरे आदर्श और सृजनशक्ति ने इसका निर्माण किया है। 1922 से 1945 तक 23 वर्ष में यह महानाटक पूर्ण हो गए हैं। प्रचंड मानवों के प्रचंड प्रसंगों के मेरे स्वप्न इनमें समाविष्ट हैं।

वसिष्ठ-अरुन्धती के उद्‌गार, शम्बर कन्या और विश्वरथ का प्रेम, लोपामुद्रा का प्रेम, परशुराम की बालचेष्टा, विश्वामित्र का अभय संशोधन और परशुराम के कितने ही जीवन-प्रसंग मेरे इन नाटकों में सफल हुए हैं; अधिक चमत्कृत हुए हैं ऐसा मैं मानता हूँ।

शुक्राचार्य से और्व तक अविच्छिन्न धारा इसमें बह रही है। इस प्रकार की गगनस्पर्शी मानवता आर्य संस्कृति का सहारा लिये बिना पूर्ण नहीं हो सकती। आर्यत्व और आर्यावर्त, इसके द्वारा मुझे दोनों के दर्शन हुए हैं।

मुझ पर यह आक्षेप किया जा सकता है कि इन महानाटकों में मैंने जो भृगुवंश के महापुरुषों का चित्रण किया है, वह इसलिए कि मैं स्वयं भड़ौंच का भार्गव ब्राह्मण हूँ। सम्भव है कि कुछ गुजराती लोग ऐसा समझें। किन्तु विवेचनशील लोग मानेंगे कि वैदिक काल में भृगुवंश एक महाप्रचंड शक्ति था। शुक्राचार्य, देवयानी, च्यवन, सुकन्या, सत्यव्रती और रेणुका,

ऋचीक, जमदग्नि, शुनःशेप, परशुराम और कवि चायमान, और्व और मार्कण्डेय यह महाप्रतापी व्यक्ति थे। भार्गव लोगों का स्थान-स्थान पर उल्लेख है। महाभारत तो भार्गवों के वर्णन से भरा पड़ा है। डॉक्टर सुखतनकर ने कहा है कि ऋषियों में यदि कोई ईश्वर का अवतार स्वीकृत हुआ है तो वह केवल भगवान परशुराम थे। हिमालय में निर्मित परशुराम-शृंग से लेकर त्रावनकोर तक के स्थान इनके पुण्य स्मरणों से अंकित हैं; सम्पूर्ण भारत इनके प्रताप से ज्वलन्त हो उठा है।

वर्षों पहले मैंने परशुराम पर एक लेख लिखा था, उसी को यहाँ उद्धृत कर रहा हूँ। इसमें परशुराम के सम्बन्ध में नई खोज है–

आर्य-जीवन का प्रातःकाल था। आर्यों की मुख्य जातियाँ पंजाब में निवास कर रही थीं। कितनी ही जातियों ने आगे बढ़कर गंगा और यमुना के किनारे राज्य स्थापित कर लिये थे। दूसरी जातियों ने मथुरा के प्रदेश को छोड़कर नर्मदा के तीर पर अपने आवास बना लिये थे। धीरे-धीरे इस देश के असल निवासी नाग, दस्यु, दैत्य पीछे हटते जा रहे थे। सरस्वती और हषद्वती का प्रदेश जो आजकल सरहिन्द जिले के आसपास है, आर्य-जीवन का केन्द्र-स्थान था। यही वास्तविक आर्यावर्त था। आर्यों की पवित्र भूमि में जहाँ यदु और पुरु, भरत और तृत्सु, तुर्वसु, अनु और द्रुह्यू, जह्नु और भृगु जातियाँ निवास कर रही थीं, वहाँ आर्य संस्कार और धर्म के संस्थापक महर्षि वसिष्ठ और विश्वामित्र, जमदग्नि और अंगिरा, गौतम और कण्व के आश्रमों से निकलती दिव्य ऋचाओं की ध्वनि आर्यों की उत्कृष्ट आत्मा को शब्दों में व्यक्त कर रही थी।

इस भूमि में जो राजा लोग सत्ता भोगते थे वे चक्रवर्ती, जो तप करते थे वे ऋषि और जिन्होंने ऋचाओं का उच्चारण किया था वे मन्त्रद्रष्टा, प्रचलित प्रथाओं का स्तर ऊँचा करते थे। जो संस्कार प्रकट हुए वे सब धर्म-कर्म के मूल थे। और उधर वाराणसी के गंगा तट से नर्मदा के तट तक फैली हुई दूसरी आर्य जातियाँ युद्ध करती, राज्य-स्थापना करती हुई आगे बढ़ रही थीं। फिर प्रेरणा के लिए, उत्तेजना और शान्ति के लिए आर्यावर्त की ओर लौटती थीं।

इस आर्यावर्त में रहनेवाले ऋषियों में श्रेष्ठ और सुसंस्कृत भरत जाति के विश्वामित्र थे। वे ऋग्वेद की मुख्य ऋचाओं के कर्ता भी थे तथा पुरु और तृत्सु जाति के युद्ध में एक-दूसरे के सामने कभी-कभी भाग लेते थे। संस्कार और पवित्रता में जो हेर-फेर कर सकते थे, ऐसे तो केवल-मात्र वसिष्ठ मुनि ही थे।

विश्वामित्र के पिता गाधिन (गाधी) जह्नु कुल के थे। एक बार उनके घर भृगु जाति और काव्य कुल के और्व ऋचीक आए। ऋचीक ने श्याम वर्ण के हजार घोड़े गाधी को देकर प्रसन्न किया और उनकी पुत्री सरस्वती के साथ विवाह किया। जिन भृगुओं के नेता ऋचीक थे, वे अग्नि-पूजक भी थे। वे मन्त्र-यन्त्र विद्या में कुशल माने जाते थे। अथर्ववेद पर उनका अधिकार था और उनमें से अग्नि ने अग्नि उत्पन्न की ऐसा उनका दावा था।

उनमें एक पूर्वज कवि उशनस् (शुक्राचार्य) अनार्य जाति के आदि गुरु थे। वे पुरु, यदु, अनु, द्रुह्यू और तुर्वसु–इन पाँच जातियों के मूल पुरुष माने जानेवाले ययाति राजा के श्वसुर भी थे। उनके आचार-विचार आर्यावर्त की दृष्टि में विश्वामित्र और वसिष्ठ के समान शुद्ध नहीं थे। परन्तु यह आर्यावर्त के बाहर जहाँ आर्यों के संस्कार बहुत शुद्ध नहीं थे, वहाँ अनार्यों के साथ सम्बन्ध भी करने लगे थे। वहाँ भृगुओं का धार्मिक बल बहुत दृढ़ था।

यह भृगु गुरुओं की पदवी ही नहीं अलंकृत करते थे, अपितु यह लोग महान् योद्धा भी थे और आर्यावर्त में बसनेवाली बहुत-सी आर्य जातियों के समान सम्मुख युद्ध करते थे। यह तुर्वसु और द्रुह्यू जाति के सहायक थे। पकूथ और शार्यातों के यह शिष्य थे। यही कारण है कि आर्यावर्त के सांस्कारिक जीवन में उनको उच्च स्थान प्राप्त था। किन्तु उनके राजकीय जीवन में तो भार्गवों का ही अनन्य स्थान था। गाधी के जामाता ऋचीक और सरस्वती से जमदग्नि उत्पन्न हुए। जमदग्नि और विश्वामित्र ने साथ ही जन्म लिया और साथ ही उनका पालन-पोषण हुआ। इन भांजे और मामा ने आर्यावर्त के ऊँचे आर्य-संस्कार प्राप्त किए। ऋग्वेद में एक ही ऋचा के संयुक्त मन्त्रदृष्टा जमदग्नि और विश्वामित्र दोनों ही हैं।

किन्तु ऋचीक और्व की महान् सत्ता और प्रभाव आर्यावर्त के बाहर भी था। सिन्धु से भागीरथी तक, मदुरा से नर्मदा तक उनका बोलबाला था। ऋचीक ऋषि के आत्मज जमदग्नि सात्विक वृत्ति के थे। पिता के देव-लोक जाने पर जमदग्नि इक्ष्वाकु वंश की राजकन्या रेणुका के साथ विवाह करके निर्मल और सांस्कारिक जीवन बिताने लगे। उनके चार या पाँच पुत्र हुए; उनमें सबसे छोटे परशुराम थे। ज्ञात होता है परशुराम का जन्म वैशाख शुक्ल तृतीया के दिन हुआ था। वे सर्वशास्त्र सम्पन्न थे। उनकी नसों में जगद्विजयी अग्निपूजक भृगुओं का प्रतापी रुधिर बह रहा था। और ऋचीक ने सहस्रार्जुन-जैसों द्वारा आदृत भयानक युद्ध में भाग लेकर शौर्य और महत्त्वाकांक्षा को प्राप्त किया और उन्हीं से पोषित परशुराम ने विश्वामित्र और जमदग्नि की गोद में सरस्वती और हषद्वती के तीर पर जीवन की सफलता प्राप्त की—जहाँ पर वाणी की शुद्धि के समान जीवन की संस्कारिता भी प्रिय समझी जाती थी, जहाँ साम्राज्यों के सिंहासन के सामने ऋषित्व ऊँचा समझा जाता था और जहाँ आर्य संस्कारों की रक्षा जीवन की सफलता थी। इस युवक की पहली परीक्षा पिता ने ली। परशुराम की माँ के रुधिर में इक्ष्वाकुओं की स्वच्छन्दता थी। उसने आर्यों के निर्मित नीति-पन्थ का मान त्याग किया। मृतिकावती के राजा चित्ररथ पर वह आसक्त हो गई। इस अपराध को उस समय के आर्य पुरुषों के समान जमदग्नि ने भी अक्षम्य समझा। जमदग्नि ने अपने पुत्रों को आज्ञा दी कि माता का वध करो। बड़े भाइयों ने पिता की आज्ञा को स्वीकार नहीं किया। परशुराम के हृदय में पिता की आज्ञा और माता की शुद्धि की भावना मातृ-स्नेह से भी कहीं ऊँची थी। उसने पिता की आज्ञा को स्वीकार करके माता का सिर काट डाला।

इस समय मदुरा से नर्मदा तक के प्रदेश में जिन आर्यों का अधिक प्रभाव था उनका नृपति था हैहय जाति का स्वामी सहस्रार्जुन। उसका नाम अर्जुन कार्तवीर्य भी था। इस स्थान का नाम अनूप देश था। अनूप देश की सीमा पूर्व में चर्मणवती (चम्बल), पश्चिम में समुद्र, दक्षिण में नर्मदा और उत्तर में आनर्त (उत्तर गुजरात) देश तक थी। माहिष्मती नगरी भड़ौंच से दस-बारह मील पूर्व, पश्चिम में रेवा के तट पर होगी, ऐसा अनुमान किया जा सकता है।

सहस्रार्जुन की दुर्जय सत्ता से असली निवासी नाग जाति के लोग काँपते थे; उसकी पोतवाहिनी से रावण तक डरता था।

अनूप देश में पहले से ही भृगु लोग आकर बस गए थे। इस कारण प्रारम्भ में हैहयों और भृगुओं में मित्रता थी। लेकिन जैसा सहस्रार्जुन का प्रताप था वैसा ही उसमें अभिमान भी था। इस प्रकार अनेक जातिवाले और महान् साम्राज्य के धनी सहस्रार्जुन को छोटे-छोटे राजाओं की जहाँ कोई चिन्ता नहीं थी वहाँ वह तपस्वी-महात्माओं की भी परवाह नहीं करता था। उनके

संस्कार के लिए भी उसके हृदय में मान न था। अपने राज्य में रहनेवाले भृगुओं के प्रति उसका तिरस्कार बढ़ता जाता था।

मदुरा से आर्यावर्त थोड़ी दूर था। उसने वसिष्ठ का आश्रम जला दिया, भृगुओं की गायें लूट लीं, आर्यावर्त में चारों दिशाओं के आश्रम छिन्न-भिन्न हो गए। किसी को यह ध्यान भी न था कि आर्य जाति का एक राजा ब्रह्मवर्त की यह दशा कर देगा।

एक दिन परशुराम पिता के आश्रम में आए; आश्रम में अर्जुन के द्वारा किए गए विध्वंस को देखा। ऋषिगण कहीं भी दिखलाई न दिए; गायें अदृश्य हो गई थीं, पर्णकुटियाँ जल रही थीं। परशुराम ने इसका कारण समझ लिया। उन्होंने सहस्रार्जुन का पीछा करके उसे मार डाला। हैहय लोग बदला लेने के लिए बेचैन हो उठे और परशुराम की अनुपस्थिति में हैहय लोगों ने जमदग्नि को मार दिया। जब परशुराम ने अपने सतोगुणी पिता को मरा हुआ देखा तब उसके हृदय में क्रोध की प्रचंड ज्वाला धधक उठी।

परशुराम के गर्जन से आर्यावर्त के त्रस्त योद्धाओं में जीवन संचरित हुआ। नर्मदा से सिन्धु तक भृगु लोग खून के प्यासे बन बैठे। क्रुद्ध आर्यावर्त की मूर्ति के समान यह वीर हैहयों के पीछे पड़ गया; स्थलन्त पंचक क्षेत्र में हैहयों के रुधिर से पाँच सरोवर भर दिए, माहिष्मती नगरी पर अधिकार कर लिया और पिता का श्राद्ध सहस्रार्जुन के पुत्रों के रुधिर से किया।

मानो ज्वालामुखी पर्वत फट गया हो, इस प्रकार आर्य योद्धाओं ने परशुराम के नेतृत्व में संगठित होकर युद्ध किया। इस विजयी सेनानी के पीछे आते हुए आर्यावर्त के ऋषियों ने संस्कार, आचार-विचार चारों दिशाओं में प्रसारित कर दिए। आगे बढ़ती हुई आर्य जातियों ने, जो मातृभूमि से दूर होने के कारण आर्य-संस्कारों को भूलती जा रही थीं, फिर आर्य-संस्कृति को अपनाया। परशुराम के प्रताप के आगे हिमालय से नर्मदा तक के राज्यों में उथल-पुथल मच गई। बहुत-सी जातियाँ नष्ट होकर आर्यों की विजयिनी जातियों में मिल गईं।

महाभारत के युद्ध के समय जो राज्य थे, उनका बीज इस समय बोया गया। परशुराम की युद्ध परम्परा से इक्कीस बार क्षत्रिय-विहीन आर्यों की संस्कृति सम्पूर्ण प्रदेश में इस प्रकार फैल गई कि एक महान् आर्यावर्त की कल्पना की जा सकती थी। उसकी सीमा सरस्वती और हषद्वती नहीं किन्तु हिमालय से नर्मदा तक गिननी चाहिए। कृतज्ञ होकर आर्यों ने इस वीर को ईश्वर का अवतार मानकर सदा के लिए देव मन्दिर में प्रतिष्ठित कर दिया। इसने नर्मदा के उत्तर में आर्य सत्ता प्रतिष्ठित करके सम्पूर्ण देश को नया जीवन, नई संस्कृति और नई एकता प्रदान की और स्वयं अनूप देश में आकर रहने लगा। पुराणों में लिखा है कि परशुराम ने कश्यप को पृथ्वी दान में दी और उनसे समुद्र के पास शुर्पारक देश माँगकर अपना निवास बनाया।

सहस्रार्जुन का जो अनूप देश था, उसका बहुत-सा भाग—खम्भात के अखात से सोपारा नदी के किनारे तक का देश—शूर्पारक देश माना जाता है। इस शूर्पारक का मुख्य स्थान भृगुतीर्थ था जिसका पीछे से भृगुकुच्छ (भड़ौंच) नाम पड़ गया है। जामदग्नेय तीर्थ नर्मदा के संगम से आगे परशुराम का क्षेत्र अभी तक है। और एक क्षेत्र है नासिक के आगे, जिसका अभी तक निर्णय नहीं हो पाया है। शूर्पारक नाम आज भी सोपारा से मालूम होता है।

जिस समय धर्मराज वनवास जाने के लिए निकले तब वे इन तीर्थों में घूमते रहे और राजा जामदग्नेय के स्मरण को ताजा करके पवित्र हुए। महाभारत के युद्धकाल तक परशुराम

के वंशज और शिष्य युद्ध-कला में इतने प्रवीण माने जाते थे कि बड़े-बड़े वीर उनसे शिक्षा प्राप्त करके अपने आपको गौरवान्वित समझते थे। परशुराम के पश्चात् कई शताब्दी तक आर्यों के जीवन में ज्वलन्त उत्साह बना रहा। वे लोग विजेता के रूप में चारों तरफ घूमते रहे। अपना राज्य स्थापित करना तथा आर्य-संस्कृति का प्रचार, ये दोनों लक्ष्य निरन्तर उनके सामने रहे। उनमें संसार, व्यवहार, राज्याधिकार की अनियन्त्रित मानवीय प्रतापी ज्योति जगमगाती रहती थी। उस समय उनका आदर्श भिन्न था किन्तु उस आदर्श को जिसने ईश्वर के अवतार में मूर्तिमान किया, वे परशुराम थे।

परशुराम महर्षि थे तथा उच्च संस्कृति के प्रतिनिधि भी थे और बली, भयंकर, दुर्जेय, प्रतापी और दृढ़ विजेता थे। कृष्ण-पूजा के समय पहले के हिन्दू लेखकों की कल्पना-शक्ति भूतकाल के पट पर चित्रित क्षत्रिय-विहीन करनेवाले परशुराम की महत्ता के गुण की दासी थी। जिस प्रकार श्रीकृष्ण ने आर्यावर्त के जीवन और साहित्य में उदात्त और अपूर्व स्थान प्राप्त किया, वैसा ही गौरव ईसा संवत् से चौथी, पाँचवीं सदी पहले परशुराम ने भी प्राप्त किया था। इसके पश्चात् देश से शौर्य का नाश हो गया। जब विलासिता बढ़ी, जब तत्त्वज्ञान का प्रचार हुआ, भक्ति-मार्ग का प्रचार हुआ, तब वह स्थान श्रीकृष्ण को मिला; तब वह मनुष्य से विष्णु बन गया, योद्धा से ईश्वर बन गया, शासक से योगीन्द्र बना, विलासी से बाल-ब्रह्मचारी गिना गया। तब ईश्वर का आठवाँ अवतार वेदव्यास कृष्ण द्वैपायन के रूप में हुआ, वासुदेव कृष्ण के रूप में नहीं।

आर्यों की कल्पना-शक्ति इस वीर जामदग्नेय से इतनी प्रभावित हुई कि अनेक गुण, लक्षण और पराक्रम के स्थान परशुराम माने गए। वह विश्वामित्र ऋषि की बहन के पोते थे और इक्ष्वाकु राजा के दौहित्र; परशुराम ऋषि के रक्षक और अजेय सहस्रार्जुन के काल बने। इन्होंने स्वामी कार्तिकेय से स्पर्धा करके क्रौंच पर्वत को अपने बाण से वेध डाला। इन्होंने पृथ्वी को इक्कीस बार क्षत्रिय-विहीन कर दिया। तत्पश्चात् सम्पूर्ण वसुन्धरा यज्ञ के समय दान रूप में दे डाली। एक युग के बाद भी उनका धनुष रावण से न उठाया जा सका। ईश्वर के अवतार दशरथी राम ही केवल उस धनुष को तोड़ सके। उन्होंने भीष्म, बलदेव तथा कर्ण को शस्त्रविद्या सिखाई। विदेश में रहते हुए श्रीकृष्ण को परामर्श दिया और सहस्रार्जुन से लेकर श्रीकृष्ण-जैसे वीरों की परम्परा में आर्यों के आदर्श और उन आदर्शों में विजय की प्रचंड महेच्छा का ज्वलन्त मूर्ति के समान महर्षि-धर्म का अभ्युत्थान करने के लिए शिवावतार परशुराम थे। कविवर वाल्मीकि ने इस महापुरुष का अद्भुत चरित्र लिखा है। सीता का विवाह हो जाने के पश्चात् दशरथ राम को लेकर लौट रहे थे :

तेषां संवदतां तत्र वायुः प्रादुर्बभूव ह॥
कम्पयन मेदिनीं सर्वां पातयंश्च महाद्रुमान्।
तमसा संवृत्तः सुर्य्यः सर्वे नावेदिषुर्दिशः॥
भस्मना चावृतं सर्वं संमूढमिव तद्बलम्।
वसिष्ठो ऋषयश्चान्ये राजा च ससुतस्तदा॥
संसज्ञादव तमासन् सर्वमन्यद विचेतनम्।
तस्मिंस्तमसि घोरे तु भस्मच्छन्नैव स्मा चमूः॥
ददर्शा भीमसंकाशं जटामंडलधारिणम्।

भार्गवं जामदग्नेयं राजा राजविमर्दनम् ॥
कैलासमिव दुर्द्धर्ष कालाग्निमिव दुःसहम् ।
ज्वलन्तमिव तेजोभिर्दुर्निरीक्ष्यं पृथग्जनैः ॥
स्कन्धे चासज्य परशुं धनुर्विद्युद् गुणोपत्रम् ।
प्रगृह्य शरपुग्रञ्च त्रिपुरघ्नं यथाशिवम् ॥

'लोमहर्षिणी' में परशुराम का बाल्यकाल चित्रित हुआ है। उसी के अनुरूप इस पुस्तक में परशुराम का यौवन भी चमका है। मेरे सामने बालकपन से एक प्रश्न था कि परशुराम में ऐसा कौन-सा व्यक्तित्व काम कर रहा था कि सम्पूर्ण प्रजा के स्मरण में इनकी प्रचंडता अंकित हो रही है।

यह वीरों में वीरोत्तम किस प्रकार गिने गए; अघोरियों के पूज्य किस प्रकार बने; शस्त्रविद्या के महागुरु के रूप में सम्पूर्ण आर्य जाति ने इनको कैसे स्वीकार किया? इनके नाम से तीर्थ-स्थानों की स्थापना हुई। इनमें ऐसी क्या विशेषता थी कि राम और कृष्ण के समान इनको ईश्वर का अवतार माना गया? ऋषियों के वंशज होते हुए भी ये ऋषि क्यों नहीं कहलाए? इनके पुत्र महर्षि थे और माता सती कहलाई। पृथ्वी को निःक्षत्रिय करने की दन्तकथा के पीछे ऐसे कौन-से पराक्रम छिपे थे, जिनके कारण इनकी स्मृति अमर हो गई?

और इससे भी बड़ी बात यह हुई कि जमदग्नि से ही ऋग्वेद का काल पूरा होता है और शतपथ ब्राह्मण का प्रारम्भ। ज्ञात होता है उस समय आर्य कोई जाति नहीं थी, एक बड़ी प्रजा थी। शंकर को देवाधिदेव रूप में स्वीकार किया गया। छोटे-छोटे राज्यों के बदले बड़े-बड़े राज्य बने। सरस्वती नदी भी लुप्त हो गई थी। आर्य लोग नर्मदा से मगध तक फैले हुए थे।

इन दोनों समयों के बीच में बहुत-से हेर-फेर हुए। इन दोनों कालों का संकलन करने पर एक ही पराक्रम की बात प्रतीत होती है—वह है परशुराम का पृथ्वी को क्षत्रिय-विहीन करना। इसी कारण कदाचित् ऋग्वेद का जीवन समाप्त हुआ और ब्राह्मण काल प्रारम्भ हुआ। मेरा मत है इस संक्रान्ति काल के अधिष्ठाता परशुराम थे। इस विषय की सामग्री मैंने Early Aryans in Gujarat में प्रस्तुत की है। इसी घटना को आज मैं जीवन-रूप दे रहा हूँ।

आर्यावर्त की महागाथा की अन्तिम कृति का मैंने जो निश्चय किया था, उसको उपसंहार रूप में 'तर्पण' के नाम से वर्षों पहले पूरा कर दिया है। किन्तु इस कथा में परशुराम के पहले तीस वर्ष पूरे हुए हैं। भीष्म, द्रोण और कर्ण के गुरु-रूप में इनका चित्रण रह गया है। यदि ईश्वर की इच्छा हुई तो वह भी पूरा होगा। इस पुस्तक से आर्यावर्त की महागाथा की बहुत-सी कड़ियाँ पूरी होंगी, ऐसा मुझे मान लेना चाहिए। फिर भी इन महात्माओं की परम्परा में अगस्त्य और लोपामुद्रा, वसिष्ठ और अरुन्धती, वसिष्ठ और विश्वामित्र, मृगारानी और डड्डनाथ के पात्रों में ओछी मानवता नहीं है। भारतीय कल्पना ने सहस्रों वर्ष तक इस महत्ता के आदर्श को सजीव रखा है। इस सजीवता में आधुनिक युग के अनुरूप, यदि मैंने अणुमात्र भी अभिवर्धन किया तो मेरे पच्चीस वर्ष का उल्लासमय तप सफल हुआ, ऐसा मैं मानूँगा।

बम्बई, 1.4.46

—कन्हैयालाल मुंशी

अनुक्रम

आमुख

अभी विक्रमादित्य के प्रादुर्भाव में पन्द्रह सौ वर्ष का विलम्ब था। सिकन्दर का आक्रमण अभी भावी के गर्भ में था और उसी प्रकार बारह सौ वर्ष और भी बीतने थे। बुद्ध भगवान् का जन्म होने में अभी एक सहस्र वर्ष का विलम्ब था; महाभारत के युद्ध के लिए अभी कई शताब्दियाँ बीतनी थीं।

आज जो आर्यावर्त है, वह तब नहीं था। पंजाब उस समय सप्तसिन्धु कहलाता था। आज जिस नदी का चिह्न तक अवशेष नहीं, उस विद्वत्ता की जननी सरस्वती के विशाल तट पर वसिष्ठ, विश्वामित्र, भृगु और कण्व के आश्रम फैले हुए थे।

सप्तसिन्धु में आर्यों की भिन्न-भिन्न जातियाँ द्वेष से प्रेरित होकर एक-दूसरे से मार-काट करने पर तत्पर हो रही थीं। दो महात्मा एक-दूसरे से टक्कर ले रहे थे–एक थे वसिष्ठ, दूसरे थे विश्वामित्र। वसिष्ठ थे तृत्सुओं के राजा सुदास के गुरु।

दासों के राजा दिवोदास का पुत्र भेद, राजा सुदास के सम्बन्धी की स्त्री शशियसी को उड़ा ले गया था। एक दास आर्य-राजकन्या को उठा ले जाए यह कार्य वसिष्ठ को अधर्म जान पड़ा और भेद पर उग्र प्रकोप करके उन्होंने आर्यों की एक विशाल सेना खड़ी की।

भेद ने जाकर पुरुओं के राजा कुत्स की शरण ली। उसने दस राजाओं का समूह एकत्रित किया और विश्वामित्र ने उनका गुरु-पद स्वीकार किया।

आज जहाँ राजपूताना है वहाँ स्थान-स्थान पर मरुस्थल और पानी के पोखर फैले हुए थे। जहाँ आज बंगाल है वहाँ बड़ी-बड़ी नदियों के विस्तृत मुख समुद्र में आकर मिला करते थे।

आज के गुजरात-काठियावाड़ और मालवा में हैहय और तालजंघ नाम की आर्य जातियों का एक बड़ा समुदाय जंगलों को भेदता हुआ, नागों का संहार करता हुआ, नदियों को लाँघता हुआ और परस्पर लड़ने में शक्ति का व्यय करता हुआ रहा करता था।

इस जाति-समूह में हैहय, तालजंघ, शार्यात, आनर्त, अवन्ती, तुंडीकेरा और यादव आदि गोत्र थे।

काठियावाड़ उस समय सुराष्ट्र कहलाता था और उत्तर गुजरात को आनर्त कहा जाता था। मालव का नाम तब अवन्ती था। सोपारा से खम्भात तक का प्रदेश अनूप देश के नाम से प्रसिद्ध था। इन सभी प्रदेशों में बसनेवाली जातियों को हैहय जाति के राजा महिष्मत ने बलात् एक चक्र में बाँध लिया था और नर्मदा-तटवर्ती अनूप देश में उसने माहिष्मती नगरी बसाई थी। उसके पुत्र का नाम कृतवीर्य था। कृतवीर्य का पुत्र अर्जुन इस समय हैहय जाति-समूह का चक्रवर्ती राजा था। उसका प्रताप एक सहस्र राजाओं के समान था, इसलिए सहस्रार्जुन कहलाता था।

आज के काठियावाड़ में—सौराष्ट्र में—द्वारिका के पास पुण्यजन राक्षस बसा करते थे। उनकी बस्ती के पश्चिम में तालजंघ गोत्र के लोग बसते थे। इनके बीच शार्यात गोत्र का निवास था। उज्जयन्त अथवा गिरनार की तलहटी में यादव गोत्र की मुख्य छावनी थी। जिस गोत्र की मुख्य छावनी जहाँ होती थी, वहाँ उसके आसपास अनेक योजनों तक उसी गोत्र की चौकियाँ बनी रहती थीं।

पहला खंड

गिरनार की छाया में

[1]

"बाप रे बाप, न जाने क्या होनेवाला है? ऐसा बवंडर तो अपने जन्म में मैंने देखा नहीं," एक वृद्ध नाविक ने कहा।

"यह तो मरुत कुपित हैं," एक युवक ने योग दिया।

"कुपित नहीं तो क्या हों? सहस्रार्जुन ने क्या कम पाप किए हैं? उसके दिन पूरे हो चुके हैं," एक लम्बे, दुबले, दाढ़ीवाले आदमी ने कहा। उसके एक हाथ में भाला था और दूसरे हाथ से वह अपने घोड़े को खींच रहा था।

"पर अपने साथ वह भार्गव को भी तो पकड़कर ला रहा है। अरे देख तो, वह पोत डूब रहा है या कुछ और बात है," कहकर युवक चिल्ला उठा।

द्वारावती के समुद्र तट पर खड़ी हुई मेदिनी स्तब्ध हो गई। क्षितिज पर से निकट आते हुए कोई दस-पन्द्रह पोत डाँवाडोल हो रहे थे और सब यही समझ रहे थे कि बस अब डूबे, अब उलटे।

"सहस्रार्जुन किस पोत में आ रहे होंगे?" युवक ने नाविक से पूछा।

"यह जो सबसे आगे पोत आ रहा है उसी में होंगे," नाविक ने कहा।

"देखना है कितने पोत किनारे आते हैं। सभी डूब जाएँ तो?"

घोड़ेवाले पुरुष ने तिरस्कारपूर्वक युवक की ओर देखा, "मूर्ख न बनो! महाअथर्वण ऋचीक के पौत्र राम आ रहे हैं, जानते हो, पचास वर्ष पहले जो तुम्हें शाप मिला था, उसे उतारने के लिए।"

"तो फिर समुद्र क्यों कुपित हुआ?"

"तुम्हारे पाप का स्मरण दिलाने के लिए," घोड़ेवाले ने कहा।

इतने ही में लगभग पन्द्रह अश्वारोही, लोगों की उपेक्षा करते हुए बढ़ते चले आए। "जय! पशुपति की जय!" दो-एक व्यक्तियों ने जय-घोषणा की।

आगे घुसे आ रहे एक घोड़े को उस दाढ़ीवाले जटाधारी घोड़ेवाले ने लगाम पकड़कर रोका, "देखना, कहीं लोगों को कुचल न देना।"

जिस घोड़े को रोका गया था, उस पर बैठनेवाले सैनिक ने खड्ग उठाया, "चल, दूर हट!"

दाढ़ीवाले जटाधारी ने बिना कुछ बोले ही सैनिक के घोड़े की लगाम पकड़कर ऐसा झटका दिया कि घोड़ा एकदम पीछे हट गया और घुड़सवार गिरते-गिरते बचा।

"तेरा राजा तो वहाँ मृत्यु की घड़ियाँ गिन रहा है और तू यहाँ बड़ी-बड़ी डींगे हाँक रहा है?" कहकर जटाधारी ने माला हाथ में ली। चार-पाँच अश्वारोही आसपास आ लगे। कुछ लोग बवंडर में फँसे पोतों को देखना छोड़ यह झगड़ा देखने के लिए घिर आए।

सबके बीच वह जटाधारी अडिग होकर खड़ा था।

"पापियो! तीन पीढ़ियों के बाद तुम्हारे पाप धोने के लिए गुरुदेव आ रहे हैं। तब भी तुमको भान नहीं है?"

"भृगु! भृगु! भृगु!" लोगों की भीड़ में से कुछ लोग बोल उठे।

"हाँ, हाँ, मैं भृगु हूँ, तुम सबका गुरु, जो देव तुम पर कृपा करें तो! और मेरा कुलपति आ रहा है। तीन पीढ़ियों तक गुरु के बिना इतने अधिक दुःखी हो गए हो, फिर भी तुम्हारा मद नहीं उतर रहा है?" उसने उग्रतापूर्वक सैनिकों को लक्ष्य करके कहा।

हैहय सैनिकों का नायक आगे बढ़ आया।

"क्यों इतने उग्र हो रहे हो?"

इतने में किनारे पर जमी हुई मेदिनी ने हर्षनाद किया तो उन झगड़नेवाले अश्वारोहियों का ध्यान समुद्र की ओर गया। डाँवाडोल हो रहे पोतों में से एक पोत अन्य सभी पोतों से आगे, बड़े द्रुतवेग से किनारे की ओर आ रहा था।

"चक्रवर्ती इसमें होंगे," नायक ने कहा। भृगु ने आँखों पर हाथ रखा। सभी एकटक देख रहे थे। पोत झपटता हुआ निकट आने लगा।

"वह लड़का-सा कोई खड़ा दीख रहा है, वह कौन है? उसके हाथ में फरसा है," नायक ने कहा।

"कोई गौरवर्ण है।"

"पोत डोल रहा है, पर वह तो ज्यों-का-त्यों खड़ा है।"

"हैहयराज! मैं बताऊँ वह कौन है?" जटाधारी ने सूक्ष्म दृष्टि से उस पोत पर खड़े लड़के को पहचानने का प्रयत्न किया।

"यही है भार्गव, महर्षि जमदग्नि का पुत्र राम, महाअथर्वण का पौत्र।"

"कैसे जाना?" नायक ने पूछा।

"अपने बचपन में मैं महाअथर्वण की सेवा में था। वैसा ही शरीर, वैसा ही रंग, वैसी ही छटा है। सागर उन्हें इस प्रकार मार्ग दे रहा है, मानो वरुणदेव सागर पर शासन कर रहे हों," एक वृद्ध सैनिक ने कहा।

"इसमें आश्चर्य की बात ही क्या है?" भृगु हँस पड़ा, "महाअथर्वण का पौत्र जहाँ होगा, वहाँ देव निश्चित रूप से होंगे ही।"

पास आ रहे पोत के मस्तूल पर एक पन्द्रह वर्ष का, पर प्रचंड-सा लगनेवाला लड़का हाथ में परशु लिये दिखाई पड़ा। पोत डोल रहा था, पर वह स्थिर खड़ा था। उसके लम्बे बाल कन्धों पर फैले हुए थे। अन्तिम प्रहर की सूर्य-किरणें उसके श्वेत अंगों को दैदीप्यमान कर रही थीं।

पोत निकट आया। लड़के का सुरेख मुख स्पष्ट हो गया। उस पर उग्रता थी। किनारे पर खड़े हुए स्त्री-पुरुषों को कुछ ऐसा आभास हो रहा था, मानो वह लड़का एकाग्र दृष्टि से बवंडर पर चढ़े हुए सागर के जल को अपने वश में रख रहा है।

मेदिनी के हृदय में एकबारगी ही दर्प और आनन्द के भाव जाग उठे। 'भार्गव', 'राम', 'महाअथर्वण का पौत्र' सभी बोलने लगे।

माहिष्मती के राजा हैहय, यादव, शार्यात, तालजंघ तथा अवन्ती-जैसी प्रबल जातियों के चक्रवर्ती राजा महिष्मत के अधर्म से व्याकुल होकर उनके गुरु महाअथर्वण ऋचीक, शाप देकर, इस भूमि को छोड़ आर्यावर्त को चले गए थे। बहुत-से लोगों का मानना था कि वही शाप इन जातियों को लगा था और उसी के परिणामस्वरूप चालीस वर्ष तक इस प्रदेश पर दैव का प्रकोप व्याप रहा था। महिष्मत राजा का पुत्र कृतवीर्य अकाल मृत्यु का ग्रास हुआ, और उसके पश्चात् उसका पुत्र सहस्रार्जुन चक्रवर्ती पद भोग रहा था। वह तीन सहस्र सैनिक लेकर आर्यावर्त गया था और वहाँ से ऋचीक जमदग्नि के पुत्र राम को साथ लेकर आ रहा था।

सुराष्ट्र और अनूप देश में बसनेवाली आर्य जातियों में कई दिनों से ये बातें फैली हुई थीं। मदमत्त युवकों को छोड़कर सभी के हृदयों में आनन्द व्याप्त हो गया था क्योंकि उन्हें ऐसा प्रतीत होने लगा था कि पापाचार के युग का अन्त आ पहुँचा है। चालीस वर्ष के उपरान्त ये प्रदेश शापमुक्त होने जा रहे थे।

[2]

पन्द्रह पोत डाँवाडोल हो रहे थे। उनमें से एक ही पोत निर्भय हो सका! बवंडर के होते हुए भी एक देव-सा लड़का मस्तूल पर से लहरों को आज्ञा दे रहा है! और वही भार्गव राम हो सकता है, एक अबूझ धाक प्रेक्षकवृन्द में व्याप गई।

सबके चित्त को हरण करनेवाला वह बालक, पर्वत के समान निश्चल, उस मस्तूल पर खड़ा था।

पोत डूबने-डूबने को होने लगा तो वह परशु हाथ में लेकर नाविक बन गया। उसके पोत में बैठे हुए व्यक्तियों को लग रहा था कि दिन और रात वह बालक अथक रूप से मस्तूल पर अडिग खड़ा रहकर सागर को आज्ञा दे रहा है।

यादव गोत्र का राजा और सहस्रार्जुन का सेनापति राजा भद्रश्रेण्य उसके साथ था। सहस्रार्जुन मानता था कि भार्गव राम अपने तृत्सुओं के राजा सुदास की बहन लोमहर्षिणी को बलपूर्वक अपने देश उड़ा लाया था और भद्रश्रेण्य उनका चौकीदार था।

पर कई महीनों के संसर्ग से भद्रश्रेण्य राम का परम भक्त हो गया था। वह उसे महाअथर्वण से भी सवाया मानता था। उसके आगमन से सुराष्ट्र और अनूप में शान्ति स्थापित हो सकेगी, यह विश्वास उसके मन में जाग उठा था।

सहस्रार्जुन ने जब लोमहर्षिणी पर अत्याचार करना आरम्भ किया तब राम ने बीच में पड़कर उसे उबार लिया था। क्रोधान्ध सहस्रार्जुन ने जब उन्मत्त होकर अपने गुरुपुत्र को मारने का प्रयत्न किया तब भद्रश्रेण्य ने अपने प्राणों को खतरे में डालकर राम को बचा लिया था। जब सहस्रार्जुन ने मदान्ध होकर लोमहर्षिणी-जैसी राजकन्या का हरण करने का निश्चय किया तब राम ने उसके साथ सुराष्ट्र आने की तत्परता प्रकट की; और कुछ करके महाअथर्वण का शाप उतर सके, इसी आशा से भद्रश्रेण्य राम को साथ ले आया था।

सहस्त्रार्जुन तो राजा सुदास की बहन का हरण करना चाहता था। गुरुपुत्र को साथ लाने की इच्छा उसकी नहीं थी। पर भद्रश्रेण्य उसका मामा था, साथ ही उसका शिक्षक भी था। वही उसे गद्दी पर बिठानेवाला भी था; और वही आज उसका सेनापति भी था। सारे जगत को त्रास देनेवाला सहस्त्रार्जुन दो ही व्यक्तियों से डरता था—एक राजा भद्रश्रेण्य से, और दूसरे अपनी रानी मृगा से। उन दोनों के चातुर्य और राजकौशल के बिना उसकी गति नहीं थी। इसलिए उसने सेनापति की बात मान ली और राम को साथ लेता आया।

पर यह मूर्खता सहस्त्रार्जुन के हृदय में बराबर खटक रही थी। राम लोमहर्षिणी का रक्षक हो गया। राम जब भद्रश्रेण्य और उनके सैनिकों के सम्पर्क में आया, तो वे भक्ति से विह्वल हो गए। अनायास ही वह सबका गुरुदेव हो गया, और सहस्त्रार्जुन का अभिमान पल-प्रतिपल घायल होने लगा। पर जैसा वह विकराल था, वैसा ही धूर्त भी था। भद्रश्रेण्य को छोड़ने में उसे कुशल न जान पड़ी।

पच्चीस अश्वारोहियों को लेकर वह अकेला आगे बढ़ता ही चला गया। भद्रश्रेण्य राम और लोमा सहित, दूसरे सैनिकों के साथ पीछे-पीछे आ रहा था।

ज्यों ही कोई बस्ती आती और लोगों को जमदग्नि के पुत्र के आगमन का पता लगता कि उसका सत्कार-समारम्भ हो जाता। पाताल नगर तक तो सहस्त्रार्जुन का प्रयाण मानो भार्गव और भद्रश्रेण्य का विजय-प्रयाण ही बना रहा। जब द्वारिका आने के लिए वे सब पोत में बैठे, तब वरुणदेव ने भी उनका पक्ष लिया। बँधे हुए शार्दूल की भाँति सहस्त्रार्जुन क्रोध से व्याकुल हो उठा। अब अपने देश में पहुँचकर वह भद्रश्रेण्य और राम को कुचल डाले, यही आकुलता सोते और जागते उसे सताने लगी।

इस समय उसका पोत संकट में था। उसके पोल टूट गए थे। नाविक निराश हो गए थे। एक सहस्त्र समरों का सेनानी वह स्वयं माथे पर हाथ रखकर, इस घड़ी उस बवंडर से आक्रान्त समुद्र के अधीन हो गया था। तभी राम का पोत सनसनाता हुआ आगे चला जा रहा था। उसने विषाक्त भाव से दाँत किटकिटाकर मस्तूल पर खड़े भार्गव को मन-ही-मन सहस्त्रों गालियाँ दीं। कई बार उस लड़के को मार डालने का विचार मन में आया। उस विचार को सक्रिय रूप न दे सकने की अपनी निर्बलता पर भी उसे क्रोध आया। पर उस भयंकर मानस को धारण करनेवाले हृदय में भी सन्देह था। राम महाअथर्वण का पौत्र था, उसके परम्परागत गुरु का पुत्र था। भले ही उसने अपने गुरु का त्याग कर दिया हो, इस छोकरे में कुछ ऐसी चीज थी जो उसे मात किए दे रही थी। उसे मारने का साहस उसमें नहीं था। माहिष्मती जाकर उसे वश में करने की कोई युक्ति उसे खोज निकालनी थी।

पोत किनारे के पास आकर खड़ा रह गया।

"प्रतीप," राम ने भद्रश्रेण्य के पुत्र से कहा, "तू लोमा को उठाकर ले आ।"

वह समुद्र में कूद पड़ा और द्रुतवेग से हाथ मारता हुआ किनारे पर आया। उसके पीछे भद्रश्रेण्य भी तैयार हुआ आया।

घुटने तक पानी में आकर राम खड़ा हो गया। कुछ लोग पानी में ही उसका स्वागत करने लगे। वह जटाधारी भृगु दौड़ता हुआ जाकर पैरों पड़ा।

"गुरुदेव! महाअथर्वण के पौत्र! मैं, भृगु विकुक्ष, आपको प्रणाम करता हूँ।"

पानी में से निकलकर राम ने उस वृद्ध के माथे पर हाथ फैला दिए। "शत शरद् जियो!" गम्भीरता से, ममता से, उसने कहा।

इतना छोटा-सा बालक ऐसे वृद्ध को आशीर्वाद दे, यह बात किसी को भी हास्यास्पद नहीं लगी। राम के व्यक्तित्व पर अभेद्य अधिकार की छाया थी।

वहाँ जमी हुई मेदिनी उसे प्रणिपात करने के लिए और उसके चरणों की रज सिर पर चढ़ाने के लिए दौड़ आई। हैहय सैनिक भी, भद्रश्रेण्य को उसके पैरों पड़ते देखकर, उसके पैर छूने लगे।

तभी कुछ अश्वारोही आ पहुँचे। उनमें से दो को आते देखकर लोगों ने उनके लिए मार्ग छोड़ दिया।

"शार्यातराज!" भद्रश्रेण्य ने कहा, "ये हैं गुरुदेव भार्गव।" और तालजंघा के राजा से कहा, "राजन! ये हैं महाअथर्वण के पौत्र।"

दोनों राजाओं ने घोड़े पर से उतरकर राम के चरण छुए।

दो मल्लाह अपने हाथों पर लोमहर्षिणी को उठाकर ले आए। वह वमन कर-करके अचेत हो गई थी।

"राजन! लोमादेवी को महालय में भिजवा दीजिए," राम ने कहा। "प्रतीप, तू इसके साथ जा।"

एकाएक मेदिनी में हाहाकार मच गया। सब लोग समुद्र की ओर घूम गए। तीन पोत उलट गए थे और उनमें से एक में सहस्रार्जुन स्वयं था।

"भद्रश्रेण्य! हमें चलकर उन्हें बचाना होगा। चलो, नाव छोड़ दो, मल्लाहो!"

"गुरुदेव! हम जा रहे हैं। आप यहीं रहिए।"

"नहीं," कहकर राम फिर पानी में झपट पड़े।

[3]

सहस्रार्जुन की थकान जब उतर गई तो उसके क्रोध का पार न रहा। वह तो मानता था कि वह राम को बन्दी बनाकर लिये आ रहा है। लेकिन अब तो ऐसा लगने लगा है जैसे राम उसका भी गुरुदेव है। राम को मारने की युक्तियाँ जब वह सोच रहा था, ठीक तभी राम ने उसे जल-समाधि से उबार लिया था। सौराष्ट्र में चार राजा थे, उनमें से तीन राजा तो गुरुदेव का सत्कार कर रहे थे, और इस सबका मूल कारण था भद्रश्रेण्य का दासत्व। सबसे पहले उसी को दंड देने का उसने संकल्प किया।

माहिष्मती से एक नायक रानी मृगा और गुरु भृकुंड का सन्देशा लेकर आया था। लंका का रावण एक विशाल सैन्य लेकर नर्मदा के दक्षिण तट के प्रदेशों पर चढ़ा आ रहा था। तत्काल ही उसका सामना करना आवश्यक था, इसलिए भद्रश्रेण्य को साथ लेकर तुरन्त ही आ पहुँचो, यही उनका सन्देशा था।

सहस्रार्जुन को सहारा मिल गया। उसने दो सौ सैनिक शार्यात के राजा से लिये, दो सौ तालजंघा के राजा से लिये तथा और भी जितने आदमी सम्भव हो सके, उसने तैयार करवाए।

सारी व्यवस्था करके उसने भद्रश्रेण्य को बुलाया, "मामा, मैं रावण के साथ युद्ध करने जा रहा हूँ।"

"मैं भी तैयार हूँ।"

"तुम्हारा काम दूसरा है।"

"क्या?" भद्रश्रेण्य चकित हो रहा। आज तक कोई भी युद्ध उसके बिना नहीं लड़ा गया था।

सहस्रार्जुन की आँखों में अग्नि चमक उठी, "तुम्हारा काम अपने गुरुदेव और लोमा को साथ रखने का है। गिरनार के आगे तुम्हारे यादव गोत्र का थाना है, वहीं इन दोनों को ले जाओ और मेरे लौटकर आने तक इन दोनों में से किसी एक को यदि कहीं जाने दिया तो..."

भद्रश्रेण्य कुछ क्रोध से भर आया, "तो...?"

"तो एक भी यादव को जीवित नहीं लौटने दूँगा," सहस्रार्जुन ने भयंकर स्वर में कहा।

"मुझे छोड़कर तुम युद्ध पर जाओगे?"

"मैं तुम्हारा शिष्य हूँ, क्यों न?" सहस्रार्जुन ने विनोद किया, "यादव गोत्र में जितने घोड़े और युवक हैं, सबको मैं साथ ले जाऊँगा।"

"परन्तु..."

"मामा, मैं कह चुका। धीरे-धीरे गिरनार चले जाना। मैं चला।"

भद्रश्रेण्य चुप रहा। सहस्रार्जुन ने उसे पद-भ्रष्ट कर दिया और एकमात्र राम का प्रहरी बना दिया। इसका अर्थ यह होता है कि अब वह एकमात्र छोटे-से यादव गोत्र का कंगाल राजा-भर रह गया है।

सहस्रार्जुन खिलखिलाकर हँस पड़ा, और वहाँ से माहिष्मती जाने के लिए प्रस्थान कर गया।

चार-पाँच दिन के बाद लोमा का स्वास्थ्य जब ठीक हुआ तो बचे हुए सैनिकों को साथ लेकर भद्रश्रेण्य, राम, लोमा और प्रतीप यादव-गोत्र को जाने के लिए निकल पड़े। शार्यात और तालजंघा के राजा इस घटना से सावधान हो गए और उन्होंने समझ लिया कि भद्रश्रेण्य का दिनमान अब अस्त हो गया है। अब वह सहस्रार्जुन का शिक्षक और सेनापति नहीं रह गया था; वह तो अब एक छोटी-सी जाति का राजा था और चक्रवर्ती का रोष उस पर उतरा था। इन दोनों राजाओं के गोत्र सबल थे, इसी से उन्हें निश्चय हो गया था कि अब वह सहज ही यादवों को छका सकेंगे।

राम ने भद्रश्रेण्य की निस्तेज मुद्रा का अर्थ परखा। वह अपना घोड़ा राजा के घोड़े की बगल में ले आया।

"राजन्!" उसने स्नेह और सरलता से पूछा, "सहस्रार्जुन ने आपको सेनापति-पद से च्युत कर दिया, क्यों न?"

"हाँ।"

"मेरे कारण?" बड़े सौकुमार्य और नम्र भाव से उसने पूछा, राजा को कहीं बुरा न लग जाए! भद्रश्रेण्य चुप रहा।

"अच्छी बात है, हम लोग यहीं धर्म का प्रवर्त्तन करेंगे," राम ने हँसकर कहा। उसके हास्य में माधुर्य था। वह जब हँसता तो निर्मल कौमुदी का मनोहर प्रकाश फैल जाता।

भद्रश्रेण्य भी हँसा। उसके हृदय का भार हल्का हो गया। राम के सौम्य सम्पर्क में एक अद्‌भुत आकर्षण था।

"गुरुदेव! मैं तो केवल तुम्हारी सेवा का भूखा हूँ।"

"हमें अभी सहस्रार्जुन को धर्म सिखाना होगा।"

भद्रश्रेण्य इस लड़के को देखते हुए थकता ही नहीं था। उसके स्वभाव में भय या द्वेष का एक छींटा भी नहीं था। वह किसी से भी ठगा नहीं जा सकता था। मीठे या कटु वचन का उस पर कोई प्रभाव नहीं पड़ता था। उसकी आत्मश्रद्धा अडिग थी। उसे विचार नहीं करना पड़ता था। वह आपद्‌धर्म से चलित नहीं होता था, और न किसी दूसरे को ही होने देता था।

"यादवों का उद्धार करना ही अब हमारा धर्म होगा," धीरे से राम ने कहा।

"मेरे यादव तो गरीब हैं।"

"वन में जैसे वनराज संचरण करते हैं, वैसे ही यादव संचरण करेंगे," राम ने कहा।

भद्रश्रेण्य के हृदय में साहस जागा। उस लड़के के बोल उसे संजीवनी के समान लगे।

"मुझे एक ही चिन्ता हो रही है," भद्रश्रेण्य ने कहा, "मैं अब सेनापति नहीं रहा, ऐसी स्थिति में मेरे यादवों की क्या दशा होगी?"

"राजन्, कौन है जो यादवों को छेड़ सकता है? मैं हूँ न?" राम ने कहा।

भद्रश्रेण्य विचार में पड़ गया। यह लड़का इस विदेश में अकेला था। उसे भय नहीं था, चिन्ता नहीं थी, किसी की परवाह भी नहीं थी। जब वह निश्चय पर आ जाता तो स्वस्थता और उग्रता की मूर्ति बन जाता। जहाँ भी अधर्म दिखाई पड़ता, और उसका नाश करने के लिए जब वह शक्ति एकत्रित करता, तो वर्षा ऋतु में नर्मदा में आनेवाली पानी की बाढ़ के समान उसका प्रभाव मनोवेग से भी आगे बढ़कर चारों ओर जल-जलाकार कर देता। क्या वह यादवों का उद्धार करेगा?

[4]

उज्जयन्त अथवा गिरनार पर्वत की तलहटी में यादव-गोत्र की मुख्य छावनी थी। वहाँ बारहों महीने झरने का पानी मिला करता था, लेकिन इस वर्ष तो वे भी सूखने लगे थे और ग्रीष्म ऋतु अभी सामने खड़ी थी।

सैकड़ों छूटी हुई गाड़ियाँ उस छावनी में पड़ी थीं। धूप से बचने के लिए उन पर ताड़ के पत्तों के चँदोवे तान दिए गए थे। दोपहर में स्त्रियाँ और बालक उनके भीतर घुसकर बैठ जाया करते थे।

प्रत्येक कुटुम्ब ने अपनी-अपनी गाड़ियों के आगे सूखे पत्तों और शाखाओं की नीची झोंपड़ियाँ बना रखी थीं। उनमें दोपहर में पुरुष बैठते और रात में पति-पत्नी सोया करते। थोड़ी दूर पर प्रत्येक कुटुम्ब के अलग-अलग चूल्हों पर भोजन बनाया जाता।

सन्ध्या होने आई थी।

प्रत्येक कुटुम्ब के चूल्हे के आसपास स्त्रियाँ कोलाहल कर रही थीं। खुली जगह में बच्चे खेल रहे थे और परस्पर लड़-झगड़ रहे थे। समृद्धिवान् कुटुम्बों के लोग जंगली नागों पर

गालियों की वृष्टि कर रहे थे या फिर उन्हें लकड़ियों से मार रहे थे। इन सारी ध्वनियों से वातावरण व्याकुल था।

यादव लोग आर्य थे, पर सप्तसिन्धु के आर्यों की अपेक्षा श्यामल थे। अधिकांश पुरुष लँगोटी पहने हुए थे। स्त्रियों ने एक ओछा-सा कछोटा मार रखा था। शायद ही किसी स्त्री ने स्तनों को ढाँक रखा हो। समृद्ध लोगों ने मृगचर्म पहन रखे थे, पर गरीब स्त्री-पुरुष गन्दे थे और दुर्गन्ध दे रहे थे।

मिट्टी के बर्तनों में से मांस के पकने की गन्ध आ रही थी। यह गन्ध चारों ओर की हलचल, कोलाहल, गाय-घोड़ों की हिनहिनाहट तथा चूल्हों में से निकलते हुए धुएँ में मिलकर वातावरण को कलुषित कर रही थी।

यादव ढोर चराकर अभी-अभी लौट रहे थे। उनकी दैनिक दिनचर्या की यह एक धन्य-घड़ी थी। बकरे, भेड़ें, गायें और भैंसें—यही यादवों की सम्पत्ति थी। घोड़े उनके सर्वस्व थे। वे देव की भाँति उनका पूजन करते थे। वे उनके परम आनन्द और गर्व का आधार थे, क्योंकि उनके बिना उन्हें युद्ध में विजय प्राप्त नहीं हो सकती थी। कुत्ते उनके प्रहरी थे। इन सबका परिपालन, शिक्षण और उपयोग—यही इस गोत्र का मुख्य कर्तव्य था।

सूखे अरण्य में गहरी सुनहली धूल के बगूले घर लौटते हुए यादवों और उनके जानवरों के मार्ग की सूचना दे रहे थे। स्त्रियाँ आगे आकर खड़ी हो गईं। उनमें कुछ गाय दुहने के लिए हाथ में भांडी लिये खड़ी थीं। कुछ स्त्रियाँ तीखे स्वर में अपने पतियों और पुत्रों को झिड़कने लगीं या फिर उन्हें आज्ञाएँ देने लगीं।

कुछ यादव रस्सी की लगाम और खुली पीठवाले घोड़ों को दौड़ाते हुए तथा शोर मचाते हुए आ पहुँचे। घोड़े को वश में रखने के लिए वे निर्बाध रूप से लकड़ी का उपयोग करते थे। घोड़े प्रचंड और तूफानी थे। उनकी बिना काट-छाँट की हुई लम्बी पूँछ और भाल पर धूल लगी हुई थी। धरती पर खेलते हुए बच्चे दूर हटकर या फिर गाड़ियों पर चढ़कर सीटियाँ बजाते हुए और शोर मचाते हुए अश्वारोहियों का आवाहन करने लगे। घोड़ों को थका देनेवाले युवकों की माँ-बहनें तीखे और गरमागरम शब्दों में उन्हें उलाहना देने लगीं।

एक बड़ी गाड़ी में से बीजा नाम का मुखिया नीचे उतर आया। इस वय में उसके लिए दोपहर में सोना अनिवार्य हो गया था। पाँच वर्ष तक पानी के लिए यादव गोत्र सारे सौराष्ट्र में भटका था; कई दिनों तक वह शार्यात और तालजंघ गोत्रों की कृपा पर जिया था। पर इस वर्ष तो सुन्दर पानी के समान गतिवाले घोड़े और दूधवाली गायों की परम्परा ही नष्ट होने लगी थी। पिछला चौमासा सूखा ही गया था। सो अब तो गिरनार की तलहटी में रहना कठिन हो गया था। अब क्या करना होगा, कुछ सूझ नहीं पड़ रहा था।

राजा भद्रश्रेण्य सहस्रार्जुन के साथ सप्तसिन्धु चला गया था। चक्रवर्ती के सेनापति होने के कारण इस छोटे-से गोत्र की प्रतिष्ठा बढ़ गई थी, पर वह प्रतिष्ठा निरर्थक थी। भद्रश्रेण्य यहाँ रह नहीं पाता था। सहस्रार्जुन के निरन्तर चलते रहनेवाले युद्धों में उसे उपस्थित रहना पड़ता था। लेकिन आसपास के गोत्रों के लोग कृपादृष्टि रखा करते थे। इधर मुखिया इतना अधिक थक गया था कि वह इसी प्रतीक्षा में था कि कब भद्रश्रेण्य आकर उसे इस दायित्व से मुक्त करे। गोत्र को किसी दूसरे स्थान पर ले जाने की उसकी बड़ी इच्छा थी। पर कहाँ जाना होगा? क्या करना होगा?

उसने निःश्वास छोड़ा।

सहस्रार्जुन चार दिन पहले यहाँ आकर एक रात रह गया था, तब से तो उसकी चिन्ता का पार ही नहीं था। मुखिया से उसने चार सौ अश्वारोही माँगे थे। बहुत ही अनुनय-विनय करके अन्त में उसने साढ़े तीन सौ अश्वारोही देकर सहस्रार्जुन को विदा किया था।

सहस्रार्जुन की आज्ञा मानकर ही छुटकारा था। उसकी ललकार से सारा जगत् काँपता था। आँधी की भाँति उसके अश्वारोही चारों ओर विनाश प्रसारित किया करते थे। जहाँ भी वे जा धमकते, टिड्डी-दल की तरह सारा रस चूस लिया करते।

पर मुखिया से जब उसने अन्तिम बात कही तो मुखिया के छक्के छूट गए। उसने भद्रश्रेण्य का समाचार पूछा था। उत्तर में सहस्रार्जुन के मुख पर क्रोध छा गया। उसकी बड़ी-बड़ी आँखों में रक्त तैर आया।

"भद्रश्रेण्य! राजा! हा-हा-हा!" क्रूर हास्य के साथ उसने कहा, "आएगा, आएगा, मैं जल्दी से आया हूँ। उसे पीछे से धीरे-धीरे आने को कह आया हूँ।"

"युद्ध पर राजा नहीं आएँगे?" मुखिया ने पूछा। विश्वस्त सेनापति को बिना साथ लिये ही सहस्रार्जुन रण पर जा रहे थे, यह सचमुच आश्चर्य की बात थी।

"युद्ध के लिए वह अब निकम्मा हो गया है। बहुत वृद्ध हो गया है वह। और जब वह आए तो उसे साफ-साफ कह देना—मैं जब तक उसे न बुलाऊँ तब तक मेरे दोनों अतिथियों को वह सँभालकर रखे; उन्हें जाने न दे। और," सहस्रार्जुन ने क्रोध से मूँछ पर ताव दिया, "मेरी आज्ञा का यदि रंचमात्र भी उल्लंघन हुआ तो एक भी यादव को जीता नहीं छोड़ूँगा।"

यादवों के दुर्भाग्य का कोई पार नहीं था। वे भी दिन थे जब यादवों का प्रताप और पराक्रम बहुत बढ़ा-चढ़ा था। पशुपति सोमनाथ महादेव का मेला जब भरा करता, तो यादवों की दो सहस्र गाड़ियाँ गिरनार की तलहटी में छूट जाया करतीं। जब सहस्रार्जुन छोटा था तो भद्रश्रेण्य सारे राज्य का संचालन किया करता था। पर युद्धों में सैकड़ों यादव मर मिटे थे। कुछ यादव गोत्रों ने श्वभ्रमति के तीर पर हैहयों और आनर्तों का आश्रय लिया था। गोत्र अब क्षीण हो गया था, और ऊपर से अनावृष्टि ने त्रास फैला दिया था।

बीजा मुखिया ने सिर हिलाया। देवों ने यादवों पर कोप किया है। निश्चय ही अब उनका सर्वनाश होने को है। और इस सबका कारण नए गुरु थे। जब महाअथर्वण ऋचीक शाप देकर चले गए, तो सहस्रार्जुन ने भृकुंड ऋषि को गुरु-पद पर स्थापित किया था। उनका शिष्य कुक्षिवन्त यादवों के गुरु-पद पर था। उसी के कारण देव की कृपा उन्हें प्राप्त नहीं हो रही थी। अब यादवों के मरने की घड़ी आ पहुँची थी और भद्रश्रेण्य अभी भी नहीं लौट रहे थे।

[5]

बहुत प्रखर धूप पड़ रही थी। प्रतिवर्ष की तरह इस बार भी अकाल था। वर्षा भी नहीं हुई थी। मुखिया ने कपाल का पसीना पोंछा, निःश्वास छोड़ा और व्याकुल होकर थूक का घूँट पिया। सारा संसार ही नष्ट हो गया था। उसका एक पुत्र राजा भद्रश्रेण्य के साथ था। उसके अन्य तीन पुत्रों को सहस्रार्जुन अपने साथ ले गया था। दो छोटे पुत्र यहाँ थे, ये घोड़ों को चराकर लौटते ही होंगे। उसने काले और सूखे गिरनार पर दृष्टि डाली। अंगारों की भाँति वह दहक रहा था। उसकी एक चट्टान पर भगवान् पशुपति सोमनाथ की ध्वजा पवन के अभाव में ढुलकी पड़ी थी।

तीन लड़के घोड़े दौड़ाते हुए चले आ रहे थे। मुखिया कुछ दूर खिसक गया। सबसे आगे भद्रश्रेण्य का छोटा पुत्र मधु आ रहा था। उसके पीछे उसके दो पुत्र कूर्मा और उज्जयन्त आ रहे थे। तीनों लड़के किलकारियाँ भरते हुए घोड़ों को लकड़ियों से मार रहे थे। मुखिया का जी कचोट उठा। मधु उपद्रवी, क्रोधी और लुच्चा था। उसकी माँ रेवती उसका पक्ष लिया करती थी। वह सबको मारता, डराता और स्वच्छन्दतापूर्वक दूसरे लड़कों को बिगाड़ा करता था। मुखिया के स्वयं के लड़के सयाने थे, फिर भी मधु के सम्पर्क का प्रभाव तो उन पर था ही।

जिस घोड़े पर मधु बैठा था, उसका नाम 'गांडा' था। वह अत्यन्त वीर्यवान और उपद्रवी था तथा अनेक वीर अश्वों और अश्विनियों का पिता था। यादव गोत्र के उस शृंगार को मधु बड़ी स्वच्छन्दता से मार रहा था, यह देखकर मुखिया व्याकुल हो गया।

"ठहर..." उसने चिल्लाकर अपनी लाठी उठाई।

मधु ने घोड़े को रोक दिया। फटी आँखों और फटे नथुनों से 'गांडा' खड़ा रह गया।

"गांडे को ऐसे क्यों मार रहा है, क्या वह बैल है?"

मधु ढीठतापूर्वक हँस दिया, "यह तो बैल से भी निकम्मा है।"

"तेरे बाप जब आएँगे तो क्या कहेंगे? जा, जाकर गांडा को बाँध दे," मुखिया ने कहा, "और कूर्मा, तू जाकर ऋषि कुक्षिवन्त से कह दे कि मैं अभी आ रहा हूँ।"

"अच्छा, बापू!" कहकर कूर्मा वहाँ से चला गया। मधु और उज्जयन्त हँसते-हँसते आगे बढ़ने लगे।

मुखिया अपनी लाठी ठोकता हुआ आगे चलने लगा। मधु का उद्धत हास्य सुनकर फिर उसका हृदय उद्विग्न हो गया। यह ढीठ लड़का बीस वर्ष का हो गया था, पर अभी भी उसमें सयानापन न आया था। कुक्षिवन्त के हाथ में वह खेला करता था। राजा भद्रश्रेण्य जिस दिन न रहेंगे, यह अवश्य ही भाइयों को मारकर गोत्र का स्वामी बनने का प्रयत्न करेगा। और जिस दिन यह राजा हो जाएगा, उस दिन निश्चय ही यादव निर्मूल हो जाएँगे। "पशुपति जो करे सो ठीक है," वह बुदबुदाया।

कुछ आगे बढ़ने पर मुखिया ने एक महा-भयानक युद्ध होते देखा। सात-आठ स्त्रियाँ परस्पर भिड़कर जूझ रही थीं। उनकी गालियों और चिल्लाहटों की बाढ़ मर्यादा लाँघ गई थी। नखों और दाँतों का निर्बाध रूप से उपयोग हो रहा था। केशों की खींचातानी से इन चंडिकाओं के युद्ध में और भी अधिक उत्तेजना आ गई थी। पास ही खड़ी हुई कुछ वृद्ध स्त्रियाँ प्रोत्साहन दे रही थीं। कुछ बच्चे हँस-हँसकर कूद रहे थे। समरांगण में उतरी हुई स्त्रियों के बच्चे चिल्ला-चिल्लाकर रो रहे थे : "तेरा सत्यानाश जाय...पकड़ रंडा की चोटी...तेरी आँखें फोड़ दूँ, खड़ी रह"—ऐसी प्रागैतिहासिक भयानक रण-गर्जना सुनाई पड़ रही थी। चारों ओर प्रेक्षकवृन्द जमा हो गए थे। रुधिर की सरिता के स्थान पर फूटी हुई मटकियों का पानी चारों ओर फैल गया था।

देखकर मुखिया भयानक क्रोध से भर आया। ये शंखिनियाँ सदा ही लड़ा करती हैं। लाठी लेकर झपटते हुए उसने प्रेक्षकवृन्द में से रास्ता बनाया और युयुत्सु चंडिकाओं से तीव्र स्वर में पूछा, "क्या कर रही हो कुलटाओ?"

रणोन्मत्त चंडिकाओं का उत्साह यों ही शमित हो जानेवाला नहीं था। गोत्र के मुखिया की अपेक्षा प्रतिस्पर्धी की चोटी की उन्हें अधिक चिन्ता थी। मुखिया ललकारता हुआ आगे

बढ़ आया और लाठी दिखाकर चंडिकाओं को फटकारने लगा। पहले दो स्त्रियाँ अलग हुईं, फिर तीन और फिर एक। लेकिन दो युद्धाकांक्षिणियाँ तब भी उत्साहपूर्वक युद्ध में जूझती ही रहीं। दोनों ने एक-दूसरी की चोटी पकड़ रखी थी।

दोनों के मुख पर दाँत और नख के घाव लग गए थे। 'देहं पातयामि' का भयंकर संकल्प लेकर ये दोनों वीरांगनाएँ सारी सृष्टि को भूलकर एक-दूसरे के विनाश में तल्लीन हो रही थीं। मुखिया के बाप की भी चिन्ता उन्हें नहीं थी।

मुखिया ने तड़ातड़ वार किए। स्त्रियाँ लड़ती-लड़ती धरती पर गिर पड़ीं, तब भी जूझती हुईं वे एक-दूसरी को घसीटने लगीं। वृद्ध मुखिया की नसों में भी शौर्य उभर आया। भूमि पर पड़ी हुई चंडिकाओं को उसने चार पत्नियों के पति की कुशलता से मारना आरम्भ किया। अन्त में लाठी का प्रभाव पड़ा ही और चंडिकाएँ एक-दूसरी से अलग होकर बैठ गईं।

"कुलटाओ, कुछ लाज आती है तुम्हें? यह क्या कर रही हो?" मुखिया ने हाँफते हुए पूछा।

"बापू," एक स्त्री रोती, हाँफती हुई कहने लगी, "मैंने तीन घड़े पानी इस राँड को दिया। मैं पानी वापस लेने आई, तो न कहने-जैसी बातें इसने मुझसे कहीं। और मेरी गाय मरने को है...मेरी एकमात्र गाय!" वह चिल्लाकर रोने लगी।

"और बापू," दूसरी ने रोते-रोते कहा, "यह मुँहजली मुझसे कहती है कि मेरा पति नहीं है सो मैं सारे गोत्र की रखैल हूँ। ओ मेरी माँ...मेरे बाप..." उसने भी विलाप करना आरम्भ कर दिया।

"तुम दोनों चुप भी रहोगी या नहीं?" बूढ़े का स्वर गरज उठा, "नहीं तो मैं तुम्हारे सिर फोड़ दूँगा। कुछ तो शरम रखो। कल आना, मैं जाँच-पड़ताल करूँगा।"

"लेकिन बापू! मेरी गाय तो मर रही है।"

"दूध देती है?"

"हाँ, बापू!"

"तो दो घड़े मेरे यहाँ से भर ला। मरती हुई गाय को छोड़कर यहाँ लड़ने में जुटी है। और यह कितने घड़े पानी यहाँ ढुलका दिया? धिक्कार है तुम्हारी जाति को!" कहकर खिन्न हृदय से वह चल पड़ा। किसको दोष दिया जाए? पानी के बिना ढोर नहीं रह सकते और ढोरों के बिना जीवन नहीं रह सकता। आज तो इस लड़की की गाय मरेगी। पर कल, कौन जाने किसकी न मरे?...

[6]

यादव गोत्र का गुरु और पशुपति सोमनाथ का पुजारी कुक्षिवन्त मार्कण्डेय कोई चालीस वर्ष का एक दुबला और लम्बे कद का व्यक्ति था। वह अपने-आपको ऋषि कहलवाता था, पर जो उसे ऋषि कहते थे वे ताने और कटाक्ष में ही कहते थे। उसके धूर्त मुख पर चंचलता थी। तप ने उसका स्पर्श भी नहीं किया था। अच्छा खाना, अच्छा पीना और आनन्द करना यही उसे अच्छा लगता था। जैसे-तैसे दो-चार मन्त्रों को उच्चारित कर लेने तक ही उसकी विद्वत्ता सीमित थी। एकमात्र गुरु की पाखंड-कला में ही बस वह प्रवीण था। वह सबकी निर्बलता

जानता था और इसी कारण आडम्बर और कूट-कौशल से वह डरपोक और अज्ञानी यादवों को अपने वश में रखता था। मधु को वह अपने हाथ पर नचाता था। कितने ही कुटुम्बों में वह क्लेश खड़े करता, और गोत्र के भीतर दलबन्दियाँ खड़ी करके वह शासन चलाता था। किसी भी यादव की उस पर प्रीति नहीं थी। किन्तु गुरु के बिना देव प्रसन्न नहीं हो सकते हैं, इसी से कुछ लोग उसका आदर करते थे। वह सहस्रार्जुन का विश्वासपात्र व्यक्ति समझा जाता था और इसी से लोग उससे डरा करते थे।

कुक्षि की झोंपड़ी के सामने एक जैसे-तैसे बनाई हुई वेदी थी। उसमें कई दिनों की राख इकट्ठी हो गई थी। वह झोंपड़ी में भोजन करने बैठा था। एक स्त्री बाहर भोजन बना रही थी और एक दूसरी स्त्री ला-लाकर उसे परोस रही थी। और कल्विणि, एक तीसरी स्त्री जो कि यौवनवती, स्वरूपवान और स्थूलकाय थी, सामने बैठी उसे अधिक खाने के लिए प्रेरित कर रही थी। अन्य लोग चाहे भूखों मरते, पर देव के इस परम भक्त के यहाँ तो आनन्द-ही-आनन्द था। गोत्र की सबसे अच्छी गायें उसे प्राप्त होतीं; उसे गौदान किए बिना किसी का भी पितर देवलोक को प्राप्त नहीं कर सकता था। आवश्यकता पड़ने पर मनचाही वस्तु जिससे वह चाहता मँगवा लेता, और देव तथा उनकी अवकृपा से डरनेवाले यादव उसे लाकर उपस्थित कर देते।

"आओ, मुखिया! आज चिन्तातुर दीख रहे हो।"

"रयशी!" मुखिया ऋषि को सदा 'रयशी' ही कहा करते, "मैं तो अब हार मान गया हूँ। बस, बापू के आने की राह देख रहा हूँ।"

"क्यों, क्या बात है?" कुक्षि ने खीर को सपोटते हुए कहा।

"दुःख का पार नहीं है अब तो बाबा," मुखिया ने सामने बैठते हुए कहा, "पानी नहीं है, घास नहीं है, ढोर मरने लगे हैं। कौन जाने क्या होने को है?"

"अरे, घबराते क्यों हो? महादेवजी सब आनन्दमंगल ही करेंगे।"

"महादेवजी तो कुछ भी नहीं कर रहे हैं," मुखिया बुदबुदाया।

"देख क्या रही है!" कुक्षि ऋषि अपनी पत्नी पर चिल्लाए, "और खीर है कि नहीं?"

"अभी लाई," कहकर कल्विणि बिजली की तरह झपटकर खीर लेने चली गई।

"मुखिया, मुझ पर श्रद्धा रखो। सब कुछ अच्छा ही होगा," कहकर कुक्षि ने मीठे होंठों पर जिह्वा फेरी।

"रयशी, यदि शीघ्र वर्षा नहीं हुई तो साबरमती के किनारे जाना पड़ेगा।"

"ऐसे कैसे जाया जा सकता है यहाँ से? जब तक मैं बैठा हूँ तब तक क्या होने को है?" कुक्षि ने निश्चिन्ततापूर्वक कहा।

"क्या नहीं हो रहा है? एक पानी की मटकी के लिए वह रघी और विजी एक-दूसरी के केश नोंच-नोंचकर लड़ रही थीं। यह दुःख देखना अब मुझसे सहन नहीं हो सकता। आनर्तराज का सन्देश आ गया है। चौमासे तक के लिए वे हमारे गोत्र को उस नदी के किनारे पर स्थान दे सकेंगे।"

"सन्देश कब आया?" किंचित् धूर्तता से उसने पूछा। उसकी जानकारी के बाहर गोत्र में कुछ हो, यह बात उसे पसन्द नहीं थी। उसकी और मुखिया की दृष्टि विद्वेष से भरकर टकरा गई।

"आज ही।"

"मुझे क्यों नहीं पूछा?"

"इतनी छोटी-सी बात के लिए तुम्हें क्यों कष्ट दूँ?" मुखिया ने कहा।

"यहाँ से हम जा नहीं सकते," कुक्षि ने सिर हिलाया, "राजा अर्जुन की आज्ञा है।"

"मुझे तो ऐसी कोई आज्ञा उन्होंने नहीं दी," मुखिया ने व्याकुल स्वर में उत्तर दिया, "हमने कौन-सा अपराध किया है कि वे जहाँ कहें वहाँ रहकर हमें मर जाना पड़े? वे तो शायद दस बरस तक भी वापस न लौटें।"

"उनकी आज्ञा का उल्लंघन करोगे, तो तुम्हारा क्या होगा?"

"आज्ञा दे गए हैं तो साथ ही पानी के घड़े क्यों नहीं भिजवाते गए?" मुखिया ने ताना मारा, "हमसे हमारे युवक ले रहे हैं, घोड़े ले रहे हैं, गायें ले रहे हैं, अब तो केवल प्राण लेने बचे हैं। परसों दोपहर के बाद मैं तो अपने बोरे-बसने बाँधकर चल दूँगा, यदि बापू नहीं आए तो।"

"मुखिया, थोड़ा धैर्य से काम लो। मैं आदमी को माहिष्मती भेजकर आज्ञा मँगवाता हूँ।"

"अपनी गाड़ियाँ मैं जहाँ चाहे हाँकूँ। उसमें भला आज्ञा किसकी लेनी पड़ेगी?" उग्र भाव से मुखिया ने पूछा।

"मधु से पूछ लिया है?"

"वह तो बालक है। उससे पूछकर क्या होगा?"

"तब भी राजा का पुत्र तो है ही न?"

"वह भी तो तुमसे पूछकर उत्तर देगा न? उसे ऐसा सिर चढ़ाया है कि कौन जाने उसका क्या होने को है?"

"वह और उसके युवक साथी न मानें तो?" कुक्षि ने पूछा।

"मुखिया मैं हूँ कि वह? कल आप प्रयाण-यज्ञ करवाइए," कहकर मुखिया वहाँ से चल दिया।

उन्होंने निश्चय कर लिया था। जब तक उजाला रहा, वे धीरे-धीरे चारों ओर घूम गए। जहाँ देखा, वहीं बस एक ही कर्म-कथा थी—पानी की तंगी। खीर की कटोरियाँ उड़ाते हुए कुक्षि पर उसे भयंकर क्रोध हो आया। वह गुरु नहीं था, वह तो काला नाग था। उसी के कारण देव कुपित हुए थे और उन्हें आनर्तों की शरण में जाना पड़ रहा था।

निदान मुखिया अपनी झोंपड़ी पर पहुँचे, पंचों को बुलवाया और उनकी सम्मति ली। तीसरे दिन दोपहर के पश्चात् सारा गोत्र साबरमती की ओर अपना प्रयाण आरम्भ कर दे, यह निश्चय हो गया।

उजियाली रात थी। सारे गोत्र में जब यह सम्वाद फैल गया, तो सब लोगों में उत्साह जाग उठा। एक स्थान पर बैठकर मरने की अपेक्षा तो दौड़कर आग में कूद पड़ना ही अच्छा है। स्त्रियाँ और बच्चे आनन्द से नाच उठे।

थका हुआ मुखिया लेट गया। उसके लड़के और भाई-भतीजे उसके आसपास सोने की तैयारी कर रहे थे। उसकी बुढ़िया धीरे-धीरे कुछ बात कह रही थी। एकाएक मधु और दूसरे चार लड़के खड्ग लेकर आ पहुँचे। मुखिया के कुटुम्बी चौंककर खड़े हो गए।

"मुखिया!" मधु ने उद्धत भाव से पूछा, "यह क्या है? किससे पूछकर गोत्र को यहाँ से उठाए लिये जा रहे हो?"

"मुझे किससे पूछना पड़ेगा?" मुखिया ने हठीले स्वर में उत्तर दिया।

"यहाँ से नहीं जा सकते, सावधान!" मधु ने क्रोधावेश से भरकर आज्ञा दी।

"तेरे गद्दी पर आने में अभी देर है। मेरे साथ तेरे बाप और चार भाई हैं।"

"तू मुझे कहनेवाला कौन होता है?" कहते हुए होंठ पीसकर मधु आगे बढ़ आया। मुखिया उठकर सामने खड़ा हो गया, "तेरे बाप को मैंने पाला-पोसा है, यह तुझे पता है? तू अपनी राह जा। तेरा सिर बेठिकाने हो गया है।"

"और तेरा सिर अभी बेठिकाने होगा?" कहते हुए खड्ग उठाकर मधु पास दौड़ आया। हाहाकार मच गया। मुखिया ने लाठी की आड़ देकर बचाव किया। मुखिया के पुत्र कूर्मा ने मधु पर पीछे से आक्रमण किया और पैर पकड़कर उसे फेंक दिया। चारों ओर से लोगों ने आकर मधु का खड्ग छीन लिया।

उस खड्ग के समान चन्द्रिकामय मध्यरात्रि की शान्ति शंखनाद से भंग हो गई। "राजा आ गए!" सबके मुँह से निकल पड़ा। सभी के हृदयों में आनन्द का सागर उमड़ पड़ा और काम तथा नींद छोड़कर स्त्री-पुरुष और बालक राजा भद्रश्रेण्य का स्वागत करने के लिए दौड़ पड़े। अकेला मधु ही चोर की भाँति अपनी गाड़ी में जाकर छिप गया।

गोत्र के सीमान्त पर यादवों की मेदिनी जमा हो गई। सभी अधीर होकर हँस-बोल रहे थे। केवल छोटे बच्चे इस हलचल का कारण न समझ पाने से रोने लगे। बड़े बालक कूद-फाँद करने लगे। 'राजा आ गए। राजा आ गए!' की हर्ष-ध्वनि होने लगी। गाँव में घोड़े और ढोर भी रम्भाने-हिनहिनाने लगे। चंचल कुत्ते बिना भौंके, एकटक क्षितिज निहार रहे थे।

मुखिया ने शंखनाद किया। उसके प्रत्युत्तर स्वरूप भद्रश्रेण्य ने भी शंखनाद किया और एक तीसरा शंखनाद और हुआ—यादवों के शंखनाद से अधिक प्रौढ़, स्पष्ट, निराला। बहुतों को वह नाद परिचित नहीं जान पड़ा। मुखिया भी उसे न पहचान सका। तभी स्मृति-भंडार के भीतर सोए संस्कार जाग उठे। उसने आश्चर्यचकित होकर सिर पर हाथ दे लिये—"ओ माँ मेरी!"

"क्यों? यह किसका शंखनाद है?" दो-तीन जनों ने पूछा।

"महाअथर्वण भार्गव का! मैं छोटा था, तब मैंने सुना था। मैंने भी सीखा था।"

"महाअथर्वण भार्गव! ऋचीक! जिन्होंने इस भूमि को शाप दिया था, वे? यह क्या? देव और भी अधिक रूठ गए हैं, या फिर प्रसन्न हुए हैं?"

अश्वारोहियों की एक छोटी-सी टुकड़ी आगे आती हुई दीख पड़ी। यादवों ने हर्षनाद किया। सामने से आते हुए अश्वारोही प्रेम-विह्वल हो पुकार उठे।

अश्वारोही अपने-अपने अश्वों पर से कूदकर अपने स्वजनों से मिलने के लिए दौड़ पड़े। राजा भद्रश्रेण्य ने उतरकर मुखिया से भेंट की। सभी के भीतर भेंट करने की उत्कंठा जाग उठी थी। स्वजनों से मिलने का लाभ न मिलने के कारण कुछ लोग घोड़ों से जाकर भेंट करने लगे।

दो अश्वारोही घोड़ों पर से उतरकर एक-दूसरे का हाथ पकड़कर कन्धे से कन्धा सटाए खड़े हुए थे। उन्हें कोई पहचानता नहीं था। विदेश में वे दोनों ही एक-दूसरे के अपने थे। लेकिन भद्रश्रेण्य तुरन्त ही मुखिया को और अपने काका को उनके पास ले आया।

"वीजा काका!" भद्रश्रेण्य ने गद्‌गद् कंठ से कहा, "आओ, पैरों पड़ो। ये हैं महाअथर्वण के पौत्र—हमारे गुरुदेव—भार्गव श्रेष्ठ जमदग्नि के पुत्र। वीजा, पचास वर्ष के उपरान्त शाप

उतरा है। मुझ पर कृपा करके गुरुदेव यहाँ पधारे हैं। पैरों पड़ो, इनके पद-धारण से हमारा उद्धार होगा।"

कुछ लोग समझे, बहुत-से लोग न भी समझे, पर प्रणिपात सभी ने किया।

उन दोनों अश्वारोहियों में से एक दीर्घकाय अश्वारोही ने स्वाभाविक गौरव से वीजामुखी को उठाकर भेंट की और हाथ फैलाकर आशीर्वाद दिया, "यादवो! अग्नि, वरुण और इन्द्र तुम्हारा कल्याण करें!"

भार्गव राम के साथी ने उन जैसा ही पुरुष-वेष धारण कर रखा था; तब भी वह एक लावण्यवती स्त्री थी, यह स्पष्ट ही प्रकट हो रहा था। उसके सुकुमार मुख पर और रोष दिलानेवाली उद्धत नाक की रेखाओं में जगत् को जीतने के लिए सृजी गई सुन्दरी की मोहिनी थी। वह छोटी और सुडौल थी।

"ये हैं तृत्सुओं के प्रतापी राजा सुदास की बहन लोमादेवी!" भद्रश्रेण्य ने परिचय दिया।

राम और लोमा को ले जाकर राजा ने अपने पास की ही एक झोंपड़ी में स्थान दिया। आधी रात को भी चूल्हे चेत उठे। भोजन राँधकर खाना-पीना हुआ और न जाने कितनी रात गए तक रंग-राग चलते रहे।

राजा आ पहुँचे हैं और महाअथर्वण के पौत्र ने लोगों को शाप से मुक्त कर दिया है, इन दोनों घटनाओं ने यादवों को हर्ष से पागल बना दिया।

[7]

कुछ दूर पर एक वृक्ष के तले भद्रश्रेण्य, मुखिया, राजा के काका तथा पंच लोग परस्पर एक-दूसरे से नए-पुराने समाचार कहने-सुनने लगे।

"मैं जानता हूँ, सहस्रार्जुन मुझ पर बहुत क्रुद्ध हो गए हैं," भद्रश्रेण्य ने कहा, "मैं अब नाम मात्र का ही सेनापति रह गया हूँ। लेकिन वीजा, किसी दिन तो इस शाप से छुटकारा पाना ही था न? देवों ने हम पर कृपा की है। जिनके दर्शन भी दुर्लभ हैं, ऐसे भृगुश्रेष्ठ का पुत्र हमें मिल गया है। कल देख लेना! मैं तो दिन और रात उसके साथ रहा हूँ। जहाँ भी हम गए हैं, आनन्द-ही-आनन्द हुआ है। यह गुरु के पुत्र नहीं, यह तो स्वयं ही देव हैं। राजा अर्जुन भले ही कुपित हों, हमें तो किंचित् भी आँच नहीं आनेवाली है। और आए तो आए, अपने बाप-दादों के किए पातक का प्रायश्चित करेंगे।"

"लेकिन यह राजा की बहन क्यों आई है?"

भद्रश्रेण्य ने लोमहर्षिणी के सम्बन्ध में सारी बातें उन्हें सविस्तार बताईं।

"सहस्रार्जुन के मन में खोट है। इस लड़की के साथ विवाह करने के लिए वह इसे यहाँ ले आया है, लेकिन भृगुश्रेष्ठ जमदग्नि ने इस विवाह के विरुद्ध खड़े होने की प्रतिज्ञा की है। अर्जुन का भाग्य फूट गया है। यदि मानव देव के साथ लड़ेगा तो हारेगा ही, इसमें अचरज की बात ही क्या है?"

"लेकिन अब यहाँ से चलना होगा या नहीं? बापू, तुम आ गए हो, सो अब तुम ही इस बात का निर्णय करो।"

"कल सवेरे देखा जाएगा।"

इतने में ही कुक्षि आ पहुँचा, और सब लोगों ने बात को उड़ा देने की चेष्टा की। निदान कुक्षि ने कहा, "राजन्! मुझे तुमसे बात करनी है, अकेले में।"

"अभी ही? कल करें तो नहीं चलेगा?"

"नहीं, अभी ही!" कुक्षि अपने हठ पर दृढ़ बना रहा। सब उठ खड़े हुए।

"राजन्, चक्रवर्ती सहस्रार्जुन यहाँ आकर आपके लिए सन्देश छोड़ गए हैं।"

"क्या?"

"वे जब तक लौटकर न आएँ, तब तक आपको यहाँ से जाना नहीं है।"

कुक्षि की मृदु वाणी से जो विष टपक रहा था, उसे भद्रश्रेण्य ने स्पष्ट ही पहचान लिया।

"मैं जानता हूँ। मुझसे सहस्रार्जुन ने कहा था। पर तुमसे भी कह गए हैं, यह सचमुच आश्चर्य की बात है!" राजा ने कटाक्ष करते हुए कहा।

"मुझे वे आज्ञा दे गए हैं कि आपके लौटने पर, आपकी इच्छा क्या है यह जानकर, उसकी सूचना मुझे रानी मृगा और गुरु भृकुंड को दे देनी चाहिए।"

"कुक्षिवन्त, आप हमारे गुरु होकर, हमें बन्दी बनाकर, हमारे प्रहरी बन गए हैं, क्यों न?"

"चक्रवर्ती सहस्रार्जुन की आज्ञा का उल्लंघन मैं नहीं कर सकता। युद्ध पर जाते समय वे आपको मुझे सौंप गए हैं।"

"कुक्षिवन्त, सो तो मैं जानता हूँ। मैं अब सहस्रार्जुन का सेनापति नहीं रहा। उनका कोप मुझ पर उतरा है। मैं अब यादवों का राजा नहीं, पर तुम्हारा बन्दी हूँ। और भी कुछ कहना है?"

"यह क्या कह रहे हो?" विष-भरी मिठास के साथ कुक्षि ने कहा, "मैं तो तुम्हारा पुरोहित हूँ।"

"मुझ पर पहरा देने के लिए, रानी मृगा को गुप्त सन्देश भेजने के लिए और मेरे यादवों को निराधार बना देने के लिए?"

"मुखिया ने परसों साबरमती के तीर जाने की घोषणा की है। मैंने उन्हें बहुत मना किया है। अब आप क्या निर्णय करते हैं। जो भी करें विचारपूर्वक करें।"

"कुक्षिवन्त, मैं तो साठ वर्ष का हो गया हूँ। बिना विचारे काम करने का अधिकार तो तुम युवकों का है। मैं कल सवेरे निश्चय करूँगा।"

"यहाँ से आप चले जाएँगे तो परिणाम बहुत बुरा होगा।"

"कुक्षिवन्त, मुझे क्या करना होगा, सो तो मैं जानता हूँ," किंचित् अधीर होकर भद्रश्रेण्य ने कहा।

"आप नहीं जानते हैं, इसी से तो कह रहा हूँ। आपने उस भार्गव का गुरुदेव के रूप में परिचय दिया है, तब मैं कौन हूँ। गुरु भृकुंड कौन हैं? सहस्रार्जुन तो इन दोनों अतिथियों को बन्दी बनाकर रखने को कह गए हैं, और आपने उस लड़के को गुरु बनाकर बिठा दिया, सो भी गुरु भृकुंड से या मुझसे पूछे बिना ही।"

भद्रश्रेण्य खिलखिलाकर हँस पड़ा।

"कुक्षिवन्त, अपना चातुर्य अपने पास ही रहने दो, या फिर उसे अज्ञानी यादवों के आगे जताओ। मैं तो बूढ़ा हो गया हूँ। मैंने तो अगस्त्य और लोपामुद्रा के, वसिष्ठ और कण्व के

तथा विश्वामित्र और जमदग्नि के दर्शन किए हैं। अपना गुरु-पद अपने पास ही सँभालकर रखे रहो।"

"तो आप क्या कहना चाहते हैं?" कुक्षिवन्त ने क्रोधपूर्वक पूछा। राजा फिर हँस पड़ा।

"तुम भी मार्कण्डेय हो सो भृगु ही हो, और भृगुओं के कुलपति हैं भृगुश्रेष्ठ जमदग्नि। उनके पुत्र ने इस देश के आर्यों का गुरु-पद तो जन्म से ही पाया है। चापलूसी और छल-छन्द से वह उसे नहीं प्राप्त करना पड़ा है। तुम्हारे धन्य भाग्य हैं कि जीते-जी अपनी आँखों से तुमने उसके दर्शन कर लिए।"

"याद रखिए, आपको इसके लिए बहुत अधिक सहन करना पड़ेगा!"

"रक्षा करनेवाला और मारनेवाला तो देव है, मनुष्य नहीं।"

"और मैं देव का मन्त्र-दर्शन करनेवाला हूँ।"

"कुक्षि!" भद्रश्रेण्य ने होंठ काटकर उग्र स्वर में कहा, "गुरु भार्गव के पैर धोकर पानी पी, तब तुझे समझ में आएगा कि मन्त्र किसे कहते हैं।" उसकी आँखों में प्रतिहिंसा उभर आई, "और यदि भार्गव का बाल भी बाँका हुआ, तो तेरा रक्त पी जाऊँगा। जा..."

कुक्षि वहाँ से चला गया। यह तो निश्चित था कि भद्रश्रेण्य का पुण्य समाप्त हो गया था। वह अब सहस्रार्जुन का मान्य सेनापति नहीं रह गया था, प्रत्युत वह तो एक बन्दी के समान था। उसका प्रहरी स्वयं गुरु भृकुंड और रानी मृगा का मान्य व्यक्ति था। भद्रश्रेण्य यदि नियन्त्रण में न रहे तो यादवों का नाम-चिह्न भी शेष रहना सम्भव नहीं था। और नाम-चिह्न न रहे इसी में उसे लाभ भी था। गुरु भृकुंड अस्सी बरस के हो गए थे। और यदि वह सहस्रार्जुन को प्रसन्न कर सके तो उनके बाद वह माहिष्मती का पुरोहित-पद प्राप्त कर सकता था।

अपनी गाड़ी की ओर जाते हुए कुक्षि ने अनेक युक्तियाँ सोचीं और अपने किए हुए संकल्पों को सिद्ध करने के लिए उसने अपने विश्वसनीय आदमियों को भोर होने से पहले ही सहस्रार्जुन की रानी मृगा और गुरु भृकुंड के पास सन्देशा देकर भिजवा दिया।

[8]

भद्रश्रेण्य ने अपने पास ही की एक झोंपड़ी राम और लोमा को दे दी थी। राम ने लोमा की शय्या बिछाकर बड़ी मृदुता से उसके मृगचर्म व्यवस्थित कर दिए। लोमा उसका अंग थी। उसे छोड़कर खाना-पीना, सोना, शस्त्र फिराना या घोड़े पर बैठना उसे नहीं रुचता था। तिस पर भी उसकी ओर राम की किंचित् मात्र पुरुषवृत्ति नहीं थी।

दोनों बालकपन से एक साथ ही खेल-कूदकर बड़े हुए थे और दोनों देहों में एक ही आत्मा हो, ऐसा वे अनुभव करते थे। वह लोमा के मन की बात समझ जाता और लोमा उसके मन की बात जान जाया करती।

राम जानता था कि सहस्रार्जुन लोमा को हरण करके लाया है और इसी से वह भी साथ आया था। सहस्रार्जुन जब दोनों को ले आया तो कुछ दिन तो लोमा बहुत घबराती रही पर राम ने उसके साथ रहकर उसे अभयदान दिया था।

उसके पास से वह क्षण-भर के लिए भी दूर न होता। रात को भी जब वह सो जाती, तब वह उसका पहरा देता। उसका निःश्वास भी सुनाई पड़ जाता, तो तुरन्त हाथ में खड्ग

लेकर खड़ा हो जाता। लोमा उससे बड़ी थी, फिर भी सुकुमार और नन्हीं थी। उसे तनिक भी कष्ट होता, तो राम उसे उठा लेता।

राम को अनुभव होता था कि लोमा बहुत बदल गई है। छोटी-छोटी बातों में अब वह शरमाने लगती। कभी-कभी उसके स्पर्श से वह काँप उठती। अब जो वह कभी राम से चिपटती तो उसमें उसे एक अनजान उर्मिलता का अनुभव होता। पहले तो लोमा मित्र-भाव से उपद्रव भी किया करती, पर अब तो वह उसकी ओर पूज्य-भाव रखती थी। राम की मान्यता थी कि स्त्रियाँ निर्बल होती हैं। इसी से वह मान लिया करता था कि लोमा में यह परिवर्तन स्त्रियों के न समझे जा सकनेवाले स्वभाव के कारण ही हुआ होगा।

लोमा के सो जाने पर राम भी उसके पास ही सो गया। मुँह-अँधेरे उठकर वह सोई हुई लोमा की ओर देखने लगा और मानो दृष्टि-सन्देश का उत्तर दे रही हो, लोमा ने इस प्रकार आँखें खोल दीं।

"चल, नहा आएँ।"

"पर नदी कहाँ होगी?"

"प्रतीप कह रहा था कि गोत्र के निकट ही गोमती नदी है।"

दोनों झोंपड़ी से बाहर निकले। सारा गोत्र अभी सो रहा था। चारों ओर गन्दगी, दुर्गन्ध और गरीबी दिखाई पड़ी।

दोनों ने हाथ में मिट्टी के घड़े उठा लिये और बाहर निकले। उन्हें देखकर कुत्ते भौंकने लगे। दूर पर एक वृद्ध स्त्री गीत गाती हुई चक्की पीस रही थी।

"माँजी, यहाँ नदी कहाँ है?"

"ऐसे भाग्य हमारे कहाँ कि नदी पास ही में हो। गिरनार पर जाना पड़ेगा! भाई, तू कौन है?"

"मैं भार्गव हूँ। कल जो आया था, वही!" हँसकर राम ने कहा।

"भार्गव! ओहो, महाअथर्वण का बेटा? भाई, तेरे पैर यहाँ पड़ने से ही पानी आ जाए तो अच्छा हो। गोमती में से तो पानी बूँद-बूँद आता है। घड़ा भरते हुए घड़ियाँ बीत जाती हैं। यह लड़की कौन है, भाई?"

"यह लोमहर्षिणी है, राजा दिवोदास की पुत्री।"

"तू तो, अरी, बड़ी सुन्दर और रूपवान है। चलो, मैं भी घड़ा लिये लेती हूँ।"

बुढ़िया कमर झुकाकर चल रही थी, पर उसके पैरों में बहुत शक्ति थी। वह बातूनी भी थी। पानी का कैसा दुःख है, एक घड़ा पानी के लिए स्त्रियाँ किस प्रकार मुष्टा-मुष्टी और केशा-केशी करती हैं, मुखिया कैसा भला आदमी है और गोत्र का गुरु कुक्षिवन्त कितना दुष्ट व्यक्ति है; बड़ी रानी, प्रतीप की माँ और सेठानी कैसी अच्छी हैं तथा छोटी रानी रेवती कैसी लुच्ची है, ये सारी बातें बुढ़िया ने बिना पूछे ही कह डालीं।

जंगल की पगडंडी पर होकर वे गिरनार पर चढ़ गए। वहाँ सूखी हुई गोमती के पथरीले पाट पर होकर एक छोटा-सा प्रवाह बह रहा था।

वे सब वहाँ गए। बुढ़िया कपड़े धोने चली गई। लोमा ने मृगचर्म उतारकर स्नान किया। वह जब स्नान करती तो रक्षा करने के लिए राम पास खड़ा रहता, पर आँखें मींचकर और मुँह फेरकर।

फिर राम नहाने गया और लोमा वैसे ही खड़ी रही। वे दोनों छोटे थे तब राम की माँ रेणुका ने, जिसे वे दोनों 'अम्बा' कहा करते थे, यह शिष्टाचार उन्हें सिखाया था। वे अभी भी उससे विचलित नहीं हुए थे। यह देखकर बुढ़िया खिलखिलाकर हँस पड़ी और पास आकर तालियाँ पीटने लगी। राम को लगा कि यह बुढ़िया कुछ पागल है।

"माँजी, खड़ी रहो, हम अर्घ्य देकर आते हैं।"

अर्घ्य-विधि समाप्त होने पर, राम और लोमा भरे हुए घड़े लेकर पर्वत पर से उतरने लगे। बुढ़िया के सिर पर भी पानी का घड़ा था।

पर्वत की तलहटी में, पगडंडी के पास, झाड़ों का एक झुंड था। उसमें कुछ बच्चे खड़े हुए दिखाई पड़े। अचानक लकड़ी की मार का शब्द सुनाई पड़ा और किसी बच्चे की भयानक चीख सुनाई दी। मन्द-मन्द हँस रहे राम की मुद्रा गम्भीर हो गई। उसकी आँखें स्थिर हो गईं।

"यह क्या?"

"भाई, यह तो छोटी रानी के मधु का उपद्रव जान पड़ता है। चलो, चले चलो यहाँ से। वह बहुत खराब लड़का है।"

इस चेतावनी पर ध्यान दिए बिना ही राम झाड़ों के झुंड की ओर बढ़ा। उसके पीछे-पीछे लोमा और बुढ़िया भी गईं। वहाँ पन्द्रह-बीस लड़कों का झुंड खड़ा हुआ था। दो लड़कों ने एक लड़के के हाथ पकड़ रखे थे, और एक युवक जो प्रतीप के भाई-सा लग रहा था, उस पकड़े हुए लड़के को कोड़े मार रहा था।

कोड़े मारनेवाला मधु एक लम्बा, दृढ़ गठन का लड़का था। इस समय उसका मुख क्रोध और द्वेष से लाल हो गया था। जिस लड़के को वह कोड़े मार रहा था, उसका छोटा भाई दूर खड़ा सिसक-सिसककर रो रहा था। अन्य सब लड़के आनन्द से खड़े थे।

"यह मुखिया का लड़का कूर्मा है। और वह जो रो रहा है, वह उसका छोटा भाई उज्जयन्त है।" बुढ़िया ने राम से कहा।

"चुगलखोर, बदमाश, मेरा दास होकर मुझे ही तूने कल गिरा दिया?"

"क्षमा करो, क्षमा करो!" कूर्मा ने रोते हुए कहा।

उत्तर में मधु ने फिर कोड़ा खींचा, कूर्मा चिल्लाकर रोने लगा। आसपास खड़े हुए लड़के हँस पड़े।

राम का मुख निश्चल हो गया। उसकी तेजस्वी आँखें सिंह की आँखों के समान विकराल हो गईं। धीरे से, स्वस्थतापूर्वक उसने लड़कों की टोली के बीच जाकर मधु का हाथ पकड़ लिया।

"बस कर!" वह ललकार उठा।

आसपास खड़े लड़के स्तब्ध हो गए। राम काफी रात बीतने पर आया था, सो कोई उसे पहचानता नहीं था। मधु का हाथ पकड़नेवाले की हिम्मत देखकर वे अवाक् हो गए। कूर्मा की चीख उसके गले में ही अटक गई। उज्जयन्त अपना रोना भूल गया।

मधु भी विस्मित होकर क्रोध-भरी दृष्टि से देखता रह गया। यादव-गोत्र में कोई भी ऐसा व्यक्ति उसकी जान में नहीं था जो उसे रोक सके। और रात को जब राम का स्वागत-सत्कार हुआ था, तब वह वहाँ उपस्थित नहीं था, सो राम को वह पहचान न सका। उसने जोर से

अपना हाथ राम के हाथ में से खींच लिया और राम के मुँह की ओर अपना कोड़ा तान दिया। लड़के अपने नेता की वीरता को देखकर हँस पड़े।

राम के मुख पर रुधिर की रेखा-सी तैर आई। कुछ ऐसा आभास होने लगा मानो उसकी स्थिर विकराल आँखों में से आग की सरिता बह रही हो। एकाएक सिंह की तरह झपटकर उसने मधु का गला पकड़ लिया और उसे धरती पर डाल दिया। गिरता हुआ मधु राम से भिड़ पड़ा और दोनों भूमि पर आ गिरे।

लड़के चकित हो गए। कूर्मा ने हाथ पकड़नेवाले से अपने हाथ छुड़ा लिए। उज्जयन्त रोना भूलकर साहस से भर उठा। लोमा ने घड़े नीचे रख दिए और कमर से गोफन निकाली।

वयस्क, प्रबल और क्रोधाविष्ट मधु का राम को डर नहीं था। दोनों भूमि पर से उठकर एक-दूसरे से जूझ पड़े। राम ने देखा कि मधु फिर से अपनी प्रतिष्ठा स्थापित करने को उत्सुक है। और वह अपने बल से राम को कुचल डालना चाहता है।

राम चपलतापूर्वक मधु को छकाने लगा। उसके पैर नर्तकी की भाँति नाच रहे थे, अतएव धीमे पैरोंवाले मधु को छकाना उसके लिए बहुत सरल हो गया। स्वस्थ और सचोट राम के लिए, जिसने बचपन से ही चायमान और विमद जैसों के पास शिक्षा पाई थी, मधु तो केवल बालक के समान था। मधु का श्वास रुँधने लगा, पर राम शान्तिपूर्वक श्वास ले रहा था।

लोकवृन्द की प्रशंसा और निन्दा दोनों ही चंचल होती हैं। लड़के राम की शक्ति देखकर मुग्ध हो गए। मधु को भी निदान कोई अपने से सवासेर मिला तो!

राम ने मधु को अपने पाश में जकड़ लिया। उसे दूर करने के लिए मधु की सारी छटपटाहट व्यर्थ हो गई। वह भूमि पर लुढ़क गया। राम उसकी छाती पर चढ़ बैठा, और जब तक वह अचेत न हो गया वह उसे घूँसे मारता ही चला गया।

मधु जब मूर्च्छित हो गया तो राम ने उठकर लोमा से पानी लिया, उसके मुँह पर बह आया रक्त साफ किया और उसे सचेत किया।

"लड़के, इधर आ!" राम ने कूर्मा को आज्ञा दी, "यह कोड़ा ले।"

कूर्मा डरते-डरते पास आया और उसने कोड़ा ले लिया।

"इसने तुझे कितने कोड़े मारे?"

"पाँच।"

"चल, तू भी इसे पाँच कोड़े मार।"

"पाँच कोड़े!" बेजान-सा होकर कूर्मा ने कहा। राजकुमार को, और वह पाँच कोड़े मारे? उसके हाथ से कोड़ा गिर पड़ा।

"चल!" राम ने गर्जना की, "कोड़ा उठा! मैं इसे पकड़े रखता हूँ। मार!"

कूर्मा ने राम की भयंकर मुख-मुद्रा देखी और डरते-डरते कोड़ा फिर उठा लिया।

"चल, मार इसे!"

कूर्मा राम से भयभीत हो उठा। उसने कोड़ा लेकर कुछ-कुछ भान में आ रहे मधु को छुआया।

"एक, चल!" राम ने कहा, "दो, तीन, चार, पाँच!" वह बोला और मधु को छोड़कर खड़ा हो गया।

"ले अपना कोड़ा। फिर कभी किसी छोटे लड़के को अगर कोड़े मारे, तो जितने मारेगा उतने ही खाने पड़ेंगे। चल उठ।" राम ने हाथ पकड़कर मधु को उठा दिया।

"जा..."

लँगड़ाते पैरों से मधु जंगल की ओर चला गया। कुछ लड़के गोत्र की ओर भाग गए।

बुढ़िया ने राम की बलाएँ लीं, "जियो, मेरे बेटा! आज तूने मधु की मति ठिकाने ला दी है।"

राम ने स्वस्थतापूर्वक मुँह धोया, जटा में से धूल झाड़ी और अपना मृगचर्म ठीक किया।

[9]

राम जब सोकर उठा, तो उसका अंग-प्रत्यंग दुःख रहा था। उसके पास लोमा और भद्रश्रेण्य चिन्ताग्रस्त बैठे थे।

वह उठ बैठा और उसने खाने के लिए माँगा। प्रतीप द्वार के पास पहरा दे रहा था। तुरन्त ही वह गया और अपनी माँ–बड़ी रानी–से कुछ खाने को ले आया।

"गुरुदेव!" भद्रश्रेण्य ने कहा, "मधु ने आपको कोड़ा मारा, यह पातक मैं कब धो सकूँगा!"

"राजन्, इस निमित्त को लेकर ही मुझे उसे धर्म सिखाने का अवसर मिला।" राजा को बुरा न लग जाए, इसलिए सकुचाते हुए राम ने कहा, "उसे किसके यहाँ शिक्षा पाने को भेजा था?"

"उसने तो यहाँ कुक्षिवन्त पुरोहित के पास ही शिक्षा पाई है।"

"अच्छा ही हुआ, अब सारी दुर्वृत्ति भूल जाएगा। चारों ओर त्राहि-त्राहि मचा देता था।" बड़ी रानी ने कहा।

"रेवतीदेवी को बहुत बुरा लगा होगा?" राम ने कहा।

"उसने तो मधु को सिर चढ़ा रखा है।" भद्रश्रेण्य ने कहा।

"गुरुदेव! पुरोहित और मुखिया आपसे मिलने आ रहे हैं।"

कुक्षिवन्त पुरोहित अधेड़ वय का व्यक्ति था। वह भी भृगुवंशी था, और माहिष्मती के राजगुरु भृकुंड का शिष्य था। राम नए व्यक्ति को देखकर तुरन्त ही उसे पहचान लिया करता था। अज्ञानी, अभिमानी, कुचक्री और लोभी व्यक्ति को ऋषि-पद पर बैठा देखकर उसे बहुत ही बुरा लगा। वृद्ध मुखिया उसे चतुर और समझदार जान पड़ा। शिष्टाचार-निर्वाह के बाद राम ने कूर्मा की कुशल पूछी।

"उसे ज्वर आ गया है, पर आपके दर्शनों के लिए अधीर हो रहा है।"

"मैं अभी उसकी कुशल पूछने चलूँगा।"

"नहीं, नहीं, राम, अभी सोया रह।" लोमा ने कहा, "आज रात को उत्सव है। तू थक जाएगा।"

"मुझे हुआ ही क्या है? कुछ भी तो नहीं है।" कहकर राम उठ खड़ा हुआ।

राम ने झोंपड़ी से बाहर आकर देखा कि लड़कों और नवयुवकों की भीड़ वहाँ जमा है। उसने देखा कि सबकी दृष्टि में उसकी धाक जमी हुई है और व्यवहार में सद्भाव है। वह हँस पड़ा और उसने सबको आशीर्वाद दिए।

वह जब मुखिया की झोंपड़ी में गया तो कुछ युवक उसके पीछे-पीछे चले आए। गन्दे रास्ते, पुरानी गाड़ियाँ, फटे कपड़े और निस्तेज स्त्री-पुरुषों को देखकर राम का हृदय द्रवित हो उठा। स्थान-स्थान पर पुरुष टोलियों में जमा होकर उसकी कान्ति को विद्वेष-भरी दृष्टि से देख रहे थे।

"ऋषि जी!" उसने कुक्षिवन्त से कहा, "यहाँ लोग बहुत त्रस्त जान पड़ते हैं।"

"पानी के बिना किसका जी ठिकाने पर रह सकता है!" कुक्षिवन्त ने कहा।

"कल तो एक घड़े के लिए सात स्त्रियाँ लड़ मरीं!" मुखिया ने कहा, "सबको अब यहाँ से किसी अच्छे स्थान पर चले जाना है। राजन् यदि न आ पहुँचते तो उपद्रव हो जाता।"

"सो तो चक्रवर्ती आकर तीन सौ घोड़ों और युवकों को ले गए हैं, इसी से इतने पानी में ही किसी तरह पूरा पड़ रहा है।" कुक्षिवन्त ने कहा।

भद्रश्रेण्य ने निःश्वास छोड़ा और कहा, "मेरे सर्वश्रेष्ठ मनुष्य और घोड़े युद्ध पर चले गए हैं। कौन जाने कब लौटेंगे।"

राम कुक्षिवन्त के मुँह की ओर देखता रह गया। इन सबमें उसे यही निकम्मा प्रतीत हुआ।

"ऋषि!" राम ने कहा, "क्या देव की आराधना नहीं करते हो?"

लगा कि इस प्रश्न से कुक्षि का अभिमान घायल हुआ है, "कुछ ऐसा जान पड़ता है कि देव की अवकृपा हो गई है।"

"अधर्म का आचरण होने पर ही देव की अवकृपा हो सकती है।" राम ने निश्चयपूर्वक कहा।

"भार्गव!" भद्रश्रेण्य ने कहा, "हमारे यहाँ तो अधर्म और दुःख का पार ही नहीं है। मैं तो सदा माहिष्मती में या फिर चक्रवर्ती के साथ रहता हूँ; और इस बार तो युद्ध जीतकर भी नहीं आया हूँ कि अपने साथ सबके लिए धन और कीर्ति बटोर लाता।"

राम चुप हो गया। उसकी आँखों के आगे यादव गोत्र का चित्र खड़ा हो गया। बिना पानी और बिना खेतों के एक स्थान से दूसरे स्थान पर भटकते हुए स्त्री-पुरुष, अभिमानी और अज्ञानी गुरु, विदेशों में प्रवास करता हुआ राजा, गन्दगी, असंस्कार और अज्ञान–ऐसे हैं ये सब मूर्ख, जिन्होंने उसके पितामह को त्यागा था, और जो उनके शाप के ग्रास बने थे; और जिनका उद्धार करने के लिए वह स्वयं आया है।

रात को उत्सव में जाने के लिए, बड़ी रानी और प्रतीप जब राम और लोमा को लेने आए, तो भक्ति से आर्द्र कुछ लड़कों का समूह उनके साथ हो लिया। यज्ञ का आयोजन जहाँ हो रहा था वहाँ पहुँचने पर राजा को सूचना मिली कि कहीं जंगल में से मधु मिल गया है। कुछ समय बाद उसे लाकर राजा के सामने खड़ा कर दिया गया। वह मलिन मुरझाई हुई मुद्रा बनाए रक्त में भीगा हुआ, विद्वेष-भरी आँखें और भयंकर सूजा हुआ मुख लेकर सामने आ खड़ा हुआ।

क्रोध से भद्रश्रेण्य की आँखें भी लाल हो गई थीं, "अत्याचारी, अधर्मी, कुलकलंक, गुरु भार्गव को हाथ लगाते हुए तेरे हाथ क्यों नहीं जल गए? प्रतीप, इसे बाँध दे। मैं अभी इसे ठीक किए देता हूँ।"

घायल, निस्तेज मधु की ओर राम ने ममता-भरी दृष्टि डाली, "राजन्, इसे अब दंड देना अन्याय होगा। इसने कूर्मा को सताया, उसके लिए मैंने उचित न्याय कर दिया है। इसने सवेरे से खाया भी नहीं होगा। प्रतीप, इसे ले जा। रेवतीदेवी, इसे भोजन कराओ!"

मधु के विद्वेष की सीमा नहीं थी। उसके दास, वे सब गोत्र के लड़के हँस रहे थे। जिसने उसे मारा था और उसकी प्रतिष्ठा छीन ली थी, वही उसे क्षमा कर रहा था। रेवती भी क्रोध-भरी आँखों से रो रही थी। वह उठकर मधु को अपने घर ले गई।

राम ने यज्ञ के आयोजन की ओर दृष्टि डाली तो उसे दया आ गई। कुक्षि तो कुछ भी नहीं जानता था। वेदी का एक भी भाग सीधा और शास्त्र-प्रमाणित नहीं था। अस्पष्ट स्वर में वह कुछ गुनगुना रहा था, जिसमें केवल मन्त्रोच्चार का अभिनय था। उसके शिष्य भी कुछ नहीं जानते थे। यह बात भी उसकी दृष्टि के बाहर नहीं थी कि कुक्षि जब-तब भय और विद्वेषपूर्वक उसकी ओर देख लेता है। अब राम की समझ में आया कि यादव क्यों निस्तेज हो रहे हैं।

जैसे-तैसे यज्ञ पूरा हुआ। हवि का प्रसाद बाँटा जाने लगा। चारों ओर कोलाहल, अव्यवस्था, गाली-गलौज और खींचातानी होने लगी। लोमा के मुख पर विरक्ति छा गई। राम दया-भरी आँखों से यह सब देखता रह गया।

"भार्गव!" भद्रश्रेण्य ने पूछा, "यह सब आर्यावर्त से कितना भिन्न है! नहीं?"

राम की आँखों में एक गम्भीर तेज भर आया, "यह भी आर्यावर्त ही है।" उसने कहा, "धर्म के अभाव में यहाँ के संस्कार लुप्त हो गए हैं। बस इतनी ही-सी बात है।"

भद्रश्रेण्य यह विचित्र उत्तर सुनकर राम की ओर देखता रह गया। आज पहली बार उसके गोत्र को किसी ने आर्यावर्त में मान्य ठहराया है। क्या उसका गोत्र आर्यावर्त में गिना जा सकता है?

इसके पश्चात् स्त्री-पुरुष रास-नृत्य करने लगे। सुरा-पान आरम्भ हो गया। पहले हँसी-विनोद चलता रहा, फिर कुछ मार-पीट हो गई। स्त्री-पुरुष निर्लज्ज होकर परस्पर गाली-गलौज करने लगे। स्त्रियाँ जो मुँह में आया, बकने लगीं। भद्रश्रेण्य, कुक्षि और मुखिया पर भी रंग छा गया।

राम ने सुरा को स्पर्श करने से इनकार कर दिया। लोमा तो छूने ही क्यों लगी थी? उन्हें देखकर लड़कों ने भी इनकार कर दिया। इस अधःपतन को देखकर राम के हृदय में होली जल उठी—ये जानवर आर्य कब हो सकेंगे? भरत, तृत्सु और भृगुओं के संस्कार ये कब प्राप्त कर सकेंगे?

धक्कम-धक्का करते हुए लोग आगे बढ़े। उनमें से चार व्यक्ति राजा के पास आकर, जो मन में आया कहने लगे, "यहाँ अब हम नहीं रहेंगे। गायें मर गईं। घोड़े मर गए। मुखिया ने कहा था कि साबरमती के तीर चलो। चलो, अब यहाँ नहीं रहा जा सकेगा।"

"बैठ, बैठ अभी!" राजा ने तरंग में कहा, "कल की बात कल देखी जाएगी।" "नैष्ठ लोगों के पैर यहाँ पड़े हैं," एक व्यक्ति ने कहा, "अब हम यहाँ नहीं रहेंगे।" "हाँक दो गाड़ियाँ। आज दो-दो बरस से तो गिरनार के आसपास भटक रहे हैं।" तीसरे व्यक्ति ने कहा।

"आज सात गायें मर गईं। देव रूठ गए हैं। नैष्ठ जनों के पैर पड़ने पर और हो ही क्या सकता है?" पहले व्यक्ति ने कहा।

"कल रात हम यहाँ से चलनेवाले थे," मुखिया ने आश्वासन दिया, "लेकिन अब राजा आ गए हैं। वे कल पंचों को बुलाकर निर्णय करेंगे।"

"झूठी बात है, झूठी बात है। नैष्ठ लोगों के पैर इस धरती पर पड़े हैं। हम तड़प-तड़पकर मरना नहीं चाहते।"

राम को अच्छी तरह समझ में आ गया कि यह निर्देश उसके और लोमा के सम्बन्ध में है। उसने भद्रश्रेण्य की ओर देखा। राजा का नशा उतर गया था और वे इस लोकवाणी के पीछे की प्रेरणा के मूल को ताड़ गए। कुक्षि मौन, पर आनन्द में निमग्न होकर बैठा था।

"कल सवेरे विचार किया जाएगा।" राजा ने कहा।

"नहीं, नहीं!" सब एक साथ बोल उठे, "अभी ही हम गाड़ियाँ जोत देंगे। चाँदनी रात है। देव कुपित हो गए हैं। नैष्ठ व्यक्तियों के पैर इस भूमि पर पड़ गए हैं। जो यहाँ रहेगा उसका सत्यानाश हो जाएगा।"

"लेकिन कुक्षिवन्त भी जाने के विरुद्ध हैं।" मुखिया ने कहा।

कुक्षि ने मुँह मटकाकर दाढ़ी पर हाथ फेरा, "कल मैं विरुद्ध था।" उसने कहा, "पर आज यज्ञ करते समय अपशकुन हो गया है।" उसने राम की ओर दृष्टि डाली, "अग्निदेव ने हवि स्वीकार करने में विलम्ब किया। कल झरने सूख जाएँगे। सूर्य सौ-सौ सूर्यों के ताप से तपेगा, लोकवाणी में देवों की वाणी समाई है। गाड़ियाँ हाँके बिना छुटकारा नहीं है।" कुक्षि ने एक द्वेष-भरी दृष्टि राम की ओर डाली।

राम को सारी बात समझ में आ गई। किसी को भी राजा के आने की आशा नहीं थी। उनकी अनुपस्थिति में मधु और कुक्षि सत्ता भोग रहे थे। पर अब राजा आ गए हैं और मधु का गौरव भंग हो गया है, इसी से कुक्षि वैर ले रहा है। उसके हृदय में उग्रता का एक झंझावात-सा व्याप्त हो गया। भद्रश्रेण्य को दुःख देने के लिए ही क्या वह यहाँ आया था?

भद्रश्रेण्य भी कुक्षि के इस षड्यन्त्र को समझ गया और वह लोगों को प्रसन्न करने की चेष्टा करने लगा। यह झिक-झिक चल ही रही थी कि इतने में मधु की माँ रेवती दौड़ती हुई आ पहुँची और क्रोध से पति को सम्बोधन करती हुई बोली, "लो, सुन रहे हो?"

"क्या?"

"कह रहे थे न कि शाप से मुक्त होकर आए हो? इन दोनों व्यक्तियों को साथ लेकर आए हो कि हमारा तो भाग्य ही फूट गया। मेरा रतन-सा बेटा मरने को पड़ा है और गोमती सूख गई है?"

"सूख गई?" सब चकित होकर बोल उठे।

"अभी-अभी दो स्त्रियाँ रीते घड़े लेकर लौटी हैं।"

"सूख गई!" जिसके झरनों के आधार पर वे सब जी रहे थे, वह गोमती सूख गई! सब एक-दूसरे का मुँह ताकने लगे। कुक्षि अपनी तरंग में दाढ़ी पर हाथ फेरता रहा, "मैंने कहा नहीं था कि देव कुपित हो गए हैं। यहाँ से गए बिना छुटकारा नहीं है।" उसने विद्वेष-भरी दृष्टि से राजा की ओर देखा।

"चलो, चलो, चलो!" सब लोग बोल उठे।

जाज्वल्यमान रेवती कमर पर हाथ रखे चण्डिका के समान राजा के सामने खड़ी थी, "जिसे रहना हो वह रहे, मैं और मेरा मधु तो यह चले।"

भद्रश्रेण्य खड़े हो गए, "जिसे जाना हो वह जाए। कुक्षिवन्त, आप पधारिए। रेवती! तू भी जा। मैं यह भूमि नहीं छोड़ूँगा। आवश्यक लगेगा तो हम ऊपर के गढ़ में जाकर रहेंगे।"

राम लोमा के साथ दूर खड़ा-खड़ा ये सारी बातें सुन रहा था। वह समझ गया था कि भद्रश्रेण्य यह स्थान छोड़कर जानेवाला नहीं है, और उसकी सत्ता को नष्ट करने के लिए ही यह सब उपद्रव हो रहा है।

"प्रतीप! तू सब लोगों के साथ जाएगा?" राजा ने कहा।

"नहीं बापू, जहाँ आप रहेंगे वहीं मैं रहूँगा।" प्रतीप ने कहा।

"मैं भी आपके साथ ही रहूँगी।" बड़ी रानी ने कहा।

राम के मस्तिष्क में एक विचित्र झंझावात व्याप्त हो गया। यह सारा उपद्रव उसी को लेकर हो रहा है। उसके यहाँ आने से ही वरुण रूठ गए हैं और उन्होंने पानी छीन लिया है। उसकी प्रत्येक नस और प्रत्येक तन्तु का बल एकाग्र हो गया। उसकी आँखें विकराल, स्थिर और ज्वालामय हो उठीं। उसकी अवगणना! भृगु, शुक्र और च्यवन के प्रताप के उत्तराधिकारी, महाअथर्वण और महर्षि जमदग्नि की विद्या के अधिकारी की अवगणना! गोमती की क्या सामर्थ्य है कि वह पानी न दे?

उसने लोमा का हाथ पकड़ा, "चलो!"

राजा ने सुना, "भार्गव! कहाँ जा रहे हैं आप? क्षमा करिए। यह अपमान मुझे भयंकर आघात-सा लग रहा है, पर मेरे यादव पागल हैं।" उसका स्वर खिन्न हो गया था।

स्पष्ट सत्तावाही स्वर में राम ने कहा, "मैं गोमती के पास जा रहा हूँ।"

चलने को तत्पर स्त्री-पुरुष खिलखिलाकर हँस पड़े। राम उनके बीच आकर खड़ा हो गया। उसकी दाहक दृष्टि के तेज को देखकर सब चुप हो गए। विडम्बना से उसके अनिमेष नेत्र रंचमात्र भी विह्वल नहीं हुए थे। हास्य के शमित हो जाने पर उसने निष्कम्प गुरु-गम्भीर स्वर में कहा, "गोमती के पास जा रहा हूँ, उसे दंड देने के लिए।"

लोमा का हाथ पकड़कर वनराज के समान डग भरता हुआ राम चला गया। उसके जाते ही वह पल-भर का जादू लुप्त हो गया।

"उसके दंड देने से गोमती पानी देगी!" एक लबाड़ी ने कहा।

"चलो, चलो।" कहकर बहुत-से लोग चल पड़े।

"बापू, मैं राम के साथ जा रहा हूँ; उनकी रक्षा करने के लिए कोई चाहिए न?" प्रतीप ने कहा और वह वहाँ से चल पड़ा। कूर्मा और उज्जयन्त भी उनके साथ हो लिए।

गोत्र के तीन चौथाई लोग गाड़ियाँ जोतकर प्रस्थान करने की तैयारी करने लगे।

[10]

उग्रता से आवेष्ठित राम, किसी विलक्षण सृष्टि से उतर आनेवाले निराले व्यक्ति की भाँति गिरनार पर चढ़ा। उसका मुख शान्त और निश्चल था। उसकी आँख के अंगारे स्थिर भाव से धधक रहे थे। उसके क्रोध की आग एकाग्र हो गई थी। उसे एक ही वस्तु दीख रही थी—गोमती धर्म से च्युत हो गई है और उसको दंड देना उसका धर्म है।

साथ चलती हुई लोमा की ओर वह नहीं देख रहा था। पीछे आते हुए प्रतीप, कूर्मा, उज्जयन्त तथा अन्य लड़कों की ओर भी वह नहीं देख रहा था।

वह ऊपर चला आया। कल जहाँ उसने स्नान किया था, वहाँ के झरने सूख गए थे। केवल दो कगारों के बीच से एक डोरी की-सी पतली धार आ रही थी।

कुक्षि का अनुमान ठीक निकला। सूर्य भी प्रखर ताप से तपने लगा था। वृक्षों के पत्ते रंचमात्र भी हिल नहीं रहे थे। पक्षी अदृष्ट हो गए थे।

सहसा उसने पीछे लौटकर, "देखा, प्रतीप! कूर्मा! गोमती लोगों को प्यासा मार रही है, अधर्म का आचरण कर रही है, इसे पूर देना चाहिए। ये पत्थर उठा-उठाकर इसमें डालो।"

उसकी बात का अर्थ कोई समझ नहीं सका, पर उसके कहे अनुसार सभी करने लगे। पास ही पशुपति का स्थानक था। उसमें सोमनाथ का एक बड़ा लिंग था। चारों ओर नाग लोगों के चढ़ाए हुए प्रसाद के अवशेष पड़े थे। राम ने वहाँ कुछ जगह साफ कर ली। लोमा समिधा बीन लाई और वेदी तैयार करने लगी।

राम ने यज्ञ आरम्भ किया। भद्रश्रेण्य, बड़ी रानी और दूसरे भी जो लोग पीछे ठहर गए थे, वे राम को खोजते-खोजते वहाँ आ पहुँचे और निःशब्द, स्वस्थ तथा उग्र राम को यज्ञ की तैयारी करते देखकर चुपचाप खड़े रह गए। उन्होंने ऐसा व्यवस्थित यज्ञ नहीं देखा था, अतएव उनके असंस्कारी हृदय में भक्ति जाग उठी।

राम मानो नींद में चक्कर काटता हुआ बोल रहा हो, ऐसे मन्त्रोच्चार करता ही जा रहा था। उसकी काली भौंहों के नीचे से अग्नि की ज्वाला निकलकर वातावरण को भय से परिपूर्ण किए दे रही थी। उसने पूर्णाहुति की और उसका गहरा, नाभि में से आता हुआ गम्भीर स्वर शाप दे रहा था—

"गोमती! मैं महाअथर्वण का पौत्र, भृगुश्रेष्ठ जमदग्नि का पुत्र तुझे शाप देता हूँ। तूने मेरे यादवों को प्यासा मार दिया। मेरे आने से तू सूख गई। मैं तुझे शाप देता हूँ। तेरा पाट सदा सूखा और पत्थरों से भरा रहे। तेरे तीर पर काँटे उगें। देवों और ऋषियों का क्रोध तेरे ऊपर उतरे। मनुष्य को पावन करनेवाली तेरी शक्ति नष्ट हो जाए। मैं जमदग्नि का पुत्र राम तुझे शाप देता हूँ।"

राम कगार की चट्टान पर जा पहुँचा और भव्य लय से मन्त्रोच्चारण करने लगा।

"वरुण, देवाधिदेव! आओ और यादवों का उद्धार करो! पक्षियों के पथ को जाननेवाले, सुरश्रेष्ठ! आओ, मैं जमदग्नि का पुत्र राम तुम्हारा आवाहन करता हूँ।"

तीसरा पहर हो आया था। भूखे-प्यासे यादव, जिनमें एक शब्द बोलने की भी शक्ति नहीं रह गई थी, चुपचाप देख रहे थे और आत्म-श्रद्धा में अडिग वह बालक, अथक शान्ति से आवाहन करता ही जा रहा था।

सन्ध्या होने आई। राम की उग्रता और उसके नेत्रों की हृदय-वेधकता बढ़ती ही चली गई। सूर्य अब अस्त होने ही जा रहा था कि तभी मानो, राम के आवाहन के उत्तर के रूप में ही, एक काला बादल पश्चिम के क्षितिज पर घिर आया और बिजली कड़क उठी।

यादव भयभीत होकर, कगार की चट्टान पर जटा फैलाकर आवाहन करते हुए उस भार्गव को प्रणिपात करने लगे।

बादल विस्तृत हो चला। चारों ओर बिजली चमकने लगी; हवा बहने लगी।

मन्त्रोच्चार होता ही चला गया।

मरुतों ने झाड़ों को हिला-हिला दिया। गिरनार की गुफा में भयंकर ध्वनि होने लगी। अँधेरा घिरने लगा। कगार की चट्टान पर बिजली की लगातार चमक के बीच, पशुपति महारुद्र के अवतार-सा भार्गव खड़ा था—तीनों लोकों को कम्पित करता हुआ, विद्युल्लता से आवेष्टित!

वर्षा की धाराएँ फूट पड़ीं और यादव लोग ढोरों को गुफाओं में ले जाने के लिए नीचे चले गए।

बिजली गिरी; दिशाएँ कम्पायमान हो गईं। एक बड़ा-सा शृंग भिद गया। जहाँ से शिखर टूटा था, वहीं से नई नदी का झरना, नया पाट खोजता हुआ नीचे की ओर बहता चला गया!

राम ने आवाहन पूर्ण किया और पास ही खड़ी लोमा की कमर पर हाथ रखकर उसके साथ गिरनार से उतरने लगा। दोनों में से कोई कुछ नहीं बोला। नीचे सान्त्वना पाए हुए यादव, अपने ढोरों और घोड़ों के साथ पानी में किल्लोलें कर रहे थे।

नागमोचन

[1]

सन्ध्या होने आई थी। यादव गोत्र के लड़के ढोर और घोड़े चराकर लौट रहे थे। उनके आगे-आगे पाँच आदमी घोड़ों पर चले आ रहे थे।

बीच में दो व्यक्ति थे। एक सत्रह वर्ष का स्वरूपवान, प्रचण्ड युवक चारों ओर चमकती हुई दृष्टि डालता हुआ जगत् को निहार रहा था—स्वस्थ, शान्त और दुर्धर्ष। देवों की अभेद्य शक्ति उसके मुख पर थी।

उसके पास का अश्वारोही छोटा, सुकुमार और सुडौल था। मृगचर्म के भीतर से उभरता हुआ स्तनमण्डल उसके स्त्रीत्व को प्रमाणित कर रहा था।

उसके पास ही तीसरा दीर्घकाय युवक, भक्ति-भीनी दृष्टि से इन दोनों सवारों को देख रहा था और सम्मानपूर्वक बातचीत कर रहा था।

चौथा एक छोटे कद का नवयुवक था, जो इन सबसे अधिक सुदृढ़ दिखाई पड़ रहा था और पाँचवाँ इन सबसे छोटा और छैल-छबीला लग रहा था। उसके गले में हार था, और जब-तब सीटी बजाकर अन्य लड़कों को आज्ञा देता जा रहा था।

यह राम, लोमा, प्रतीप, कूर्मा और उज्जयन्त का पंचायतन यादव गोत्र की शक्ति और सुख का मूलाधार बन गया था।

राम-गोमती को बहते हुए दो साल हो गए थे। जो यादव चले गए थे, वे वर्षा और कीचड़ में फँसकर जैसे-तैसे पुनः चले आए थे और भार्गव के चमत्कार से पराजित होकर उसकी भक्ति करने लगे थे।

सहस्रार्जुन अभी युद्ध करके लौटे नहीं थे, और भद्रश्रेण्य के लिए अब चिन्ता का कोई कारण नहीं रह गया था। यादव गोत्र का उद्धार हो गया था। अब नदी के तीर पर गाँव बस गया। गाड़ियों में बैठकर पानी की खोज में पूरे वर्ष-भर इधर-उधर भटकने की अब यादवों को आवश्यकता नहीं रह गई थी।

राम ने भृगु-आश्रम की स्थापना कर दी थी, जहाँ वह सब नवयुवकों को शस्त्र, अस्त्र और मन्त्रविद्या में कुशल बना रहा था। चारों ओर से लोग आ-आकर इस गाँव में बसने लगे थे। भार्गव राम की ख्याति से आकर्षित होकर बहुत-से लोग उसके दर्शन और आशीर्वाद की वांछा को लेकर आया करते।

अब यादव महाजन सूखे शाखा-पत्रों की झोंपड़ियों में नहीं रहते थे; उन्होंने महालय बना लिए थे। ढोरों के लिए अलग एक बड़ा-सा स्थान बना दिया गया था। कवि चायमान की

अश्व-विद्या में निष्णात राम अब स्वयं ही घोड़ों का पालन-पोषण किया करता और उन्हें शिक्षा भी दिया करता। महिष्मत के क्रोध से बचे हुए इक्के-दुक्के भृगु भी जब-तब यहाँ आकर अथर्वणों की विद्या की अभिवृद्धि कर जाया करते थे।

राम हँसा करता—अपने उसी निराले आकर्षक ढंग से। वह हँसता तब लोमा भी हँसती। दोनों एक-दूसरे से अलग नहीं होते थे और एक-दूसरे की सारी प्रवृत्तियों में भाग लेते थे। पाँचों जने, एक-से वस्त्र पहनते और एक-से आयुध धारण करते। सभी हँसा करते, लेकिन राम कम बोलता और हँसता भी मन्द-मन्द, पर आत्मा की कल्लोल से।

राम ने तभी से धर्म का प्रवर्त्तन आरम्भ कर दिया था। लड़के अनुशासनपूर्वक कठोर परिश्रम करते और राम उन्हें अश्व-विद्या सिखाया करता।

राम ने पहले से देख लिया था कि यादव-स्त्रियों में संस्कार नहीं है। लड़ना, गालियाँ देना, बाल खींचना—यही उनका व्यवहार है। बड़ी रानी और लोमा उन्हें सुधारने का प्रयत्न करतीं, पर यह काम सरल नहीं था।

"चोटियाँ खींचे बिना उन्हें खाना नहीं पचता!" लोमा ने कहा।

"किसका पति किसके साथ क्यों बोला, बस इसी बात की इन्हें पड़ी रहती है।" रेवा बुढ़िया ने कहा। वह अब भृगु के आश्रम की व्यवस्थापिका हो गई थी।

राम चुपचाप सुन रहा था।

"पति इनका सर्वस्व है और वही पति उनके वश में नहीं रहता, आधा झंझट तो इसी से खड़ा होता है।"

राम ने गम्भीरता से कहा, "पति में लीन होना जो उन्हें नहीं आता है।"

लोमा मानो शरमा गई हो, ऐसे नीचे देखने लगी।

"मुझे इन्हें सिखाना ही पड़ेगा।" राम ने कहा।

थोड़े दिनों बाद गोत्र में हलचल मच गई। एक अच्छे घर की स्त्री सोमा, अपने पति और बच्चों को छोड़कर रुरु के घर में घुस गई थी। उसके पति और रुरु के बीच झगड़ा हुआ। सगे-सम्बन्धियों में परस्पर मार-पीट हुई। बात मुखिया के पास पहुँची। पंचों में पक्ष खड़े हो गए। दोनों ओर के सम्बन्धी बड़े लोग थे। भद्रश्रेण्य भी कुछ नहीं कर सका। सोमा बिल्कुल ढीठ, निर्लज्ज होकर रुरु के घर रहने लगी।

राम को लगा कि अधर्म व्याप रहा है। मध्यरात्रि में लोमा, प्रतीप तथा लगभग पच्चीस अन्य युवकों को लेकर उसने चुपचाप रुरु के घर को घेर लिया और उसमें आग लगा दी। रुरु और सोमा नग्नावस्था में चिल्लाते हुए बाहर निकले। उन्हें पकड़कर आश्रम में लाया गया और आमने-सामने के दो झाड़ों से बाँध दिया गया।

दूसरे दिन सारे गाँव में हाहाकार मच गया। सभी स्त्रियाँ इस दंड-विधान से प्रसन्न हुईं। गाँव के लोग इन अपराधियों को देखने के लिए आए। कई लोग राम के इस कार्य से बहुत क्षुब्ध हुए और वे कुक्षिवन्त के पास गए; पर राम का सामना करने का साहस कोई नहीं कर सका।

छह दिन तक रुरु और सोमा को हाथ बाँधकर रखा गया। तदुपरान्त् राम ने सोमा को शुद्ध करके उसे उसके पति के हाथों में सौंप दिया।

रुरु की अप्रतिष्ठा की सीमा न रही। आठवें दिन राम ने उसे छोड़ दिया और कहा, "जा, इस बार जीवित ही जाने दे रहा हूँ। जो दूसरे का घर नष्ट करेगा, उसे तो स्वयं ही नष्ट होना पड़ेगा।"

इस प्रसंग से राम का आतंक घर-घर में व्याप गया। उसका धर्म-शासन वरुण के व्रत की भाँति सर्वमान्य गिना जाने लगा। गुरुदेव की आज्ञा का पालन अनजाने ही यादवों का निर्माण करने लगा।

इस बात को भी अब आठ महीने बीत गए थे।

आज जब 'पंचायतन' जंगल से वापस लौट रहा था, तब यादव रक्षपाल नागों से लकड़ियाँ फड़वा रहे थे। आर्यावर्त के दस्युओं की अपेक्षा यहाँ के नाग अधिक गरीब, अज्ञानी और निर्बल थे। यादव उनसे मजूरी करवाते, उन्हें पीटते और उनकी स्त्रियों पर अत्याचार किया करते।

राम ने अपने घोड़े को मोड़ दिया और नाग जहाँ लकड़ियाँ फाड़ रहे थे, वहाँ जा पहुँचा। पंचायतन की अन्य मूर्तियों ने भी उसका अनुसरण किया।

राम घोड़े से उतरकर एक नाग के पास गया। नग्न, निर्बल, छोटी कायावाला नाग त्रस्त हरिण की-सी आँखों से उसकी ओर देख रहा था और भागने का रास्ता खोज रहा था। रक्षपाल ने अपना चाबुक तैयार कर लिया।

"रक्षपाल, तू यहाँ से दूर हट।"

"गुरुदेव, यह नाग दुष्ट है।"

"तू क्यों घबराता है?" राम ने कहा और वह नाग के पास चला गया।

नाग उसके पैरों को पकड़कर जीवन-दान माँगने लगा। राम ने स्नेहपूर्वक पकड़कर उसे खड़ा किया और पूछा, "तू कहाँ रहता है?"

"गुरुदेव!" रक्षपाल ने कहा, "यह हमारी बोली नहीं समझता। यह पास के ही एक खेत में रहता है।"

"ये सब कैसे रहते हैं, सो मैंने बहुत कुछ सुन रखा है। रक्षपाल, मुझे इनके खेत पर ले चलो।"

रक्षपाल चौंका। ऐसे पवित्र महापुरुष नाग के खेत पर जाएँ, इस बात की तो उसे स्वप्न में भी कल्पना नहीं थी। "जी, हाँ," कहकर उसने नागों को जिन रस्सों से बाँध रखा था, उनके छोर हाथ में लेकर एक पगडंडी से वह खेत की ओर ले चला।

"प्रतीप!" लोमा ने कहा, "तुम नागों को जानवरों की भाँति रखते हो। आर्यावर्त में तो दस्यु महालयों में रहते हैं।"

"ये तो ढोरों के समान हैं।" प्रतीप ने कहा।

"नहीं, वे मनुष्य हैं।" राम ने कहा।

"उन्हें मनुज कैसे कह सकते हैं?"

"जो मन्त्रोच्चार कर सके वही मनुज है।" राम ने कहा।

"वे लोग मन्त्रोच्चार नहीं करते।"

"मैं करवाऊँगा।" राम ने कहा।

जंगल के बीच सिर तक ऊँची काँटों की बाड़वाला एक खेत था। वहाँ दो रक्षपाल तलवार लेकर खड़े थे। उनके हाथों में कोड़े भी थे।

"गुरुदेव, यह कुक्षिवन्त का खेत है।" कूर्मा ने कहा।

राम की आँख में बिजली चमक उठी, "मैं उसका कुलपति हूँ।"

कूर्मा को लगा कि वातावरण भयानक हो गया और उसकी आँखें अंगारे-सी धधक रही थीं।

"रस्सियाँ छोड़ दे!" उसने कहा।

"जैसी आज्ञा!" रक्षपाल बोला।

छूटे हुए नाग राम की ओर ताकते रह गए। रक्षपाल को छोड़कर अन्य यादवों को उन्होंने देखा नहीं था, पर इस मृदु-मृदु हँसते हुए और स्नेह-भरे युवक की ओर वे आकर्षित हुए और उसके पैरों में पड़ गए। राम ने एक नाग के कन्धे पर हाथ रख दिया।

फाटक खुलवाकर राम खेत में प्रवेश कर गया। प्रतीप, कूर्मा और उज्जयन्त को अन्दर प्रवेश करते कँपकँपी आ गई। अन्दर एक झाड़ के तले एक वर्तुल बनाकर बैठी हुई नाग स्त्रियों का भयानक विलाप सुनाई पड़ा। लोमा उस ओर गई। बीच में पड़ी हुई कोई वस्तु उसने देखी और वह भी चिल्ला उठी।

एक छलाँग में राम वहाँ जा पहुँचा। लोमा का शरीर काँप रहा था। रोती हुई स्त्रियों के बीच, एक पन्द्रह वर्ष की अवसन्न बालिका, अत्याचार का ग्रास बनी, रक्त में लथपथ पड़ी हुई थी। उसे देखकर साथ आए हुए नाग भी क्रन्दन कर रहे थे।

झंझावात आने से पहले जैसे गिरिराज शान्त और स्वस्थ खड़ा रहता है, वैसे ही राम स्थिर हो रहा।

"किसने अत्याचार किया है?" उसके स्वर में भयंकर हुंकार थी।

अचेत बालिका के मुख से वेदना-भरी सिसकियों का स्वर सुनाई पड़ रहा था। लोमा भी सिसक रही थी।

"यह किसी रक्षपाल का ही काम जान पड़ता है।" प्रतीप ने कहा। रक्षपाल का नाग-कन्याओं पर अत्याचार करना एक जानी-मानी बात थी।

"यहाँ आओ!" राम ने रक्षपालों को बुलाया, "यह तुमने किया है?"

इसमें रक्षपालों को कोई असाधारण बात नहीं जान पड़ी।

"लड़की बहुत हठीली थी।" एक ने कहा।

शान्तिपूर्वक, विकराल आँखें किए राम उस बोलनेवाले के निकट गया।

"उज्जयन्त! कोई रक्षपाल भाग न जाए।" कहकर एक रक्षपाल के हाथ से कोड़ा लेकर वह उसे पीटने लगा।

रक्षपाल चिल्ला रहा था। लहूलुहान होकर जब तक वह अचेत नहीं हो गया, तब तक राम उसे पीटता ही गया।

दूसरा रक्षपाल राम के पैरों में गिर पड़ा। तीसरा उज्जयन्त की दृष्टि चुराकर भाग गया। राम ने दूसरे रक्षपाल को भी लहूलुहान कर दिया और कोड़ा फेंक दिया।

"लोमा! अश्विनों का आवाहन कर और इस लड़की को स्वच्छ कर।"

लोमा ने जब वैसा कर लिया, तो अपने शस्त्र लोमा को देकर उस लड़की को राम ने उठा लिया और नागों से अपने साथ चलने को कहा।

यादव गोत्र ने वह देखा जिसकी उन्होंने कभी कल्पना भी नहीं की थी। एक नाग-कन्या को उठाकर भार्गव चले आ रहे हैं। साथ में लोमा-देवी नाग-स्त्रियों के बीच चल रही हैं। उनके पीछे-पीछे प्रतीप, कूर्मा और उज्जयन्त लज्जित-से चले आ रहे हैं, और गलियों में होकर सारे गाँव को अपवित्र करते हुए भृगु के आश्रम की ओर जा रहे हैं। देखकर आश्चर्य की सीमा न थी।

गाँव में हलचल मच गई। कुक्षिवन्त के नागों का खेत राम ने खोल दिया और रक्षपालों को पीटा। कुक्षिवन्त के क्रोध का पार न रहा। उसने पंचों से मिलकर इस सीमान्त पापाचार की पुकार उठाई। उसने धमकी दी कि तुम देवों के शापों का आवाहन कर रहे हो।

सभी बड़े यादवों के पास अपने-अपने नागों के खेत थे। वे नागों को पकड़वाते, बेचते और उनसे काम करवाते। एक प्रकार से वे यादवों की सम्पत्ति ही थे। कुक्षिवन्त का खेत लुट गया है, तो फिर उनका क्या होगा?

राम आश्रम में गया। वहाँ सौ लड़के रहते थे। उनके स्थान पर उसने पाँच-सात लड़कों को दूर खड़े हुए देखा। उसने प्रतीप की ओर मुड़कर कहा, "प्रतीप! मेरा धर्म तुझे नहीं दीख पड़ रहा है। तू अपने महालय में जा।"

"गुरुदेव..."

"प्रतीप, तुझे ये मनुष्य नहीं दिखाई पड़ते, पर मुझे दीख रहे हैं। उज्जयन्त ने रक्षपाल को भाग जाने दिया। जिसे मैं धर्म समझता हूँ, उसमें तुम्हें श्रद्धा नहीं है। जाओ!"

कोई भी वहाँ से नहीं हिला।

"जाओ!" उसने कहा और मौन समाधि में बैठ गया।

प्रतीप, कूर्मा और उज्जयन्त लज्जित होकर, भारी पैरों वहाँ से चल पड़े। राम के धर्म में उन्हें श्रद्धा नहीं थी।

[2]

लोमा रो रही थी। राम ने उसकी पीठ पर हाथ रखा। लोमा उससे चिपट गई।

"राम, मैं यहाँ नहीं रहूँगी; आर्यावर्त जाऊँगी। ये लोग तो राक्षसों के समान हैं।" वह मुक्त कंठ से रो पड़ी।

"लोमा, तू बहुत थक गई है।"

"हाँ, तू तो कठिन वज्र के समान है। महर्षि की याद नहीं आती और अम्बा की याद भी तुझे नहीं आती। और वृद्धा तो तुझे याद आने ही क्यों लगी?" उसने सिसकते हुए कहा।

"लोमा, यज्ञ करता हूँ तो भृगुश्रेष्ठ दिखाई पड़ते हैं; घोड़ों की सार-सँभाल करता हूँ तो वृद्धा सामने दीख पड़ती है; और तुझे देखता हूँ तो मानो अम्बा को देख लेता हूँ।"

कई महीनों से लोमा ने राम को घूँसे मारना छोड़ दिया था। अब वह सिसकियाँ भरती जाती थी।

"अम्बा? मैं हूँ तेरी अम्बा? तू मनुष्य है कि राक्षस?"

राम ने माँ के स्नेह से लोमा को छाती से चिपका लिया, "मार ले, मार, यदि तेरे जी को इसी में सुख मिलता हो तो।"

"मुझे यहाँ नहीं रहना है। मैं तो आर्यावर्त जाऊँगी।"

"कल भद्रश्रेण्य से कहकर भिजवा दूँगा।"

"और तू यहीं रहेगा? तुझे लज्जा नहीं आती? मैं अकेली जाकर क्या करूँगी?"

"लोमा!" राम ने कहा, "यदि मैं भी चला जाऊँगा तो मेरे इन धर्म-भ्रष्ट शिष्यों का क्या होगा?"

"तू तो पगला है। क्या ये लोग किसी दिन आर्य होनेवाले हैं?"

"गुरु यदि आर्यत्व सिखाए, तो शिष्य अवश्य ही सीखेंगे।"

"पर मैं कहती हूँ, ये लोग तुझे गुरु माननेवाले ही नहीं हैं।"

"पर मैं इनके कहने से तो गुरु हुआ नहीं हूँ, मैं तो गुरु हूँ ही। अच्छा, अब तू सो जा। सवेरे हमें यह आश्रम त्याग देना है।"

"क्यों?" चकित होकर लोमा ने कहा।

"मैं, तू और रेवा बुढ़िया, बस हम तीन जने रह गए हैं। हम नागों के खेत में अपना आश्रम बनाएँगे।"

[3]

राजमहालय में मन्त्रणा चल रही थी। राजा, मुखिया और कुक्षिवन्त तो वहाँ थे ही, पर प्रतीप, कूर्मा और पंच लोग भी जा पहुँचे।

"आज तो वे नागों को गाँव में लाए हैं। और कल उठाकर यज्ञ में ले आएँगे," कुक्षि कह रहा था, "परसों उनसे मन्त्रोच्चार करवाएँगे। और चौथे दिन शायद हमारी लड़कियों के विवाह उनसे करवाएँगे।"

"वे तो कहते हैं कि जो मन्त्रोच्चार कर सकता है वही मनुज है, और नाग मनुज हैं।" कूर्मा ने कहा।

"दो-चार नाग-स्त्रियाँ क्या मर-मरा गई हैं, ओहो-हो! कोई बड़ा भारी कांड हो गया है?"

"आर्य तो आर्य ही हैं और नाग नाग ही रहेंगे।"

"आर्यावर्त में विश्वामित्र ऋषि मन्त्र बल से दासों को आर्य बनाते हैं।" भद्रश्रेण्य ने कहा।

"मुनि वसिष्ठ उनका विरोध करते हैं। वसिष्ठ मुनियों के भी मुनि हैं," कुक्षि ने कहा, "ये नाग तो पशुओं से भी गए-बीते हैं, गुरु भृकुंड तो सदा से यही मानते आए हैं।"

"कल सवेरे हम लोग भार्गव को समझाएँगे।" मुखिया ने कहा।

"क्या हमारे कहे से भार्गव मान जानेवाले हैं?" कूर्मा ने कहा।

"उन्हें मनाने का काम तो राजा के बस का ही है," कुक्षि बोला, "उन्हें भार्गव बहुत प्यारा है।"

"हाँ, है, क्या कहना चाहते हो?" उत्तप्त होकर भद्रश्रेण्य ने कहा, "मैं उन्हें पूजता हूँ। यदि तुममें रंच-मात्र भी कृतज्ञता हो तो तुम्हें भी उन्हें पूजना चाहिए। आर्यावर्त में दासों को मैंने राजमहालय में घोड़े नचाते देखा है। तुम्हारी तरह अन्धा नहीं हूँ। लेकिन अभी जाने दो, कल देखा जाएगा।"

[4]

कूर्मा घर आया, पर उसे कुछ भी अच्छा नहीं लग रहा था। वह बहुत दृढ़ स्वभाव का था। राम के कारण यादवों की कितनी वृद्धि हुई थी, ढोरों और घोड़ों की सम्पत्ति की कितनी समृद्धि हुई थी, कितना बल बढ़ा था, यह सब उसकी उँगलियों पर गिना हुआ था। यादवों की प्रतिष्ठा

कितनी बढ़ गई थी, सो भी वह अच्छी तरह जानता था। और...आज यदि राम चले जाएँ तो यादव फिर से केवल ढोर चरानेवाले हो जाएँगे, यह निश्चित है। राम के बिना वह स्वयं और यादव निर्बल हो जाएँगे। राम तो देव ही हैं न! प्रतीप और उज्जयन्त मूर्ख हैं। राम यदि चले जाएँ, तो उसके पश्चात् फिर वही कुक्षि की सेवा बच रहेगी। कभी नहीं, कूर्मा शस्त्रों से सज्जित होकर भृगु के आश्रम की ओर चल पड़ा।

आश्रम में पहुँचकर उसने देखा कि आश्रम निर्जन पड़ा है। उसने पुकारा, पर कोई उत्तर नहीं आया। केवल घुड़साल में राम का प्रिय घोड़ा 'गांडा' हिनहिनाया।

"गुरुदेव कहाँ हैं, गांडा?"

गांडा फिर हिनहिनाया। कूर्मा ने गांडा को खोल दिया और उसके पीछे-पीछे चलने लगा।

नागों का खेत जल रहा था। प्रलय की मूर्ति-सा राम बाँस से आग को सँवार रहा था। कुछ दूर पर लोमा, रेवा बुढ़िया, वह लड़की और कुछ नागिनें बैठी थीं।

कूर्मा ने साक्षात् पशुपति के दर्शन किए।

वह दौड़कर उनके पैरों पड़ गया, "गुरुदेव, भार्गव, क्षमा करो।" राम ने उसे उठाकर हृदय से लगा लिया।

कूर्मा ने समझ लिया कि राम ने उसे फिर से स्वीकार कर लिया है।

[5]

प्रतीप जब अपने आवास पर गया तो उसकी स्त्री विशाखा, जो आनर्तराज की भतीजी थी, आश्चर्य में पड़ गई। दोनों जने नित्य भार्गव के आश्रम में ही सोते थे।

"मैं अभी आ रही थी, तुम कैसे चले आए?"

"भार्गव ने मुझे छुट्टी दे दी है।"

"क्यों?"

"मुझे शिष्य के रूप में स्वीकार करने को तैयार नहीं हैं।"

"मैं तो जानती ही थी कि तुम उलटा-सीधा करोगे।"

"नहीं, राम नागों के खेतों में से नागों को यहाँ ले आए।"

विशाखा क्रुद्ध हो गई, "तुम्हारे यादव तो जानवर हैं। बेचारी उस गरीब नागिनी पर अत्याचार किया, सो कुछ नहीं? अच्छा ही हुआ कि भार्गव ने पापियों को दंड दिया है।" वह प्रतीप के सामने जाकर खड़ी हो गई, "तुम तो यादवों के पक्ष में खड़े हो गए, क्यों? तुम्हें कुछ लाज भी आती है या नहीं? दुत्, मैं तो सचमुच प्रसन्न हुई यह जानकर कि राम ने तुम्हें निकाल दिया है। तुम-जैसे शिष्यों को रखकर उन्हें क्या मिलनेवाला है—धूल-मिट्टी?"

"विशाखा!" इस शब्द-प्रवाह को रोकने में असमर्थ प्रतीप ने कहा, "नाग-नागिनियों को गाँव के बीच होकर वे ले गए, इसी से गाँव में उपद्रव मच गया है। इस पापाचार को कोई सहन नहीं कर सकता है।"

"क्यों सहन करने लगे? भार्गव जिस कन्या को लिये जा रहे थे, उसे मैंने देखा था। तुम्हारी बहन-बेटियों पर ही यदि कोई ऐसा अत्याचार करे तो तुम क्या करोगे?" विशाखा ने शय्या बिछा दी और हताश प्रतीप उस पर बैठ गया।

"और अब तुम क्या करने जा रहे हो?"

"कल बापू राम को मनाने जाएँगे।" प्रतीप ने कहा।

"और वे मान जाएँगे? सब तो तुम्हारे-जैसे नहीं हैं। तुम्हें कुछ भान भी है कि इन दो वर्षों में भार्गव के कारण तुम्हारे गोत्र का रूप-रंग कितना बदल गया? आज तुम्हें यह विद्या कहाँ से मिली है? प्रतिदिन तुम्हें ये बड़े-बड़े भगीरथ काम किसने दिए हैं? भार्गव तो तुम्हें सगे भाई से भी अधिक मानते हैं। कोई दूसरा उन्हें छोड़े, उससे पहले तो तुम्हीं उन्हें छोड़ आए!" विशाखा का प्रत्येक शब्द उसे बींधे दे रहा था। उसका मुँह धरती में गड़ गया। "और जब मधु अपने ननिहाल से लौट आए, तो फिर उसके साथ भटका करना।"

प्रतीप रुआँसा हो गया, "विशाखा, मैं गधा हूँ, मैं भार्गव का शिष्य होने के योग्य नहीं हूँ।"

"सो तो मैं जानती हूँ," आनर्तराज की बेटी बोली, "तुम तो कुक्षि के ही योग्य हो। उसके यहाँ नित्य नागिनियों पर अत्याचार होते हैं। तुम्हारा गुरु होने के योग्य तो बस कुक्षि ही है।"

प्रतीप पागल-सा हो गया, "मैं राम को नहीं छोड़ूँगा।"

"तो फिर बैठे क्यों हो?"

प्रतीप खड़ा हो गया। झपटता हुआ वह भृगु के आश्रम को गया। वहाँ कोई नहीं था। कगार पर चढ़कर देखा कि नीचे नाग का खेत जल रहा है और आसपास लोग नाच रहे हैं।

जीवन और जगत् दोनों ही उसे सूने प्रतीत होने लगे। वह भद्रश्रेण्य के आवास पर गया और उसने पिता को उठाकर सूचना दी।

"प्रतीप, हम अभागे हैं। ऐसे गुरु को पाने का सौभाग्य हमें कैसे मिल सकता है।"

"क्या वे चले जाएँगे? क्या वे लौटकर नहीं आएँगे?" प्रतीप ने शंकित मन से पूछा।

"वे जाएँगे नहीं, वे मुझे छोड़ेंगे नहीं। पर हमारे ही भाग्य फूटे हैं। आज जब कि मैं सहस्रार्जुन का कृपापात्र नहीं हूँ, तब भी शार्यातराज हमसे ईर्ष्या करते हैं और आनर्त लोग हमारी मित्रता पाना चाहते हैं। यह सब भार्गव के प्रताप से ही सम्भव हुआ है। सहस्रार्जुन के आने से पहले यदि हमने अपने को बलवान नहीं बना लिया तो वह यादवों का नाम-निशान भी नहीं रहने देगा।"

"मैं उनके पास जा रहा हूँ।"

"बेटा, उनके साथ रहने में ही हमारी विजय है। वे ऋषि नहीं, देव हैं। वे तो पशुपति के अवतार के समान हैं।"

मुँह-अँधेरे ही प्रतीप नाग के खेत पर जा पहुँचा। सब कुछ जल चुका था और नाग और नागिनियाँ एक पंक्ति में खड़े होकर आग बुझाने के लिए हाथों-हाथ पानी के घड़े ला रहे थे। स्वस्थ और अश्रान्त राम घड़ों में से पानी ढुलकाकर आग को बुझा रहा था।

प्रतीप वहाँ गया और राम के पैरों में गिरकर रोने लगा। राम ने उसे उठाकर एक हाथ से छाती से दाब लिया और बिना बोले ही उसके हाथ में घड़ा पकड़ा दिया।

प्रतीप को आग बुझाने का काम सौंपकर राम उस घायल नाग-कन्या के पास गया। उसकी अन्तिम घड़ी आ पहुँची थी।

[6]

विशाखा के मन में अपने ससुराल के गोत्र के प्रति जो तिरस्कार-भाव था, वह और भी तीव्र हो गया। नागिनी पर होनेवाले अत्याचार से उसका स्त्री-हृदय भी क्षुब्ध हो उठा था। किस पर वह अपना क्रोध उँडेले, बस यही उसे नहीं सूझ रहा था।

भोर होने से पहले ही वह नदी पर नहाने गई। वहाँ उसे कुक्षि की तीसरी स्त्री कल्विणि मिली। उन दोनों के बीच बहनापा-सा था। कल्विणि बड़े नखरेवाली थी और स्वभाव से प्रमत्त। विशाखा भी नखरेली थी और स्वभाव से तीखी। दोनों रंगीली थीं और दोनों ही की यह मान्यता थी कि यादव लोग जंगली हैं।

विशाखा सदा राम के आश्रम में ही रहा करती थी, अतएव वह राम की सारी बातें कल्विणि को सुनाया करती। कल्विणि ने जब से राम का मोहक रूप देखा था, तभी से वह राम के सम्बन्ध की प्रत्येक बात रसपूर्वक सुनती थी। राम और लोमा के सम्बन्ध को लेकर भी इन सखियों के बीच चर्चा हुआ करती।

विशाखा कहा करती कि वे भाई-बहन हैं। कल्विणि का यह निश्चित मत था कि वे पति-पत्नी हैं।

विशाखा ने कल्विणि से सारी बातें कहकर अपने क्रोध को हल्का किया। कल्विणि कुक्षि की चहेती स्त्री थी और उसे वह प्रसन्न भी रखा करती, पर भीतर से उसके प्रति उसके मन में सम्पूर्ण तिरस्कार का भाव था। विशाखा की बात सुनकर वह भी राम के पक्ष में मिल गई। अपने पति का अपमान होने पर भी उसे आनन्द ही हुआ करता था।

दोनों सखियाँ बातें कर रही थीं, तभी दूसरी स्त्रियाँ पानी भरने को आने लगीं। नाग-कन्या पर होनेवाले अत्याचार से सभी स्त्रियों के हृदय तो दुःखी ही थे। यादव लोग नागिनियों के साथ दुर्व्यवहार करते थे, उससे भी उनकी पत्नियों के मन में बड़ी विरक्ति थी। सोमा तथा रुरु को दंड देकर घरों को टूटने से बचा लेनेवाले तथा नागिनी पर अत्याचार करनेवाले को कोड़े मारनेवाले राम और लोमा को यादवों ने आश्रम से निकाल दिया है, यह बात कहीं से सुनकर सभी स्त्रियाँ उद्विग्न हो उठीं।

इतने ही में एक स्त्री नहाने के लिए आई और उसने खबर सुनाई—"राम ने नागों का खेत जला दिया है और वहीं बैठे हैं।"

"हमें भार्गव के दर्शन करने जाना चाहिए।" विशाखा ने कहा। उसके पति को राम ने फिर से स्वीकार कर लिया है या नहीं, यह जानने को वह उत्सुक थी।

"हाँ, भार्गव के दर्शन करने को चला जाए।" कल्विणि ने भी समर्थन किया। राम के दर्शन करने के लिए वह सदा ही तैयार रहती।

बहुत-सी स्त्रियाँ इस बात से सहमत हो गईं और माथे पर घड़े धरकर घर जाने के बदले वे सब राम के दर्शन करने के लिए नागों के खेत की ओर चल पड़ीं।

यह स्त्री-समूह जब नागों के खेत पर पहुँचा, तब सूर्योदय हो गया था। खेत की आग प्रायः बुझ चुकी थी। कुछ दूर पर नागों का समूह, रोता-अकुलाता, वर्तुल बनाए खड़ा था। उनके बीच राम, लोमा, कूर्मा और प्रतीप श्वेत-मुख दिखाई पड़ रहे थे। यादव स्त्रियों को आते देखकर, नागों ने उनके लिए रास्ता छोड़ दिया।

बीच में राम घायल नागिनी का शव ममतापूर्वक चिता पर धर रहा था। उसके मुख पर बड़े भाई की वात्सल्यपूर्ण संरक्षक-वृत्ति थी और उसकी आँखों में आर्द्रता थी। धीरे-धीरे मन्त्रोच्चार करते हुए, उसने हल्के हाथ से नागिनी का माथा ठीक किया। सुकुमार स्पर्श से उसके बाल सँवार दिए।

फीकी, कृशांगी नागबाला के शव को देखकर यादव स्त्रियों के हृदय भर आए। उनमें से बहुत-सी तो सिसकने लगीं। सबने अपने घड़े दूर रख दिए।

विशाखा आँसू टपकाती हुई लोमा के पास आकर खड़ी हो गई। कल्विणि पास ही हृदय-विदारक रुदन करने लगी।

एक आर्या के उपयुक्त मन्त्रोच्चार से राम ने नाग-कन्या का अग्नि-संस्कार किया। आँसू टपकाते हुए उस मानव-समूह के बीच वह अकेला अश्रुविहीन था, पर उसके मुख की स्नेह-भरी भावांजलि के सौभाग्य का वरण करने की ईर्ष्या से प्रेरित होकर बहुत-सी यादव स्त्रियाँ ऐसी ही मृत्यु की कामना करने लगीं।

सवेरा होते ही यादव-गोत्र में कोहराम मच गया। घर-घर दौड़-धूप होने लगी। राम चले गए। नाग भी चले गए। रात को नागों का खेत राम ने जला दिया। अभी घरों की स्त्रियाँ नदी से लौटकर नहीं आई थीं। कई घरों में बिना माँ के बच्चे रोने-बिलखने लगे। घर में कल्विणि को न देखकर ऋषि कुक्षिवन्त ने अपनी पत्नी पर अनेक देवों के प्रकोप को आमन्त्रित किया। किसी की समझ में नहीं आ रहा था कि यह क्या हो रहा है!

जब अग्रणियों को पता लगा तो वे भद्रश्रेण्य के आवास पर जा पहुँचे। लड़के राम के आश्रम में प्रतीप को खोजने गए। और वहाँ जब वह नहीं मिला तो वे कूर्मा और उज्जयन्त की टोह में गए। जब वे भी नहीं मिले तो वे राम का पता लगाने के लिए नागों के खेत की ओर दौड़े। राजा ने अग्रणियों का स्वागत किया।

"राम चले गए।"

"हाँ, हम सब मिलकर उन्हें समझाने जा रहे थे न? अब हमें उस कष्ट से मुक्ति मिल गई।" उसने विनोद में कहा।

"नहीं, उन्होंने तो नाग का खेत जला दिया है। कोई कह रहा था कि उन्होंने नाग-कन्या का अग्नि-संस्कार किया है। हमारे घरों की स्त्रियाँ चली गई हैं। लोग भी वहाँ जाने लगे हैं।"

"तब हमें क्या करना होगा?" राजा ने पूछा।

"जो आप कहें, वही करें।" मुखिया ने कहा।

"कुक्षि गुरु क्या कहते हैं?" राजा ने पूछा।

"यह तो बड़ी अद्भुत बात है। नाग-कन्या का दाह-संस्कार और वह भी भृगुश्रेष्ठ जमदग्नि के पुत्र ने किया! आकाश-पाताल एक होने जा रहा है। और कल्विणि भी सवेरे से कौन जाने वहीं चली गई है, कि क्या बात है?" कुक्षि ने कहा।

"मेरे घर तो सवेरे से बच्चे बिलबिला रहे हैं।" एक यादव अग्रणी ने कहा।

"और मेरे घर में कोई राँधनेवाला ही नहीं रहा है।" भद्रश्रेण्य ने विनोद में अपनी विपत्ति का प्रदर्शन किया।

"हमें वहाँ जाना चाहिए।" एक पंच ने कहा।

"जाकर हम क्या करेंगे?" राजा ने फिर पूछा।

"वे नागों को छोड़ दें। और क्या होगा? और गाँव को जो अपवित्र किया है, उसके लिए प्रायश्चित करें।" कुक्षि ने समाधान का मार्ग सूचित किया।

"अब उन्हें छोड़ने का प्रश्न ही कहाँ रह गया है? वे तो हमें ही छोड़ गए हैं?"

"तब फिर क्या होगा?" दो-चार व्यक्ति बोल उठे।

"और हमारी पत्नियों को भी साथ लेते गए हैं। बड़ी रानी भी इस बुढ़ापे में उनके पीछे चली गई और वह सुपर्ण—वह पागल—भी उनके साथ हो लिया है। घोड़ा तक जब पागल हो गया है, तो भला गाँव के लोग पागल क्यों न होंगे?" उस व्यंग्य में राजा ने भी कुछ रस लिया।

"हमें उन्हें समझाकर वापस ले आना चाहिए।" मुखिया ने कहा।

"और आज तालजंघा गोत्र के लोग उनके दर्शन करने आएँगे, तो कौन-सा मुँह लेकर हम उनके सामने खड़े होंगे?"

"वह आपका लाड़ला है," कुक्षि ने कहा, "आप मनाएँगे तभी वह मानेगा।"

"लाड़ला तो वह देवों का है। तुममें यदि शक्ति हो तो तुम्हीं देवों से उसे मनाने के लिए कहो।" भद्रश्रेण्य ने कहा।

निदान राजा, मुखिया और दूसरे कुछ अग्रणी जाने को तैयार हो गए। कुक्षि ने कहा, "मुझे तो इस सबमें पाप दीख रहा है। मुझे तो इससे दूर ही रहने दो।"

दोपहर में भद्रश्रेण्य और यादव अग्रणी जब नागों के खेत पर गए, तब यादव लड़के वहाँ प्रतीप की देख-रेख में बाड़ की तपती राख को दूर हटा रहा थे। कुछ यादव भी उसमें सहायता कर रहे थे। नाग और नागिनियाँ वहाँ झाड़ू लगा रहे थे। खेत के बीच लोमा, कूर्मा, विशाखा और कल्विणि आदि लीप-पोतकर एक बड़ा-सा यज्ञ-कुंड तैयार कर रहे थे। यह सब देखने के लिए लोगों की भीड़ चारों ओर जमा हो रही थी और उनमें से कुछ लोग उनकी सहायता करने को भी आ रहे थे।

"भार्गव कहाँ हैं?" राजा ने पूछा।

"नाग-कन्या की अस्थियों को गोमती में विसर्जित करने गए हैं।"

"वह सब क्या चल रहा है?" मुखिया ने पूछा।

"भार्गव अब यहाँ आश्रम बनाकर रहेंगे।"

राजा और यादव अवाक् होकर एक झाड़ के नीचे बैठ गए। थोड़ी देर में राम जब अस्थि-विसर्जन करके लौटे तो सबने प्रणिपात करके उनका स्वागत किया।

"गुरुदेव! आप यह क्या कर रहे हैं?"

"भद्रश्रेण्य!" राम ने धीरे-से हँसकर कहा, "यादवों को अपना धर्म जब तक समझ में नहीं आ जाता, तब तक मैं यहीं आश्रम बनाकर रहूँगा। मैं उनका जी नहीं दुःखाना चाहता।"

"पर भार्गव, हम तो आपको लेने आए हैं।" मुखिया ने कहा।

"नहीं, मैं यहीं रहूँगा। जहाँ मैं बसूँगा वहाँ धर्म का प्रवर्त्तन ही होगा। गुरु पर से तुम्हारी श्रद्धा विचलित हो गई, मुझे इसी में अधर्म दिखाई पड़ रहा है। जिसे श्रद्धा हो वह मुझसे यहाँ आकर मिल सकता है।"

"गुरुदेव!" भद्रश्रेण्य ने कहा, "तो मैं भी यहीं रहूँगा।"

राम की आँखें स्नेह से हँस आईं, "राजन्, मैं जानता हूँ। पर यादवों की तुम पर भी पूरी श्रद्धा नहीं है। अब मुझे यज्ञ का आयोजन करना है।"

"हम भी उसमें भाग लेंगे।" राजा ने कहा।

"पर एक बात याद रखना," राम ने निश्चयात्मक स्वर में कहा, "मेरे आश्रम में जो नागों को सताएगा, उसे मरना पड़ेगा।"

अग्रणी लोग उस स्वर की भयंकरता से काँप उठे। सारे गाँव ने मिलकर खेतों को आश्रम की भूमि में परिणत कर दिया। यज्ञ-कुंड के सामने बैठकर राम ने विधि का आरम्भ किया। भद्रश्रेण्य ने अतिथि-सत्कार की तैयारी करने के लिए आज्ञा दी।

एक ओर नाग अपरिचित स्वातन्त्र्य का अनुभव करते हुए बैठे थे। दूसरी ओर यादव अग्रणी बैठे थे। पास ही यादव-स्त्रियाँ भी बैठी थीं। केवल कल्विणि नहीं थी। कुक्षि ने उसे इस आश्रम में आने से मना कर दिया था।

यज्ञ की आहुति अभी पूरी हुई ही थी कि इतने में दौड़ता-हाँफता हुआ उज्जयन्त आ पहुँचा। वह उस भागे हुए तीसरे यादव रक्षपाल को रस्से से बाँधकर लाया था।

"गुरुदेव! गुरुदेव! मैं आ गया हूँ।" कहकर उज्जयन्त हर्षित होकर राम के पैरों पड़ा।

"उज्जयन्त, मैं तेरी ही राह देख रहा था।"

"जो रक्षपाल भाग गया था, उसे मैं पकड़ लाया हूँ।"

"अच्छा किया।" हँसकर राम ने उसकी पीठ थपथपाई, "लेकिन इसे यहाँ क्यों ले आया?"

"क्यों?"

"नागों को सतानेवाला यदि यहाँ आएगा तो उसे मरना ही पड़ेगा, ऐसा मेरा वचन है।"

"गुरु का वचन सदा अभंग रहेगा," उसके पैरों पर गिरकर उज्जयन्त ने कहा। तरकश में से उसने तीर निकाला और पलक मारते ही, पास ही जो बँधा हुआ तीसरा रक्षपाल खड़ा था, उसकी छाती में भोंक दिया।

इस न्याय की निश्चलता देखकर यादवों के हृदय पल-भर के लिए काँप उठे। राम शान्त और स्वस्थ, मानो कुछ न हुआ हो, ऐसे बैठा था।

[7]

राम का नया आश्रम पहले की अपेक्षा बहुत विशाल और समृद्ध था। सौ यादव लड़कों का शतक दिन और रात वहाँ रहकर कसरत, शस्त्र-विद्या और अश्व-विद्या का अभ्यास करने लगा। प्रतीप और विशाखा ने तथा कूर्मा और उज्जयन्त ने भी, वहीं अपना घर बसा लिया। एक ओर की झोंपड़ियों में निश्चिन्ततापूर्वक रहकर नाग भी आश्रम की सेवा करने लगे। वह स्थल नागों का अभय स्थान है, यह पता लगते ही कोई भी नाग यदि कहीं से दुःख का मारा निकलता था, तो रक्षण के लिए वहीं आ पहुँचता था।

लोमा को यह नया आश्रम अधिक सुहावना लगता था। विशाखा के समान संस्कारी स्त्री के साथ उसकी मैत्री हो गई थी, पर उसके अन्तर की उद्विग्नता बढ़ने लगी।

हरिश्चन्द्र राजा के यहाँ से लौटते हुए एक रात राम का मुख देखकर उसके हृदय में एक विचित्र ही भाव-सृष्टि उठ खड़ी हुई। तब से केवल उसके सान्निध्य से उसे सुख न मिलता। राम के शरीर में समा जाने की एक विकल उत्कंठा उसके मन में जाग उठी थी। पर कहीं

राम जान लेगा तो वह उससे विरक्त होता जाएगा, इस भय से वह अपने एक भी शब्द या उच्चारण से राम को यह नहीं मालूम होने देती थी कि अब वह बालसखी नहीं रह गई, प्रत्युत वह तो एक विह्वल प्रणयिनी बन गई है।

उसके साथ रहना, खाना, मन्त्र-पाठ करना, घोड़े पर घूमना, शस्त्र-विद्या सीखना, सोना—एकान्त में और सबकी उपस्थिति में—और तिस पर हृदय में जलता हुआ ज्वालामुखी ढाँककर रखे रहना अब उसके लिए बहुत ही असह्य हो गया था। राम ज्यों-ज्यों देव के समान देदीप्यमान और प्रतापी होता जा रहा था, वैसे ही देवत्व की तटस्थता भी उसमें अधिकाधिक प्रकट होती जा रही थी। लोमा के प्रति उसके स्नेह का पार नहीं था। दोनों के स्वभाव के संवाद को वह किंचित् मात्र भी बेसुरा नहीं होने देता था। उसे सुलाकर ही वह आप सोता। स्वयं जाग पाने पर वह तुरन्त ही उसे जगाता, पर निरन्तर कर्तव्य की धुन में ही वह घूमा करता; वह मन्त्रों की शिक्षा देता, घोड़ों की सार-सँभाल में व्यस्त रहता, कुश्ती लड़ता, नए शस्त्र तैयार करता और जाने कितनी-कितनी देर वह भद्रश्रेण्य और प्रतीप आदि के साथ परामर्श करने में व्यस्त रहता; और कुछ काम न हुआ तो लोगों को दर्शन देता। इस सबमें लोमा उसके साथ ही रहा करती। पर उसकी दृष्टि सहजीवी बालसखा की थी; न तो वह कभी बढ़ती ही और न कभी घटती ही।

कल्विणि आश्रम में तो नहीं आती थी पर विशाखा के कारण लोमा के सम्पर्क में प्रायः आया करती। यह कुक्षि की स्त्री नखरेवाली, मद-भरी और आकर्षक थी। वह सारे दिन लोमा से राम ही की बातें किया करती और किसी कारण से यदि राम गाँव में चला जाता तो लुक-छिपकर उसके दर्शन भी कर लेती। लोमा के मन में इस स्थूल, मद-भरी विलासाकांक्षिणी मदमत्त स्त्री के प्रति अविश्वास जाग उठा। जिस रस के साथ कल्विणि भार्गव के सम्बन्ध में बातचीत किया करती थी, उसे देखकर लोमा का जी व्याकुल रहा करता।

प्रतीप ने अब यादवों को सबल बनाने का काम अपने सिर पर उठा लिया था। विशाखा तो भृगु के आश्रम की अधिष्ठाता भी बन गई थी। उसकी व्यवस्था-शक्ति और तेज का रूप-रंग चारों ओर दिखाई पड़ता। साथ ही अपने काका आनर्तराज के साथ सन्देश-व्यवहार करने के लिए राम ने उसे दूत नियुक्त कर दिया था। कूर्मा अपने बाप से भी बड़ा राजनीतिक बन गया था। वह चारों ओर के संवाद जुटाया करता। रँगीला, स्वरूपवान और वीर उज्जयन्त, राम द्वारा बनाए हुए शिष्यों के सशस्त्र शतकों का नेतृत्व कर रहा था। इन छह व्यक्तियों के षट्क का एक ही प्राण था—राम। राम शस्त्र-विद्या में नवीन आविष्कार किया करता। उसने सामान्य कुल्हाड़ी को नया ही रूप दे दिया। वह अब झाड़ काटने और सिर फाड़ने का शस्त्र-मात्र ही नहीं रह गई थी। अपने बड़े पतले फलक, तीक्ष्ण धार और लम्बे डंडे के कारण वह घोड़े पर बैठकर शिरच्छेदन करने का परशु बन गई।

अपने शिष्यों को राम ने शतकों में बाँट दिया था। सभी के साथ वह भाई-जैसा ही सम्बन्ध रखता था। वह सबसे अधिक परिश्रम करता, सबको खिलाकर वह आप खाता और सबको सुलाकर वह आप सोता; पर सौंपा हुआ काम करने में यदि कोई चूक जाता तो अपने एक शब्द से जलाकर उसे राख कर देता। कोई निर्वीर्य या कायर जान पड़ता तो वह तुरन्त ही उसे स्थान-भ्रष्ट कर वह काम दूसरे को सौंप देता। एक दिन एक युवक ने कुछ बकवास की, राम ने तुरन्त ही उसे दोनों हाथों पर उठाकर एक कगार से नीचे फेंक दिया।

सभी राम की बराबरी करने का प्रयत्न करते, पर उसकी अडिग स्वतन्त्रता, आक्रमण करने की फुर्ती और तीखापन, उसकी निर्भय संलग्नता और प्रतिद्वन्द्वी की चूक को पकड़ लेने की उसकी चपलता को कोई नहीं पहुँच पाता था। उसके धनुष-बाण और परशु सबसे अधिक धारदार हुआ करते। दूसरे के लिए उसका प्रयोग करना कठिन हो जाता। और सुन्दर घोड़े पर बैठ अपने शतक को साथ ले जब वह घूमने निकल पड़ता तो उसे देखकर यादवों की छाती फूल जाती।

कभी-कभी वह और लोमा जब भृगुग्राम और तृत्सुग्राम की बातें करते तो अपने स्वजनों को याद करके लोमा आँसू टपकाने लगती और राम तब ऐसी तटस्थता से बातें करता जैसे अम्बा, वृद्धा और पिताजी मानो किसी बीते हुए जन्म की स्मृतियाँ हों। कभी-कभी वह चुपचाप गिरनार के सबसे ऊँचे शिखर पर चला जाता और प्रहरों तक स्थिर नयनों से क्षितिज निहारा करता। सदा लोमा उसके साथ जाती। कभी-कभी प्रतीप, कूर्मा और उज्जयन्त भी जाते। ज्वलन्त आँखों से अकेला राम चारों दिशाओं की थाह लिया करता। उसके मन में तब क्या हुआ करता था, यह तो कोई भी जान नहीं पाता था, पर उस समय की वह भेद-भरी मूक-भव्यता उसके आसपास किरणों के अम्बार बरसाया करती।

मधु की माँ रेवती शार्यातराज की पुत्री थी। शार्यात-गोत्र की सीमा यादव-गोत्र की सीमा का स्पर्श करती थी। राम ने जब मधु को पीटा था, तभी से रेवती रूठी हुई थी। कुछ ही दिनों के पश्चात् वह मधु को साथ लेकर अपने पीहर चली गई। भद्रश्रेण्य ने उन्हें वापस नहीं बुलाया। उनका विचार था कि मधु यादवों के उत्कर्ष में बाधा-स्वरूप है।

राजा ने यह संकल्प कर लिया था कि सहस्रार्जुन के युद्ध से लौटने और मृगारानी तथा गुरु मार्कण्डेय को कोई सन्देह होने से पहले, यादवों को सशक्त बना देना है। राम ही के कारण उनका संकल्प उनकी धारणा से पहले ही सफल होता जा रहा था।

राम की दृष्टि और उसका संकल्प सर्वग्राही था। कुक्षि के ऊपर दृष्टि रखने का काम उसने कूर्मा को सौंपा था और शार्यातराज, मृगारानी तथा गुरु मार्कण्डेय के साथ कुक्षि जो सन्देश-व्यवहार किया करता था, उसका उसे पता था। मनुष्य-मात्र किस परिस्थिति में कैसा व्यवहार करेगा, यह बात राम अचूक रूप से जानता था।

यादवों के थाने जहाँ समाप्त होते थे, वहीं से शार्यात के थाने लग जाते थे। इस सीमा पर स्त्रियों का अपहरण और गोचरों की लूट सदा ही हुआ करती थी। एक-दूसरे के नाग भी लूट लिये जाते।

पहले जब भद्रश्रेण्य सहस्रार्जुन का मान्य सेनापति था तो उसकी धाक से यादवों पर आक्रमण करने से सभी डरा करते। उसके पश्चात् शार्यातों और तालजंघों के लिए यादवों को सताने का काम सरल हो गया था। पर राम की सर्वव्यापी प्रवृत्ति से वह सरल काम भी अब कठिन हो गया था। वह जिस किसी भी थाने पर जाता, वहाँ घोड़ों के व्यवस्थित पालन-पोषण को प्रोत्साहन देता, वहाँ शस्त्र तैयार किए जाते और वहाँ के युवक शिक्षा पाने के लिए उत्सुक हो उठते। राम-शतक के शस्त्र-सज्जित योद्धा थानों के बीच फेरी लगाया करते। इस कारण यादवों का लूटा जाना अब उतना सरल नहीं रह गया था।

सब थानों का रक्षण उज्जयन्त के हाथ में था। प्रत्येक थाने पर चौकीदार चौकी दिया करते। स्थान-स्थान पर ढोल रख दिए गए, जिनके नाद से सबको चेतावनी दी जा सकती थी।

प्रत्येक थाने से पाँच युवक शिक्षा के लिए भृगु-आश्रम में आया करते और प्रतिमास अपने थाने में लौटकर वहाँ औरों को शिक्षा देते। देखते-देखते ही यादवों की सीमा अभेद्य हो गई और शार्यातराज की चिन्ता का पार न रहा।

राम को उसकी आवश्यकतानुसार युवक मिलने लगे। उसके नाम और प्रताप के कारण नवयुवक अपने-आप ही उसके पास खिंचे चले आते। पर वह तो घोड़ों का पुजारी था। बिना घोड़े के मनुष्य में उसे शक्ति न दिखाई पड़ती।

पाताल (सिन्ध-हैदराबाद) से व्यवसायी लोग द्वारका तक अपने पोतों पर माल लादकर लाया करते। साथ ही वे घोड़े भी लाया करते। वहाँ से बनजारे गूने लादकर तालजंघा, शार्यात, यादव, आनर्त और माहिष्मती (भरूच) तक माल बेचने के लिए ले जाया करते।

जब तक बनजारों के जत्थे द्वारका से साबरमती के किनारे तक पहुँच पाते, आर्यों के थाने उन्हें लूट लेते, या फिर उनसे मनचाहा माल निकलवा लेते। इस लूट में प्रायः तालजंघा, शार्यात और यादवों के थाने साझेदार हुआ करते। राम ने इस लूट को बन्द कर दिया। जत्थे के मार्ग पर शतक के चुने हुए योद्धा उज्जयन्त के नेतृत्व में चौकी लगाया करते, बिना पैसों के बनजारों को अभयदान देते और बिना कुछ लिये ही उन्हें साबरमती तक पहुँचा आते। यह चौकी लगाने का काम प्रत्येक यादव थाने को करना पड़ता था। पहले तो लुटेरे घबराए, पर राम की आज्ञा भंग होने पर परशुधर राम के शिष्य विधि की निश्चलता से विरोध को निर्मूल कर दिया करते। भयमुक्त बनजारे यादवों को भेंट देने लगे। राम ने वह लेना अस्वीकार कर दिया। भेंट में वह केवल घोड़े ही लिया करता था।

सौराष्ट्र में तथा भद्रश्रेण्य के राज्य की सीमा में पहली ही बार लूट-खसोट बन्द हुई और समृद्धि का विस्तार होने लगा। सीमा के बाहर भी बड़ी दूर तक जंगलों के रास्ते सुरक्षित होने लगे। कृतज्ञ बनजारे चाहे जहाँ से घोड़े ले आया करते और भार्गव के चरणों पर लाकर धर देते। ये घोड़े भिन्न-भिन्न थानों की अश्वशालाओं में शिक्षा पाते और प्रतीप के नेतृत्व में शिक्षण लेनेवाले राम के शिष्यों के काम आते। यह सारा काम अबाध रूप से षट्क की आज्ञा तले चला करता। इस सबका अधिष्ठाता चुपचाप, तेजस्वी दृष्टि लिये रात-दिन चारों ओर घूमा करता, शिक्षा देता, आज्ञाएँ सुनाता और नई व्यवस्था प्रसारित करता।

यादवों के बढ़ते हुए प्रताप के कारण शार्यातराज की चिन्ता का पार नहीं था। उसने अपने छोटे पुत्र ज्यामघ को मन्त्रियों के साथ यादव-गोत्र में भेजा। ज्यामघ ने सन्देश सुनाया—यादव शार्यातों को बहुत सताते हैं; हमारे नागों को यादव संरक्षण प्रदान करते हैं; हमारी राज्य-सीमा में प्रवेश करके यादव लूट-खसोट करते हैं; शार्यातराज दो महीने बाद यज्ञ करने जा रहे हैं, अतएव रेवती और मधु उसके अनन्तर ही आएँगे; उस प्रसंग पर भद्रश्रेण्य को अवश्य ही आना चाहिए, इत्यादि।

ज्यामघ साँवला और छोटे कद का था। वह बड़ा ही बुद्धिशाली था और बातचीत करने के अपने चतुर ढंग से सबको मुग्ध कर लेता था। चारों ओर जो यादवों का प्रताप और ऐश्वर्य प्रकट हो रहा था, उसे उसने अच्छी तरह देख-भाल लिया।

भद्रश्रेण्य उसे राम के दर्शन करने को ले आया। राम के सारे लड़ाके शिष्यों को लेकर उज्जयन्त दूर के थानों की व्यवस्था करने गया था। कूर्मा एक जगह कुछ लड़कों को मन्त्रोच्चार सिखा रहा था। लोमा, विशाखा तथा अन्य स्त्रियाँ अपने-अपने कामों में लगी थीं।

नाग बिना किसी नियन्त्रण के स्वतन्त्रतापूर्वक कुछ-न-कुछ काम करते दिखाई दे रहे थे। ऐसी स्वच्छता और व्यवस्था ज्यामघ ने कभी न देखी थी। वह राम के पैरों पड़ा—"गुरुवर्य, पिताजी ने प्रणाम कहलवाया है और वे स्वयं दर्शन करने न आ सके, इसके लिए क्षमा-याचना की है। पिताजी यज्ञ करनेवाले हैं और उन्होंने आपसे विनती करते हुए कहा है कि आप वहाँ पधारकर यज्ञ को पावन करें।"

राम ने कुशल-समाचार पूछा, "ज्यामघ! महाअथर्वण के शाप से मुक्त होकर तुम सुखी बनो, यही मेरा आशीर्वाद है।" उसने कहा।

"तो आप पधारेंगे?" इस तेजस्वी युवक को देखकर ज्यामघ के मन में आदर का भाव जाग उठा। क्या यही लड़का है गुरुवर्य, जिसके नाम से सौराष्ट्र गूँज रहा है? ऐसे गुरु के पास रहने का धन्य-भाग्य प्राप्त करने के लिए वह प्रतीप की ओर ईर्ष्या-भरी दृष्टि से देखता रह गया।

"आऊँगा, आऊँगा क्यों नहीं? पर तेरे पिताजी अधर्म का त्याग करेंगे तभी आऊँगा।" राम ने कहा।

"अधर्म? हम कौन-सा अधर्म कर रहे हैं?" खेदपूर्वक ज्यामघ ने कहा।

गहरे स्नेह से राम हँस पड़े, "भाई, अपने पिताजी से कहना कि धर्म-प्रवर्त्तन का संकल्प वे करें, फिर मुझे बुलाने की आवश्यकता नहीं पड़ेगी, मैं स्वयं ही चला आऊँगा।"

राम के अभेद्य गौरव को देखकर ज्यामघ के मन में पूज्यभाव जागा।

"आपकी क्या आज्ञा है?"

राम कुछ देर तो चुप रहा और फिर धीरे-से स्पष्ट होकर बोलने लगा, "यादवों के साथ बैर करना छोड़ दो। पचास शार्यात युवकों को लेकर तू यहाँ आकर छह महीने रह और प्रतीप का साथ दे। शार्यात-थानों को लूट-खसोट करने और स्त्रियों का अपहरण करने से रोको। नाग-स्त्रियों पर अत्याचार करना बन्द करो और जैसे महाभाग भद्रश्रेण्य बनजारों को अभयदान दे रहे हैं, वैसे ही तुम भी दो। जिस दिन इस धर्म का प्रवर्त्तन हो जाएगा, मैं कच्चे सूत से बँधा तुम्हारे यहाँ खिंचा चला आऊँगा।"

ज्यामघ ने गर्दन हिलाई, "यह काम सरल नहीं है, फिर भी मैं पिताजी से कहूँगा।"

"यादवों ने उसे सरल बना दिया है।"

"हमारी प्रजा बहुत तेजवान है।" ज्यामघ ने कहा।

"इसमें तो मुझे कहीं भी तेज नहीं दिखाई पड़ता। तेरे पिताजी से मुझे बस एक ही सन्देश कहलवाना है। भद्रश्रेण्य जिस प्रकार धर्म का प्रवर्त्तन कर रहा है, ठीक वैसे ही उसके साथ रहकर सारे सौराष्ट्र में धर्म का प्रवर्त्तन करो।"

"पर आप आकर पिताजी से मिलें तो!" ज्यामघ ने फिर प्रार्थना की।

"तू यहाँ आकर रह, मैं वहाँ जाकर रहूँगा।" राम ने हँसकर कहा। राम के स्नेह-भरे निमन्त्रण से उसका जी यहाँ आकर रहने को हुआ।

"पिताजी से पूछकर देखूँगा।" कहकर ज्यामघ ने विदा ली।

"अपने पिताजी से कहना कि जैसा वे मानते हैं, मैं भद्रश्रेण्य की महत्ता बढ़ाने का साधन नहीं हूँ। भद्रश्रेण्य धर्म-प्रवर्त्तन का एक निमित्त-मात्र है।" राम के स्वर में एक गहरी गूँज थी, "भद्रश्रेण्य पर यदि आक्रमण होगा तो मैं उसे धर्म पर आक्रमण हुआ मानूँगा।"

ज्यामघ ने दृष्टि नीची कर ली। उसके पिता के हृदय में चल रहे विचारों को यह चुनौती थी।

ज्यामघ के जाने के उपरान्त षट्क एकत्रित हुआ, तब राम ने एक वाक्य कहा, "मेरी चेतावनी निरर्थक है। यज्ञ के बाद शार्यात आक्रमण करेंगे।"

प्रतीप ने पूछा, "सचमुच?"

"आक्रमण यदि वे करना चाहते हैं, तो मेरे निर्धारित किए हुए समय पर ही वे करेंगे। हम तैयार हैं।"

"तुम कैसे समय निश्चित करोगे?" लोमा ने पूछा।

राम हँस पड़ा, "अभी मैं निश्चित किए देता हूँ। उज्जयन्त, कुक्षि ऋषि से जाकर कह आ कि एक बहुत ही महत्त्व के काम से मैं उनसे मिलने आ रहा हूँ।"

राम अकेला ही कुक्षि के आवास पर गया। कल्विणि ने हँस-हँसकर उसका स्वागत किया। इस स्थूल, हँसमुखी, क्रीड़ाशील युवती को बहुत दिनों से राम से मिलने की तीव्र उत्कंठा थी। दूर से ही इस देदीप्यमान युवक को देख-देखकर उसके हृदय में जाने कितने ही अकथ्य भावों का उदय हुआ था। आज उसके सत्कार करते समय कल्विणि के दुलार का पार नहीं था।

राम नमस्कार करके बैठ गया और कल्विणि कुशल-समाचार पूछने लगी—

"लोमादेवी कैसी हैं? मैं तो आज उनसे मिली ही नहीं। आज मेरे अहोभाग्य हैं कि आपने मेरा आँगन पावन किया।"

लोमा सप्तसिन्धु के राजा की बहन है। राम के साथ इस प्रकार अकेली रहती और घूमती है, उसके साथ विवाह नहीं किया है, तब भी दोनों एक-दूसरे से ऐसे बरतते हैं जैसे एक-दूसरे के अपने ही हों, इस बात से कल्विणि की कल्पना को बहुत उत्तेजना मिली थी। रात को स्वप्न में राम उसे अनेक रूपों में दिखाई पड़ता और दिन में राम के सम्बन्ध में बातें कर-करके वह रस के घूँट पिया करती।

"लोमा राजा के यहाँ बैठी है।"

"मैं एक दिन आपके आश्रम में आनेवाली हूँ। मैं उस पहले दिन आपसे मिली थी। याद है न! मैंने लोमादेवी को यज्ञ-कुंड बनाने में सहायता दी थी। अब आश्रम कैसा हो गया होगा, सो तो मैंने देखा ही नहीं है। ऋषिजी की सेवा से मुझे तो समय ही नहीं मिलता।" वृद्ध पति की सेवा में उसका यौवन मानो जलकर भस्म हुआ जा रहा हो, ऐसा भाव मुख पर लाकर, निःश्वास छोड़कर, कल्विणि बोली।

इस कथन के भीतर की ध्वनि को मानो समझ ही न पाया हो, ऐसी सरलता से राम ने कहा, "तुम और ऋषि आकर मेरे आश्रम को पवित्र करो, जब तुम्हारा जी चाहे। मैं कृतार्थ हूँगा।"

"ओहो, भार्गव!" कुक्षि ने अन्दर प्रवेश करते हुए हँसकर कहा, "पधारिए, पधारिए, आप भला कैसे आए? और आपके कृतार्थ होने में अब शेष ही क्या रह गया है?" पहली ही बार भार्गव उसके यहाँ आए थे, इसी से उसका गर्व सन्तुष्ट हुआ था।

राम हँसकर खड़ा हो गया और उसने नमस्कार किया। इस असत्य भाषण करनेवाले व्यक्ति से उसे चिढ़ थी, फिर भी उसने विनय से हाथ जोड़ लिए।

"मैं आप दोनों को अपने आश्रम में आने के लिए आमन्त्रित कर रहा था।"

"बड़ा सौभाग्य है हमारा! कल्विणि, दूध ले आ। महर्षि जमदग्नि के पुत्र और हमारे यहाँ पधारें!"

कल्विणि शरीर को हिलाती हुई, बड़े हाव-भाव दिखाती हुई दूध लेने दौड़ी, "कुशल तो है न? और लोमादेवी कैसी हैं?"

"अच्छी है।" राम ने कहा, "मैं आपसे एक विनती करने आया हूँ।"

"क्या बात है? आप और भला विनती करें? आप तो आज्ञा ही दे सकते हैं।"

"ऋषिवर्य! ऋषिश्रेष्ठ विश्वामित्र के द्वारा देव वरुण ने जो नरमेध यज्ञ रुकवा दिया था, वह तो आप जानते ही होंगे। उस दिन मैंने इस सम्बन्ध में चर्चा की थी।"

"हाँ," कुछ विचार में पड़कर कुक्षि ने कहा।

"नरमेध से भी भयंकर नर-हत्या कुछ यादव और शार्यात करने जा रहे हैं। आपको चाहिए कि उसे रोक दें।"

"भार्गव, नर-हत्या बहुत ही निकृष्ट बात है। उसे रोकने के लिए मैंने बहुत हाथ-पैर मारे हैं, लेकिन जंगली यादव और शार्यात हमारे वश के नहीं हैं। वे बहुत असंस्कारी हैं। यह होना सम्भव नहीं है।" कुक्षि के बातचीत करने के ढंग में जो एक विनम्रता का आडम्बर था, वह राम को न रुचा।

"आप यदि रोकना चाहेंगे तो अवश्य रुक सकेगा। तब यादव गुरु की आज्ञा का उल्लंघन नहीं कर सकेंगे।"

"जो आखेट पर जाएँ, उन्हें शाप दो।" राम ने स्पष्ट बात कही।

"शाप! ओह-हो, क्या कह रहे हैं आप? मैं क्या कोई महर्षि हूँ? यह तो आप-जैसे ही लोग कर सकते हैं और वनवासियों का आखेट तो पूर्व-परम्परा से चला आ रहा है। प्रचलित रूढ़ि का अनुसरण करनेवाले को शाप कैसे दिया जा सकता है?"

"देवों का आवाहन करिए, वे शक्ति प्रदान करेंगे।"

"देवों ने मुझे शक्ति तो दी है, पर इसमें मेरी शक्ति काम नहीं आ सकती।" एक कृत्रिम विनम्रता से कुक्षि ने कहा। इतने ही में कल्विणि दूध लेकर आ पहुँची, "लो, यह दूध पियो, भार्गव!"

राम ने दूध ले लिया।

"ऋषिवर्य! मनुष्य के आखेट से वरुण देवता का व्रत भंग होता है।"

"आप जब कह रहे हैं, तो मैं कैसे अस्वीकार कर सकता हूँ?" कुक्षि ने मानो खिल्ली उड़ाते हुए कहा, "पर ये वनवासी देवों के शत्रु हैं। इनके आखेट से देव असन्तुष्ट नहीं होते। नाग का दान तो सदा से ही स्वीकार्य माना गया है। ये लोग एक-दूसरे का नरमेध भी करते हैं।"

"नरमेध और नर-आखेट पापाचार हैं। आप यदि नहीं रोक सकेंगे तो देव रोकेंगे।" राम ने निश्चयपूर्वक कहा।

"अर्थात् आप...?"

"यदि देवों की इच्छा हुई तो।"

"भार्गव, मैं अनुभवी व्यक्ति हूँ। आप अभी बालक हैं। अनुभवी का कहा मानो तो इस बात के बीच में न पड़ना। शार्यातों के जंगलों में नाग पकड़े जाते हैं और उनके पण्यों में बेचे जाते हैं, उन्हें कैसे रोक सकोगे? और रोकने जाओगे तो शत्रुता हो जाएगी।"

राम की दृष्टि किंचित कठोर हो गई। उसके मुख पर हास्य जैसा था वैसा ही बना रहा, "आज क्या शत्रुता नहीं है? पर देवों की आज्ञा ही जब होगी, तो मेरी क्या बिसात है? ऋषिवर्य, आज्ञा लेता हूँ।"

[8]

राम अपने मित्र के पास गया।

"क्या हुआ?"

"कुछ नहीं। हमें ही यह नर-आखेट रोकना होगा।"

"क्या करना होगा हमें?" प्रतीप ने कहा।

"सौ आदमी तो हम लोग यहाँ हैं ही। अपने पचास मित्रों को और यहाँ ले आओ। और कूर्मा! नर-आखेट में कुशल कोई व्यक्ति मिल सके तो उसे तू ले आ।"

"जैसी आज्ञा।"

दूसरे दिन चुने हुए पचास युवक राम के आश्रम में रहने के लिए आ पहुँचे और शस्त्रोपयोग की शिक्षा लेने में कड़ा परिश्रम करने लगे। साथ ही नर-आखेट करने का शिक्षण भी उन लोगों ने लेना आरम्भ किया। राम ने आज्ञा दी कि सबको पन्द्रह दिन के अन्दर-अन्दर अपनी शक्ति से सवा गुना तीर फेंकने और जितना बड़ा परशु अब घुमाते हैं उससे सवा गुना बड़ा परशु घुमा लेने की कला पर अधिकार कर लेना चाहिए। पन्द्रह दिनों में डेढ़ सौ युवक शिक्षा लेकर तैयार हो गए।

शुक्ल पक्ष आ पहुँचा। एक थाने पर से संवाद मिला कि आज रात को नर-आखेट करने के लिए यादवों और शार्यातों की एक टोली शार्यातों के जंगल में जानेवाली है। मध्य-रात्रि में राम की छोटी-सी सेना कन्धे पर तीर धारण कर, हाथों में परशु ले, कमर पर रस्सियाँ बाँध, घोड़े पर बैठकर उस थाने के पास के जंगल में जा पहुँची। वहाँ अपने में से कुछ व्यक्तियों को अपने घोड़े सौंपकर, शेष व्यक्ति दबे पैरों जंगल की ओर चल पड़े। राम रात को भी सब-कुछ देख सकता था, इसी से जिस दिशा में आखेटक जा रहे थे, ये लोग भी उस ओर सरलता से पहुँच गए।

कोई चालीस शार्यात तथा यादव ढोरों की गेल से अन्दर घुस आए। जब सवेरा होने को आया, तो एक झरने का पानी जिस स्थल पर एकत्रित हो गया था, वहीं एक झाड़ की ओट में छिप गए। प्रत्येक के पास नागपाश था।

मुँह-अँधेरे एक कोटर में से दो वनवासी नागों ने बाहर मुँह निकालकर झाँका। जब चारों ओर निर्जन दिखाई पड़ा, तो वे बाहर आ गए। दोनों पुरुष काले, छोटे कद के और नग्न थे। हरिण की आँखों के समान उनकी आँखें भयग्रस्त थीं। जंगली जानवर की भाँति किलकारी करके वे पानी पीने के लिए झरने की ओर के ढाल से उतरने लगे।

उस किलकारी के उत्तर में दो-तीन नाग झाड़ों पर से उतर आए। उनमें एक नग्न स्त्री थी, वह भी दो बच्चों को लेकर पानी पीने के लिए आई। ऐसे ही और भी पाँच-छह मनुष्य दूर से दौड़ते हुए आए। अज्ञात भाषा में वे कुछ बोल रहे थे, पानी पी रहे थे और कहीं से कोई आ न जाए इस भय से चारों ओर देख रहे थे। दो और भी स्त्रियाँ आ पहुँचीं। उनके साथ भी बालक थे।

दूर पर झाड़ों के पीछे छिपे हुए आखेटक वर्तुलाकार होकर बाहर आए और पानी पीते हुए नागों की ओर व्यूह-बद्ध रूप से टूट पड़े। वनवासियों की भयानक चिल्लाहटों से जंगल का शान्त वातावरण हृदय-बेधक हो उठा। उनके बालक भय से रो पड़े। दो वनवासी झाड़ पर चढ़ गए। बचे हुए व्यक्ति घबराए-से, भ्रमित-से, शशक की भाँति इधर-उधर दौड़ने लगे। आखेटकों ने कमर पर बाँधे हुए रस्से खोलकर उनके फन्दे वनवासियों पर फेंके और उनकी कमर, गले और कन्धों को फाँस लिया। कानों के परदे फाड़ देनेवाली चिल्लाहटों से वनवासी क्रन्दन कर उठे। जो नाग झाड़ों पर चढ़ गए थे, उन्हें आखेटकों ने पत्थर मार-मारकर नीचे गिरा दिया और पकड़ लिया। एक वनवासी लहूलुहान होकर भूमि पर गिर पड़ा। प्रहारों से घायल होकर दो बालक मर गए। आखेटकों ने आनन्द का अटूट हास करके उनकी मरणवेदना को दबा दिया।

किन्तु तुरन्त ही 'महाअथर्वण की जय' की गर्जना के साथ राम और उसके साथियों ने वर्तुलाकार होकर आक्रमण किया और अपने नागपाशों से आखेटकों के गलों को फाँस लिया। वनवासी जिस प्रकार चिल्ला रहे थे, ठीक वैसे ही अब आखेटक भी चिल्ला उठे। उग्र और गम्भीर राम उनके सामने आकर खड़ा हो गया। उसके हाथ में प्रचंड परशु था।

"सावधान, यदि कोई भागा तो!"

पर यह वाक्य पूरा होने से पहले ही एक आखेटक गले में से फन्दा छुड़ाकर भागने लगा। राम ने उसे देखा। उसके हाथ का फरसा विद्युतवेग से उछल पड़ा। उस भागनेवाले का गला भिदकर भूमि पर गिर पड़ा। राम धीरे-धीरे परशु के पास गया, उसे हाथ में उठाकर सूखे पत्तों से उसका रक्त पोंछ डाला और सबके बीच वह आकर खड़ा हुआ।

"जो भागने की चेष्टा करेगा, उसकी यही दशा होगी!" उसने धीमे-से कहा, "तुम नागों का आखेट करते हो, मुझे तुम्हारा करना पड़ा। लोमा, तू और उज्जयन्त इन नागों को आश्रम में ले जाओ। मैं इन लोगों को राजा भद्रश्रेण्य के पास लिये जा रहा हूँ।"

दूसरे दिन यादव गोत्र दिग्मूढ़ होकर देखता रह गया। वेगवान घोड़ों पर बैठे हुए राम के शिष्य हाथों में चमकते हुए परशु लिये, रस्सियों से बँधे हुए यादवों और शार्यातों को खींचकर यादव-गोत्र ले आए।

राम और प्रतीप भद्रश्रेण्य के साथ बातें कर रहे थे। लोमा, विशाखा, कूर्मा और उज्जयन्त भी वहाँ बैठे हुए थे। बड़ी रानी भी वहाँ बैठी हुई थीं।

"राजन्! शार्यात् राजा के साथ युद्ध होगा।" राम के नेत्र स्थिर हो गए थे।

"मैं उससे डरता नहीं हूँ। उसके साथ मैं बहुत लड़ा हूँ।"

"तो इस बार हमें लड़ने दो।"

"वह बहुत बलवान है। हमसे अधिक योद्धा उसके पास हैं।"

"भद्रश्रेण्य! साठ वर्ष में तुमने उन्नीस युद्ध लड़े हैं; सहस्रों मनुष्य मारे गए और सैकड़ों स्त्रियों का हरण हुआ। पर अभी भी इस वैर का अन्त नहीं हुआ। यह एक युद्ध मुझे लड़ने दो।"

"उससे क्या अन्तर पड़ जानेवाला है?"

राम कुछ देर चुप रहा। उसका स्वरूप गहन और अमेय गूढ़ शक्ति के मूलाधार के समान हो रहा। उसकी आँखें जो कोई नहीं देख पा रहा हो, वह देखती-सी लगीं।

"यह तुम्हारे और शार्यातों के बीच अन्तिम युद्ध ही होगा।"

"अन्तिम!"

"हाँ, इसके बाद फिर एक भी पुरुष नहीं मरेगा, एक भी स्त्री का हरण नहीं होगा, एक भी गाय नहीं लुटेगी।" भयंकर निश्चलता से राम ने कहा, "इस युद्ध के साथ अमित्रता नष्ट हो जाएगी। तत्पश्चात् यादवों और शार्यातों के बीच धर्म का प्रवर्त्तन हो जाएगा।"

"कैसे?" चकित होकर भद्रश्रेण्य ने पूछा।

"देवों में अटूट सामर्थ्य है।" इन शब्दों में दीनता नहीं थी, चुनौती थी। अनजाने ही भद्रश्रेण्य के हृदय में भय का संचार हो गया। इन भयंकर आँखों के सामने कौन-कौन-से दृश्य खड़े हैं।

राम फिर कुछ देर चुप रहा और फिर धीरे-से बोला, "सहस्रार्जुन जब लौटेगा, तब मानो तुम्हारा काल ही आ पहुँचेगा। उसके पहले हमें निर्भय हो जाना चाहिए।"

उपकार के वशीभूत होकर भद्रश्रेण्य की आँखों में आँसू आ गए। उसने इस अट्ठारह वर्ष के युवक को पूज्य-भाव से प्रणिपात किया, "गुरुदेव! मैं आपकी शरण में हूँ। जो उचित समझें, करें।"

"कूर्मा!" राम ने स्थिर नेत्रों से कहा, "शार्यातराज के यज्ञ में जाना और उनसे एक बात कह देना।"

"क्या?"

"पहले तो पकड़े हुए शार्यात भेंट-रूप में उन्हें सौंप देना और फिर कहना कि अब से जंगलों में मनुष्य का आखेट करनेवाले को गुरु भार्गव का शाप है।"

"जैसी आज्ञा।"

"दूसरे यह कहना कि राजा भद्रश्रेण्य ने रेवती रानी और कुमार मधु को वापस बुलवाया है, सो तेरे साथ वे उन्हें भेज दें।"

"जी!"

"और तीसरी बात यह कहना–भूल न जाना–कि वैशाख शुक्ला पूर्णिमा के दिन महर्षि-श्रेष्ठ भृगु की जन्मतिथि का उत्सव मनाने के लिए सभी भृगुवंशी आनर्तराज के सीमान्तवर्ती गोकर्ण-तीर्थ में एकत्रित होंगे। दो दिन पहले–तेरस के दिन–भार्गव तथा उनके शिष्य जाएँगे और कृष्णा पंचमी को वहाँ से वापस लौटेंगे। आप यदि कृपा करके जो कृष्णा दशमी को यहाँ पधार जाएँगे, तो राजा भद्रश्रेण्य आपके साथ सारी बातों का अन्तिम निर्णय कर सकेंगे।"

"वैशाख कृष्णा दशमी–लगभग दो महीने बाद!" भद्रश्रेण्य ने कहा।

"हाँ, चिन्ता मत करो।" फिर राम का स्वर स्पष्ट और भयंकर हो उठा, "वैशाखी पूर्णिमा को तुम्हारे और शार्यातराज के बीच का वैर निःशेष हो जाएगा।"

सब लोग इन शब्दों के भीतर अनजान, पर भयंकर अर्थ को अनुभव कर काँप उठे।

"राजन्, कूर्मा के साथ विशाखा को भी भेजिए। रेवती रानी को आमन्त्रित करने के लिए आपके कुटुम्ब में से भी तो किसी को जाना चाहिए। और उज्जयन्त! मैंने जो सन्देशा अभी कूर्मा को दिया है, उसका संवाद आज साँझ तक सारे गाँव को मिल जाना चाहिए। विशाखा, आज कुक्षिवन्त के यहाँ से शार्यातराज और मृगारानी के पास छिपे सन्देशे भेजे जाएँगे। कल्विणि से उसका पता निकालकर लाना।"

सब थोड़ी देर चुप रहे।

"विशाखा, रेवती रानी तेरी सास है। मन न माने तब भी उसकी सेवा करना। मैं यह जानता हूँ कि तेरी आँखें और कान कभी बन्द नहीं रहते, पर शार्यातराज के यहाँ तो उन्हें खोलकर ही रखना।" हँसकर राम ने कहा।

"लेकिन अब हमें क्या करना होगा?"

"प्रतीप! हमें अपने धर्म का आचरण करना चाहिए। करने को और हो ही क्या सकता है? आज लगभग पौने दो सौ शिष्य सब प्रकार से तैयार हो रहे हैं। वैशाख शुक्ला तेरस के सवेरे जब हम गोकर्ण-तीर्थ प्रस्थान करें तो हमारे पाँच सौ शिष्यों में से प्रत्येक अपने घोड़े, शस्त्र और शिक्षा में अपूर्व रूप से तैयार होना चाहिए। उज्जयन्त, तू सभी थानों पर घूम जा। जितने युवक तैयार हो गए हों, उन सबके शतक बना दे। यादव-गोत्र की सीमा में कोई प्रवेश न कर पाए, कोई किसी को पीड़ित न करे; बनजारों को कोई लूट न पाए।" फिर राम ने पूर्ति की, "यादवों के पास दूसरे गोत्रों की अपेक्षा कम पुरुष हैं। स्त्रियों की सहायता लेनी चाहिए। माँ, आपको और अन्य स्त्रियों को क्या करना होगा, सो लोमा जानती है।"

[9]

लोमा भी रात-दिन अविरत उत्साह से काम करती, साथ-साथ विचरती और यों निरन्तर सहयोग के भीतर से प्रकट होनेवाली निकटता का लाभ लिया करती। पर वह तो सब ऊपर-ऊपर का शुष्क आवरण मात्र था। राम को लेकर जो उसकी भूख थी, शान्त नहीं हो पाती थी और कल्विणि के सम्बन्ध का भय बढ़ता जाता था।

कल्विणि अब प्रतिदिन आश्रम में आया करती। राम उसके घर हो आया था, अतएव शिष्टाचारवश कुक्षि भी अपनी तीनों स्त्रियों के साथ भृगु के आश्रम में एक बार आ चुका था। कल्विणि, लोमा और विशाखा की सखी होने के अपने अधिकार के कारण, आश्रम में ऐसे बरतने लगी, जैसे अपने घर में ही हो और बहुत ही ललक-ललककर राम से बातें करने लगी।

कुक्षि शार्यातराज के यहाँ यज्ञ में गया। कल्विणि ने जब अस्वस्थता का बहाना किया, तो अपनी तीसरी स्त्री को सांगोपांग सन्ताप हो सके, इस आशा से उसे वहीं छोड़ गया। पति के जाने पर कल्विणि प्रतिदिन आश्रम में आने लगी। अनुनय-विनय करके लोमा को अपने घर ले गई। विशाखा की अनुपस्थिति में उसने कुछ काम भी अपने ऊपर उठा लिया था। राम जहाँ भी होते, वहीं वह जा पहुँचती और मानो वर्षों का परिचय हो, इस प्रकार बीच-बीच में बोलने लग जाती। और काम करने की उत्सुकता तो वह निरन्तर दरशाया ही करती। राम प्रायः उसको सामने देखकर अपनी स्वाभाविक, स्नेहयुक्त, संकोचपूर्ण और शर्मीली हँसी हँस दिया करता।

उसे प्रतिदिन आश्रम में आते देखकर लोमा के हृदय का भय बढ़ गया। वह प्रतिदिन उसकी तुलना अपने साथ किया करती। कल्विणि की बड़ी-बड़ी मोहभरी आँखें, उसके प्रौढ़, उछलते हुए, नुकीले स्तन, उसकी लचकती चाल और उछलते नितम्ब तथा उसकी अर्थभरी दृष्टि; वह सब देखकर उसकी ईर्ष्या का पार नहीं था। घोड़े पर बैठकर और दौड़-दौड़कर लोमा के नितम्ब पुरुष-नितम्ब के समान कठोर हो गए थे। धनुष और चक्र की शिक्षा लेने के कारण उसके हाथ कर्कश हो गए थे। पुरुषों के साथ और विशेषकर राम के साथ दिन-रात रहने के

कारण उसकी आँखों में अब लज्जा नहीं रह गई थी। उसके व्यवहार में ललक पड़ने की कला नहीं थी। उसके स्वर में कामोद्दीपक मार्दव नहीं था। वह स्वयं एक लड़के के समान थी। राम उसे अपने छोटे भाई के समान मानता था। उसके हृदय में उसके लिए प्रणय का भाव कैसे जाग सकता था? कल्विणि उसके साथ होड़ ले रही थी और वह हार चुकी थी। लोमा में न तो स्पर्धा करने की शक्ति ही थी और न साहस।

एक दिन राम आहुति दे रहे थे और उनके पास दर्भ नहीं था। कल्विणि तुरन्त चेत गई, उठकर जल्दी से दर्भ ले आई और राम को लाकर दे दिया। देते समय वह हँस पड़ी—सुमधुर, सूचनात्मक हँसी। उसके मन्द हास्य ने उन्माद-कौमुदी प्रसारित कर दी। राम मन्त्रोच्चार कर रहा था, उसने हँसकर दर्भ ले लिया। राम की आँखों का भाव लोमा ने देख लिया और वह हताश हो गई। उसका मुख गहरा लाल हो उठा। यज्ञ पूरा होने पर वह वहाँ से उठकर अश्वशाला में चली गई। इस अपरिचित जगत् में राम के अतिरिक्त उसका और कोई नहीं था और वैसे ही उसके सारे जीवन में भी राम को छोड़कर दूसरा कोई नहीं था। और वही उसके हाथ से निकल गया—कल्विणि का हो गया। वह राम के प्रिय घोड़े सुपर्ण के गले से लिपट गई और वह गर्वीला घोड़ा स्नेह से भरकर उसे देखता रह गया। लोमा उस पर बैठ गई और उसे पानी पिलाने के बहाने वन में चली गई।

मन्द, शीतल पवन बह रहा था। सन्ध्या में पक्षी कल्लोल कर रहे थे। वृक्षों में समीर का संगीत सुनाई पड़ रहा था। वह सुपर्ण पर से उतर उसके गले से लिपट गई। उसका कोई नहीं था। भाई वैरी था। माता-पिता मर गए थे। गुरु लोपामुद्रा अदृष्ट हो गई थीं। राम भी उसका नहीं था। वह निराधार थी। वह छाती फाड़कर रो उठी। सुपर्ण अकेला मूक स्नेह से उसके शरीर पर नाक घिसता हुआ उसे आश्वासन देने लगा।

राम उसे अपना अंग मानता था और वह राम को अपना अंग मानती थी। दोनों के बीच भावों का आदान-प्रदान सम्भव ही नहीं था। मानो वे दोनों एक-दूसरे के अपने ही हैं, इस प्रकार वे पल-पल बरतते थे। किसी को भी एक-दूसरे के जीतने की चिन्ता नहीं थी, क्योंकि दोनों जन्म से ही एक-दूसरे के जीते हुए थे। पर अब राम कल्विणि का हो जाएगा। किसी दूसरी स्त्री के साथ भी शायद वह विवाह कर ले। लोमा के लिए जगत् वैरी हो जाएगा। उसका जी मर जाने को करने लगा।

वह रोई और खूब रोई। थोड़ी देर में उसकी दृष्टि में एक बालक की झलक दिखाई पड़ी—प्रबल, स्वरूपवान, अस्पष्ट शब्दों का उच्चारण करता हुआ, सगी माँ को छोड़ उससे लिपटकर आनन्द माननेवाला उसका राम, देव, जीवन उसे छोड़ गया?

अपने अविश्वास पर उसके मन में तिरस्कार उपजा। क्या राम इतना क्षुद्र, अस्थिर और चंचल हो सकता है? जो वृद्धों और अनुभवियों को अपनी अडिगता से मात कर देता है, वह उसे छोड़कर कल्विणि को प्यार करेगा?

आश्वासन जिसे सुलभ नहीं था, वह राजा दिवोदास की पुत्री, लोमहर्षिणी, सुपर्ण पर बैठकर वापस लौट रही थी। उसके एकाकीपन में, उत्ताप से भरे पवन के झोंके उसके हृदय को झुलसा रहे थे।

जब वह लौटकर आई तो रेवा ने कहा कि कल्विणि अस्वस्थ हो गई है और उसका सन्देशा आया था, इसी से राम उसके आवास पर गया हुआ है। डूबते हुए मनुष्य की भाँति

लोमा ने चारों ओर देखा। उसकी आँखें व्याकुल हो उठीं। वह कुछ बहाना करके एक ओर चली गई और रो पड़ी।

जब कल्विणि के यहाँ से एक स्त्री उसे बुलाने आई, तो राम आश्चर्य में पड़ गया। कल्विणि रुग्ण थी। कोई आवश्यक सन्देशा कहना है, गुरुदेव पधारें तो बड़ी कृपा हो। किसी भी यादव को जब राम की आवश्यकता होती, तो वह उसकी सहायता करने जाया करता। "लोमादेवी को भेज दूँ? ठीक रहेगा?"

"नहीं, आपको ही विशेष रूप से बुलाया है।"

"अच्छा, आता हूँ।" उसने कहा और वह साथ हो लिया। कल्विणि कुक्षि की स्त्री थी। उसके आश्रम पर वह प्रतिदिन आया करती थी। उसकी सहायता करना उसका धर्म था।

कुक्षि के दो आश्रम थे। एक गाँव के बीच मुखिया के घर के पड़ोस में और दूसरा गाँव के बाहर। कुक्षि कहा करता था कि एकान्त में तप करने के लिए उसने वह दूसरा घर रख छोड़ा था। वहाँ वह यादवों के जाने बिना ही बहुत-से काम कर सकता था। वहीं कल्विणि भी रहा करती थी।

राम पहुँचा, तब महालय में नितान्त एकान्त था।

"कोई भी नहीं है, सब ऋषिजी के साथ चले गए हैं, पधारिए!" जो बुलाने आई थी उसने कहा और द्वार खोल दिया। राम ने प्रवेश किया और उस स्त्री ने द्वार बन्द कर दिया।

कल्विणि मृगचर्म के बिछौने पर पड़ी थी और मृगचर्म ही उसने ओढ़ रखा था। उसके बिखरे बालों में उसका श्वेत, मोहक मुख ऐसा लग रहा था, जैसे काले बादलों से निकलकर चन्द्रमा रुक गया हो। उसकी मदमस्त आँखों से इस क्षण मोहक आकर्षण टपक रहा था।

"गुरुदेव! आइए, पधारिए, क्षमा करिए, मुझसे तो उठा नहीं जा रहा है।" उसने काँपते स्वर में कहा। उसके प्रौढ़ स्तन प्रमत्त होकर उछल रहे थे।

"यह उपहार स्वीकार करेंगे न?" कल्विणि जहाँ सोई थी, वहीं पास ही दूध और फल एक ओर रखे हुए थे और एक मृगचर्म बिछा दिया गया था।

राम बैठ गया और नाममात्र के लिए उसने एक बेर मुँह में डाल लिया। उसे उस स्त्री की वह चेष्टा कुछ रुचि नहीं। उसमें उसे कुछ धृष्टता और अविनय जान पड़ा।

"कहिए, क्या कहना है?"

"भार्गव! पास आओ। तुम्हारा जीवन संकट में है, भद्रश्रेण्य राजा का भी।"

"मेरा कोई क्या बिगाड़ सकता है?" राम ने हँसकर कहा।

"पास आओ, पास आओ!" राम के मुख को निकट पाकर कल्विणि का संयम जाता रहा। राम ने उसके तप्त श्वास को अनुभव किया और अपना मुँह वापस खींच लिया।

"तुम नहीं जानते हो। तुम्हारे सिर पर संकट मँडरा रहा है—बहुत बड़ा संकट।"

"मुझे डर ही किस बात का है? चिन्ता न करो।" अपने सदा सहज भाव से राम ने कहा।

"मुझे बहुत चिन्ता हो रही है।" गद्‌गद होकर कल्विणि ने कहा, "मुझे नींद नहीं आती है। भार्गव, भय के मारे मैं तो मरने को पड़ी हूँ। जाने किस क्षण तुम्हारा क्या हो जाएगा, इसी विचार से मरी जा रही हूँ। ओ देव! पशुपति! भार्गव, अपना हाथ मुझे दो। मैं उठना चाहती हूँ।" उसने हाथ फैला दिया। राम ने उसे उठाने के लिए अपना हाथ लम्बा कर दिया। उसके स्पर्श से उसकी नस-नस झनझना उठी और उन्मत्त-सी होकर कल्विणि उठ बैठी। उसके शरीर

पर से मृगचर्म खिसक गया। वह अवस्त्र थी। उसका सुडौल स्तन-मंडल विलास के सार-सत्व-सा राम की आँखों के आगे झूल उठा—स्पर्श करनेवाले की भूख से अधीर।

राम की आँखें स्थिर हो गईं और चमक उठीं। "भार्गव, भार्गव, क्या देख रहे हो? हाथ पकड़ो। उद्धार करो।" उसकी काम-विह्वल आँखों में एक दुर्निवार निमन्त्रण था। किसी सशक्त अश्विनी की छटा से वह खड़ी हो गई। आँखों से, हाथों से, होंठों से, सारे शरीर से वह राम की अभेद्य मानवता को निमन्त्रण दे रही थी।

राम भी उठ खड़ा हुआ। उसका गम्भीर मुख भयंकर हो उठा। उसकी आँखें विकराल हो गईं। उसने खूँटी पर एक कोड़ा टँगा हुआ पाया। स्त्रियों और दासों पर नियन्त्रण रखने के लिए कुक्षि ने उसे रख छोड़ा था। धीरे से विचारपूर्वक राम ने वह कोड़ा उठा लिया और घोड़े के शिक्षक की अचूक कला से उसने धीरे-से एक कोड़ा कल्विणि की छाती पर और दूसरा उसके नितम्ब पर जमा दिया। अश्विनी जैसे उछलती है, ठीक वैसे ही कल्विणि उछल पड़ी। उसके मुख से क्रोध की वेदनापूर्ण हिनहिनाहट फूट पड़ी। कोड़े को खूँटी पर टाँगकर राम धीर गति से वहाँ से चला गया।

वृद्धों के लिए भी जो दुःसाध्य है, ऐसी तीक्ष्ण और अविकारी दृष्टि से, निष्फलता में छटपटाते गोत्रों के विग्रह, मनुष्यों के झगड़े और धर्म-अधर्म के भेदों को राम देख सकता था; पर आज तक स्त्री-पुरुष के सम्बन्ध के प्रति वह अन्धा ही था; कल्विणि के दर्शन और उसके घिघियाने से उसकी आँखें खुल गईं। जिन-जिन वस्तुओं और सम्बन्धों को लेकर आज तक कोई विचार मात्र भी उसके मन में नहीं जागा था, वे उसे स्पष्ट हो गए। सोमा और कल्विणि, मोहान्ध रुरु और अत्याचारी यादव रक्षपालों, प्रतीप और विशाखा तथा पिताजी और अम्बा के वर्तन में जो ग्रन्थियाँ और जो रहस्य थे, वे एकबारगी ही उसे स्पष्ट हो गए। लिंग-प्रधान अधर्म का मूल और उसका नियमन तथा पति-पत्नी के सम्बन्ध का धर्म उसे स्पष्ट दिखाई पड़ा।

अँधेरे में वह झपटता हुआ चला आ रहा था। अपनी आँखों के आगे उसे लोमा की छवि दिखाई पड़ी। आज कल्विणि जैसी अवस्त्र थी, वैसी ही लोमा को भी नहाते हुए और मृगचर्म बदलते हुए उसने कई बार देखा था। आज वे रेखाएँ मानो विद्युत की बनी-सी जान पड़ती थीं, और उसकी नसों में अपरिमेय उत्साह व्याप गया था। जब वे दोनों साथ-साथ रहा करते, बातें किया करते, घोड़े दौड़ते, संकल्प करते और उन्हें परिपूर्ण करते, बिना बोले ही दृष्टि-मात्र से वे वार्तालाप कर लेते, ऐसे समय के छोटे-मोटे अनगिनत प्रसंग नए वेग में मढ़े हुए और नए अर्थ के मोह से भरकर उसे याद हो आए। उसे ऐसा जान पड़ा मानो बिजली की कौंध ने अन्धकार को भेद दिया है और कोई वस्तु एकाएक दिखाई पड़ गई है। वह और लोमहर्षिणी जन्म से ही पति-पत्नी थे—आज तक यह बात उसे क्यों न जान पड़ी, इसी पर उसे अचरज हो रहा था। लोमा को भी यह बात क्यों न सूझी, इस पर भी आश्चर्य था। उसके मस्तिष्क में आनन्द की एक टंकार-सी फूट पड़ी। उसके पैरों में मानो पंख लग गए।

शंकाविहीन, भयविहीन, इस विशालदर्शी युवक की आत्म-श्रद्धा और स्वामित्वाभिमान सदा से अचल ही रहता आया है। उसमें स्वयं में कोई त्रुटि हो सकती है अथवा उसका दर्शन असत्य भी हो सकता है, यह बात तो उसके विचार में कभी आ ही न सकी थी। वह स्वयं भृगु था, देवों द्वारा प्रेरित होकर धर्म का प्रवर्त्तन करने के लिए ही उसका जन्म हुआ था और

जगत् के आधिपत्य और गुरु-पद का वह अधिकारी था, इस सम्बन्ध में कभी कोई संशय उसके मन में नहीं जागा था। उस निर्मल आकाश में यह कौन छोटा-सा बादल आ गया है। उसका हृदय शंका से भर उठा—'लोमा ने अब तक दो व्यक्तियों के साथ विवाह करना अस्वीकार कर दिया है। मुझे भी वह स्वीकार न करे तो?' और वह अकेला ही खिलखिलाकर हँस पड़ा। असम्भव! वे तो जन्म के ही परिणीत हैं।

वह आश्रम में आ पहुँचा। जिस झाड़ के तले वह स्वयं, लोमा, रेवा बुढ़िया और कूर्मा सोया करते थे, वहीं वह चला आया। लोमा वहाँ सोई हुई थी। पास ही अपने परशु को रखकर वह अपने मृगचर्म पर बैठ गया। उसकी आँखों में नींद नहीं थी। पास ही सोई लोमा आज उसे नए ही स्वरूप में दिखाई पड़ रही थी। लोमा के पहने और ओढ़े हुए मृगचर्म में से उसकी विद्युल्लेखा में लिपटी-सी शरीर-रेखा उसकी आँखों के आगे तैर आई, उदय होता हुआ चन्द्र, वृक्षों की चोटियों को चाँदी में नहला रहा था; उसकी ओर उसने दृष्टि डाली। फिर उसने लोमा के मुख की ओर देखा। जिस प्रकार सत्य उसे सदा स्पष्ट रूप से दिखाई पड़ता था, वैसा ही उसे इस क्षण भी दीख पड़ा—लोमा को उसके पुत्रों की माता होना है।

वह नीचे झुककर लोमा के सामने देखता रहा। केवल आँखें मींचकर वह लेटी हुई थी, नींद ने आज उसकी पलकों का स्पर्श तक नहीं किया था। राम की आँखों से झरते तेज से दग्ध होकर उसने आँखें खोलीं। राम, उसका अपना राम, मादक एकाग्रता से उसकी ओर देख रहा था। उसकी आँखों में एक अपरिचित पागलपन था—विलास का भूखा, आह्लादक और हृदय-वेधक; उसके शरीर के तार-तार में प्रणय की ऊर्मियाँ आँधी की भाँति बह रही थीं, सृष्टि आनन्द से डोल रही थी, ऐसा उसे स्पष्ट आभास हुआ। सीमान्त सुख के भार से उसकी आँखें मिंच गईं।

राम गहरे श्वास ले रहा था। उसकी आँखें धधक रही थीं। बिना बोले ही उसने लोमा को उठा लिया। अपने स्नायुबद्ध हाथों में उसे उठाकर, छाती से दाबकर उसे आश्रम के बाहर ले गया। लोमा आँखें मींचकर ऐसे लिपट रही, मानो नींद में स्वर्ग का अनुभव कर रही हो। जिस क्षण के लिए वह तरस रही थी, वह क्षण आ पहुँचा था।

नदी के किनारे पहुँचकर राम उसे उठाकर गिरनार के शिखर पर ले गया और एक पत्थर पर उसे बिठा दिया। आँखें खोले बिना अब उसे छुटकारा नहीं था। चन्द्र ऊपर चढ़ आया था और कृष्ण पक्ष की फीकी चन्द्रिका नीचे नदी पर और क्षितिज तक फैली सारी सृष्टि पर स्वप्न-सृष्टि का-सा हल्का प्रकाश बिखेर रही थी। राम उसके पैरों के पास ही बैठ गया। लोमा ने देखा कि वह राम बाल-मित्र नहीं है, प्रणयी है, स्वामी है।

"लोमा, उस कुलटा कल्विणि ने झूठा बहाना करके मुझे बुलाया था।"

"फिर?" लोमा का हृदय धड़क उठा।

"मेरे सामने अवस्त्र खड़ी होकर वह मुझे आलिंगन करने को तत्पर हुई!"

"हाय-हाय! फिर?"

"मैंने उठाकर एक कोड़ा उसकी छाती पर और दूसरा उसके नितम्ब पर मार दिया। उसका घाव लेकर अब थोड़े दिन वह घूमेगी।"

लोमा राम से लिपट गई, "मेरे राम-राम-राम..." उसका हृदय मानो माला ही जपने लगा, "अरे, अरे, यह क्या किया तुमने?"

"यदि वह कुक्षि की पत्नी न होती तो उसका प्राण ही ले लेता। ऐसी स्त्रियाँ जब तक अपने भार से पृथ्वी को बोझ मार रही हैं, तब तक धर्म का प्रवर्त्तन कैसे हो सकता है?"

लोमा चुप रही।

"लोमा!"

"क्या बात है, राम?"

"आज मुझे एक बात दिखाई पड़ती है—दीये-सी स्पष्ट—आज तक भी जो नहीं दिखाई पड़ी थी।"

"कौन-सी?" और लोमा का हृदय फिर से धड़क उठा।

"तू मेरी पत्नी है; वैसे ही जैसे अरुन्धती वसिष्ठ की थी और लोपामुद्रा अगस्त्य की थी।"

"क्या कह रहा है?" हर्ष की मूर्च्छा में पागल होकर लोमा ने पूछा।

"तूने बृहदरत्न को मना कर दिया, अर्जुन को मना कर दिया। पर तू मुझे मना मत कर देना।"

लोमा को न सूझ पड़ा कि वह हँसे या रोए। हर्ष के आँसू टपकाती हुई वह राम के गले से लिपट गई, "मेरे राम! मैं हँसूँ कि रोऊँ? मैंने कब मना किया है? और किसने कहा कि मैं मना करूँगी?"

राम—विचित्र राम—गम्भीर मुखमुद्रा से देखता ही रह गया—"अब समझ पाया हूँ कि तू मेरी पत्नी है।" और सिंह के समान अपना चालवाला माथा उसने लोमा की सुकुमार छाती में छिपा लिया।

लोमा चुप बैठी रह गई। राम उसकी छाती पर और उसके शरीर पर, कहीं उसे लग न जाए ऐसे धीरे से और भय से, हाथ फेर रहा था। वनों की निःशब्दता चैतन्य से भर उठी। उसे ऐसा प्रतीत हुआ, मानो वह जीवनदायी अग्नि-ज्वालाओं की बनी है। राम की आँखें मानो सहस्र चन्द्रों का तेज बरसाती हुई उसकी आँखों में अमृत की धाराएँ बरसाने लगीं। कुछ देर वे खड़े रहे। उनके हृदय साथ-साथ ही धड़क रहे थे, उनकी आँखें एक-दूसरे की आँखों में तैर रही थीं।

"अम्बा या विमद यहाँ होते तो कैसा अच्छा होता!" राम ने कहा।

मानो उसका प्रत्युत्तर ही हो, इस प्रकार क्षितिज पर शंखनाद सुनाई पड़ा—एक बार, दो बार, तीन बार।

"लोमा, यह तो भृगुओं का शंखनाद है। विमद आया जान पड़ता है।" राम ने सहर्ष कहा और कमर पर लटकता हुआ शंख फूँक दिया, ठीक वैसे ही जैसे उसके पूर्वज भृगुओं का आवाहन करने के लिए फूँका करते थे। धूल के बगूलों से घिरी अश्वारोहियों की टुकड़ी दृष्टि-पथ पर आई। सामने से फिर वैसे ही शंखनाद सुनाई पड़ा।

"विमद ही है। चलो, तुम और मैं उसे सामने जाकर लिवा लाएँ।" लोमा ने कहा। लोमा ने उसके लिए बहुवचन का उपयोग किया है, यह देखकर राम हँस पड़ा। उसने दाएँ हाथ से उसे छाती से दाब लिया।

आश्रम में पहुँचकर राम ने फिर शंख फूँककर शिष्यों को बुलाया। तीन सौ अश्वारोही शिष्यों और पशुधन को लेकर राम और लोमा सम्मुख स्वागत के लिए गए। कोई सौ अश्वारोही लेकर आते हुए विमद ने अपने बटुक देव को देखा—देव से भी अधिक देदीप्यमान—

हाथ में एक अपरिचित विशाल फलक का भयंकर परशु लिये हुए और स्वयं निर्मित प्रभाव के सूर्य-सा वह दीख पड़ा। विमद और राम अपने-अपने घोड़ों पर से उछलकर नीचे कूद पड़े। विमद ने भूमि पर पड़कर साष्टांग दंडवत् प्रणाम किया। राम ने उसे उठाकर गले से लगा लिया। लोमा आँखों में हर्ष के आँसू छलकाती हुई खड़ी थी। भद्रश्रेण्य राजा ने विमद और भृगुओं का सत्कार करने के लिए तीन दिन उत्सव मनाया। विमद ने नए-पुराने संवाद सुनाए।

"सहस्रार्जुन तुम्हारा हरण करके गया, उसके कुछ ही समय पश्चात् मैं उसके डेरे पर पहुँचा। यह देखने के लिए कि वह किस रास्ते जा रहा है, मैं दबे पैरों पीछे-पीछे चला आया। मेरा बस चलता तो मैं तुम दोनों को उड़ा ले जाता। भद्रश्रेण्य का पहरा बहुत भारी था।

"प्रतिदिन तुम्हारे पीछे चलते-चलते जब मुझे विश्वास हो गया कि भद्रश्रेण्य और उसके योद्धाओं की भक्ति भार्गव पर जम गई है, और बटुक देव और लोमा देवी निर्भय हो गए हैं, तो मैंने लौट जाने का विचार किया। सिन्धु के तट तक वापस लौट आया। वहाँ सुना कि रावण माहिष्मती पर आक्रमण कर रहा है।

"मैं फिर भृगु-ग्राम गया और भृगुश्रेष्ठ से मिला। अम्बा तो प्रतिदिन बटुकदेव के नाम को रट-रटकर रोया करती थीं। वृद्ध भी सहस्रार्जुन पर आक्रमण करने की तैयारी कर रहे थे। उन सबको मैंने सान्त्वना दी और वहाँ से मैं मुनिवर वसिष्ठ और राजा सुदास के पास गया। तुम दोनों को लौटा लाने के लिए सहस्रार्जुन पर आक्रमण करने का भृगुश्रेष्ठ का जो सन्देश मैं ले गया था, वह मैंने उन्हें कह सुनाया।"

"मेरे भाई ने क्या कहा?" लोमा ने पूछा।

"तुम्हारे भाई ने ठंडे कलेजे से उत्तर दिया कि लोमा को तो मैं सहस्रार्जुन के साथ ब्याह चुका हूँ। वर वधू को उसकी इच्छा से ले जाए या बलपूर्वक ले जाए, उसमें अन्तर ही क्या है?"

लोमा ने जिह्वा निकाल दी। बचपन की यह नटखट चेष्टा सहज ही तो मिटनेवाली नहीं थी।

"यह मेरा भाई कहाँ से जन्मा है?"

"उसके पश्चात् मैं मुनिवर वसिष्ठ के पास गया। वे तो भेद के विरुद्ध आर्यों को उत्तेजित करने में संलग्न थे। उन्हें तुममें कोई रस नहीं था। मैं हताश होकर वापस चला आया। फिर मैंने जाकर भृगुश्रेष्ठ से विनती की कि वे मुझे थोड़े-से योद्धा लेकर यहाँ आने दें और मैं कुछ भी युक्ति करके तुम्हें लौटा लाऊँगा। इसी से दो सौ सावधान भृगु-योद्धाओं को लेकर मैं यहाँ चला आया हूँ।"

"शेष सौ योद्धा कहाँ चले गए?" भद्रश्रेण्य ने पूछा।

"भिन्न-भिन्न स्थानों पर चले गए हैं। वापस लौटने का मार्ग खोज रहे हैं।" विमद ने हँसकर कहा, "और भार्गव, जान पड़ता है तुम तो यहीं गुरु-पद जमाकर बैठ गए हो?"

"मुझे जमने की आवश्यकता ही क्या है! मैं तो इनका गुरु हूँ ही।" राम ने कहा।

"यह सब देखकर तो मैं सचमुच चकित हो गया हूँ। पर राजन्, यह बताइए कि भार्गव और लोमा देवी को आप कब भेज रहे हैं?" विमद ने भद्रश्रेण्य से पूछा।

भद्रश्रेण्य के मुख पर उदासी छा गई, "आचार्य! गुरुदेव यदि यहाँ से चले जाएँगे, तो फिर हमारा क्या होगा?"

"तो आप उन्हें नहीं भेजना चाहते?" कठोर स्वर में विमद ने पूछा।

"आचार्य! पशुपति मेरे देव हैं और भार्गव मेरे गुरु हैं। बिना कारण उन्हें एक भी दिन मैं नहीं रोकूँगा। यदि ये जाना ही चाहें तो भले ही पधारें। मैं तो इनका दास हूँ। इन्हें मना करनेवाला मैं कौन हो सकता हूँ?" भद्रश्रेण्य ने दीनतापूर्वक कहा और राम के मुख की ओर अपने विनती भरे नयनों को स्थिर कर दिया।

यह सारी बात जब चल रही थी तो राम अपनी सदा की प्रकृति के अनुसार स्नेहयुक्त पर मन्द हास्य हँसते हुए चुपचाप उसमें रस ले रहा था। उसने उत्तर दिया, "विमद, मैं स्वयं ही आनेवाला नहीं हूँ।"

"क्यों?"

"भद्रश्रेण्य ने मुझे अर्जुन के पंजे से बचाया है, मुझे गुरु स्वीकार किया है और यहाँ मुझे अपना सर्वस्व अर्पित कर दिया है। मुझे लौटने से रोक नहीं रहे हैं। यादवों ने मेरा हाथ पकड़ा है, मैं उन्हें कैसे छोड़ दूँ?" राम ने धीरे-से कहा, "विमद! अर्जुन जब युद्ध से लौटेगा तो वह यादवों के प्राण लिये बिना नहीं रहेगा। और यदि राजा मुझे और लोमा को चले जाने देंगे, तो यादव-स्त्रियाँ और बालक उन्हें जीता नहीं छोड़ेंगे। मैं भद्रश्रेण्य का बन्दी नहीं हूँ, वह मेरा बन्दी है।"

"ऐसा है, तो फिर क्या किया जाए?"

"उसकी चिन्ता न कर। इस विपत्ति में यादवों का उद्धार करना ही मेरा प्रथम धर्म है। मैं फिर लौटकर आर्यावर्त आऊँगा।" और राम इस प्रकार देखता रह गया, मानो उस दिन का ही साक्षात् दर्शन कर रहा हो, "पर जब आऊँगा तो यादव-योद्धाओं के शीर्ष पर, भद्रश्रेण्य के गुरु-रूप में।"

"पर यह कैसे सम्भव होगा? तुम अभी कह रहे थे कि अर्जुन जब लौटकर आएगा तो वह सभी के प्राण ले लेगा।"

"विमद, भृगु केवल मन्त्रद्रष्टा ही नहीं है। वह तो धर्म का दर्शन करता है और उसका प्रतिपालन भी करता है।" राम ने कहा।

"तब फिर लोमा देवी का क्या होगा?"

"मेरा? मेरे भाई तो मुझे जहाँ-तहाँ ब्याह ही देना चाहते थे न? अच्छी बात है, तो फिर मेरा विवाह हो जाएगा। केवल आचार्य की ही राह देख रहे हैं।"

विमद ने राम और लोमा के मुख पर के प्रणय-भाव को देखा। वह समझा अवश्य, पर बात को सच न मान सका। भद्रश्रेण्य आदि भी विस्मित हो गए, "क्या कहते हो?"

"मैं लोमा से विवाह करूँ तो ठीक होगा न, राजन्!" कुछ लजाकर हँसते हुए राम ने पूछा, "विमद, तू आचार्य बनेगा न!"

विमद ने हर्ष से हाथ जोड़ लिए, "देव! तुमसे तो भगवान् ही बचाएँ। पर यह क्या करने की सूझी है?"

"गुरुदेव! बताओ लग्न-तिथि कब की निश्चित की जाए?"

लोमा शरमाकर राम के मुख की ओर देख रही थी। "राजन्, वैशाखी पूर्णिमा के उपरान्त, विजयोत्सव के अवसर पर।" राम ने कहा।

"वैशाखी पूर्णिमा को क्या है?"

"कुछ नहीं," राम ने कहा, "उस दिन गोकर्ण तीर्थ पर सभी भृगु मिलकर अपने आद्य पूर्वज भृगु की जन्मतिथि मनाते हैं। और उस दिन..." और राम का स्वर मानो शान्त और तटस्थ भाव से भविष्यकथन कर रहा हो, इस प्रकार गरज उठा, "यादवों में श्रेष्ठ भद्रश्रेण्य सौराष्ट्र में एकछत्र राज्य करेंगे।"

भयंकर थी यह भविष्यवाणी। सुनकर भद्रश्रेण्य को ऐसा अनुभव हुआ, मानो सपना देख रहा हो। क्या यह सच है? क्या यह झूठ है? इस स्वस्थ, निर्भय और कभी-कभी भयंकर से लगनेवाले युवक की आत्म-श्रद्धा का अनुमान करना चाहा, पर वह निष्फल हुआ। उसे लगा कि उसके हाथ में वह स्वयं कच्ची मिट्टी के समान था। वह जैसे भी घड़े, उसके हाथों घड़े जाना मात्र रह गया है।

"तब मैं क्या करूँ?" अपार्थिव भय से वातावरण दुःसह हो गया था, उसे विमद ने उक्त प्रश्न पूछकर कुछ सह्य बना दिया।

"विमद!" राम ने लज्जायुक्त हँसी के साथ कहा, "तू मेरा आचार्य है, मेरी और मेरे शिष्यों की अधूरी विद्या पूर्ण करवा दे।"

"जैसी आज्ञा।"

"और विमद, कुछ भृगुओं को सन्देश देकर सप्तसिन्धु लौटा दे। शेष भृगुओं को कुछ यादवों के साथ सौराष्ट्र भिजवा दे। प्रत्येक बस्ती में जो पहले ही से कुछ-कुछ भृगु लोग बस रहे हैं, उन्हें मेरी आज्ञा की घोषणा करने के लिए तत्पर बना दे। वैशाख शुक्ल तेरस को मैं यहाँ से गोकर्ण के लिए प्रस्थान करूँगा। सब लोगों को पूनो के दिन वहाँ पहुँच जाना चाहिए।"

"क्या राजा भद्रश्रेण्य भी जाएँगे?" राम उत्तर पचा गए।

"गुरुदेव! क्या सोच रखा है, सो बताओ? या फिर मुझे ही अँधेरे में रखना है?" भद्रश्रेण्य ने हँसकर कहा।

राम हँस पड़ा, "राजन्! कोई आठ दिन में कुक्षि, रेवती रानी और मधु जब आएँगे, तभी कुछ कह सकूँगा।"

"वे क्या करेंगे? आकर उलटे नई चिन्ता ही खड़ी करेंगे।"

"मैं बताऊँ वे क्या करेंगे? वैशाख शुक्ल पूर्णिमा के दिन मधु को तुम्हारी गद्दी पर बिठाने का संकल्प करके वे सब आएँगे।"

राम को जो दीखता वह होकर ही रहता था, इसी से सबके हृदय में भय व्याप्त हो गया।

शार्यातराज का यज्ञ पूरा हो गया। रेवती रानी, मधु, विशाखा, कुक्षि, कूर्मा तथा पचास शार्यात योद्धाओं को लेकर यादव गोत्र में आ पहुँचे।

राजा भद्रश्रेण्य के लिए बड़ी रानी ही भोजन बनाया करती थी। दो-चार दिन बीतने पर एक दिन बड़ी रानी को अपने बनाए हुए भोजन पर सन्देह हो गया। उसने वह भोजन बिल्ली को डाल दिया, पर उसने उसे सूँघा भी नहीं। वही उसने गाय को डाला पर गाय ने भी उसे त्याग दिया। उसने इस सम्बन्ध में राजा से बातचीत की, भोजन को स्वयं चखा और राजा को भी चखाने लगी।

राम ने कूर्मा और विशाखा की सब बातें सुन लीं और फिर विशाखा को उसके पिता आनर्तराज के यहाँ भेज दिया।

"आनर्तराज के मैं दर्शन करना चाहता हूँ। यदि वे स्वयं गोकर्ण तीर्थ पर पधारें तो मैं कृतार्थ हूँगा।" राम ने कहा।

विशाखा ने हँसकर प्रतीप से कहा, "देखो, मैं तुम्हारे कितने काम आती हूँ। तुम तो यहाँ घोड़े पर बैठकर छैला बने घूमते हो।"

"तू लोमा देवी की भाँति शस्त्र चलाकर तो देख, फिर पता लगेगा।"

[10]

कुक्षि ने सीमान्त राज-कौशल से काम लिया। शार्यातराज को दिए हुए अपने वचन के अनुसार भद्रश्रेण्य को पदच्युत करने का षड्यन्त्र रचने लगा। कुछ अग्रगण्य यादवों को अपने हाथ के नीचे ले लिया। कौन किसे मारे, इस बात का निश्चय हो गया। पहले गाँव पर अधिकार करके मधु का राज्याभिषेक किस प्रकार किया जाए, यह भी सब सोच लिया गया। उसने वैशाख शुक्ल तेरस का मुहूर्त निश्चित किया था। पर उसे क्या पता था कि वह मुहूर्त तो किसी दूसरे ने ही निश्चित कर लिया था।

आचार्य विमद ने सप्तसिन्धु के सारे शस्त्र और अश्व-विद्या के पाठ राम के शिष्यों को सिखा दिए। दिन और रात इस शिक्षण को छोड़कर राम के आश्रम में और कुछ होता ही नहीं था। राम का मुँह बन्द था और उसकी आँखें स्थिर हो गई थीं। अपने पास ही अपनी दृष्टि से विद्युत की कौंध उसे दिखाई पड़ती।

वैशाख शुक्ल तेरस के दिन घोड़े चरने के लिए गए। किसी-किसी दिन लड़के साँझ को बहुत अबेर होने पर भी घोड़ों को वापस लेकर घर लौटा करते थे, इसी से घोड़ों के आने की चिन्ता किसी को नहीं थी।

शार्यातों के पाँच योद्धा घोड़ों को चराने के लिए साथ गए थे। अन्य सब योद्धा या तो निश्चिन्त होकर आनन्द में मग्न थे या फिर गप्पे मार रहे थे। उनके साथ शतक के चालीस-पचास योद्धा भी थे।

सन्ध्या में प्रतीप अपने पिता के पास गया, "बापू, आज रात को कुछ अघटित घटनेवाला है। दो सौ शार्यात यहाँ आएँगे—आपको मारकर मधु को राजगद्दी पर बिठाने के लिए। उनका सामना करने के लिए आवश्यक आदमी तैयार रखने होंगे। मुझे आशीर्वाद दो, बापू!"

"बेटा, जो कुछ तू कर रहा है, उसमें तुझे विजय प्राप्त हो। गुरुदेव मुझे सब-कुछ कह गए हैं। प्रतीप! मैं न रहूँ तो यादवों की रक्षा करना, और गुरुदेव की भक्ति से विचलित न होना।"

प्रतीप और राम पगडंडी पर होकर पहाड़ से उतर गए।

"गुरुदेव, हमारी तैयारी में अब कसर नहीं है।"

"अभी कुछ तैयारी होनी है।" राम ने शान्तिपूर्वक कहा।

"क्या होने को रह गया है?"

"आज शाम को हमें गोकर्ण-तीर्थ पर जाना है। हमारे शत्रु तैयार होकर बैठे हैं।"

शतक का एक शिष्य आकर राम के कान में कुछ कह गया।

राम हाथ में परशु लेकर एक पगडंडी की ओर मुड़ा, "प्रतीप, हिम्मत है?"

"हाँ गुरुदेव!" तीनों व्यक्ति धीर गति से, पर झपटते हुए आगे बढ़े। झाड़ों के एक झुंड के बीच मधु और अन्य तीन युवक बरछियाँ घिस रहे थे। इनका पग-रव सुनकर वे खड़े हो गए।

"तू यहीं खड़ा रह," राम ने स्नेहपूर्वक प्रतीप से कहा, "यह तेरा काम नहीं है।"

राम आगे बढ़ा, "मधु!"

मधु चौंककर खड़ा हो गया। उसके साथियों ने बरछियों पर हाथ रखा। राम सबसे अधिक लम्बा और सशक्त, गिरि-शिखर की भाँति झूम रहा था।

"अपनी बरछी को न छेड़ना!" और राम की आँखें सिंह की भाँति चमक उठीं।

"मधु, यह बरछी तेरे अपने बाप और भाई के लिए तैयार की जा रही है, क्यों न?" उसने शान्त स्वर में पूछा।

मधु निष्प्रभ हो गया। पर वह उत्तर दे सके उसके पहले ही राम का परशु चमक उठा। मधु का सिर धड़ से अलग होकर भूमि पर गिर पड़ा। दूसरे व्यक्ति भाग गए। प्रतीप मूर्च्छित होकर धरती पर लुढ़क गया। राम ने उसे उठाया।

"प्रतीप, आततायियों का वध ही किया जा सकता है।"

प्रतीप के कन्धे पर हाथ रखकर, राम उसे खींच ले गया। कुछ समय के पश्चात् उसे चेत आया। सुपर्ण और अन्य दो घोड़ों को लेकर एक शिष्य अपने घोड़ों पर तैयार खड़ा था।

दोनों व्यक्ति घोड़ों पर बैठ गए। प्रतीप ने भार्गव की ओर देखा। उसके बाप को और यादवों को बचाने के लिए इस विचित्र युवक ने मधु का शिरच्छेद किया–सो भी द्वेष से नहीं, क्रोध से नहीं, शान्ति से, पर विधि की दूरन्देश निश्चलता से। प्रतीप राम से सात-आठ वर्ष बड़ा था। पर उसकी भयंकर वज्राघात-सी सचोट विनाशकता के दर्शन से वह थर-थर काँप उठा।

चार घोड़े गाँव के दूसरे छोर पर आ पहुँचे।

"यह चौथा घोड़ा किसके लिए है?" प्रतीप ने पूछा।

"ठहर, इस पर बैठनेवाले को अभी लिये आता हूँ।" कहकर राम घोड़े पर से उतरकर गलियाँ पार करता हुआ कुक्षि के आश्रम में जा पहुँचा।

झोंपड़ी में सदा के नियम के अनुसार कल्विणि भावपूर्वक परोस रही थी और कुक्षि बड़े रसपूर्वक भोजन कर रहा था। केसरी जैसे दृढ़ डग भरकर धीरे से गुर्राता है, वैसे ही राम ने हाथ में परशु लेकर उसे सम्बोधन किया, "कुक्षिवन्त!"

"कौन, भार्गव! ओहो, तुम..." कुक्षि ने उन ज्वलन्त आँखों का विनाशक तेज देखा और उसका वाक्य अधूरा ही रह गया।

"चलो मेरे साथ!" राम ने आज्ञा दी।

"कहाँ? इस समय?"

"प्रतीप शार्यातों के विरुद्ध युद्ध में लड़ने जा रहा है। पुरोहित का धर्म है कि युवराज के साथ रण पर चढ़े।"

"शार्यातों के विरुद्ध?" बौखलाकर कुक्षि ने पूछा। उसकी आँखों के काँच मानो बाहर निकल आए।

"हाँ।"

"मैं नहीं आना चाहता और न आने ही वाला हूँ। शार्यातों के विरुद्ध और युद्ध! मेरा क्या काम है वहाँ?"

"कुक्षिवन्त, चलो!" राम ने द्वार की ओर हाथ से संकेत किया।

"अरे! मुझे युद्ध से क्या प्रयोजन? मैं तो महर्षि हूँ।"

"तुम भृगु हो, तुम्हारा कर्तव्य केवल धर्म का दर्शन ही नहीं, संस्थापन भी है।"

"पर मुझे उससे क्या?" थर-थर काँपते हुए कुक्षि ने कहा।

"कुक्षिवन्त! अब ज्यामघ की राह देखना व्यर्थ है। शार्यात यदि आ भी जाएँ, तो भी मधु का राज्याभिषेक तुम कर सको यह सम्भव ही नहीं है। प्रतीप का सैन्य शार्यात-गोत्र का संहार करने के लिए आधी दूर पहुँच चुका है। तुम्हारे लाए हुए योद्धाओं के घोड़ों पर यादव योद्धा बैठ गए हैं। मधु का मैंने अभी शिरच्छेद किया है। यह देखो उसका रक्त। तुम ऋषि हो और भृगु हो। यहाँ भी मैं तुम्हारा कुलपति हूँ। मैं तुम्हारा शिरच्छेद कर सकता हूँ।"

कल्विणि चिल्लाने ही जा रही थी कि राम ने उसे भयंकर दृष्टि से दबा दिया।

"चलो, तुम प्रतीप के पुरोहित हो, चलकर उसे आशीर्वाद दो।"

बिना एक शब्द बोले ही कुक्षिवन्त राम के साथ बाहर निकल पड़ा और चौथे घोड़े पर बैठकर युद्ध पर जाने के लिए साथ हो लिया। कल्विणि की सिसकियाँ वहाँ की शान्ति को भंग कर रही थीं।

शार्यात-गोत्र से दो प्रहर की यात्रा पर कूर्मा और विमद राम की राह देख रहे थे। उनके साथ सप्तसिन्धु से आए हुए सवा सौ भार्गव और राम के आश्रम में शिक्षा पाए हुए शिष्यों के पाँच शतक थे। प्रत्येक घोड़ा दृढ़ और अधीर था। प्रत्येक सवार सशस्त्र और कृतनिश्चय था। राम के शिष्यों के हाथ में भयंकर परशु चमक रहे थे।

मध्यरात्रि के उपरान्त राम और प्रतीप कुक्षि को लेकर आ पहुँचे। गुप्तचरों ने सूचित किया कि शार्यात निश्चिन्ततापूर्वक सो रहे हैं और उनके दो सौ सैनिक, यह मानकर कि मधु गद्दी पर बैठ चुका है, उसकी सहायता करने के लिए गिरनार जाने को प्रस्थान कर चुके हैं।

अँधेरी रात में सभी योद्धाओं ने राम को घेर लिया। अन्धकार में उसकी आँखें सिंह की आँखों के समान चमक रही थीं।

"प्रतीप, तुझे और अन्य सब यादवों से मुझे एक बात कहनी है। अब तक वह बात मैंने कही नहीं है। परम्परा से जो तुम और शार्यात एक-दूसरे की गायों और स्त्रियों का हरण होने पर युद्ध करते रहे हो, वैसा युद्ध यह नहीं है। वैसा युद्ध लड़ने में मुझे रस भी नहीं है। धर्म का संस्थापन करने के लिए मैंने यह युद्ध आरम्भ किया है। इसमें पराजित होकर हमें जीना नहीं है। मान्य है तुम्हें यह बात?"

"जैसी आज्ञा!" सबने एक स्वर में अनुमोदन किया।

"हम यहाँ शार्यातों को बन्दी बनाकर पकड़ ले जाने के लिए भी नहीं आए हैं। यह हँसी-खेल नहीं है, प्राण-घातक विग्रह है। सशस्त्र शत्रु को जो जीता छोड़ देगा उसे मैं धर्मद्रोही समझूँगा। उसे मैं जीता नहीं छोड़ूँगा। और जहाँ तक सम्भव हो, एक भी घोड़ा मारा नहीं जाना चाहिए।"

प्रतीप और कूर्मा तो राम की इस दृष्टि से परिचित थे ही। अन्य यादव भी इस भयंकर आज्ञा को सुनकर उत्साहित हो उठे। इसका नाम है युद्ध! विमद आँखें फाड़कर देखता ही रह गया। जिसे उसने अपने हाथों पाला-उछाला है, उसकी वाणी में महाअथर्वण और कवि

चायमान की अस्पष्ट दृष्टि स्पष्ट सूत्र-रूप में मूर्तिमान होते देखकर वह गर्व से गद्गद हो उठा। उसे प्रतीत हुआ कि युद्ध-कला में परिवर्तन हो रहा है।

"और एक तीसरी बात!" राम कहता ही चला गया, "शार्यातों की सभी गाड़ियों को हाँककर गिरनार ले जाना होगा—स्त्रियों और बालकों तथा घोड़ों और गायों सहित।"

"क्या?" प्रतीप ने भी चौंककर पूछा। गोत्र अन्दर-ही-अन्दर परस्पर सदा से लड़ते रहे हैं, पर ऐसा सर्वग्राही रूप न तो आज तक किसी ने जाना ही था और न उसकी किसी ने कल्पना ही की थी। लड़ना, हारना, जीतना, राजा को छोड़ देना, समाधान कर लेना, उसकी लड़की को ब्याह लेना और फिर लड़ना, इस सारी प्रणाली को राम आज समूल तोड़े दे रहा था।

"प्रतीप!" राम ने निश्चल स्वर में कहा, "कल दो गोत्र नहीं रहेंगे, एक ही रहेगा।"

सभी लोगों के हृदय कम्पित हो उठे।

"चलो, मैं रास्ता बताता हूँ, मेरे पीछे-पीछे चले आओ।" राम की दृष्टि अँधेरे को भेद रही थी।

शार्यातों में अब यह बात सर्वमान्य रूप से फैली हुई थी कि थोड़े ही समय में यादवों पर शार्यातों का प्रभुत्व स्थापित हो जाएगा, इसी से वे निश्चिन्ततापूर्वक सो रहे थे। राम और उसके शिष्य पूर्व दिशा में गोकर्ण-तीर्थ को जानेवाले थे, यह भी वे सब जानते थे। गिरनार से किसी सैन्य के प्रयाण करने की सूचना भी उन्हें नहीं मिली थी।

मध्यरात्रि में सारा शार्यात-गोत्र एकाएक जाग उठा। जंगलों के सुनसान में से घोड़ों की टापों की स्पष्ट और वेगपूर्ण ध्वनियाँ सुनाई पड़ने लगीं। शार्यात जागकर कुछ समझ पाएँ, उसके पहले ही घोड़ों की टापों का नाद पास आती हुई गर्जना-सा सुनाई पड़ने लगा और थोड़ी ही देर में यादवों और भृगुओं की गगन-भेदी जय-घोषणा ने उन्हें स्तब्ध कर दिया।

अँधेरे में जैसे-तैसे शार्यात वीर उठ बैठे। उन्होंने अपने घोड़ों को खोला और शस्त्र लेकर तत्पर हो गए। ज्यों ही ये लोग तैयार होकर बाहर निकले कि सैकड़ों बिजलियों की कौंध की भाँति परशुओं की अनन्त चुँधियाहट समुद्र की तरंगों के वेग से उन पर टूट पड़ती-सी दिखाई पड़ी। अँधेरे में वे जहाँ-तहाँ तीर मारने लगे, पर माथों पर मँडराते लम्बे और प्रचंड परशुओं से टकराकर वे तीर लक्ष्य-भ्रष्ट हो भूमि पर गिरने लगे और परशुओं का वन आगे धँसता ही चला आया। धड़ाधड़ शार्यातों के सिर और धड़ अलग-अलग होकर भूमि पर गिरने लगे।

गोत्र में हाहाकार मच गया। स्त्रियों और बालकों का क्रन्दन गगन-भेदी हो उठा। कुछ लोग गोत्र को छोड़कर जंगलों की ओर भाग निकले। सवेरे का झुटपुटा होने लगा था। कुपित इन्द्र-सा राम अपने परशु से स्थान-स्थान पर रुधिर के पनाले बहते छोड़कर, शार्यातराज की ध्वज-पताकाओं से चिह्नित छोटे-से दुर्ग की ओर बढ़ चला। राजा शस्त्र से सज्जित कोई पचास योद्धाओं से संवृत्त होकर आत्म-समर्पण करने के लिए आया।

"भार्गव!" प्रतीप ने पूछा, "क्या यह आत्म-समर्पण करने के लिए आ रहा है।"

राम प्रतीप की ओर घूम गया। उसकी आँखों की एकाग्र उग्रता प्रतीप को दग्ध कर रही थी। शान्तिपूर्वक उसने एक बाण हाथ में लिया और पास आते हुए शार्यातराज की छाती में मार दिया। वह घोड़े पर से गिर पड़ा। प्रतीप की आँखों में अँधेरा छा गया।

राम की आज्ञा का पालन हो चुका था। जब सूर्योदय हुआ तो एक भी सशस्त्र शार्यात जीवित नहीं था।

तुरन्त ही शार्यातों की डेढ़ सहस्र गाड़ियों में बैल जोत दिए गए। रोते-बिलखते वृद्धों, स्त्रियों तथा बालकों को उनमें बिठा दिया गया। और कूर्मा सारे शार्यात गोत्र के मानवी अवशेषों, उनकी गायों, बैलों और घोड़ों को लेकर गिरनार की ओर चल पड़ा।

सौ योद्धा पीछे रह गए। उन्होंने सारे शवों को एकत्रित किया और विधिपूर्वक प्रतीप के हाथों उनका अग्निदाह करवाया। राम पास ही खड़ा था—मूक, स्वस्थ और शान्त, यमराज की मूर्ति के समान।

[11]

तेरस के सवेरे संवाद मिला कि प्रतीप ने शार्यातों पर महान् विजय प्राप्त की है। साँझ को जब शंख फूँका गया तो यादव मात्र गिरनार पर चढ़कर देखने लगे।

प्रत्येक देखनेवाले का हृदय स्तम्भित हो गया। क्षितिज पर एक विशाल अजगर की भाँति गाड़ियों की हार-माला टेढ़ी-मेढ़ी होती हुई चली आ रही थी। ऐसा जान पड़ा कि एक समूचा बड़ा-सा गोत्र उनकी ओर चला आ रहा है। कभी-कभी घास-पानी की खोज में भटकते हुए गोत्रों की भेंट हो जाती, तो वे मिलकर उत्सव मनाया करते। पर गाड़ियों का इतना बड़ा समूह भी इस प्रकार आ सकता है, इसकी तो किसी को कल्पना भी नहीं थी।

राजा को विचार आया—"मुखिया, शार्यातराज अपने समूचे गोत्र को लेकर हमारी शरण आ रहे हैं। इन लड़कों ने तो अद्‌भुत काम कर डाला है। आज तक किसी भी राजा को ऐसा यश नहीं मिला, जैसे मेरे प्रतीप को मिला है।"

"कुछ ऐसा ही जान पड़ता है। पर इन सबको खिलाएगा कौन! सारे गोत्र को घेर लाने की क्या आवश्यकता थी?"

बात किसी की भी समझ में नहीं आई। राजा, लोमा, मुखिया और यादव सभी उत्साह से पागल होकर राम और प्रतीप को सन्मुख भेंटने गए। बन्दियों पर देख-रेख रखने के लिए उज्जयन्त पीछे रह गया।

गाड़ियों के विशाल अजगर के आगे-आगे हाथ में परशु उठाए घोड़े पर कूर्मा आ रहा था। उसके अश्वारोही गाड़ियों की हार-माला की रखवाली कर रहे थे। शार्यातराज का कहीं कोई नाम या चिह्न भी नहीं दिखाई पड़ रहा था। राजा को धक्का-सा लगा—'राम कहाँ हैं? प्रतीप कहाँ है? और शार्यातों की गाड़ियों की हार-माला कैसी है?'

पास आकर कूर्मा घोड़े पर से उतर पड़ा और राजा तथा अपने पिता मुखिया और राजा के काका के वह पैरों पड़ा।

"बेटा, यह क्या बात है? प्रतीप कहाँ है? भार्गव कहाँ हैं? और इन सबको क्यों घसीट लाए हो?"

"राम कहाँ है?" लोमा ने चिन्तातुर स्वर में पूछा।

कूर्मा को हिचकी आ गई। शार्यात-गोत्र अब यादवों के साथ मिल गया था। दोनों का एक ही राजा होगा। दो गोत्र एक कैसे हो सकते हैं, यह बात पहले तो किसी की समझ में न आई। कूर्मा ने राम की आज्ञा कहकर सुनाई। दो गोत्रों के स्थान पर अब एक ही गोत्र होकर रहेगा। सभी शार्यातों को यादव दत्तक लेने जा रहे थे।

इस अकल्प्य वस्तु को समझने में भद्रश्रेण्य को कुछ समय लगा। कूर्मा ने बात को सविस्तार कह सुनाया, "बापू! गुरुदेव ने जो मुझे सिखाया है, उसे मैं समझ रहा हूँ। इन साठ वर्षों में आपने शार्यातों के साथ उन्नीस युद्ध लड़े हैं। जीवन-भर शार्यातराज के साथ आपका द्वेष रहा है। हम अब तक सदा भय से काँपते ही रहे हैं। उनकी और हमारी गायों और स्त्रियों का अपहरण होता रहा है। अब यादवों और शार्यातों का एक ही राजा, एक ही पुरोहित और एक ही मुखिया होगा। उनकी एकत्र समृद्धि ऐसी होगी जिसका अपहरण नहीं किया जा सकता। एक होगा उनका धर्म जो आर्य पूर्वजों ने हमें सिखाया है और जिसकी शिक्षा गुरुदेव ने हमें दी है।"

पर राजा का उल्लास अधिक समय तक टिका न रह सका। यादव बच गए थे। पितृ-हत्यारा मधु मारा गया था। धूर्त कुक्षि पकड़ा जाकर निःसहाय हो गया था। शार्यातों का उच्छेद हो चुका था। वह स्वयं जीवित रह गया था। यादवों ने अकल्प्य वीरता और समृद्धि प्राप्त कर ली थी। यह सबकुछ भार्गव राम ने किया था। महाअथर्वण के पौत्र को वह नहीं लाया था, वह तो देवों का भेजा आया था। और उसके पैर इस भूमि पर पड़े कि आज यह ऋद्धि और सिद्धि चली आ रही है।

"कहाँ हैं मेरे देव? भार्गव कहाँ हैं?"

"विधिपूर्वक सबका अग्नि-संस्कार करने के लिए पीछे रह गए हैं।"

[12]

चौदस की रात को गोकर्ण-तीर्थ जाने के लिए जब यादव-गोत्र तैयार हुआ, तो राम ने भृगु के आश्रम के देवों को आहुति दी। चलने से पहले वह स्तम्भित-सा खड़ा रह गया और उसने दूर दृष्टि डाली। "राजन्!" उसने कहा, "अब मैं लौटकर यहाँ नहीं आऊँगा।"

भद्रश्रेण्य चौंक उठा, "क्या कह रहे हैं गुरुदेव?"

मानो भविष्य दृष्टि के आगे तैर रहा हो, ऐसे राम ने कहा, "और तुम भी लौटकर नहीं आओगे?"

गोकर्ण-तीर्थ गोकर्णी नदी के तट पर बसा हुआ था। यादव-गोत्र और आनर्त-गोत्र की वह सीमा थी। चारों ओर से आए हुए भृगु सकुटुम्ब उस नदी के तट पर पड़ाव डाले हुए थे। प्रत्येक कुटुम्ब ने अग्नि की स्थापना कर रखी थी। चारों ओर से आनेवाले यात्री भी सकुटुम्ब आए थे। सवेरे-साँझ वे उस अग्नि की पूजा करने के लिए एकत्रित हुआ करते।

विशाखा अपने पिता को समझाने में सफल हो गई थी, इसी से आनर्तराज वृष्णि भी तीन सौ योद्धाओं को लेकर पूर्णिमा के सवेरे आ पहुँचे। वृष्णि ने राम के चमत्कार की बातें पहले भी सुनी थीं, पर भतीजी के मुँह से वही बातें सुनकर वह दिग्मूढ़-सा हो रहा। उसके मन में भी महाअथर्वण के शाप से बचने का लोभ था। इसी से विशाखा की भक्ति की लौ उसे भी तुरन्त ही छू गई।

उत्सव में आई हुई मेदिनी ने जब मधु के षड्यन्त्र और शार्यातों की पराजय की बात सुनी तो उन्हें बड़ा आश्चर्य हुआ और साथ ही उनके मन में उत्साह भी जागा। राम ने सारे शार्यात-गोत्र को नष्ट कर दिया है, यह सुनकर पहले तो सभी दिग्मूढ़-से हो रहे, फिर काँप

उठे, फिर राम की अद्भुत शक्ति की प्रशंसा से वे गद्गद और प्रभावित हो रहे। वृष्णि यह बात सुनकर कुछ विचार में पड़ गया, 'यह राम कौन है? मित्र है या शत्रु? तब उसका क्या होना चाहिए।'

उसने तुरन्त ही विशाखा को बुलाकर पूछा।

"बापू, आप गुरुदेव को जानते नहीं हैं। उन्होंने स्वयं ही मुझे आपके पास भेजा था। उन्हें यदि धोखा ही देना होता तो वे मुझे आपके पास न भेजते। और बापू! वे तो देव हैं। धोखा वे कभी नहीं देंगे। शार्यातराज ने गुरुदेव की आज्ञा और धर्म दोनों ही का उल्लंघन किया था।"

"पर बेटा, यादव यदि बलवान् हो जाएँगे, तो कल हमारे आनर्तों का न जाने क्या हो?"

"श्वसुरजी आपके साथ किसी दिन लड़े हैं?"

"भद्रश्रेण्य तो कभी नहीं लड़ा। पर तेरा कोई जेठ गद्दी पर बैठे और वह शत्रुत्व करे तो?"

"गुरुदेव ने यदि शार्यातों को पराजित न किया होता और श्वसुरजी को मारकर मधु गद्दी पर बैठ गया होता तो?" चतुर विशाखा ने कहा।

"यह तो सच है। पर वह भय तो अब रहा ही नहीं है, किन्तु प्रतीप के बड़े भाइयों को मैं भली-भाँति जानता हूँ।"

"पर आर्यपुत्र हैं न?"

"प्रतीप छोटा भाई है। उसकी क्या चलेगी?"

"बापू, आप उनसे मिलेंगे तो पता लगेगा। गुरुदेव के स्पर्श से वे तो और-के-और हो गए हैं। वे चाहे छोटे हों या बड़े हों—पर अहा हा, क्या हो गए हैं वे?"

"लड़की, तू तो सदा से अपने पति के पीछे पागल ही रही है।"

"पर बापू, देखना तो सही, कैसे पति हैं वे और बापू, एक बात कहूँ? किसी से कहना नहीं।"

"क्या बात है?"

"गुरुदेव की कृपा यदि रही तो किसी दिन आपके जामाता चक्रवर्ती होंगे।"

"तू तो पगली है।"

"अच्छा यह बात है, तो फिर देख ही लेना।"

दोपहर को दूर के शंखनाद सुनाई पड़े और राम का आगमन हुआ। उत्सव से पागल मेदिनी उन्हें लिवा लाने को सम्मुख गई। आनर्तराज, उनकी स्त्री और विशाखा, आनर्त-योद्धाओं को लेकर उनका स्वागत करने के लिए गए।

सबसे आगे आ रहे अपने घोड़ों के समूह के शीर्ष पर, अपने सुपर्ण पर, ऊँचा, विशाल-वक्ष, दुर्धर्ष राम, मर्मर पाषाण में खोदी हुई सुन्दर मूर्ति की भाँति शोभित हो रहा था। उसके हाथ का परशु बिजली के समान चमक रहा था।

एक ओर भद्रश्रेण्य और मुखिया थे तथा दूसरी ओर लोमा और प्रतीप थे। पाँच-छह सौ अश्वारोही परशुओं के वन लिये पीछे-पीछे चले आ रहे थे। उनके भी पीछे सारा यादव-गोत्र नए शार्यातों को साथ लेकर चला आ रहा था। साथ ही थानों से निकलकर यादव और शार्यात भी चले आ रहे थे। कुछ लोग पैदल चल रहे थे, कुछ घोड़ों पर थे और कुछ गाड़ियों में थे। स्त्रियाँ गीत गा रही थीं और पुरुष होंकारे कर रहे थे।

कुछ ही दूर रहने पर राम घोड़े पर से उतरकर पैरों चलने लगा। अन्य सब यादव भी पैदल चलकर ही उसके साथ आने लगे। जयनादों से गगन गूँज उठा और वृष्णि राम के तेज से मुग्ध होकर प्रणिपात करने लगा। राम ने आशीर्वाद देकर राजा को उठा लिया और छाती से लगा लिया। इसके पश्चात् दोनों राजा परस्पर मिले। दंडवत् प्रणाम करती मेदिनी को 'शतंजीवी' का आशीर्वाद देकर गुरु भार्गव आनर्तराज और भद्रश्रेण्य के साथ अपने डेरे पर गए।

आचार्य विमद ने यज्ञ का समारम्भ कर दिया। वह कुक्षि को राजपुरोहित के रूप में सदा आगे-आगे रखता, इसलिए कि उस पर दृष्टि बनी रहे। ये आयोजन जब चल रहे थे तभी राम और लोमा, भद्रश्रेण्य और बड़ी रानी, प्रतीप और विशाखा, आनर्तराज और उनकी पत्नी तथा दोनों गोत्रों के मुखिया एकत्रित होकर परस्पर मिले और नई-पुरानी बातें होती रहीं। भद्रश्रेण्य और वृष्णि ने फिर परस्पर एक-दूसरे को मैत्री का वचन दिया। पर आनर्तराज को शार्यात-गोत्र का विनाश अच्छा नहीं लगा।

"आनर्तराज!" राम ने हँसकर कहा, "राजा लोग यदि परस्पर मिलकर धर्म का आचरण न करेंगे तो इसके अतिरिक्त और हो ही क्या सकता है?"

"हम धर्म का लोप क्योंकर होने देंगे?" आनर्तराज ने कहा।

"इसलिए कि स्वार्थ जो अन्धा कर देता है। अधर्मियों को दंड देने का साहस तुममें होगा, तभी तो धर्म का प्रवर्त्तन हो सकेगा। राजा लोग यदि मिलकर यह सामर्थ्य नहीं उत्पन्न कर पाते हैं तो फिर उनके विनाश में ही धर्म की जय है।"

ये अपरिचित सूत्र सुनकर आनर्तराज विस्मय में पड़ गए।

"शार्यातराज नष्ट अवश्य हो गया है, पर यादवों और शार्यातों के बीच से एक नया ही गोत्र प्रकट हुआ है—अधिक सबल, अधिक संस्कारवान और अधिक धर्म-रत।"

"पर यह तो यादव ही रहा न—शार्यात-गोत्र तो समाप्त हो गया।"

"यह भ्रम है। जहाँ धर्म का प्रवर्त्तन होता है वहाँ एक ही गोत्र होता है।" राम ने शान्तिपूर्वक कहा।

"राजन्, यहाँ तो सप्तसिन्धु में राजा लोग परस्पर लड़ते रहते हैं, केवल इसलिए कि प्रत्येक पक्ष मानता है कि जो वह कहता है, वही धर्म है। इसी से अपहरण, विघ्न और दुःखों की सृष्टि हो रही है। धर्म तो मानव मात्र का एक ही है।"

"लेकिन न तो राजा ही ऐसा मानते हैं और न ऋषि ही ऐसा मानते हैं।" आनर्तराज ने कहा।

"यह इसलिए कि ऋषिगण राजाओं को अपना आधार बनाए हुए हैं। ऋषियों का गोत्र तो विशाल दृष्टि का गोत्र है। जिसकी दृष्टि राजा और राजनीति की मर्यादा से परे न हो, वह ऋषि हो ही नहीं सकता। और राजा भी वही हो सकता है जो अपनी सामर्थ्य को धर्म के प्रवर्त्तन में लगा दे।"

"और वह न लगाए तो?"

"तो यह उसके गुरु का ही दोष है।"

"पर राजाओं के गुरु यदि भिन्न-भिन्न हों तो?"

"धर्म यदि एक है तो गुरुजन भिन्न-भिन्न धर्म की शिक्षा कैसे दे सकते हैं?"

"और यदि वैसी शिक्षा दें तो?"

"गुरुजन एक ही धर्म की शिक्षा देंगे और राजा लोग एक ही धर्म का रक्षण करें, यह देखने का भार तो अब मुझ पर ही आ पड़ा है न?" राम ने धीरे-से कहा।

"सहस्रार्जुन जब लौटकर आएगा, तो आपका यह सब किया-कराया मिट्टी में मिल जाएगा।"

"मैं तो उसके आने की प्रतीक्षा में ही बैठा हूँ।"

"आप क्या करेंगे?"

"मैं तो कुछ नहीं करूँगा। जो करना है देव आप ही करेंगे।" राम ने धीरे-से शान्त स्वर में कहा, "उसके और मृगारानी के पास एक ही उपाय है और वह है विनाश। वे भद्रश्रेण्य को मार डालने की चेष्टा करेंगे और यादवों का नाम-निशान तक मिटा देना चाहेंगे।"

"मुझे भी यही भय है। आप दोनों को वह यहाँ अकारण ही नहीं लाया है।"

"पर मुझे वह मार सके, यह सम्भव नहीं है। और न यही सम्भव है कि वह लोमा से ब्याह कर ले; मुझे भृगुश्रेष्ठ की शपथ है। और आज यदि मैं लोमा से विवाह कर लूँ, तो मैं स्वयं ही जो शपथ बनकर बैठा हूँ। तब लोमा भी उसकी गुरुपत्नी हो जाएगी।"

"तब फिर यादवों का क्या होगा? हमारा क्या होगा? आपके साथ यदि हम खड़े रहेंगे तो वह हमारे प्राण ले लेगा। वह तो रक्त का प्यासा है।"

"उसे प्यासा रखने का काम तुम्हारा है।"

"यह भला मैं कैसे कर सकता हूँ? तब उसका रोष मुझ पर और मेरे गोत्र पर उतरेगा।"

"आततायियों का रोष जब बढ़ता है, तभी उनका नाश होता है। आपको जो यहाँ आने में कष्ट मैंने दिया है, उसका कारण भी यही है। सुनिए, इस क्षण शार्यातों का विनाश मैंने अकारण ही नहीं किया है। सहस्रार्जुन के आने से पहले, अभी ही भृकुंड और मृगारानी मुझे बुलाए बिना नहीं रहेंगे। उनके पास इतना सैन्य नहीं है कि आपकी सहायता के बिना वे यादवों पर आक्रमण कर सकें।"

"लेकिन तब यादवों का क्या होगा?"

"आनर्तराज स्वयं अपने-आप ही समस्त यादव और शार्यात-गोत्र पर अधिकार कर लेंगे, तब कुछ भी करने को शेष नहीं रह जाएगा। यादवगण उत्तर के जंगलों में चले जाएँगे।"

"राजा भद्रश्रेण्य क्या करेंगे?" चकित होकर वृष्णि ने पूछा।

"वे और मैं न जाने कहाँ होंगे। क्या आप यह सोचते हैं कि वे भद्रश्रेण्य को मार डालेंगे? जिस दिन भद्रश्रेण्य ने सहस्रार्जुन को लोमा पर अत्याचार करने से और मुझे मारने से रोका था, उसी दिन भद्रश्रेण्य के भाग्य का निर्णय हो चुका था—उनके अकेले का ही नहीं, उनके जो दो पुत्र युद्ध पर गए हैं, उनके भाग्य का भी। घबराते क्यों हैं आप? मैं जो बैठा हूँ यहाँ उनकी रक्षा करने के लिए?"

"और यदि रक्षा न हुई तो?"

"मैंने राजा भद्रश्रेण्य से वचन ले लिया है। यादवों की रक्षा यदि हो सके, तो वह सहस्रार्जुन के हाथों मरने को तैयार हैं।"

"पर मैं यदि उनकी सहायता करूँगा, तो हमें भी मर जाना पड़ेगा।"

"आपकी बेटी, जँवाई और उनके गोत्र को बचाने का उपाय मैं आपको बता रहा हूँ। आपको कुछ नहीं होनेवाला है।"

"यह आपने कैसे जाना?"

"जिस दिन हमें माहिष्मती बुलाया जाएगा, ठीक उसी दिन यादव-गोत्र के योद्धा प्रतीप के नेतृत्व में, घास-चारे की खोज में, उत्तर के जंगलों में चले जाएँगे। और तब यादव और शार्यात-गोत्र के बालक, वृद्ध और स्त्रियों पर आप अपना अधिकार जमाकर बैठ जाएँ। आप, क्योंकि सहस्रार्जुन का काम करेंगे, इसलिए आपको यश प्राप्त होगा। आप आनर्त सौराष्ट्र के स्वामी हो जाएँगे। मैं तो घर बैठे ही आपके राज्य को दुगुना करने आया हूँ। और यों यादव दोनों ही प्रकार से निर्भय हो जाएँगे। प्रतीप और उसके योद्धाओं को आनर्त में होकर, अपने जंगलों में से निकलने देकर, आप उन्हें उत्तर की ओर जाने देंगे। केवल इतना ही काम आपको करना होगा।"

"वे सब भागकर कहाँ जाएँगे? जंगलों में मर मिटेंगे तो?"

"ऐसा ही होता तो मैं जाने ही क्यों देता? वृद्ध चायमान कहा करते थे कि उनके पिता एक बार जंगलों और पर्वतों को पार कर, स्थल-मार्ग से सप्तसिन्धु जा पहुँचे थे। कवि ने जो किया था, वही प्रतीप फिर से करेगा।"

"सप्तसिन्धु? बाप रे!"

"हाँ, सहस्रार्जुन के कोप से यादवों को बचाने का और कोई रास्ता नहीं है। वहाँ इनका संहार करनेवाला सहस्रार्जुन नहीं है। वहाँ से तो वे स्वयं अर्जुन का संहार करने आएँगे।"

"सहस्रार्जुन यदि प्रतीप को मार डाले तो?"

राम ने आनर्तराज की ओर देखा और उसका मुख गम्भीर हो गया, "मैं तो देख रहा हूँ कि सहस्रार्जुन के मरण की घड़ी आ पहुँची है। जहाँ अधर्म है, वहाँ नाश के अतिरिक्त और क्या हो सकेगा?"

भार्गव की उस भयानक मुख-मुद्रा को वृष्णि इस प्रकार देखता रह गया, जैसे सपना देख रहा हो।

[13]

यज्ञ का समारोह आरम्भ हो गया। विमद और कुक्षि आचार्य के स्थान पर थे। चारों ओर लोगों की भीड़ जमी हुई थी। यज्ञ के समाप्त होते ही, पहले राम और लोमा का परिणय सम्पन्न हुआ। तदुपरान्त यादवों और शार्यात स्त्रियों के लग्न हुए। उनमें से कुछ वधुएँ सिसक रही थीं, कुछ आँसू पोंछ रही थीं और कुछ हँस रही थीं। रणसिंघे बज रहे थे, गीत गाए जा रहे थे, चारों ओर चूल्हों पर चढ़े हुए हंडों में से प्रोत्साहक सुगन्धि आ रही थी और यादव तथा शार्यात लड़के अपने बाप-दादों के वैर बिसराकर, एक साथ खेल रहे थे।

भोजन से पहले ज्यामघ और उन शार्यात बन्दियों को बुलाया गया, जिन्होंने नए गोत्र को स्वीकार नहीं किया था। उन्हें देखकर शार्यात स्त्री-पुरुषों की आँखों में आँसू भर आए।

"ज्यामघ!" राम ने कहा, "तू वीर है। तेरे दुःख को मैं समझ रहा हूँ। तेरे मरे हुए स्वजनों की स्मृति तुझे दग्ध कर रही है। पर मैंने तुझसे नहीं कहा था कि हमें एक गोत्र बना देना है। वह बनाए बिना छुटकारा नहीं था। तुमने यादवों से मिलना अस्वीकार किया है। तुम्हारी वीरता मेरे हृदय में बसी हुई है। लेकिन अब वह सब भूल जाओ। यदि तुम्हें यादव गोत्र प्रिय

न हो तो आओ, वीर शिरोमणि कवि चायमान के पुत्र आचार्य विमद, जो भृगुओं की परम विद्या के स्वामी हैं, तुम सबको दत्तक ले लेंगे।"

क्रोध से छटपटाता हुआ ज्यामघ आगे बढ़ आया। उसकी आँखों में ज्वाला थी।

"राम! जमदग्नि-पुत्र! हमारे स्वजनों को तूने मारा, हमारे गोत्र को प्रपीड़ित किया और अब तू मुझे अपने आचार्य से दत्तक लिवाना चाहता है? तू ऋषि-पुत्र नहीं, यमराज है। तू देव नहीं, राक्षस है। तू धर्म नहीं सिखाता, तू तो घोर अधर्म का प्रवर्त्तन कर रहा है। मेरे पिता मारे गए, स्वजन मारे गए, मेरी माँ-बहनें पराये घर बैठ गईं। मेरे गोत्र का नाम-निशान तक तूने मिटा दिया। तू हमारा काल है। मुझे भी मार डाल। तुझमें मारने की अद्‌भुत शक्ति है। पर शार्यात ज्यामघ शार्यात ही रहेगा। और इस भव में और भव-भव में तेरा रक्त पीकर ही वह तृप्त रह सकेगा।"

इस भयंकर अपमान से कुछ लोग क्रुद्ध हो गए। राम ने हाथ ऊँचा करके सबको चुप रहने के लिए कहा।

"तू स्वतन्त्र रहना चाहता है, तो जा, तुझे जाने की छुट्टी है। तू क्या चाहता है?"

"मैं क्या चाहता हूँ? क्या चाहता हूँ? ले..." पास खड़े एक यादव के हाथ से खड्‌ग छीनकर, कोई समझ पाए इसके पहले ही, उसने बड़ी शीघ्रता से प्रहार किया। लोमा चिल्ला उठी और बीच में आ पड़ी। खड्‌ग जाकर लोमा के शरीर पर लगा। एक भयानक चीख उसके मुँह से निकली। राम ने उसे गिरने से पहले ही थाम लिया।

चारों ओर कोलाहल, कोहराम मच गया। इसी बीच ज्यामघ अदृश्य हो गया।

दूसरा खंड

रेवा के तट पर

[1]

रेवा अपनी प्रागैतिहासिक निःसीमता में बही जा रही थी। उसकी तरंगें उछलती, फैलती, प्रभजन से आक्रान्त सागर का स्मरण दिलाती-सी आगे बढ़ती जा रही थीं।

उसके उत्तर तट पर माहिष्मती नगरी बसी हुई थी। उसके बन्दर में पाताल, सुमेर और मिस्र के पोतों ने लंगर डाले थे। उसके घाटों पर चक्रवर्ती अर्जुन कार्तवीर्य का नौका-सैन्य पड़ा था। उसके पण्यों में भाँति-भाँति के लोग, आर्य, द्रविड़, नाग, कोल्ल, पातालवासी तथा शोणित नगरवासी अपनी भिन्न-भिन्न बोलियों में कोलाहल मचाया करते। आर्यावर्त की वन्य-संस्कृति में पले हुए व्यक्ति को वह शम्भु मेला अमानुषी लगे बिना नहीं रह सकता था।

नर्मदा के तट पर पशुपति महादेव का पत्थरिया स्थानक बना हुआ था। उसके पास ही राजगुरु भृकुंड का आश्रम था। पूर्वकाल में वही भृगुश्रेष्ठ ऋचीक महाअथर्वण का आश्रम था। उसके पास ही एक छोटे-से टीले पर चक्रवर्ती सहस्रार्जुन का पत्थर का गढ़ बना हुआ था। इस गढ़ की विशाल पत्थर की दीवारों के बीच छोटे-छोटे लकड़ी के महालय थे।

इनमें से एक महालय की छत पर, एक पटिये पर सिंह और हरिण के चमड़े की शय्या बिछी हुई थी। उस पर कोई तीस वर्ष की एक श्यामवर्णी स्त्री बैठी हुई थी। उसका तेज और उसकी आकृति किसी तेजवन्त घोड़ी की संश्लिष्ट मोहकता की याद दिला रही थी। उसकी नाक झुकी हुई थी। उसके चमक-भरे नयनों में दर्प था। उसके भरे हुए विलास-पिपासु अंग देखनेवाले को सहज ही मुग्ध कर लेने की शक्ति रखते थे।

मृगारानी के नाम से हैहय और तालजंघ जातियाँ काँपा करती थीं। सहस्रार्जुन के बहुत-सी रानियाँ थीं, पर मृगारानी की गणना उनमें नहीं होती थी। वह उसकी परिणीता नहीं थी। वह किस जाति की थी और उसके माँ-बाप कौन थे, यह कोई नहीं जानता था। पर उसका प्रभाव अद्‌भुत था। उसकी मुरली के बिना सहस्रार्जुन नाचता नहीं था। जिस दिन से राजसत्ता सहस्रार्जुन के हाथ आई थी, उसकी सच्ची व्यवस्था तो मृगारानी ही करती थी। युद्ध की तैयारी, लोगों का दमन, पर-राजाओं के साथ व्यवहार-परामर्श तथा राजसत्ता की खटपट आदि सबका तन्त्र उसी के हाथ में था। सहस्रार्जुन सदा उसके सामने झुक जाया करता। मृगा भी उसकी सत्ता और प्रतिष्ठा की रक्षा को ही अपना सबसे बड़ा धर्म मानती थी। वह सहस्रार्जुन की राजलक्ष्मी थी। राजा, रानी और महारथी सब उसके हाथ के खिलौने थे।

उसके पास ही एक पाटे पर गुरु भृकुंड बैठे हुए थे। वे वृद्ध और धूर्त थे। उनकी विनोदी आँखों की गहराई अपरिमेय थी।

सहस्रार्जुन के दादा महिष्मत को शाप देकर महाअथर्वण जब चलने लगे, तो भृगुकुल की ही किसी सन्तान को पुरोहित-पद पर स्थापित करने की आवश्यकता प्रतीत हुई। गुरु उसी कुल का व्यक्ति हो सकता था, और गुरु के बिना निस्तार नहीं था। महिष्मत एक युवा भृगु को पहचानते थे, वह मिस्र तक जानेवाले पोतों में छोटा-मोटा व्यवसाय किया करता था। चातुर्य में वह अचूक माना जाता था। रातों-रात उस व्यापारी को गुरु बना दिया गया और पैसों का लेन-देन करने के बदले स्वर्ग और सन्तान देने का व्यापार अब भृकुंड करने लगा।

भृकुंड को यह परिवर्तन रंचमात्र भी नहीं रुचा, पर राजा की तलवार की धार के भय से उसने गुरु-पद स्वीकार कर लिया। उसने ऋषि का स्वाँग धारण किया और आशीर्वाद देने, यज्ञ करवाने तथा कौशलपूर्वक लोगों को वश में रखने का काम आरम्भ कर दिया। महिष्मत की रानी और तेजस्वी सेनापति भद्रश्रेण्य उसके परम मित्र हो गए। महिष्मत के अनन्तर नवयुवा कृतवीर्य जब गद्दी पर आया तो उसके साले भद्रश्रेण्य ने और उसने मिलकर राज्य-व्यवस्था को सँभाल लिया। उसकी प्रतिष्ठा और भी बढ़ गई। कृतवीर्य जब अकाल-मरण को प्राप्त हुआ तो उसने भद्रश्रेण्य को सहयोग देकर बालक सहस्रार्जुन की राजसत्ता की रक्षा की। राजा जब वयस्क हो गया और राजतन्त्र मृगा के हाथ में आया, तब भी वे तीनों मिलकर सत्ता को सबल बनाए रहे।

इस समय वृद्ध भृकुंड ऋषि मृगा की ओर देखकर सखेद माथा हिला रहे थे। "इस लड़के के पराक्रम का तो पार ही नहीं है।" उन्होंने कहा।

"आज साँझ जब मैं आपसे मिलने आऊँ, उसके पहले मैं सब जान लेना चाहती हूँ।" मृगा ने कहा।

भृकुंड ने धीरे-से अपनी हल्की दाढ़ी पर हाथ फेरा, "तू सब जानती है।"

"देदीप्यमान सूर्य के समान वह घोड़े पर बैठा था।" मृगा ने दृष्टि को सूक्ष्म करके कहा।

"मृगा।" गुरु ने कहा, "अपने हृदय को वश में रखना। तेरी वय अभी बीत नहीं गई है। ऐसा न हो कि इस उलझन में तू एक और नई उलझन खड़ी कर दे।"

"मैं उसका स्वरूप देखती हूँ और पागल हो जाती हूँ। वह देव के समान है।"

"फिर तू फिसलने लगी न!" कहकर गुरु खिलखिलाकर हँस पड़े, "सहस्रार्जुन उससे डरता है और मेरा शिष्य कुक्षि तो उसका नाम सुनकर ही थर-थर काँपने लगता है।"

"तुम्हारे इस शिष्य का तो मुझे मुँह देखना भी नहीं सुहाता।"

"वह बहुत उपयोगी है। यदि कुक्षि न होता तो हमें पता ही न लगता कि भार्गव ने सौराष्ट्र में क्या-क्या किया है। अब इसका क्या किया जाए?"

"अच्छा ही हुआ कि हमने उन्हें बुला लिया है। और भी जल्दी बुलाया होता तो ठीक होता।" मृगा ने कहा।

"उसे यहाँ लाकर चक्रवर्ती ने भूल की है और यदि ले ही आए थे तो सीधा उसे गुरु-पद पर स्थापित कर देना था। भार्गव को वश में करने के सब प्रयत्न व्यर्थ हैं। अब यादवों और शार्यातों पर अत्याचार करना होगा। भृगु अब मेरे कहने में नहीं रहेंगे। जैसे-तैसे करके अब तक मैं उन्हें मनवाता आया हूँ। अब इस ढोंग को छोड़ देना पड़ेगा।" भृकुंड ने स्पष्ट रूप से अपनी बात कही।

"तब?"

"भार्गव तो महाराष्ट्र के गले में विष की भाँति अटक गए हैं, जो न तो गले से नीचे उतारा जा सकता है और न निकाला ही जा सकता है!"

"आपका कौशल क्या हुआ?" मृगा ने चिन्तातुर बदन से पूछा।

"मेरा कौशल समाप्त हो गया। जब तक हीरा सामने नहीं आ जाता, तभी तक तो मुझ जैसे स्फटिक का मूल्य होता है।" और चमकती हुई आँखों से वृद्ध हँस पड़े, "मैं व्यापारी तो केवल इस उत्तराधिकारी का गुरु हूँ। पर भार्गव के सम्मुख मैं निकम्मा हूँ।"

"यह क्या कह रहे हो? इतने वर्षों से जो तुम गुरु-पद भोगते आ रहे हो।"

"मृगा! अपने गुण और दोष दोनों ही मैं जानता हूँ। मैं नहीं जानता था कि यह लड़का ऐसा निकलेगा; नहीं तो उसे यहाँ बुलाता ही नहीं। वह जहाँ भी जाएगा, उपद्रव मचा देगा और मनचाहा करेगा।"

"तब तो दो ही रास्ते हो सकते हैं—या तो उसे समाप्त कर दिया जाए, या फिर आर्यावर्त भगा दिया जाए।"

भृकुंड ने सिर हिलाया, "मृगा, वह मेरा कुलपति है। मैं उसका बाल भी बाँका नहीं होने दूँगा। और उसको मारना और भगाना दोनों ही तुम्हारे वश का नहीं है। वह तो इस भूमि पर चिपककर बैठ ही जाएगा।"

मृगा खिलखिलाकर हँस पड़ी, "गुरुदेव! आज तुम्हें बुढ़ापा आ गया है। एक बार मुझे इससे मिल लेने दो, फिर युक्ति सोच ली जाएगी। मैं हारनेवाली नहीं हूँ। उसकी स्त्री भला कैसी है?"

"स्त्री?" भृकुंड ने सिर पर हाथ दे लिए, "तेरी समझ में न आ सके, ऐसी। आचार और विचार में एक, बिना बोले ही वे एक-दूसरे को समझ सकते हैं, सदा एक-दूसरे में समाए-से वे विचरण करते हैं—ऐसे हैं वे दोनों। मृगा! तेरी दाल वहाँ गलनेवाली नहीं है।"

मृगा तिरस्कारपूर्वक हँस पड़ी, "गुरुजी! जान पड़ता है आज तो आप कविता ही करने लगे हैं।"

भृकुंड ने निःश्वास छोड़ा, "चाहे जैसा भी हूँ मैं, पर कभी ठगा नहीं जा सकता। उसे बुलाकर मैंने बहुत बड़ी भूल कर डाली है। अच्छी बात है। भद्रश्रेण्य को बुलाता हूँ। पर सावधान रहना, वह हमारा शत्रु है।"

मृगारानी ने अपने स्तनांशुक को ठीक किया और कमर की मेखला को सँभाला।

[2]

तीन राजनीतिज्ञों की एक त्रिपुटी थी। आज उसमें से भद्रश्रेण्य हट गया था। यादवराज आए, तभी तीनों को इस बात का भान हुआ।

राजा भद्रश्रेण्य जब आए तो मृगारानी ने खड़े होकर नमस्कार किया और स्वागत किया। गुरु ने उन्हें आशीर्वाद दिए।

"मामाजी!" मृगा ने हँसकर पूछा, "आप यह क्या करने जा रहे हैं, कुछ समझाइए तो! आप सहस्रार्जुन के मामा, आचार्य और दाहिने हाथ हैं और यह क्या हो रहा है?"

भद्रश्रेण्य साहसपूर्वक देखता रहा।

"मृगा, मुझसे यह सब वृथा बात क्यों कर रही है? इस समूची राज्य-लक्ष्मी का शिल्पी होकर मैं ही तुम्हारा हित-शत्रु बनूँगा?" राजा के स्वर में खेद और घायल स्नेह का भाव था।

"तो फिर चक्रवर्ती को क्यों सताया? शार्यातों को निर्मूल क्यों किया? और यह भार्गव की पूजा किसलिए चल रही है?" भृकुंड ने राजा को उत्तर दिया।

"गुरुवर्य! मुझे दोष ही देना चाहें तो बात दूसरी है। आज बीस वर्ष से अर्जुन अपने ही स्वार्थ का ग्रास बन रहा है। इस स्थिति में उसका उद्धार करने के लिए हमने क्या-क्या नहीं किया? पर उसे उबारने में मैं निष्फल हुआ हूँ, आप भी निष्फल हुए हैं और होंगे।"

"तो अब आप चक्रवर्ती का विरोध करने को उठ खड़े हुए हैं?" मृगा ने किंचित मान-भरे स्वर में पूछा।

भद्रश्रेण्य हँस पड़े, "उसके लक्षण उसकी प्रियतमा उतने नहीं जानती, जितने मैं जानता हूँ। सुदास की बहन का हरण करके आर्यावर्त के चक्रवर्ती होने की हमारी योजना को उसने निष्फल कर दिया है। संस्कृति के उस तीर्थ में उसने सुदास को छेड़ा, मुनि वसिष्ठ और महर्षि जमदग्नि की उसने अवगणना की, जगदम्बा-सी पूज्य रेणुका को उसने बन्दी बनाया। समस्त आर्यावर्त जिस राजकन्या को ब्याहने को तैयार था, उस पर अत्याचार करके उसने महर्षि जमदग्नि की आन को चुनौती दी। इतना दोष मेरा अवश्य है कि मैंने अर्जुन को लोमादेवी पर अत्याचार न करने दिया और गुरुदेव भार्गव को गला घोंटकर मार डालने न दिया। इस दोष का भागी तो मैं अवश्य ही हूँ। और इसी दोष से मैंने सबको उबार लिया है।"

"और अब चक्रवर्ती के विरुद्ध प्रपंच कर रहे हो?"

"मैंने प्रपंच किया है? मृगा, अर्जुन मुझे और मेरे यादवों को मारने के लिए अधीर हो उठा है। मुझे सेनापति के पद से च्युत कर दिया, मुझे यादव-गोत्र में बन्दी बना दिया और कुक्षि को बना दिया मेरा प्रहरी, मैं आरोप नहीं लगा रहा हूँ क्योंकि आरोप सुन सकने की स्थिति तुम्हारी नहीं है। तुम लोग तो स्वेच्छाचारी के खिलौने हो।" भद्रश्रेण्य फिर हँस पड़ा, "और इसी बात का क्या विश्वास है कि आज तुम मुझे और यादवों को मार डालने का संकल्प न कर बैठे हो?"

राजा ने अचूक बाण मारा। मृगा फीकी पड़ गई। भृकुंड ने उसका बचाव किया, "राजन्! तुम कल्पना में विहार कर रहे हो। तुम्हारा परिचय क्या मुझे देना होगा?"

राजा ने खिन्नतापूर्वक कहा, "मेरी बात को जितना नहीं मानोगे, उतने ही अधिक पछताओगे।"

"और शार्यातों को किसलिए निर्मूल कर दिया? सारा हैहय संघ विरोध से उबल रहा है।"

"वह तो गुरुदेव की आज्ञा थी। छोटे गोत्र एक-दूसरे के साथ नित्य लड़ते रहें, इससे क्या यही अच्छा नहीं है कि एक बड़े गोत्र में सब एकत्रित होकर मैत्री-भाव से रहें।"

"लेकिन यह तुमने क्यों करने दिया?" मृगा ने पूछा।

"मुझे उन पर श्रद्धा है। मुझे चाहे न भी समझ में आए पर उनकी दृष्टि तो सच्ची ही होगी।"

"कहीं गोत्रों का भी ऐसे एकत्रीकरण होता है?" भृकुंड ने कहा, "हम तो अनुभव से जानते हैं न!"

भद्रश्रेण्य ने धीरे-से कहा, "गुरुवर्य! भार्गव तो सिन्धु से सिंहल तक एक ही गोत्र कर देना चाहते हैं।"

"सपने में, राजन्!" भृकुंड ने कहा।

"क्या हमने अर्जुन को सिन्धु से सिंहल तक का चक्रवर्ती बनाने का सपना नहीं देखा है?" भद्रश्रेण्य ने पूछा।

"राज्य-चक्र का विस्तार तो ऐसे ही हो सकता है।" मृगा ने कहा।

"पर वह बालक यह सब क्या समझ सकता है?"

भद्रश्रेण्य खिलखिलाकर हँस पड़ा, "वह न समझेगा? हमारे सपनों और धर्म-बल को वह संजीवित कर रहा है। आँखों आड़े कान करके हम अपनी निर्बलता को नहीं देख सके और उसी कायरता को हम अपनी राजनीतिक दक्षता मान बैठे हैं। धर्म-बल के बिना लोग कभी एक चक्र को स्वीकार नहीं कर सकते और न वह कभी टिक ही सकता है। मेरी यह बात भूल मत जाना। बालक भार्गव समूचे जीवन को भली-भाँति जानता है, प्रेम से उसकी कामना करता है और अडिगता से उसका उद्धार करता है।"

"जो हम अपनी शक्ति से न कर सके, वह छोकरा करेगा?" मृगा ने तिरस्कारपूर्वक कहा।

"यदि सहस्रार्जुन उसकी बात मानें तो।"

"समझ गया! समझ गया! चक्रवर्ती भार्गव दोनों मिलकर यह चमत्कार कर सकते हैं। यही न! हा! हा! हा!" भृकुंड हँस पड़े।

भद्रश्रेण्य चले गए। रानी और भृकुंड एक-दूसरे की ओर देख रहे थे।

"भद्रश्रेण्य तो अभी भी जैसे-के-तैसे हैं, वही नई-नई योजनाएँ गढ़ने में लगे हैं।"

"नहीं, उससे भी भयंकर!" भृकुंड ने कहा, "वे भार्गव द्वारा चक्रवर्ती को वश में करना चाहते हैं।"

बड़ी देर तक दोनों गुमसुम बैठे रहे। दोनों के मन में एक ही विचार चल रहा था।

"गुरु! इस पगले का प्राण ही लेना होगा।" मृगा ने दृढ़तापूर्वक कहा।

"यह काम ज्यामघ करेगा।"

"कौन? शार्यातराज का पुत्र?"

"हाँ! भगवती लोमा को घायल करके वह अघोरियों के साथ यहाँ भाग आया है। पर उसके साथ कठिनाई यह है कि वह तो भार्गव के प्राण लेना चाहता है।"

मृगा चुप हो रही, "मुझे तो किसी भी पाप की बाधा नहीं है। ज्यामघ को मेरे पास भेज देना। पधारिए, मैं साँझ को भार्गव के दर्शन करने आऊँगी।"

भृकुंड ने सिर हिलाया, "भार्गव को मारना सहज नहीं है। एक बार मिलो तो, फिर देखा जाएगा।"

भृकुंड के जाते ही मृगा विचार में पड़ गई। सहस्रार्जुन की वह दासी थी। उसका प्रचंड बाहुबल, उसका क्रोधी स्वभाव, उसकी रक्तपिपासा उसे सदा ही मोहित कर देते। उसकी महत्त्वाकांक्षा अर्जुन की महत्त्वाकांक्षा का पोषण करने में थी। इस भार्गव की बात सुनकर उसके मन में भय व्याप गया। क्या उसकी महत्त्वाकांक्षा की राह में आएगा वह?

भद्रश्रेण्य की बातचीत से मृगा को एक नया ही विचार सूझ पड़ा—'यादवराज को जो प्रतापी बना सकता है, वह सहस्रार्जुन को क्यों नहीं बना सकता? भार्गव और चक्रवर्ती के

बीच यदि सन्धि हो जाए, हैहय और भृगुओं के बीच यदि सहचार साधा जा सके, तो सिन्धु से सिंहल तक का साम्राज्य क्यों न मूर्तिमान हो सकेगा? सहस्रार्जुन की राज्य-लक्ष्मी को वृद्धिगत करने का भार भार्गव के सिर क्यों न डाला जाए? और फिर क्या कारण है कि वह स्वयं सत्ता को न भोग सके?'

'सिन्धु से सिंहल' उसने गुनगुनाया–फिर-फिर गुनगुनाया। जीवन में उसने मित्र बनाए थे और अमित्रों से वैर भी किया था। इस लड़के को वह यदि मित्र बना सके तो? सवेरे गढ़ पर से देखा हुआ मुख याद हो आया। कैसा मुख? आज उसने वस्त्राभूषण त्याग दिए थे। वह जानती थी कि उनके बिना वह अधिक मोहक लग रही है। दासियों के हाथों में पूजा की सामग्री लिवाकर, सहस्रार्जुन की अन्य रानियों को साथ लेकर वह चली।

एक विचित्र आकर्षण उसे उस लड़के की ओर खींचता-सा लगा। उसने महाअथर्वण, जमदग्नि, रेणुका और कवि चायमान के विषय में जो अनेक दन्त-कथाएँ सुन रखी थीं, वे सब उसे इस क्षण याद हो आईं। भृकुंड के आश्रम में जब वह पहुँची, तो वह क्षोभ का अनुभव कर रही थी।

रेवा एक ओर गर्जना कर रही थी। आश्रम में दर्शन-विह्वल लोगों की मेदिनी उमड़ रही थी। पीपल के झाड़ तले व्याघ्रम्बरधारी भार्गव को मृगा ने देखा। उनकी जटा बाँधने की रीति भा गई। छोटी-छोटी काली दाढ़ी के भीतर से भभकता, मन्द और लज्जालु हँसी हँसता वह मुख उसने देखा। मानो स्फटिक में से काटकर गढ़े गए हों, ऐसे अपूर्व स्नायुओं का प्रभाव उसने पहचाना। पास ही बैठी थीं भगवती लोमहर्षिणी–छोटी-सी, कोमल और फीकी। मृगचर्म के तकिये से सटकर वह बैठी थी। वसन्त के प्रादुर्भाव-सी हँसी हँसती हुई, पति पर भक्ति-भीनी आँख डाले वह देख रही थी। भृकुंड थे, भद्रश्रेण्य थे तथा और भी तीस-चालीस अन्य शिष्य वहाँ बैठे थे। लोग आते, प्रणिपात करते और चले जाते।

मृगा का हृदय धड़क उठा। उसका गर्व गलित हो गया। जो-जो विचार मन में चल रहे थे वे सब भूलकर, अपनी अल्पता को अनुभव करते हुए भार्गव के आगे माथा नवाकर वह उनके पैरों पड़ी और वहाँ से उठकर भगवती के पैरों पड़कर वह उनके पास ही बैठ गई। भार्गव ने आशीर्वाद दिए। मृगा ने उनकी ओर देखा तो ऐसा प्रतीत हुआ मानो बिना कहे ही वे सब कुछ समझ गए हों। भृकुंड मन-ही-मन हँसे। असली गुरु आ गए हैं, सो अपने-आप ही सारा शील-शिष्टाचार सीख गई–मन-ही-मन बोले।

"शत शरद् जियो, मृगारानी!" भार्गव का स्नेह स्वर सुनाई पड़ा, "और तुम्हारा सौभाग्य अखंड रहे। युवराज जयध्वज कहाँ है?"

"आखेट पर गया है। कल दर्शन करने आएगा।" मृगा ने कहा। चक्रवर्ती के पुत्र जयध्वज को मृगा ने अपने ही पुत्र की भाँति पाला-पोसा था।

"मृगारानी!" भार्गव का कोमल स्वर उसके कान में पड़ा, "मैंने तुम्हारी बहुत प्रशंसा सुनी है। राजा भद्रश्रेण्य, तुम्हारे बहुत गुण गाते हैं।"

मृगा का हृदय हर्षित हो उठा। उसे गर्व भी अनुभव हुआ, "यह तो उनका बड़प्पन है।" उसने हँसकर कहा।

"मैंने सुना है कि चक्रवर्ती विजय प्राप्त करके कुछ ही दिनों में लौट आएँगे।"

"हाँ, कल ही उनका सन्देशा आया है। भगवती! आप कुशल हैं?"

"हाँ," लोमा ने कहा, "मैं मरते-मरते बच गई।" फिर वह मृगारानी की ओर देखकर हँस पड़ी, "मैंने तुम्हें ऐसी नहीं समझा था।"

"फिर कैसी समझा था?" मृगा ने पूछा।

"प्रचंड और डरपोक!"

सब लोग हँस पड़े।

"आपको कुछ चाहिए, तो आज्ञा दें?" मृगा ने पूछा।

"मुझे क्या चाहिए?" भार्गव ने हँसकर कहा, "गुरु भृकुंड के दर्शन हो गए, महाअथर्वण जिस आश्रम में रहे थे, उसी आश्रम में आ रहा। जिन पशुपति की वे पूजा करते थे, उनकी पूजा मैंने भी कर ली। अनेक बार जिस रेवा का स्तवन किया है, उसके पुण्य-दर्शन पा गया। तुम-सी महाराजनीति-दक्षा से मिल लिया। और मुझे क्या चाहिए?" भार्गव ने शरमाते हुए कहा।

"हमारे धन्य भाग्य हैं कि आपने पधारकर महाअथर्वण का शाप उतार दिया।" कहने को तो कह गई, पर मृगा मतिमूढ़-सी हो गई। इच्छा न होते हुए भी पूज्य-भाव उसे जकड़े दे रहा था।

"अपने पितामह के शिष्यों का परिचय पाकर मैं भी अपने को भाग्यशाली पाता हूँ।"

"अब आप यहीं रहें!"

भार्गव की आँखों का तेज प्रखर हो चला। उसने मृगा के शिष्टाचार को भेद दिया, "तुम धर्म का अनुसरण करो तो मैं तुम्हारा ही हूँ।"

मृगा निष्प्रभ हो गई, "क्या हम धर्म का अनुसरण नहीं कर रहे?"

"तुम भले ही उसे धर्म कहो, मैं नहीं कह सकता। विद्या की सेवा नहीं है, तप का सम्मान नहीं है, सत्य का शासन नहीं है। जहाँ यह सब नहीं है, वहाँ क्या धर्म हो सकता है?"

"तो आप सिखाएँ।"

भार्गव गुरु के वात्सल्य से देखते रह गए, "सिखाऊँ, यदि सिखाने दो तो। रेवा तो माता सरस्वती की सहजा हैं; इसके दोनों तट ऋषियों के आश्रमों के लिए ही सृजे गए हैं। जिस दिन इन आश्रमों में से मन्त्रोच्चार सुनाई पड़े, उसी दिन समझ लेना कि धर्म की स्थापना हो गई है।"

"मैंने आर्यावर्त नहीं देखा है। माता सरस्वती के दर्शन मैंने नहीं किए।"

"आर्यावर्त तो यहाँ भी है। तुम नहीं जानते हो, इसी बात का मुझे दुःख है। जहाँ भी आर्यत्व हो, वहीं आर्यावर्त!"

"यहाँ तो शौर्य है–पुष्कलक।" मृगा ने कहा।

मानो क्षमा कर रहे हों, ऐसे औदार्य से भार्गव देखते रह गए, "मृगारानी, यहाँ जो देख रही हो वह शौर्य नहीं, शब्दाडम्बर है, मिथ्याचार है। उसे शौर्य का नाम देने से ही उसकी असली कायरता चली नहीं जाती। शौर्य और आर्यत्व एक ही बात है–विद्या, तप और धर्म का मूल।"

गर्वित होकर मृगा देखती रह गई।

"गुरुदेव! कल रात तेरे महालय में भोजन के लिए पधारेंगे? साथ ही लोमादेवी भी पधारेंगी न!"

भद्रश्रेण्य विनती-भरे नयनों से और भृकुंड आश्चर्य से भार्गव को चेतावनी दे रहे थे। मृगा के भोजन से कितने ही वैरियों के लिए यमद्वार खुल गए थे। मृगा यह क्या करने जा रही है।

भार्गव निश्छल भाव से हँस पड़े, "मैं अवश्य आऊँगा। भगवती नहीं आ सकेगी। वह स्वस्थ नहीं है।"

'भगवती' शब्द कहकर भार्गव ने उसके गुरु-पत्नी पद को विशेषत्व दिया।

[3]

माहिष्मती का रंग बदल गया था। गुरु के दर्शन करने के लिए लोग आने-जाने लगे थे। दास-दासियाँ भेंट लेकर आते और पूजा करके चले जाते। चारों ओर ऐसा उत्साह व्याप गया, मानो मोक्ष के द्वार ही खुल गए हों।

इससे भी अधिक उत्साह मृगा के हृदय में था। वह भार्गव की बाट जोह रही थी। कोई भी उसे समझ नहीं सका था। पर अकेले भार्गव ही उसे समझ गए थे। वे अकेले ही उसके सपनों को सिद्ध कर सकते थे। पर भृकुंड आए तो मृगा ने कहा, "उस ज्यामघ से कह देना कि जब तक मैं न कहूँ, वह कुछ न करे।"

"भद्रश्रेण्य का भी नहीं?"

"नहीं!"

"सच बात है देवी, इस वय में भी जब मेरा हृदय बावला हो गया है, तो फिर तेरी तो बात ही क्या है! एक ही दिन में जब यह स्थिति हो गई है, तो इसे गुरु-पद पर यदि स्थापित कर दिया जाए, तो जाने क्या होगा?"

"आप क्या सोचते हैं, गुरुवर्य?" मृगा ने पूछा, "शक्ति बढ़ेगी या घटेगी?"

"मृगा! इसके बल से शक्ति बढ़ेगी और राज्य भी बढ़ेगा। पर वह तेरा या चक्रवर्ती का होकर नहीं रह सकेगा। जो वह कहेगा, वही होगा।"

"उसे ही अपना लिया जाए तो?" मृगा ने पूछा।

"हम भी यदि उसके हृदय में बस जाएँ, तो हम जो चाहें कर सकते हैं। पर सहस्रार्जुन उसे पल-भर भी सहन नहीं कर सकेगा; वह बहुत स्वार्थी और अभिमानी है।"

"देखें आज रात को क्या होता है?" मृगा ने कहा।

"मृगा, तू मेरी पुत्री के समान है, इसी से चेतावनी दे रहा हूँ। अपनी विलासाकांक्षा को वश में रखना, नहीं तो वह तुझे जलाकर भस्म ही कर देगा।"

मृगा खिलखिलाकर हँस पड़ी, "इतना ही विश्वास है आपको मुझ पर? और मेरे भीतर आग को भी बुझा देनेवाली शीतलता है, सो?"

मृगा के महालय में भोजन के आयोजन चल रहे थे। चन्दन और भोज्य-पदार्थों की सुगन्धि महक रही थी। आभूषणों में सजी हुई दासियाँ छम-छम करती-सी इधर-उधर डोलने लगीं।

जब सन्ध्या हो आई, तो रानी कोट के कंगूरे पर चढ़कर उत्सुकता से प्रतीक्षा करने लगी। चाँदनी में देखा, आश्रम के भीतर से एक छाया बाहर निकली और टीले पर चढ़ने लगी। उसके हाथ में परशु था। मृगा का हृदय धड़क उठा। भार्गव सहस्रार्जुन का राज्य-स्तम्भ बन जाए और

वह स्वयं सिन्धु से सिंहल तक के राज्य-चक्र की अधिष्ठात्री बन सके तो! भावी के गर्भ में पड़ी सिद्धियों को देनेवाला चला आ रहा था। कौन जाने वह क्या-क्या दिलवाएगा?

मृगा साम्राज्ञी की सत्ता भोगती थी, पर सामान्य स्त्री का स्वातन्त्र्य भी जब वह चाहती, ले लेती। वह नीचे जाकर महालय के द्वार पर खड़ी हो गई। भार्गव आ गए। उनके मुख पर रंच-मात्र भी अविश्वास नहीं था। "गुरुदेव, पधारिए, पधारिए, मेरा महालय पावन करिए!"

भार्गव ने परशु को द्वार के बाहर ही रख दिया, "यहाँ धर दूँ?" उस स्वर में एक विचित्र ही ध्वनि थी, 'तुझ जैसी स्त्री के हाथों सगा भाई भी अपने प्राण न सौंपेगा। पर मुझे विश्वास है, मैं सौंपे दे रहा हूँ।' कल इसी व्यक्ति को निर्मूल करने की तत्परता उसने दिखाई थी, यह याद आते ही मृगा बहुत लज्जित हुई। इस जन्म में उसने अब तक ऐसा स्नेह और ऐसा विश्वास नहीं देखा था।

"भीतर ले आइए!" उसने कहा।

"परशु का तो यहीं रहना भला है," कहकर भार्गव ने भीतर प्रवेश किया।

मृगा ने भार्गव के पैर धोए, उनकी पूजा की और फिर उन्हें भोजन कराया। उसके तैयार कराए हुए सारे भोजन की भभक व्यर्थ हो गई। स्वस्थ और शान्त देव की भाँति भार्गव प्रसाद ग्रहण कर रहे थे।

भोजन के उपरान्त मृगा भार्गव को छत पर ले गई। क्षण-भर के लिए विचार आया कि उन्हें पाटे पर बिठाकर उनके सामने ही वह स्वयं भी पाटे पर बैठ जाए या नहीं। अनजाने ही उसके अन्तर में से दीनता प्रकट हो पड़ी और वह सामने के पाटे पर बैठ गई।

"गुरुदेव, आज तीन बरस से मैं आपसे मिलने के लिए तरस रही थी।"

"तुम तो हैहय की राज्य-लक्ष्मी हो। मुझे स्मरण किया होता तो उसी क्षण आकर मैं उपस्थित हो जाता। व्यर्थ ही उस कुक्षि को तुमने बीच में रखा।"

मृगा ने हँसकर अपनी भूल को स्वीकार किया, "आपको कुक्षि नहीं रुचता?"

"वह अशिक्षित, नीच, खटपटी और लोभी है। उसे गुरु-पद पर स्थापित करके तुमने गुरु-पद को भ्रष्ट किया है।" भार्गव ने कहा।

"गुरुदेव, एक बात पूछूँ!" मृगा ने हँसकर कहा, "क्या यह सच है कि कल्विणि को आपने कोड़े मारे?"

भार्गव हँस पड़े, "तुम तक बात पहुँच ही गई? यह क्या कम है कि मैंने उसका वध नहीं किया!"

"तो फिर मुझ जैसी का क्या होगा?" मृगा के मुँह से निकल गया। क्या उत्तर मिलेगा, इसी विचार से वह घबरा उठी।

भार्गव गम्भीर हो गए, "पत्नी संस्कृति और सन्तति दोनों ही का उद्‌गम है। वह जब तक विशुद्ध रह सके, तभी तक रक्षा करने योग्य है।"

"तो फिर मुझ जैसी स्त्री का तो आप वध ही करेंगे।"

भार्गव की आँखों में तथा उनके मुख और स्वर में एक गहरी समझ की हँसी झलक आई।

"सहस्रार्जुन के प्रति जो तुम्हारी भक्ति है, वह क्या मुझसे छिपी है? पर आज जो तुम पत्नी के अधिकार के बिना कर रही हो, वही यदि पत्नी के अधिकार से करो, तो मुझे अच्छा लगेगा।"

"कल्विणि में और मुझमें क्या अन्तर है?"

"कल्विणि परिणीता होकर भी पति को धोखा दे रही है। तुम परिणीता न होकर भी पतिव्रता हो," भार्गव ने कहा, "तुम ऐसी न होतीं तो मैं तुम्हारे यहाँ न आता।"

मृगा के हृदय में उन्नत भाव का संचार हुआ। तो वह तिरस्करणीय नहीं है!

"अपनी शक्ति-भर मैं कर रही हूँ और आपकी सहायता चाहती हूँ।"

"तुम्हारे लेने-भर की देर है।"

"तो सहस्रार्जुन के साम्राज्य को सूर्य के समान तेजोमय कर दीजिए।"

"सो कौन बड़ी बात है। धर्म का संरक्षण और प्रवर्त्तन करो। तुम्हारा राज्य अपने-आप ही दीप्त हो उठेगा।"

"किस प्रकार?"

"आर्यावर्त से ऋषियों को आमन्त्रित करो, विद्या और तप का विकिरण करो।" मृगा चुप रही। "युवक हैहय को मेरे हाथ सौंप दो, मैं उन्हें आर्यत्व को प्रसारित करने की शिक्षा दूँगा, जंगलों का भेदन कर आश्रम स्थापित करना सिखाऊँगा, कायरता को मिटाकर वीरत्व सिखाऊँगा।"

"यह सब हमारे लोगों की समझ में नहीं आएगा," मृगा ने सिर हिलाते हुए कहा, "उन्हें तो बस मरना ही आता है।"

"जो मरना नहीं जानता, उसे विजय नहीं मिल सकती, मृगारानी!" भार्गव ने कहा, "विजय प्राप्त करने के लिए भी तप की आवश्यकता होती है।"

"आप सहस्रार्जुन को समझाइए।"

"भला वह समझेगा? वह तो पशुबल से निर्बल को पराजित करना जानता है। स्वेच्छाचारिता को ही वह शासन मानता है, द्वेष को ही वह महत्त्वाकांक्षा मानता है। वह तो मारना-भर जानता है, मरने के लिए वह तैयार नहीं है। उसका उद्धार सम्भव ही नहीं है, नहीं तो तुमने कभी से कर डाला होता।"

"यह आप क्या कह रहे हैं? कुछ तो राह सुझाइए। उन्हें और मुझे उबार लीजिए," विनती करती हुई मृगा बोली। अपने ही नम्र वचनों को सुनकर वह आप ही विस्मित हो रहती, पर हृदय से भीगे हुए शब्द चले ही आ रहे थे, "आप गुरु हैं।"

"गुरु हूँ, इसी से तो कह रहा हूँ। मेरे कहने को यदि कसौटी पर ही परख लेना चाहती हो, तो उससे कह देखो कि जिस पद का तुम आज भोग कर रही हो, वह अग्नि की साक्षी से सहस्रार्जुन तुम्हें प्रदान करे।"

मृगा के हृदय पर आघात पहुँचा। वह सहस्रार्जुन की राज्य-लक्ष्मी नहीं थी, बल्कि उसकी रखैल थी, इस बात का भान उसे बहुत ही तीव्रता से हो आया।

"मैं राजकुल की नहीं हूँ।" उसने नीचे देखते हुए कहा।

"पर राजकुल को शोभित कर सके, ऐसी शक्ति और भक्ति दोनों ही तुममें हैं। पत्नी के रूप में जब तुम्हारा उपयोग हो रहा है, तो विधिपूर्वक तुम्हारे स्वीकार किए जाने में कौन-सी बाधा है?"

मृगा की महत्ता की सृष्टि में दरार पड़ गई। वह चुप हो रही।

"मृगारानी, क्या यादवों पर तुम्हारा वैर बहुत प्रबल हो उठा है?" भार्गव ने बात की दशा बदली।

"हाँ! उन्होंने व्यर्थ ही शार्यातों को प्रपीड़ित किया है।"

"भद्रश्रेण्य ने नहीं, मैंने किया है वह–यदि प्रपीड़न मानती हो तो।"

"क्या आपको उसमें धर्म जान पड़ा?" मृगा राज्य-सत्ताधिकारिणी हो उठी।

भार्गव ने उसके स्वर को पहचान लिया।

"तुम राजाओं को एक धुरी के अन्तर्गत लाना चाहती हो। मैं गोत्रों का एकीकरण करना चाहता हूँ।"

"अर्थात् हैहय, यादव, तालजंघ सभी एक हो जाएँ?"

"हाँ! युद्ध राजाओं के पारस्परिक शत्रुत्व के कारण होते हैं। गोत्रों का एकीकरण हो जाएगा, तो यह शत्रुत्व आप ही टल जाएगा।"

"यह बात मेरे गले नहीं उतर रही।"

"सिन्धु से सिंहल तक आर्यावर्त को प्रसारित करना इतना सरल नहीं है।"

मृगा ने उत्तर नहीं दिया।

"मैं एक ही बात का आश्वासन तुमसे चाहता हूँ।"

"क्या?"

"भद्रश्रेण्य को दंडित न करना, नहीं तो मुझे तुम्हारा वैरी हो जाना पड़ेगा।"

मृगा लज्जित हो गई। भार्गव ने उसके हृदय को पहचान लिया। वह काँप उठी। "नहीं, नहीं। दंड किस बात का?" उसने ससम्भ्रम कहा।

"तो मैं भद्रश्रेण्य और यादवों को तुम्हारे हाथ सौंपे जाता हूँ।"

क्षण-भर मृगा सकुचाई-सी खड़ी रह गई। भार्गव के मुख पर मन्द हास्य था।

"जैसी आज्ञा!" उसने कहा।

भार्गव जब महालय छोड़कर चले गए, तो मृगा उनके चरणों की रज हो रही।

[4]

भार्गव और भद्रश्रेण्य रेवा के तट पर अकेले घूम रहे थे।

"भद्रश्रेण्य, तुम्हें यहाँ से चले जाना है। तुम यहाँ रहोगे तो मेरी कठिनाई बढ़ेगी।"

"गुरुदेव, आप मुझ पर अन्याय कर रहे हैं। न तो आप मुझे लड़ने ही देते हैं और न अपने साथ खड़ा रहकर सहन करने देते हैं।"

"राजन्, तुम्हारे मरने का समय अभी नहीं आया है। यादवों का उद्धार करना अभी शेष है।"

"पर आपको छोड़कर मैं कैसे जा सकूँगा?"

"तुम्हारे प्राण संकट में हैं, तुम पर मृगारानी दाँत गड़ाए है।"

वृद्ध राजा की आँखें भर आईं, "गुरुदेव, मेरे दुःख का तो पार ही नहीं है। कौन-से पाप किए हैं मैंने जो देव मुझे कसौटी पर चढ़ा रहे हैं? आज मेरा गोत्र मारा-मारा फिर रहा है। मेरे स्त्री-बच्चे इधर-उधर भटक रहे हैं। और अब मेरे लिए चोर की भाँति भाग जाना ही शेष रह गया।"

भार्गव ने राजा को छाती से लगा लिया, "राजन्, यह तो तुम्हारी अग्नि-परीक्षा है।"

"मैं तो थक गया हूँ।"

"यों थक जाने से काम कैसे चलेगा? दुःख में ही वह महत्ता प्राप्त होती है, जो मृत्यु से भी अभेद्य होती है।"

"मुझे वह महत्ता नहीं चाहिए।"

"राजन्! जो जीवन के ताप से त्रस्त हो उठता है, वह तो पराजित हो चुका," भार्गव ने कहा, "उसके भीतर से जो कांचन होकर निकल सकेगा, विजय उसकी है।"

"जैसी आज्ञा!" खिन्न हृदय से भद्रश्रेण्य ने कहा और भार्गव के पैरों पड़ गए।

"राजन्! खाइयों को पार करने का श्रम हम उठाएँगे, तभी तो गिरिशृंग की शीतलता प्राप्त हो सकेगी।"

"गिरिशृंग! पशुपति ही जानते हैं कि कब वह पा सकूँगा, पर गिरिशृंग से अद्‌भुत जो आप मेरे पास हैं," भद्रश्रेण्य ने गद्‌गद होकर कहा, "आपके चारों ओर झंझाएँ घिरती हैं और शान्त हो जाती हैं, मेघ-मालाएँ आप पर छाती हैं और छोड़ जाती हैं। पर आपके चारों ओर तो प्राणदायी समीर बहता ही रहता है। यहाँ हृदय के घाव भर रहे हैं, चिन्ता का स्पर्श तक भी तो नहीं होता। पर मैं अकेला कैसे जाऊँगा?"

"भृकुंड को भिजवा दो। वह विश्वस्त आदमी दे सकेगा। एक-आध महीना तुम तीर पर रहना और आवश्यकता पड़ने पर यहाँ आकर हमें ले जाने का प्रबन्ध करना।"

राजा भद्रश्रेण्य गए और उन्होंने भृकुंड को भिजवा दिया। वृद्ध गुरु कमर पर हाथ देकर झपटते हुए आए। भार्गव मृगा से मिलकर क्या बात कर आए, यह जानने को वह बहुत उत्सुक थे।

"गुरुवर्य!" भार्गव ने कहा, "चलो, हम लोग घूमने निकल चलें और बात भी करते जाएँगे।"

भृकुंड ने भार्गव के स्वर का गाम्भीर्य पहचाना और उन्हें धक्का-सा लगा, "चलिए।"

"भृकुंड! तुम्हारे चातुर्य के सम्बन्ध में मैंने बहुत-कुछ सुन रखा था। अब मैं तुमसे सीधी बात करना चाहता हूँ।"

"जैसी आज्ञा।"

"भद्रश्रेण्य का, यादवों का और मेरा तुम क्या करना चाहते हो?"

भृकुंड चौंककर चुप रहे।

"कहना नहीं चाहते?"

"मैं क्या जानूँ?"

"तुम बड़े चतुर व्यक्ति हो," भार्गव ने कहा, "तुम न कहना चाहते हो तो फिर मैं कहूँ। मुझे और भगवती को बन्दी करने के लिए भद्रश्रेण्य को तुमने गिरनार पर रख छोड़ा था। हमें यहाँ क्यों बुलवाया है? तुम न कहना चाहो तो फिर मैं ही कहूँ? हमें अपनी आँखों के आगे रखने के लिए।"

भृकुंड ने बोलने का प्रयत्न किया।

"दो दिन में ही तुमने जान लिया होगा कि जैसी तुम्हारी धारणा थी वैसा निरा उद्धत लड़का मैं नहीं हूँ। मुझे तुम मार सको, यह सम्भव नहीं है। आनर्तराज की सहायता के बिना तुम यादवों का संहार कर सको, यह भी सम्भव नहीं है। भद्रश्रेण्य को अकेले तुम मार सकते थे। वह तुम्हारा विश्वसनीय था, पर अब नहीं रहा।"

"गुरुदेव! ऐसा तो कोई विचार नहीं है। और मेरी सुनता भी कौन है?"

"भृगुवर!" भार्गव ने भृकुंड को कुल का स्मरण दिलाया, "यह बात सच नहीं है। तुम और मृगारानी यही सोच रहे हो कि सहस्रार्जुन और तुम्हारी सत्ता को बढ़ाने का साधन मैं कैसे बन सकता हूँ। मैं तो तुम्हारे हाथ में खेलने के लिए बैठा हूँ–भद्रश्रेण्य और यादव यदि निर्भय हो सकें तो।"

"भद्रश्रेण्य ने शार्यातों को मारकर बहुत बड़ा शत्रुत्व उत्पन्न कर लिया है।"

"इसका रास्ता निकालना अब तुम्हारे ही हाथ है। भद्रश्रेण्य का यदि बाल भी बाँका हुआ तो मैं तुम्हारा वैरी हो जाऊँगा। तुम मुझे मार सको, यह तो सम्भव नहीं है, पर मुझे झेल सकना तुम्हारे लिए बहुत भारी पड़ जाएगा।"

"आपका कोई क्या बिगाड़ सकता है?"

"पर भद्रश्रेण्य के साथ मरने से तुम मुझे रोक भी नहीं सकते हो।"

"नहीं, नहीं! गुरुदेव!" भृकुंड की उलझन का पार नहीं था।

"भृकुंड! तुम भृगु हो। मैं भृगुश्रेष्ठ का पुत्र तुम्हारा कुलपति हूँ। मैं तुमसे कहता हूँ कि भद्रश्रेण्य को मारने का संकल्प किया भी हो तो उसे छोड़ दो। मृगा ने भी यदि किया हो तो उससे भी छुड़वा दो।" भार्गव ने आज्ञा दी।

"पर ऐसा करना ही कौन चाहता है। यह तो केवल सन्देह है।"

"सच कह रहे हो तो तुम्हारे और मेरे पुण्यनामी पूर्वज–भृगु, शुक्र और च्यवन की शपथ लेकर मुझे वचन दो कि भद्रश्रेण्य को तुम उबार लोगे।"

"...पर।"

"उबार लोगे या नहीं, शपथ लेकर कहो!"

भृकुंड काँपने लगा, "मैं ऐसी व्यर्थ की शपथ नहीं लूँगा। उसे कोई मारनेवाला नहीं है।"

"तो मैं तुम्हें शपथ दिलाता हूँ," भार्गव ने शान्तिपूर्वक कहा, "तुम्हारे कुलपति के अधिकार से।"

भृकुंड ने देखा कि भार्गव भयंकर रुद्रावतार होते जा रहे हैं। उसने दो धधकती आँखों का भयानक तेज देखा और उसके छक्के छूट गए।

"भृकुंड, महाअथर्वण का गुरु-पद स्वीकार करते तुम्हें लज्जा नहीं आई? आज तुम मुझे ही चपेट रहे हो?" उन्होंने भृकुंड के कन्धे पर हाथ रखा। काँपते हुए भृकुंड की आँखों के आगे जैसे भार्गव प्रचंड से प्रचंडतर होते जा रहे हैं, ऐसा उसे प्रतीत हुआ, "तुमने जीवन-भर चालें चली हैं। आज मैं तुम्हें अपने पितरों की शपथ दिलाता हूँ। भद्रश्रेण्य का उद्धार करना तुम्हारा धर्म है।"

भृकुंड का बिना दाँत का खोखला मुँह खुल पड़ा। उसका निचला जबड़ा काँप उठा। उसकी झीनी, गहन आँखों में भय तैर आया; उसे जीवन बहुत प्यारा था।

"मधु कैसे मारा गया, सो जानते हो? शार्यातराज क्यों मारे गए, सो पता है?" राम की विकराल आँखें भय का संचार कर रही थीं, "असत्य शपथ यदि लोगे तो उस क्षण तुम पितरों का द्रोह करोगे। तुम्हारा माथा धड़ से अलग जा गिरेगा।"

"भार्गव! भार्गव! क्षमा करो।" उठे हुए परशु पर दृष्टि पड़ते ही भृकुंड गिड़गिड़ाने लगा।

"भद्रश्रेण्य को अभयदान देने की शपथ लेते हो?"

"पर मेरा अभयवचन किस काम का? मृगारानी जो चाहती है वही करती है।"

"अपने जीते-जी भृगु को वचन-भंग नहीं करने दूँगा। शपथ लेते हो या नहीं?"

भृकुंड ने चारों ओर देखा।

"इस क्षण कोई तुम्हारी रक्षा कर सके, यह सम्भव नहीं है। अपने कुल की प्रतिष्ठा का रक्षण करने से मुझे कोई रोक नहीं सकता।" भार्गव के स्वर में दृढ़ संकल्प था। उन्होंने धीरे-से फिर कहा, "तुम सयाने समझे जाते हो। सयानापन नहीं छोड़ोगे? सहस्रार्जुन को मैं वहाँ मरते हुए देख रहा हूँ।"

बौखलाया-सा भृकुंड फटी आँखों से नदी की ओर देखता रह गया; भार्गव ने जिस ओर हाथ फैलाया था, वहाँ नर्मदा के पानी पर चमकती हुई चन्द्रकिरणों में उसने भार्गव को खड़े देखा–विकराल और विजयी। उनके पैरों के पास सहस्रार्जुन का धड़ और सिर अलग होकर पड़े थे। भृकुंड के घुटने टूट गए। भूमि पर गिरकर उसने हाथ जोड़ लिए।

"गुरुदेव! गुरुदेव! क्षमा करिए। आपकी आज्ञा मुझे शिरोधार्य होगी।"

"अपने दोनों बड़े पुत्रों को विश्वस्त व्यक्तियों के साथ भेजो। वे भद्रश्रेण्य को माहिष्मती के बाहर ले जाकर छोड़ आएँ। लौटते हुए उनके साथ आचार्य विमद और चार भृगु आएँगे।"

"जैसी आज्ञा।"

"और परसों विमद और अन्य भृगु तुम्हारे पुत्रों के साथ सुरक्षित न लौटे तो..."

भृकुंड ने फिर निःसहाय भाव से हाथ जोड़ दिए।

"तो मैं तुम्हारा वध करूँगा।"

भृकुंड हाथ जोड़कर थर-थर काँपते-से खड़े रह गए, "कल मैं मृगारानी को क्या उत्तर दूँगा?"

"जाकर सत्य वृत्तान्त बता देना कि अपने कुलपति के वचन को तुम न लोप सके।"

"नहीं-नहीं, भला ऐसा कैसे कह सकता हूँ?"

"तो जीवन-भर जब इतना झूठ बोले हो तो थोड़ा और भी बोल लेने में कुछ विशेष परिश्रम नहीं करना पड़ेगा। चलो, अब समय नहीं है।"

[5]

लोमा जब भगवती लोमहर्षिणी बन गई, तब भी भार्गव के और उसके सखा-स्वभाव में कोई अन्तर नहीं आया। एक साथ सोना, उठना, घूमना, साथ ही शस्त्र फिराना और यज्ञ करना, यही दोनों की नित्य दिनचर्या बनी हुई थी। पर अग्नि की साक्षी से भार्गव की अर्धांगिनी हो जाने के उपरान्त लोमहर्षिणी में एक महत्त्वपूर्ण अन्तर आ गया था। वह अब साथीमात्र नहीं थी, भगवती थी। वह अब भृगुओं की माता बन गई थी। महागुरुओं की कुलतारणी की शक्ति उसमें अवतरित होती-सी जान पड़ी। भृगुओं, उनकी स्त्रियों और सन्तानों में वह एक विचित्र प्रकार का रस अनुभव करने लगी। वह आशीर्वाद देने लगी और वे फलने भी लगे। भार्गव की शक्ति और कृपा का पान करानेवाली पतितपावनी रेवा ही जैसे वह आप है, ऐसी श्रद्धा उसमें जाग उठी। पहले भी बहुतों को उसी के द्वारा भार्गव की इच्छा, आज्ञा या कृपा का पता लगा करता था; अब तो वह दुर्निरीक्ष्य गुरुदेव की उग्र शक्ति का सौम्य

और जीवित स्वरूप बन गई थी। गाँव-गाँव से दर्शन करने को आनेवाले भक्तजन दूर से ही भार्गव के दर्शन करते। उनके चमत्कारी प्रभाव की दन्तकथाएँ सुनकर उनके हृदयों में धाक बैठ जाती। बड़े-बड़े लोग अपनी अल्पता का अनुभव करते। पर भगवती के दर्शन से सभी के हृदय में उत्साह जाग उठता। उनके कौमुदी-से मोहक हास्य से प्रत्येक हृदय आनन्द से दीप्त हो उठता; उनके पैरों की धूल माथे पर चढ़ने से रोगी स्वस्थ हो जाते; दुःखी अपना दुःख भूल जाते; और सुखी जनों के सुख में वृद्धि होती। भगवती हँसती-बोलती, स्त्रियों को टोकती-बतराती, बालकों को खिलाती; तब ऐसा लगता, मानो भार्गव का सौम्य और सुखकर स्वरूप ही वह हो।

भार्गव के स्वरूप और शब्दों के भीतर से श्रद्धा और भक्ति की मार्मिक सरिताएँ चारों ओर बहा करतीं और सभी को आप्लावित कर देतीं; और इन जल-प्रवाहों का पूर्ण उपयोग, भगवती विमद की सहायता से किया करतीं। कोई भी निमन्त्रण देता तो उसके यहाँ भगवती ही जातीं। भृगुओं के नयनों की वे ज्योति थीं—नन्हीं, सलोनी और सुन्दर-सी नारी। घोड़े पर यों घूमा करतीं, जैसे घोड़े पर बैठकर ही जन्मी हों। कोई शस्त्र ऐसा नहीं था, जिसे अद्‌भुत कला से वह न चला सकें। और तिस पर वे भगवती थीं—अपने कुलपति की पत्नी, माता, इष्टदेवी।

धीरे-धीरे भार्गव भी सारा व्यवहार भगवती के द्वारा ही करने लगे। भगवती यादवों और भृगुओं की व्यूह-रचना में तत्पर रहा करतीं। जिन यादवों और भृगुओं को लेकर भार्गव गोकर्ण-तीर्थ से चले थे, उनकी छोटी-बड़ी कई टुकड़ियों को थोड़े-थोड़े अन्तर से वे रास्ते में छोड़ आए थे। जिन ग्रामों में भृगु लोग बसते, वहीं ये टुकड़ियाँ अपना एक छोटा-सा थाना बना लेतीं। इन थानों की व्यवस्था उज्जयन्त किया करता था और जब-तब भगवती को सूचना दिया करता था। जो यादव और भृगु माहिष्मती में थे उन सबकी व्यवस्था भगवती और विमद के हाथ में थी।

भार्गव तो एक ही स्थल पर पशुपति के अवतार-से बैठे रहा करते। भगवती उनकी शक्ति के आविर्भाव-सी चारों ओर उनके तेज को प्रसारित करतीं।

जब भार्गव भृकुंड को विदा करके आश्रम पर आए तो उन्हें पता लगा कि भगवती और विमद भृगुओं के अखाड़े पर गए हुए हैं। भार्गव धीरे-धीरे चलकर उस ओर गए।

कुछ ही दूर नदी की रेती पर एक बड़ी-सी भीड़ गोलाकार घिरकर खड़ी थी। उसमें भृगु, यादव और बाहर से दर्शनार्थ आनेवाले हैहय लोग जमा थे। भीड़ के बीच चार बड़ी-बड़ी होलियाँ सुलगाई गई थीं, जिनके प्रकाश में मल्ल-युद्ध और शस्त्र-प्रयोगों की प्रतियोगिता चल रही थी। भार्गव किनारे की एक शिला पर एक झाड़ के पास खड़े रहकर, वहाँ चल रहे प्रयोगों को देखने लगे। सबके बीच खड़ी हो भगवती चक्र फेंकने की कला का प्रदर्शन कर रही थीं। भार्गव की आँखें स्नेह से आर्द्र हो आईं। वहाँ खड़े हुए सभी व्यक्तियों की भक्ति को लोमा पर एकाग्र होते हुए वे देख सके। वे आगे न बढ़े। इस भक्ति की तन्मयता को वे भंग नहीं करना चाहते थे। भोर होने तक प्रयोग चलते रहे। और फिर लौटकर वह आश्रम चले आए।

भगवती आईं तो भार्गव ने उनको गर्व-भरे नयनों से आलिंगन कर लिया। "लोमा!" उन्होंने धीरे-से कहा, "तू अद्‌भुत है।"

"हाँ, हूँ तो, न होती तो अद्‌भुत भार्गव को पाती कैसे?"

दोनों एक-दूसरे का हाथ पकड़कर प्रातःकाल का अर्घ्य चढ़ाने नदी पर गए।

भार्गव ने इक्कीस दिन का यज्ञ प्रारम्भ किया। भृकुंड ऋषि के समय में ऐसा यज्ञ किसी ने देखा-जाना ही नहीं था। पशुपति के विशाल स्थानक में अग्निकुंड के सामने भार्गव बैठते—मूक, स्वस्थ और श्रद्धा का संचार करते-से। उनके बाईं ओर भगवती बैठतीं, दाईं ओर भृकुंड ऋषि बैठते। उन्होंने जीवन में पहली ही बार गुरु-पद की सच्ची महत्ता का लाभ अनुभव किया था। मृगारानी भी प्रायः वहाँ आकर बैठा करती। उससे सभी कोई डरते थे। स्वेच्छापूर्वक कभी किसी ने उसका सम्मान नहीं किया था। इस समय भार्गव की छाया में उसे भी लोक-समूह का सम्मान मिलने लगा था। भद्रश्रेण्य न जाने कहाँ खो गया था, अतएव उसका डर अब था ही नहीं। भार्गव के प्रति उसकी भक्ति दिन-प्रतिदिन बढ़ती जा रही थी; और पटरानी का-सा सम्मान प्राप्त होने के कारण उसके आनन्द का पार नहीं था।

यज्ञ की बात चारों ओर फैल गई थी, सौ योजनों की दूरी से खिंचकर लोग चले आ रहे थे और भक्ति-विह्वल होकर समारम्भ में भाग ले रहे थे। दिन और रात कीर्तन चला करते।

भार्गव ने इस मेदिनी का हृदय पहचान लिया था। गुरुपूजा में वास करनेवाली अपार्थिव शक्ति से जन-समाज का हृदय श्रद्धा, भक्ति और उत्साह का अनुभव कर रहा था। मनुष्य पल-भर को भय की शृंखला से मुक्त होकर उल्लास का अनुभव कर रहे थे। भार्गव को प्रतीति हुई कि वे सहस्रार्जुन द्वारा स्थापित भय के साम्राज्य को चुनौती देकर स्वयं विद्या, तप और धर्म का साम्राज्य स्थापित कर रहे हैं। वे आप जगत् के उद्धारक और गुरु हैं—इस सम्बन्ध में कभी कोई अविश्वास उनके हृदय में नहीं रहा, पर इस क्षण तो जैसे अपने जीवन-मन्त्र का ही उन्हें साक्षात्कार हो गया। जगत् उनसे विद्या, तप और शक्ति की याचना कर रहा था। उनके हृदय में पशुबल से त्रस्त मानव-जन्तुओं को निर्भय कर, विद्या और तप के मार्ग पर उन्हें उन्नत बनाने की आकांक्षा सहस्रों सूर्यों के तेज से चमक उठी।

ज्यों-ज्यों समारम्भ के दिन बीतने लगे, त्यों-त्यों मानवों की आशा उनमें अधिकाधिक केन्द्रित होती गई। उनके हृदय में सम्पूर्ण आत्म-श्रद्धा जाग उठी। उन्हें लगा कि जगत् का समस्त प्रभाव जैसे उनमें आकर समा गया है।

यज्ञ के बारहवें दिन ढलती अँधेरी रात में भार्गव यज्ञ-कुंड के पास आँखें मींचकर बैठे थे। पास ही भगवती और विमद भी निश्चिन्ततापूर्वक सो रहे थे। उनके कान में कुछ ऐसी सरसराहट सुनाई पड़ी, जैसे कोई बड़ा-सा साँप आ रहा हो। उन्होंने आँखें खोलीं।

अघोरी के वेश में ज्यामघ हाथ में छुरी लेकर धीरे-धीरे पेट के बल सरकता हुआ आ रहा था। कोई पाँच हाथ दूर वह था। यज्ञ-कुंड के पीछे उसका कट्टर बैरी बैठे-बैठे ही नींद लेता-सा जान पड़ा।

एकाएक दो भयानक नेत्र खुल पड़े और उनमें तेज की धारा-सी बह उठी। अन्धकार में चमकते हुए तेज-बिन्दुओं को देखकर ज्यामघ जहाँ था, वहाँ से हिल न सका।

"कौन, ज्यामघ!" धीरे-से भार्गव का स्वर सुनाई पड़ा।

ज्यामघ जैसे ठंडा पड़ गया।

"ज्यामघ! अपने पिता और गोत्र का प्रतिशोध लेना चाहता है? ले मार, मैं रोकूँगा नहीं।"

ज्यामघ काँप उठा।

"मुझे मारकर क्या हाथ लगेगा? इससे तो यही अच्छा है कि तू मेरे साथ चला आ। हम इन सबको अन्धकार से प्रकाश की ओर ले चलेंगे...मैंने तेरे पिता को अपने स्वार्थ के लिए नहीं मारा है, किसी विद्वेष के वशीभूत हो मैंने तेरे गोत्र का संहार नहीं किया है। मुझ पर यदि विश्वास न हो तो आ मुझे मार, जल्दी कर।

"ज्यामघ, सिन्धु से सिंहल तक मुझे आर्यत्व को अभय कर देना है। आर्य जातियों को मैं विद्या और तप की साधना में लगा देना चाहता हूँ। आ, आ मेरे साथ। और यदि मुझ पर श्रद्धा न हो तो मुझे मार, यह रही मेरी छाती।"

ज्यामघ के हाथ से छुरी गिर पड़ी। भयंकर आँखें आकर्षक हो उठीं। वह स्वर माता के मृदु स्पर्श-सा उसे सहलाने लगा। उसका गला आँसुओं से रुँध गया। जैसे-तैसे वह खड़ा हुआ और प्राण लेकर भाग निकला।

बड़े ठाठ-बाट से यज्ञ समारम्भ पूरा हुआ। माहिष्मती आनन्द में निमग्न हो गई। तब संवाद आया कि सहस्रार्जुन विजय प्राप्त करके लौट रहे हैं।

[6]

कृतवीर्य का प्रतापी पुत्र सहस्रार्जुन जब माहिष्मती के गढ़ में आ पहुँचा तो उसके रोष का पार न रहा।

रावण के सैन्य को उसने हरा दिया था। चारों ओर उसका डंका बज रहा था। विजयी योद्धाओं को लेकर वह अपनी राजधानी को आ रहा था। पर उसका विजयोल्लास जाने कब से खट्टा हो चुका था।

मृगारानी और भृकुंड ऋषि के भेजे हुए सन्देश उसे मिल जाया करते थे। भद्रश्रेण्य का दिन-प्रतिदिन बढ़ता हुआ प्रताप, शार्यातों का संहार, गोकर्ण-तीर्थ का उत्सव, राम और लोमा का विवाह आदि सारी घटनाओं का पता उसे लग गया था। जब उसने यह सुना कि मृगा ने भार्गव और भद्रश्रेण्य को माहिष्मती बुलवा लिया है, तो उसे रानी के इस बुद्धि-चातुर्य को स्वीकार कर लेने को बाध्य होना पड़ा। उसकी अनुपस्थिति में अनुप्रदेश में आन्तर-विग्रह का होना बड़ी जोखिम-भरी बात थी।

पर भार्गव के प्रति उसका विद्वेष बढ़ता ही गया। इसके बाद कुछ अच्छा संवाद भी मिला। भद्रश्रेण्य एक भेद-भरी हत्या का ग्रास हुआ है और भार्गव भृकुंड तथा मृगारानी के अनुकूल होकर चल रहा है। पर ज्यों-ज्यों वह माहिष्मती के निकट आता जा रहा था, त्यों-त्यों गुरुदेव भार्गव की ख्याति और यज्ञ से लौटते हुए लोगों की भक्ति-भरी बातें उसे सुनाई पड़ने लगीं। उसने देखा कि भार्गव की मोहिनी की तरंगें चारों ओर फैल रही हैं। जहाँ-तहाँ उसकी बातें चल रही थीं। जिस गाँव में भी वह छावनी डालता, वहीं भार्गव के चमत्कारों की चर्चा जन-जन में सुनाई पड़ती। लोग उसके नाम पर बलिहारी हो रहे थे।

इस गुरुभक्ति के प्रवाह ने उसके सैन्य को भी स्पर्श किया। महाअथर्वण ऋचीक का शाप उतरा मानकर वे सब निश्चिन्त हो चले। जहाँ उसकी ललकार से लोगों के छक्के छूट जाते थे, वहाँ उनके हृदय में अब भार्गव के प्रति आशा और श्रद्धा ने अपना स्थान बना लिया

था। सहस्रार्जुन को अपने स्वप्रताप का बड़ा ही तीव्र भान था। पर उसे दिखाई पड़ा कि लोक-हृदय से अब वह पद-भ्रष्ट हो गया है।

माहिष्मती पहुँचकर भार्गव को तुरन्त समाप्त कर देने के लिए उसका हृदय छटपटाने लगा।

जब वह माहिष्मती आ पहुँचा तो उसके स्वागत में उत्सव मनाया गया। उसमें भी जैसी चाहिए वैसी धाक, वैसा सम्मान और उत्साह का भाव उसे दिखाई न पड़ा। प्रत्येक जन के मुख पर अपरिचित आनन्द और आत्मविश्वास का भाव था। जो स्त्री-पुरुष उसे लेने आए, वे पहले से भिन्न जान पड़े। मृगा भी एक अनबूझ-सा गौरव लेकर आई। भृकुंड ऋषि के हास्य में अब दैन्य नहीं था। राजपुरुषों के मस्तक पर घमंड-सा झलक पड़ा। उसकी रानियों में भी एक तनाव-सा था। इस परिवर्तन से उसका कलेजा जल उठा।

"वह राम कहाँ है?" उसने पूछा।

सुननेवाले चकित हो गए। उसके इस ओछेपन से उनके हृदय को आघात पहुँचा, यह वह स्पष्ट देख सका।

"गुरुदेव पशुपति के स्थानक में हैं। आप अभी दर्शन करने जाएँगे तो आपसे मिलेंगे ही सही।" मृगा के स्वर में जो भक्ति का भाव था, वह उसने पहचान लिया। आर्यावर्त में जिस प्रकार गुरुओं के लिए सम्मान का भाव था, वही यहाँ भी व्याप्त हुआ-सा उसे दीख पड़ा।

'अभी दिखाए देता हूँ।' वह मन-ही-मन बुदबुदाया।

परम्परा से चली आई प्रणाली के अनुसार गढ़ में जाने से पहले विजयी राजा को पशुपति स्थानक पर जाना ही पड़ता था। अतएव सहस्रार्जुन भी वहाँ गया। सारा गाँव वहाँ एकत्रित था। बहुत-से विदेशी भी वहाँ आए हुए थे। वहाँ इधर-उधर घुसकर बैठे भृगुओं की उपस्थिति को भी उसने ध्यानपूर्वक देखा।

पशुपति के लिंग के पास ही यज्ञ-कुंड के निकट भार्गव और भगवती लोमा बैठे आवाहन कर रहे थे। सहस्रार्जुन क्षण-भर चकित होकर देखता रहा, फिर धूर्ततापूर्वक उसने अपने मन के भावों को दबा लिया। सभी की आँखों में पूज्य भाव था। उसके साथ लौटे हुए महारथी भी इस वातावरण से प्रभावित हो उसी भाव का अनुभव कर रहे थे। उसने देखा कि नया सेनापति तालबाहु भी उसे सम्मान-भरी दृष्टि से देख रहा है। भार्गव को देख पल-भर के लिए सहस्रार्जुन के हृदय में दर्प का संचार हुआ।

सहस्रार्जुन को देखकर भार्गव और भगवती खड़े हो गए और भार्गव ने आगे आकर हाथ के संकेत से पशुपति को प्रणाम करने के लिए राजा को इंगित किया। सहस्रार्जुन ने अपने उबलते क्रोध को दबाया, पशुपति को दंडवत् प्रणाम किया और सभी लोगों को जब उसने भार्गव को प्रणिपात करते देखा तो उसे भी नीचे झुककर नमस्कार करना पड़ा। भार्गव ने हाथ फैलाकर आशीर्वचन कहा, "राजा कार्तवीर्य, विद्या, तप और वीर्य से तेरे राज्य का उद्योत हो।"

सहस्रार्जुन ने जैसे-तैसे अपने क्रूर अट्टहास को थाम लिया। लोमा को देखकर जो उसकी आँखों में विद्वेष का ज्वार-सा उमड़ आया था, उसे उसने दबा लिया।

फिर भी उसे इस बात का पूरा भान नहीं हो सकता था कि वह लड़का माहिष्मती, मृगा, भृकुंड और हैहयों पर कितनी बड़ी सत्ता स्थापित कर चुका है। जैसा क्रोधी और क्रूर वह था, वैसा ही चालाक भी था। उसने अपनी उग्रता पर मिठास का आवरण डाल दिया और वहाँ

से हँसती हुई मुख-मुद्रा लिये विदा हो गया। भार्गव उसे स्थानक के द्वार तक जाकर पहुँचा आए। दोनों में से किसी ने एक शब्द का भी उच्चारण नहीं किया।

सहस्रार्जुन ने अपना सारा स्वरूप बदल डाला। गढ़ में जाकर वह मृगा के आवास में गया और हर्षपूर्वक अपनी विजय-वार्ता कह सुनाई। दोनों ने आनन्दपूर्वक भोजन किया। हर्ष और उत्साह के आवेश में मृगा ने सविस्तार सारी बातें सुनाईं—व्यापार और धन में वृद्धि हुई थी। लोगों में असन्तोष नहीं था। अधीन राजागण यथेष्ट नियन्त्रण में थे, आदि।

"भद्रश्रेण्य को छोड़कर।" सहस्रार्जुन ने हँसकर कहा।

"हाँ, पर आनर्तराज को सौराष्ट्र की चौकी सौंप दी गई है। भद्रश्रेण्य की बाधा दूर हो गई है। उसके दो लड़के जो युद्ध पर गए थे, मारे गए हैं। मधु मर गया है। अकेला प्रतीप ही कुछ यादवों को लेकर जंगलों में भटक रहा है।"

"...और वह छोकरा, मन्दिर में बैठकर माहिष्मती का लाड़ला हो गया है!" सहस्रार्जुन ने जाल फैलाया। मृगा उसमें फँस गई।

"हाँ! गुरुदेव को मैंने अपना बना लिया है। उन्हें भृकुंड का गुरु-पद नहीं चाहिए। उनके कारण लोगों में भी परिवर्तन आ गया है। जो नित्य उपद्रव किया करते थे, अब वे गरीब गाय-जैसे हो गए हैं।"

"ऐसा?"

"हाँ! मैंने भी उनके साथ बहुत बातचीत कर देखी है। उन्होंने हमें सहायता देने का वचन दिया है। हमारे युवकों को वे शिक्षण देंगे। सरस्वती से रेवा तक हमारा राज्य कैसे सबल हो सकता है, यही विचार वे कर रहे हैं।"

"अच्छा, फिर?" होंठों को दबाकर सहस्रार्जुन ने पूछा।

"बस, तुम्हारे आने-भर की देर थी। तुम केवल हैहय संघ के ही नहीं, प्रत्युत समस्त आर्यावर्त के चक्रवर्ती हो जाओ, इसी की प्रतीक्षा है।"

"और इस सब कृपा के बदले वे क्या चाहते हैं?"

"कुछ नहीं।"

"ऐसा? और तू क्या चाहती है?" सहस्रार्जुन ने ताना भरे स्वर में पूछा।

"मुझे भला क्या चाहिए? तुमने मुझे क्या कम दिया है?"

धूर्त सहस्रार्जुन स्नेह की डली-सा हो गया, "ऐसे अवसर पर तुझे कुछ तो माँगना ही चाहिए न! मेरे लिए तू कितना श्रम उठाती है? धन्य भाग्य हैं मेरे कि तुझ-सी स्त्री मुझे मिली है। माँग, माँग, माँग मृगा, माँग!" स्नेह से विह्वल होकर सहस्रार्जुन ने मृगा के बाल सहलाए।

चतुर मृगा भी उत्साह के आवेश में भान भूल गई, "तुम ही मेरे सर्वस्व हो। तुम्हारा राज्य शाश्वत रहे—इसके अतिरिक्त मुझे और क्या चाहिए? और..."

"और क्या? संकोच मत कर...। माँग, जो भी माँगेगी उसके लिए मना नहीं करूँगा।"

"तो..."

"तो...?"

"तो अग्नि की साक्षी से मेरा पाणिग्रहण करो...।"

सहस्रार्जुन का संयम जाता रहा। क्रोध और विद्वेष से उसका मुख विकृत और भयंकर हो उठा और उसमें से हिंसक घुर्राहट-सी सुनाई पड़ी।

"दुष्टा!" क्रोध से उबलकर सहस्रार्जुन गरज उठा। मृगा घबराहट से अवाक् हो रही। "नीच! कुलटा! भिखारिणी! राह-राह भटक रही थी सो उठा लाकर यह सब कुछ दिया है, वह भी कम पड़ गया? यह किसने सिखाया है तुझे? मेरे उस बैरी ने? और इसी से अब तू उसकी होकर बैठी है?" उसने मृगा को एक थप्पड़ मारकर चौकी पर से नीचे फेंक दिया, "तुम दोनों सामन्तों पर नियन्त्रण करोगे, जंगलों का भेदन करोगे, नया आर्यावर्त बनाओगे–और तुम्हारे हाथ की कठपुतली बनकर मैं चक्रवर्ती-पद भोगूँगा, यही न! अब समझ में आया है मुझे कि भार्गव की भक्ति तुझमें क्योंकर जागी है। मेरे साथ विवाह किया चाहती है तू? राह-राह भटकनेवाली..." और सहस्रार्जुन ने, सूजा हुआ मुख लिये, भूमि पर पड़ी रोती हुई मृगा को फिर एक तानकर लात मारी, "मेरे राज्य में–मेरे जीते-जी–तू राज्य करेगी? ठहर, अभी बताता हूँ..."

सहस्रार्जुन के क्रोध का मृगा को यह पहला ही अनुभव नहीं था। क्रोध के आवेश में उसे बोलने का भान न रहता। पर वह राह-राह भटकनेवाली है और उसकी रखैल है, इस बात का स्मरण उसने उसे कभी नहीं कराया था। आज ये शब्द सुनकर मृगा को चोट पहुँची और वह क्रन्दन करने लगी।

"चुप, कुलटा!" उसने फिर लात मारी, "अभी मैं तुझे ठीक किए देता हूँ।" एक ताली बजाकर उसने अनुचर को बुलाया।

"सेनापति तालबाहु को बुलाओ।"

तालबाहु आया और हाथ जोड़कर खड़ा हो गया।

"तालबाहु!" सहस्रार्जुन ने उत्तेजित स्वर में कहा, "सब नायकों को गढ़ में एकत्रित करो। सैनिकों की टुकड़ियाँ नगर में चारों ओर भिजवा दो। मेरी आज्ञा के बिना यदि कोई भी नगर के बाहर जाए तो उसका वध कर डालो।"

चक्रवर्ती की आँखों को रक्ताक्त देखकर तालबाहु विस्मित हो गया।

"जैसी आज्ञा।" वह बुदबुदाया।

"और पशुपति के स्थानक पर जाकर उस भार्गव को बुलाकर ले आ। कहना कि सहस्रार्जुन ने आपको आमन्त्रित किया है," उसने तिरस्कारपूर्वक कहा, "और जब वह वहाँ आए तो उसे पकड़कर मेरे पास ले आना। और उसकी स्त्री पर पहरा रखने के लिए किसी को नियुक्त कर देना।"

शंकित हृदय से तालबाहु ने कहा, "जैसी आज्ञा!"

"और तू दुष्टा!" चक्रवर्ती ने मृगा से कहा, "तू यहाँ से हटेगी तो तेरे प्राण ले लूँगा।" फिर एक लात मारकर वह वहाँ से चला गया।

[7]

सहस्रार्जुन के स्थानक छोड़ते ही भार्गव ने भगवती को अपने पास बुलाया, "सहस्रार्जुन हमसे निस्तार पाने का उपाय सोच रहा है। उसके हृदय में भारी विद्वेष है।"

"क्या करेगा वह हमारा?"

"हमें जो करना होगा, वह मुझे स्पष्ट सूझ रहा है। तू और विमद अखाड़े में जाकर घोड़ों को तैयार करो। वह कुछ भी करने का निर्णय करे, उससे पहले ही तुम्हें यहाँ से निकल भागना है।"

"और तुम? तुम्हें छोड़कर मैं कैसे जा सकूँगी?"

"तुम न होगी तो मैं अधिक निरापद हो सकूँगा।"

"यहाँ रहकर क्या लाभ है?" विमद ने सम्मानपूर्वक पूछा।

"विमद, मेरा स्थान तो यहीं है। मैं अभी नहीं हटूँगा। मेरी चिन्ता मत करना।" फिर भगवती से कहा, "तुम रहोगी तो मुझे तुमसे रक्षित होकर रहना पड़ेगा। और तुम नहीं रहोगी तो मेरा कोई बाल भी बाँका नहीं कर सकेगा।"

"भार्गव! तुम्हें छोड़कर मैं कैसे जा सकती हूँ?" भगवती ने दीन स्वर में पूछा।

"भगवती! आवश्यकता पड़ने पर तुम्हें भार्गवों और यादवों को सुरक्षित रूप से आर्यावर्त ले जाना होगा। मही के तट पर भद्रश्रेण्य ठहरा हुआ है। उसे साथ लेकर प्रतीप से जा मिलने में देरी नहीं लगेगी। आवश्यकता पड़ने पर मैं आ मिलूँगा।"

दोनों ने चुप रहकर भार्गव का निर्णय स्वीकार कर लिया और उसे सक्रिय रूप देने का विचार करने लगे। तदुपरान्त विमद भृगुओं के अखाड़े पर चला गया।

कुछ ही देर में गुरु भृकुंड आए। उनका मुख पीला पड़ गया था और होंठ काँप रहे थे। भार्गव समझ गए और उठकर उनके पास आए।

"क्यों, क्या बात है?"

"मर गए!" भृकुंड ने कहा।

"क्या सहस्रार्जुन क्रुद्ध हो गए हैं?" भार्गव ने पूछा।

"हाँ! अभी-अभी मृगारानी का सन्देश मिला है। सेनापति तालबाहु हम दोनों को बुलाने आ रहे हैं। चक्रवर्ती के क्रोध का पार नहीं है। आप दोनों संकट में हैं। माहिष्मती से भाग निकलो..."

"इस सन्देश की तो मुझे प्रतीक्षा ही थी।" भार्गव ने कहा।

"गुरुदेव!" भृकुंड ने हाथ जोड़कर कहा, "तो आप जाते क्यों नहीं? इस वय में क्या कुलपति की हत्या मुझे अपनी आँखों देखनी होगी?" वृद्ध की आँखों से टप-टप आँसू टपकने लगे।

"मेरी हत्या करनेवाला कोई जन्मा ही नहीं है।" भार्गव ने कहा, "लोमा! अब विलम्ब न कर।"

"भार्गव!" गद्गद कंठ से भगवती बोली।

"भगवती, बात करने का समय नहीं है। जाओ।" भार्गव ने उसके कन्धे पर हाथ रखा। क्षणमात्र में ही भगवती उठकर वहाँ से भागीं, पास ही बँधे घोड़े पर वे चढ़ बैठीं और साश्रु-नयनों से विदा माँगती हुई अदृश्य हो गईं। भार्गव ने हाथ ऊँचा कर आशीष दिया।

"गुरुदेव! मेरा क्या होगा?" भृकुंड ने कहा।

"कुछ भी होने को नहीं है। अधर्म का नाश होगा, और क्या?" भार्गव हँस पड़े।

भृकुंड बैठ गए, "गुरुदेव, मुझे बीच में न लाना।"

भार्गव खिलखिलाकर हँस पड़े, "इस वय में भी प्राण प्यारे हैं!"

एक शिष्य दौड़ा हुआ आया, "गुरुदेव, सेनापति तालबाहु आपके दर्शनों के लिए आए हैं।"

"अवश्य बुला उन्हें। मैं मिलने को उत्सुक हूँ।"

"आए होंगे। मैं जाता हूँ।" सिर डुलाते हुए भृकुंड अपने आश्रम में चले गए।

ऊँचे कद का, विशाल वक्ष, भयजनक तालबाहु खिन्न नयनों से स्थानक में आया और भार्गव के पैरों पड़ा।

"शत शरद् जियो, सेनापति!" भार्गव ने आशीर्वाद दिया और सेनापति को उठा लिया।

"गुरुदेव, चक्रवर्ती ने आपको आमन्त्रित किया है। कृपा करके गढ़ में पधारिए।"

"मैं निमन्त्रण की ही प्रतीक्षा में था। पर यह काम तुम जैसे व्यक्ति से कराएँगे, यह मैंने नहीं सोचा था।" कहकर भार्गव परशु हाथ में लेकर चल पड़े।

तालबाहु गुरुदेव को देखता रह गया। उसके ठप्पे में ढले हुए हृदय में भी पूज्य भाव से भरे स्नेह का संचार हो गया। इन गुरु ने माहिष्मती पर नया ही रंग चढ़ा दिया था। किसलिए सहस्रार्जुन इतना रक्त-पिपासु हो उठा है! और कैसा वीर है यह! पलमात्र भी झिझके बिना यह सिंह के मुँह में धँसने को तैयार हो गया है। क्या वह उसे बचा नहीं सकता है? सेनापति का जी चाहा कि वह उसे चेतावनी दे। पर उसने संसार देखा था। भद्रश्रेण्य के पतन के कारण ही वह चक्रवर्ती का कृपापात्र हो सका था। अपने भविष्य को वह जोखिम में डालने को तैयार न था। चुपचाप वह भार्गव के पीछे-पीछे स्थानक से बाहर आया।

"सेनापति!" भार्गव ने कहा, "तुम्हारे पराक्रमों की बात कई बार भद्रश्रेण्य के मुँह से सुनी है।"

तालबाहु की स्वार्थ-वृत्ति तिरोहित होने लगी।

"यादवराज के तो मुझ पर चारों हाथ थे।" प्रौढ़ योद्धा के गले से आँसुओं की कातरता ध्वनित हुई। वह खड़ा रह गया, "गुरुदेव, एक याचना करूँ?"

"क्या?"

"आश्रम के पिछले द्वार से भृगुओं के अखाड़े पर जाया जा सकता है; और वहाँ से अँधेरा होने के पहले माहिष्मती से बाहर भी निकला जा सकता है। आपके घोड़े को वहाँ अधीर खड़ा देख रहा हूँ। स्थानक के बाहर मेरे आदमी हैं। फिर कुछ होने को नहीं है। अभी तो मेरी आँखें बन्द ही समझिए।"

भार्गव ने हँसकर स्नेह से तालबाहु के कन्धे पर हाथ रखा, "वीरश्रेष्ठ! तुम्हारी आँख मैं बन्द नहीं रखना चाहता, खोलना चाहता हूँ। तुम-जैसे मेरे सभी शिष्य यदि मुझे मारने को तैयार होंगे तो फिर मुझे जीना ही किसलिए है?"

"पर क्रोध में आकर चक्रवर्ती जाने क्या कर डालें, सो क्या कहा जा सकता है।"

"उनके क्रोध को तो मुझे जीतना ही है न!"

तालबाहु चुप रहा। उसने मन-ही-मन मनौती मानी–'गुरुदेव बच जाएँगे तो पशुपति को सौ गायें अर्पण करूँगा।'

सहस्रार्जुन प्रचंड गदा लेकर इधर-से-उधर छलाँगें भर रहा था। उन्माद से उसकी आँखें चकरा रही थीं। उसके हाथ की शिराएँ काँप उठी थीं।

उसके सामने दैवी अधिकार से भरे भार्गव अभेद्य खड़े थे। उनके हाथ पीछे से बँधे हुए थे। पैरों में भी रस्सियाँ बँधी थीं। हाथ में खड्ग लेकर आठ व्यक्ति उनके आसपास खड़े थे। पास ही तालबाहु खड़ा था।

"लड़के! अब तेरी घड़ी आ पहुँची है," सहस्रार्जुन ने कहा, "एक बार, दो बार, तीन बार मैंने तुझे छोड़ दिया। पर मौत जब आ जाती है, तो सिंहनी स्वयं बाड़ पर जाती है। अब नहीं छोड़ूँगा।" उसकी विकराल आँखों में रक्त तैर आया था।

भार्गव का एक भी रोआँ न फड़का। केवल उसकी आँखों से तेज की सरिता बह रही थी।

"कृतवीर्य के पुत्र!" उन्होंने धीमी स्पष्टता से कहा, "बाँधने और छोड़नेवाला तू कौन है? तू पागल हो गया है। गुरु को बाँधनेवाले! बन्धन स्वयं नाग बनकर अपने विष से तुझे डसेंगे।"

"तू मेरा विनाश करेगा?"

"तू अपने ही हाथों अपना विनाश कर रहा है।"

"चुप रह!" सहस्रार्जुन दहाड़ उठा, "तू मेरे और लोमा के बीच में आया। तूने भद्रश्रेण्य को मेरा द्रोही बनाया। तूने मेरे शार्यातों को मारा। मृगा को मेरी वैरन बनाया। तू...तू विषैले नाग के समान है।"

"अर्जुन! मैं तो तेरा और तेरे कुल का गुरु हूँ। मैं तुझे तारना चाहता हूँ। पर तेरी आँखें ही अन्धी हो रही हैं, उसका मैं क्या करूँ?"

"तू मुझे तारने आया है?"

"तेरा उद्धार करना ही मेरा परम धर्म है।"

"मुझे तेरा उद्धार नहीं चाहिए।"

"अर्जुन! समझ और संयम से काम ले। मैं तुझे उद्धार का पथ दिखाने आया हूँ। तू त्रास के बल पर प्रजा को अपने नियन्त्रण में रखता है; मैं उसे प्रेम से पागल बना सकता हूँ। तू कलह कर सकता है; मैं तुझे शान्ति की शक्ति दे सकता हूँ। तू अन्धकार में डूबा हुआ है; मैं तुझे ज्योतिर्विद्या सिखा सकता हूँ। इस जंगली राजचक्र को छोड़ दे। मेरा कहा मान। मैं तुझे धर्म द्वारा सुरक्षित राज्य दिलवाऊँगा, चल मेरे साथ।"

सहस्रार्जुन कठोरतापूर्वक हँस पड़ा, "तू मुझे क्या दिलवाएगा? मैं तुझे कौवे-कुत्ते की मौत मारूँगा।"

"तू एक तिल भी इधर-से-उधर नहीं सरक सकता," भार्गव ने कठोरतापूर्वक कहा, "तू जब मरने पर ही उतारू हो गया है, तो तुझे कौन रोक सकता है? तेरे दादा ने महाअथर्वण का शाप न्योता था। आज तू मेरा शाप न्योत रहा है। तू अपने पाशविक मद में उन्मत्त है; अपनी ही स्वेच्छा को तू धर्म मान बैठा है। कार्तवीर्य, मैं तुझे शाप देता हूँ..."

हैहयगण काँप उठे। गदा उठाकर सहस्रार्जुन आगे बढ़ा, "तू मुझे शाप देगा।"

भार्गव एक पग आगे बढ़ आए। उनकी आँखों से बरसती हुई अग्नि की ज्वालाएँ सहस्रार्जुन को दग्ध करने लगीं। एकाएक वह पीछे की ओर खिसका और उसकी आँखों में भय व्याप गया।

"तू मरेगा कुत्ते की मौत; तेरे हैहय मरेंगे जंगल-जंगल भटककर। कालान्त तक तेरा नाम मनुष्यों के बीच पिशाच के रूप में स्मरण किया जाएगा।" उग्रता से कम्पायमान भार्गव का स्वर सबके हृदयों में एक भयंकर प्रतिध्वनि कर उठा।

अर्जुन के मुँह से झाग निकल आई। उसने एक विनाशक उन्माद से चारों ओर देखा—हैहयों के मुख पर भय छा गया था। एक सैनिक के हाथ से खड्ग गिरता दिखाई पड़ा।

तालबाहु बीच में पड़ने को तत्पर खड़ा था। उसे स्मरण हो आया कि ऐसे ही समय भद्रश्रेण्य भी उसे मारने आया था।

"जा, जा!" भार्गव गरज उठे, "मैं तेरा उद्धार करने आया था, पर तूने मेरा हाथ नहीं पकड़ा। जा, जा उस अधोगति में जहाँ चांडाल भी न जा सके।"

सहस्रार्जुन की आँखों में अँधेरा छा गया। भार्गव की आँखें उसे भेद रही थीं। उसके हृदय में निराशा व्याप्त हो गई। जब वह भार्गव को मारने जा रहा था, तब उसके साथ कोई नहीं था। जिस हाथ से उसने गदा को पकड़ रखा था, वह हाथ शिथिल हो गया।

"तालबाहु, इसे ले जा। इसे इसी क्षण तलघर में बन्द कर दे। देखना, भाग न निकले!" और हाँफता हुआ सहस्रार्जुन वहाँ से चला गया।

तालबाहु भार्गव को तलघर में ले गया।

"गुरुदेव!" उसने सम्मानपूर्वक कहा, "बन्धन ढीले कर दूँ?"

"जैसी तेरी इच्छा।"

"आवश्यकता जान पड़े तो मैं बाहर ही खड़ा हूँ।"

भार्गव के मुख पर मन्द हास्य छा गया।

कुछ ही देर बाद मृगारानी और तालबाहु तलघर में आए। रानी का मुख सूजा हुआ था।

"गुरुदेव! गुरुदेव!" मृगा कातर हो उठी, "क्या सहस्रार्जुन को शाप दिया है? जब भी वे ऐसे आवेश में आ जाते हैं तो पागल हो जाते हैं। पर आपने यह क्या कर डाला? क्षमा करिए! क्षमा करिए!"

"मृगारानी, जो काल के मुँह में जाना ही चाहता है उसे तुम कैसे बचा सकती हो?"

"गुरुदेव! उनका आवेश शान्त होने पर मैं उन्हें समझा दूँगी, उनके पैरों पड़ूँगी। तालबाहु उनके पैरों पड़ेंगे।"

"रानी!" भार्गव ने पूछा, "वह तो मूर्तिमान अधर्म है। उसका तो विनाश होकर ही रहेगा।"

मृगा रो पड़ी, "तो एक काम करिए। आप यहाँ से चले जाइए। वे क्रोध से पागल हो गए हैं। न जाने कब वे क्या कर बैठें, सो कौन कह सकता है? गुरुहत्या से तो उन्हें उबार लीजिए। मेरे लिए ही सही। वे मेरे श्वास और प्राण हैं। उन्हें उबार लीजिए। गुरुदेव, आप चले जाइए। मैं रास्ता बताती हूँ। मैं आपके पैरों पड़ती हूँ।" कहकर मृगा भार्गव के पैरों पर गिर पड़ी।

"मैं तो तुम्हारा गुरु हूँ। तुम मुझे छोड़कर जा सकते हो, पर मैं तुम्हें छोड़कर कैसे जा सकता हूँ? मुझे यदि वह मारेगा भी तो मेरे रक्त की बूँद-बूँद से हैहयों का उद्धारक जन्मेगा।"

"भगवती तो चली ही गई हैं। आप भी कुछ दिनों के लिए जाइए।"

"मुझसे और कहना निरर्थक है। सहस्रार्जुन पृथ्वी का भार बन गया है। उसका उद्धार सम्भव नहीं, संहार के अतिरिक्त और कोई मार्ग उसके लिए नहीं है।"

"लेकिन वह आपको न जाने क्या कर बैठे?"

"...तो हैहयमात्र उसका प्राण ले लेंगे।"

"इसी बात का मुझे डर है," मृगा ने भार्गव के पैर पकड़ लिए, "कुछ दिन के लिए आप चले जाइए। उनका क्रोध शान्त हो जाएगा तभी मैं उन्हें मना लूँगी। गुरुदेव! इस पापिनी के लिए..."

"मैं चोर की भाँति नहीं जाऊँगा।"

"अभी कुछ देर में अँधेरा हो जाएगा। मैं नाव तैयार रखवाती हूँ, उसी में बैठकर आप चन्द्रतीर्थ चले जाएँ। मैं प्रयत्न करूँगी कि थोड़े ही दिनों में वे स्वयं आपको फिर बुला लें। मुझ पर विश्वास रखिए। ये हैहय योद्धा भी यही विनती कर रहे हैं। तालबाहु से पूछ लीजिए। आपको यदि कुछ हुआ तो हैहय कुछ-का-कुछ कर बैठेंगे।"

"गुरुदेव!" तालबाहु ने हाथ जोड़कर कहा, "हमने निश्चय कर लिया है कि आपका बाल भी बाँका नहीं होने देंगे। पर इस आवेश में चक्रवर्ती न जाने क्या कर बैठें। वैसा होने पर किसी का भी साथ में रहना कठिन है।"

"यदि तुम्हारी भी यही इच्छा है तो मैं कुछ दिनों के लिए चन्द्रतीर्थ चला जाऊँगा।"

[8]

सहस्रार्जुन ने अपने नायकों को गढ़ के प्रांगण में एकत्रित किया। तुण्डीकेरा जाति का राजपुत्र–रुरु–राक्षस के समान भयानक रूप लिये अपने तुण्डीकेरा नायकों को साथ लेकर एक ओर खड़ा था। सहस्रार्जुन ने हैहय नायकों का मन पहचान लिया था और इसीलिए रुरु को अपना दाहिना हाथ बना लिया था। सेनापति तालबाहु और हैहय सेनानायक भी चक्रवर्ती के अविश्वास-भाजन हो चुके थे और रुरु की ओर विद्वेष-भरी दृष्टि से देख रहे थे।

सहस्रार्जुन उग्र और विकराल लग रहा था। उसने नायकों से कहा, "ये भृगु लोग मेरा राज्य छीनने के लिए यहाँ एकत्रित हुए हैं। और यह छोकरा गुरु नहीं है, प्रत्युत हमारा वैरी है।" तालबाहु और सेनानायकों ने एक-दूसरे की ओर देखा, "मैं उसका अन्त करूँगा तालबाहु! उसे ठीक से बन्द कर दिया है न?"

"हाँ, अन्नदाता!"

"अँधेरा होने पर अपनी टुकड़ियाँ लेकर एक बार फिर जाना। जो भी भृगु मिले उसका शिरच्छेद कर देना। एक भी पुरुष, स्त्री या बालक बचकर निकल न जाए। भार्गव ने शार्यातों को निर्वंश किया है। मैं अब भृगुओं को निर्मूल करूँगा।"

कोई कुछ बोला नहीं।

"गुरु भृकुंड कहाँ हैं?"

"अभी आते हैं।" तालबाहु ने कहा।

"उसे और उसके शिष्यों को छोड़ मत देना। वह तो मैं जो कहूँगा वही करेगा।" चक्रवर्ती विनाशोत्साह में हाथ मलने लगा, "कल सवेरे पता लगेगा कि सहस्रार्जुन कौन है!"

इतने में दो नायक भृकुंड को बुलाकर ले आए।

"आइए, गुरुजी!" सहस्रार्जुन ने तिरस्कारपूर्वक उनका स्वागत किया, "आपको इस गढ़ से बाहर नहीं जाना है। और वह लोमा कहाँ है?"

नायक ने हाथ जोड़कर कहा, "सेनापति जब भार्गव को बुलाने गए तब वे वहाँ नहीं थीं। अब तक उनकी राह देखी, पर वे तो अभी तक आई ही नहीं।"

सहस्रार्जुन ने अपने खड्ग की मूठ उस नायक के मुँह पर दे मारी, "तो कौन-सा मुँह लेकर मेरे पास आया है। यदि वह मेरे हाथ से निकल गई, तो तेरे प्राण लूँगा।"

"रुरु, चारों ओर घूम जा। लोमा को इस बार अपने हाथ से जाने नहीं दूँगा।"

हैहय नायक चुपचाप खड़े थे–असन्तुष्ट और क्षुब्ध। सहस्रार्जुन अनुक्रम से उनको घूर रहा था।

अस्तंगत लाल सूर्य की किरणें सामने के कंगूरे पर पड़ रही थीं। "देखना! ध्यान रहे, इस राम भार्गव का कोई नाम-चिह्न भी रहने न पाए..." और सहस्रार्जुन मानो पागल की भाँति उस कंगूरे की ओर आँखें फाड़कर देखता रह गया। सबकी आँखें उसी ओर जा लगीं।

कोट के कंगूरे पर अस्तंगत सूर्य की किरणों ने एक तेज-पुंज रच दिया था। उसमें एक परशु दिखाई पड़ा। सूर्य की किरणें उसमें से तेज प्रस्फुरित कर रही थीं। उसके उपरान्त जटा दिखाई पड़ी–और उसके पश्चात् वह ऊँचा शरीर। सबकी आँखें अपलक ठहरी थीं।

भार्गव कंगूरे पर खड़े थे। उनका मुख सहस्रों सूर्यों के समान दीप्त था। उनके परशु में से किरणें फूट रही थीं। उनका प्रलम्ब शरीर अस्तंगत सूर्य के प्रकाश में गगन का स्पर्श करता-सा दीख पड़ा।

सभी देखनेवालों के हृदय स्तम्भित हो गए। सहस्रार्जुन के हाथ में से खड्ग गिर पड़ा।

धीर गति से और भभकती आँखों से भार्गव कंगूरे से नीचे उतरे और मूक नायकों के समूह के बीच होकर गढ़ से बाहर निकल गए।

उनके जाते ही सबकी आँखें खुलीं। भयंकर चमत्कार की धाक उनके हृदय में बैठ गई थी।

पहले सहस्रार्जुन भान में आया। वह चिल्ला उठा, "क्या देख रहे हो? पकड़ो! पकड़ो!" कोई भी हिला नहीं।

"तालबाहु, देख तो वह तलघर में है या वहाँ से भाग गया?" तालबाहु वहाँ से खिसक गया। धाक से व्याप्त मौन एकाएक भंग हुआ। सभी दौड़ने-चिल्लाने लगे। सहस्रार्जुन दौड़ता हुआ कंगूरे पर चढ़ गया। अँधेरा होने आया था। पशुपति के स्थानक के झाड़ों की छाया में एक परछाईं धीरे-धीरे विराट होती जा रही थी।

सहस्रार्जुन देखता ही रह गया, मानो भूमि के साथ जड़ित हो गया हो।

गुरु डड्डनाथ अघोरी

[1]

सहस्त्रार्जुन के हृदय में व्याप्त हुआ आतंक थोड़ी ही देर में जाता रहा। वह किसी की धाक मान गया था, उसी के प्रत्याघात स्वरूप एक प्रचंड कोप उसे सिर से पैर तक दग्ध कर रहा था। निर्बल पति जिस प्रकार अपना शूरत्व अपनी पत्नी पर दिखाता है, ठीक वैसे ही उसे अपनी सारी उलझन और अपमान का मूल मृगा में दिखाई पड़ा।

मृगा ने भद्रश्रेण्य और भार्गव दोनों को ही पटा लिया है। उसी ने उन्हें यहाँ सम्मानपूर्वक बुलाया था। भद्रश्रेण्य मर गया कि जीवित है, सो भी निश्चय नहीं था। मृगा ने ही उसे छिपा रखा हो, क्या आश्चर्य है। उसने ही भार्गव की पूजा को भी प्रचलित किया है। उसने ही भार्गव को गुरु बनाकर मेरी पटरानी बनने का दुष्ट संकल्प किया था। उसी की सहायता से भार्गव इस क्षण भाग गया है। सहस्त्रार्जुन को स्पष्ट समझ में आया कि यह कुलटा भार्गव के मोहपाश में पड़ गई है।

मृगा का सारा जीवन उसकी आँखों के आगे तैर आया। वह जब सोलह वर्ष का था, तो अपने मित्रों के साथ भोग-विलास की खोज में स्वच्छन्द भटका करता और अपनी विषय-तृप्ति के लिए अधम-से-अधम साधन निकालता। प्रचंड विषय-वासना से प्रेरित राजकुमार के सेवक-गण पापाचार की अकल्प्य बाराखड़ी सिखाया करते।

उस समय मिली उसे मृगा—बारह वर्ष की रूपसी, मदमाती और उस वय में ही विलास की उत्कट कला में निष्णात। अर्जुन उस लड़की के मोह में पड़ गया। उस बालिका के स्वभाव में उसकी प्रत्येक वासना के प्रतिबिम्ब झलकने का वैविध्य था। वह चतुर थी, पक्की थी, और अर्जुन की धूर्तता और विद्वेष को आवश्यकता पड़ने पर पुष्ट कर सकती थी। उसकी विलास की भूख सहज ही शमित होनेवाली नहीं थी। सोलह वर्ष की वय में ही सहस्त्रार्जुन अतुल शक्ति और प्रमत्तता का स्वामी था, फिर भी उस छोकरी की कामाग्नि के सामने वह मोम की भाँति पिघल गया।

भद्रश्रेण्य को छोड़कर उसकी युवावस्था में स्वच्छन्दता पर रोक लगाना किसी के वश का नहीं था। पर मृगा के विषय में तो उसका भी कुछ वश चल नहीं सका था। उद्धत लड़कों की संगति में, इस लड़की की प्रेरणा से सहस्त्रार्जुन अकल्पनीय उपद्रव किया करता और आनन्द मनाया करता। क्षण-भर के मनोरंजन के लिए वह लोगों के घर तोड़ देता, स्त्रियों को उठा ले जाता, निर्दोषों के प्राण ले लिया करता। दिन-रात वह और मृगा जो चाहते करते और अकल्प्य क्रीड़ाओं से रेवा को अपवित्र किया करते। सहस्त्रार्जुन ने अनेक स्त्रियों को भ्रष्ट

किया था, पर वह मृगा को छोड़ न सका। मृगा के प्रकाश में विहरने के बाद अन्य स्त्रियों की संगति उसे जुगनू के उजाले-सी चंचल और क्षुद्र लगी।

मृगा की मोहिनी से बचाने के लिए एक बार भद्रश्रेण्य उसे सौराष्ट्र ले गया और उसके अभिमान और वासना को सन्तुष्ट करने के सारे साधन जुटा दिए। तिस पर भी ग्यारहवें दिन सबको छोड़कर, अकेला माहिष्मती आकर नगर के छोर पर रहती हुई मृगा के गले से जब वह लिपट गया, तभी उसके प्राण-में-प्राण आए।

सहस्रार्जुन यदि मृगा से न मिल पाता तो वह शिथिल, हतवीर्य और निरुत्साह हो जाता। मृगा अर्जुन को सहस्रार्जुन होने की श्रद्धा का दान किया करती। उसकी उन्मत्त आँखें, उसका मोहक हास्य और उसके शरीर से नितरती हुई मोहिनी उसे देव-सा बना देती। कई बार वह मृगा को मारता, उसके साथ झगड़ता, खटपट और षड्यन्त्र के दाँव रचता और किसी ने भी न भोगे होंगे, ऐसे विलास खोजता और किया करता। पर उन्माद का नशा जब उतर जाता तो वह थककर ढेर हो जाता। थका-हारा वह जब अर्धनिद्रित होता और पास ही पड़ी हुई मृगा की चोटी को हाथ में लेकर उसमें अपनी उँगलियाँ उलझाता तो उसे प्रतीति होती कि जगत् का स्वामित्व उसका अपना है।

सहस्रार्जुन जानता था कि मृगा के भीतर अतृप्य कामवासना है। वह जब भी माहिष्मती से बाहर जाता तो वह किसके साथ विलास करती होगी, यह विचार उसे विह्वल कर दिया करता। मृगा के विलास की कोई बात जब उसके कानों पर आती, तो कई बार वह खड्ग लेकर उसका और उसके प्रणयी का शिरच्छेद करने जा पहुँचता। पर प्रत्येक बार उसे देखते ही उसके शरीर की परिचित सुवास को सूँघकर, उसके नेत्र-तेज में वह उलझ जाता और उसके हाथ से खड्ग छूट पड़ता। क्रोध में आकर वह उसे मारता और फिर मार की वेदना को चुम्बनों से मिटाया करता।

मृगा सहस्रार्जुन की रखैल नहीं थी, वह तो उसकी गुरु थी। जब राज्य का कार्य-भार उसने उठा लिया, तो मृगा उसकी राजगुत्थियों को भी सुलझाने लगी। अभिमानी और उच्छृंखल भांजे की राजनीति-दक्षता के मूल में कौन था, यह खोज निकालने में भद्रश्रेण्य को देर नहीं लगी। मृगा के भीतर सहस्रार्जुन के विष का उतार उसने पहचाना, तो उसे उसने सुरक्षित स्थान दिलवा दिया और उसके साथ परिचय बढ़ाने लगा। एक वर्ष के अन्दर ही उस राजनीति-विशारद ने मृगा को सहस्रार्जुन की अपरिणीता पटरानी, मित्र और महामन्त्री के रूप में स्वीकार कर लिया और मृगा की एकनिष्ठ बुद्धि और महत्त्वाकांक्षा को भांजे की उन्नति साधने के उपयोग में लेने लगा।

यह सब सहस्रार्जुन जानता था। उसे मृगा में सम्पूर्ण विश्वास था। वह यह भी जानता था कि उसी के कारण उसका राज्यतन्त्र व्यवस्थित रूप से चल रहा था और आज तक भी मृगा की एकनिष्ठता में उसे रंचमात्र दोष नहीं दिखा था। पर आज उसका समूचा विश्वास विचलित हो गया। इस भार्गव के प्यार में वशीभूत होकर उस स्त्री ने इतने वर्षों बाद उसे धोखा दे दिया।

उसकी कल्पना में राम और मृगा के विलास के चित्र खड़े हो गए। मृगा को देहान्त-दंड देने का दृढ़ संकल्प करके, हाथ में दृढ़तापूर्वक खड्ग पकड़ वह मृगा के आवास में गया।

मृगा अपने आवास में अपना सूजा हुआ मुँह सहलाती हुई बैठी थी। युवावस्था में मृगा के स्वभाव में प्रचंड विलास की भूख थी। तृष्णा से वह छटपटाया करती। उसके अधरों में अछूट चुम्बनों की मोहिनी थी। उसकी निडर आँखों में धृष्ट व्यवहार की आकांक्षा थी। ज्ञानियों के द्वारा सदा से निन्दित स्त्रीत्व का वह सत्य रूप थी। विषयी, भयंकर, सर्वभक्षी, प्रत्यक्ष राक्षसी की भाँति वह चित्त का हरण करती, वीर्य का हरण करती और सर्वस्व हर लेती। पर कुछ वर्षों से वे शक्तियाँ पराधीन हो चली थीं। सहस्रार्जुन की वह दासी थी। जंगली प्राणी जिस प्रकार किसी स्वामी के वश में होकर उसकी सेवा करता है, ठीक वैसे ही वह सहस्रार्जुन की सेवा और सँभाल किया करती। इसमें अपने आत्म-गौरव की मर्यादा उसने नहीं रखी थी। जब भी आवश्यकता पड़ती उसके पास आकर्षक युवतियों को भेजने में भी उसे झिझक न होती। उसे राज्य, धन या प्रतिष्ठा की चिन्ता नहीं थी। जितने अंशों में सहस्रार्जुन का प्रभाव बढ़ सकता था, उतने ही अंशों में वह सबको चाहती। कभी-कभी किसी की चंचल मोहिनी में वह भी विलास कर लिया करती। पर उसकी नस-नस की तृप्ति तो हैहयराज के अतुल प्राबल्य के बिना न हो पाती।

भार्गव को देख पहले तो उसकी विलासाकांक्षा धधक उठी। ऐसा मोहक युवक उसने कभी नहीं देखा था। पर पल-भर मोह के वश होकर भी उसे भार्गव का व्यक्तित्व कुछ निराला, अस्पृश्य और अप्राप्य ही जान पड़ा। उसके शब्द सुनकर ही वह आजन्म शूद्रता से ऊपर उठकर किसी अपरिचित और उन्नत प्रदेश में विहरने लग जाती। वह मुख, वह गौरव, वह निर्भयता, वह तेजस्वी शरीर उसकी आँखों के आगे तैरा करते। पर इस प्यास में अविनय या वासना नहीं थी। कहीं भार्गव की मोहिनी वासना से भ्रष्ट न हो जाए, ऐसा अपरिचित भय भी उसे लगा करता।

कभी-कभी उसे ऐसे विचार भी आया करते थे कि वह भार्गव और सहस्रार्जुन का सहचार साधकर, स्वयं एक की गुरुभक्ति और दूसरे के प्रेम से अप्रत्याशित आकांक्षाएँ क्यों न सिद्ध करे। पर पहले ही प्रयत्न में वह धारणा मृगजल सिद्ध हुई। वह तो एक रखैल स्त्री थी; उसे भला विवाह करने की साध क्यों होनी चाहिए? उसे निश्चय हो गया कि मन में यह साध सँजोकर उससे मूर्खता ही हुई है। पर पल-भर की इस चाह ने उसे आत्म-निरीक्षण का पाठ पढ़ाया; वह क्या पटरानियों से कम पवित्र है? उसने कौन कम सेवा की है, कौन कम तादात्म्य साधा है?

सहस्रार्जुन के प्रति उसके मन में विरक्ति नहीं जगी थी। उसके क्रोध से स्वयं बचना तथा औरों को बचाना, यह तो उसकी प्रतिदिन की जीवनचर्या थी। उसे इस बात का भी निश्चय था कि अपना क्रोध उतरने पर वह निश्चय ही उसके पास जाएगा।

सहस्रार्जुन को विद्वेष-भरा मुख लेकर द्रुतपग आते हुए देख मृगा उसे वश में करने को तत्पर हो रही।

"कुलटा! वेश्या! राम के विचार में मग्न है? उसके साथ किए हुए रंग-रागों को याद कर रही है?"

"नहीं, मैं तो तुम्हारा विचार कर रही हूँ।" वह चौकी पर से उठ खड़ी हुई।

"झूठी! लम्पट! मेरे शत्रु के अधीन होकर मेरा ही सर्वनाश करने को उद्यत हुई थी? और अब तूने भगा भी दिया?" सहस्रार्जुन ने उसकी चोटी पकड़कर उसे भूमि पर डाल दिया।

मृगा अब स्वस्थ हो गई थी। भूमि पर बैठे-बैठे ही वह बोली, "तुम्हारा सर्वनाश ही मुझे करना होता तो अब तक चुप बैठी रहती?"

"तू राम की हो बैठी है! मैं तेरे प्राण ले लूँगा।"

"राजन्!" बैठे-बैठे ही मृगा ने कहा, "प्राण ले लेना आपके लिए कौन कठिन बात है? आपके लिए मैंने कितनों के प्राण नहीं लिये! हमारे लिए यह कौन बड़ी बात है?"

सहस्रार्जुन ईर्ष्या के उन्माद में मृगा को विष के घूँट पिलाकर आनन्द लेना चाहता था, "बोल, बोल, कितने दिन तूने उस भार्गव के साथ रंग-राग किए हैं? या और कहीं गई थी उसके साथ? झूठ बोलेगी, तो जिह्वा खींच लूँगा।"

"तो तुम अन्धे ही रहे।"

"बोल!" सहस्रार्जुन ने चिढ़कर उसे एक थप्पड़ मारा। मृगा खड़ी हो गई। उसने अनुभव किया कि धीरे-धीरे उसकी सत्ता फिर से स्थापित हो रही है, "तुम्हारी आँखें कहाँ गई हैं? यह भी नहीं देख सकते कि वह भार्गव मनुष्य नहीं है, वह तो अचल मर्मर-पाषाण की मूर्ति है। मेरी नसों की समूची आग भी उसमें चैतन्य नहीं जगा सकती।"

मृगा के कहे हुए सत्य की सहस्रार्जुन को प्रतीति-सी हुई। निष्फल मृगा पर उसे बड़ी हँसी आई। उसने कहा, "तूने बहुत हाथ-पैर मारे, पर तेरी चल न सकी।"

"जहाँ सफल न हो सकूँ वहाँ हाथ-पैर मारनेवाली मैं नहीं हूँ। इतने वर्षों साथ रहकर भी यह तुम्हारी समझ में न आया?"

हार मानी हुई मृगा को देखकर, उसके आवेश में परिवर्तन होने लगा।

"उसने तुझे अच्छी ठोकर मारी," उसने खिलखिलाकर हँसते हुए कहा।

सहस्रार्जुन की दृष्टि मृगा की दुर्निवार्य मोहिनी पर टिकने से स्वस्थ हो गई और उसका क्रोध तिरोहित हो गया।

"तुम्हें छोड़कर मैंने किसी की ठोकर भी खाई है?" मृगा हँस पड़ी।

"रेवा माता की सौगन्ध लेकर कहती है?"

उत्तर में मृगा हँस पड़ी। उस हास्य से वह परिचित था। वह उसमें आत्मविश्वास और उत्साह जगाया करता था।

"चक्रवर्ती! तुम कब बड़े होओगे? तुम्हें कब समझ आएगी? रेवा माता की क्या कहते हो—तुम्हारी सौगन्ध है मुझे। मेरा किया-कराया तुम भले ही बिसार दो, पर इतना तो याद रहेगा ही न? भार्गव और भगवती का ऐक्य तो तुमने अपने प्राणों को जोखिम में डालकर परखा है। और भार्गव मुझ-सी कुलटा के साथ अन्यथा व्यवहार रखेंगे? किसी से कहोगे, तो अपनी हँसी कराओगे।"

"सचमुच, मेरी सौगन्ध?"

"तुम्हारी सौगन्ध। मेरा वश चले तो मैं उसे अपने मोह में डाल लूँ। पर वह पड़े तब न! तुम्हारी इस बुढ़िया हो रही रखैल के मोह में भला वह क्यों पड़ने लगा?" मृगा खिलखिलाकर हँस पड़ी।

सहस्रार्जुन लज्जित हो गया, "तो अब वह कहाँ चला गया है?"

"मैं क्या जानूँ? तुमने मुझे तो सौंपा नहीं था।"

सहस्रार्जुन की आँखें निर्मल हो गईं।

अगले दिन सवेरे मृगा की शय्या पर पड़े-पड़े, सहस्रार्जुन ने अर्ध-निद्रित अवस्था में अपना बायाँ हाथ फैला दिया। परिचित स्थल पर मृगा के केशों को उसने उँगलियों में लेकर सहलाया। उसमें यह आत्मविश्वास जाग उठा कि वह दुर्जेय सहस्रार्जुन है।

मृगा को सपना आया। क्रोध में भरकर सहस्रार्जुन कह रहा था कि वह कुलटा है। सामने खड़े उग्र भार्गव कह रहे थे कि वह चक्रवर्ती की पटरानी है। दोनों व्यक्ति शस्त्र उठा रहे थे। दोनों के बीच घुटने के बल बैठ वह दोनों से शान्त होने की प्रार्थना कर रही थी। दोनों के शस्त्र टकराए। सहस्रार्जुन ने चोटी पकड़कर उसे खींचा। उसकी आँख खुल गई। पास ही उसने सहस्रार्जुन को खुर्राटे भरते देखा...अनजाने ही उसका हृदय चन्द्रतीर्थ गया—भार्गव की खोज में।

[2]

दूसरे ही दिन सहस्रार्जुन ने अत्याचार करना आरम्भ कर दिया। वह और उसके चुने हुए योद्धा लूट-मार करते, अत्याचार ढाते हुए चारों ओर घूम गए। जहाँ-जहाँ भी भृगुओं की बस्ती थी, उसे जलाकर भस्म कर दिया। जहाँ-जहाँ यादव बसते थे, वहाँ भद्रश्रेण्य के आदमियों की खोज की जाती और यों गाँव-के-गाँव उजाड़ दिए गए।

सहस्रार्जुन मृगा, तालबाहु और भृकुंड पर दृष्टि रखा करता। बाहर से वह कुछ भी पता न लगने देता; पर उन तीनों पर उसे गहरा अविश्वास हो गया था। वे तीनों भी बड़ी ही सावधानी से इस अत्याचार की विनाशकता को कम करने का प्रयत्न किया करते।

बीस दिन के उपरान्त मृगा को संवाद मिला कि जिस नाव में भार्गव उस रात यहाँ से चले थे, वह नाव चन्द्रतीर्थ से कुछ आगे जाकर डूब गई थी और भार्गव तथा एक मल्लाह तैरकर चन्द्रतीर्थ की ओर आने के बदले सामने के तीर की ओर जा रहे थे।

मृगा यह सुनकर अचेत हो गई। कोई भी मानव उस तीर पर जीवित नहीं पहुँच पाया था। वहाँ भयंकर मगरों का वास था। उनसे बचकर कोई जीते-जी उस किनारे पर जा उतरे, यह सम्भव ही नहीं था। उस किनारे से ही अघोरी-वन आरम्भ होता था और जो कोई भी मानव वहाँ पैर रखता; उसे अघोरी कच्चा-का-कच्चा ही खा जाया करते थे।

और यह भी सौभाग्य ही था कि सहस्रार्जुन तब माहिष्मती में नहीं था, अतएव मृगा किस कारण अचेत हुई, इस सम्बन्ध में किसी को कोई सन्देह नहीं हुआ। भृकुंड और तालबाहु विश्वास छोड़कर बैठ रहे। तीनों में से किसी को भी यह प्रतीत न हुआ कि गुरुदेव के मरण से कोई कल्याण हो सकेगा।

छह महीने बीत गए, मृगा अपने हृदय की व्यथा को जैसे-तैसे दबाकर बैठी रही। सहस्रार्जुन का उन्माद भी कम हो चला था। चक्रवर्ती ने तालबाहु को भार्गव का पता लगाने की आज्ञा दी। तालबाहु जो कुछ जानता था, उसे छिपाकर भार्गव को खोजने के दिखावटी प्रयत्न करने लगा और अन्त में चक्रवर्ती को जता भी दिया कि भार्गव को खोजने के सारे प्रयत्न विफल हुए हैं। सहस्रार्जुन ने अन्य व्यक्तियों को भी भार्गव का पता लगाने भेजा, पर वे भी सफल नहीं हो सके।

प्रतीप यादवों और उनके कुटुम्बों को लेकर उत्तर के जंगलों में डटा हुआ था। आनर्त-नगर में विशाखा बैठी हुई थी। मही नदी के तट पर भद्रश्रेण्य, लोमा, विमद और निर्वासित भृगु छिपकर बैठे थे। और भृगुजन भी अनेक वेशों में राम का पता लगाने के लिए भटका करते थे।

सहस्रार्जुन का विनाशक उन्माद ज्यों-ज्यों कम होने लगा, त्यों-त्यों मृगा की ओर भी वह कम अविश्वास जताने लगा। पर मृगा जो थी, वह नहीं हो सकी। सहस्रार्जुन के अविश्वास से उसका मन छोटा हो गया। कहीं राजा को सन्देह न हो जाए, इस विचार से भृकुंड भी उसके साथ मन खोलकर बात नहीं करता था। पहले वह जो सत्ता भोगा करती थी, वह अब नाम मात्र को रह गई थी, क्योंकि अब बहुत कुछ काम राजा स्वयं ही कर लिया करते थे। वह जानती थी कि उसके निकट उसके दो ही उपयोग थे, भार्गव के अतिरिक्त अन्य विषयों में सहस्रार्जुन को उसके निःस्पृह परामर्श की आवश्यकता रहा करती थी; और उसकी प्रेरणा के बिना उसके आत्मश्रद्धा नहीं जाग पाती थी।

मृगा का हृदय भीतर-ही-भीतर रोया करता। भार्गव अघोरी वन में जाकर मर गए होंगे, यह बात वह किसी भी प्रकार भूल नहीं पाती थी। इस सम्बन्ध में भृकुंड तो एक शब्द भी नहीं कहते। तालबाहु और हैहयों के बीच तो यह मान्यता प्रचलित थी कि गुरुदेव अभी जीवित हैं। पर वह मान्यता उसके गले नहीं उतर पाती थी। सोते-जागते उसे एक ही विचार आया करता था—उसे उबारने के लिए गुरुदेव आए थे, पर उसी ने उन्हें मर जाने दिया। बहुत बार आधी रात तक वह जागती पड़ी रह जाती और आँसू चौंसठ धारा बहते रहते।

वह जानती थी कि सहस्रार्जुन अब बहुत-सी बातें उससे छिपा जाया करता है। वह एक नया ही सैन्य तैयार कर रहा था। उसका सेनापति तुण्डिकोरा जाति का राजकुमार रुरु था। उस सैन्य के नायक सहस्रार्जुन के अंगरक्षक बनकर रहा करते थे। इस व्यवस्था के दो उद्देश्य थे—एक तो तालबाहु और हैहयों पर नियन्त्रण रखने का और दूसरा प्रतीप के यादवों के विरुद्ध आक्रमण करने का—यही मृगा की मान्यता थी। तालबाहु लोकप्रिय और प्रतिष्ठित व्यक्ति था। उसके काका और भाई हैहय महारथियों में अग्रण्य थे। सहस्रार्जुन के इस नए व्यवहार से वह सब बहुत असन्तुष्ट हो गए थे।

तालबाहु बड़ी गहरी समझ का आदमी था। हैहय साम्राज्य को बनाए रखने में ही उसकी तथा उसके कुल और जाति की विजय थी। सहस्रार्जुन चाहे जैसा भी था, पर वह एक साम्राज्य का स्वामी और हैहय-संघ का शिरोमणि था, यह बात वह भूल नहीं पाता था। वह उसे और उसके कुल को छोड़ नहीं सकता, यह बात भी वह अच्छी तरह जानता था। तालबाहु को गुरुदेव का जाना नहीं रुचा। इस बात में उसका विश्वास नहीं था कि वे मर गए हैं। सहस्रार्जुन ने जो रुरु को सेनापति बना दिया था, यह भी उसे नहीं रुचा, पर चुपचाप वह हैहय जाति-संघ का भार अपने ऊपर उठाए रहा। मृगा यह समझती थी, पर इस विषय में वह और सहस्रार्जुन खुले मन से बात नहीं कर पाते थे।

एक दिन सहस्रार्जुन बाहर गया हुआ था और वह अपने नित्य नियम के अनुसार पशुपति के स्थानक पर दर्शन करने गई। वह जब लौट रही थी तो भृकुंड के दूसरे पुत्र दधीचि ने उसे आश्रम में आने के लिए आमन्त्रित किया। छह महीने हो गए वह भृकुंड से अकेले में नहीं मिली थी, इसी से इस नियंत्रण को पाकर वह आश्चर्य में पड़ गई।

दधीचि मार्कण्डेय गम्भीर और स्वाभिमानी पुरुष था। उसके और उसके पिता के बीच कुछ अनबन-सी चला करती थी, सो सभी लोग जानते थे। उसे अपने बाप का रीति-व्यवहार रुचिकर नहीं था, यह भी सारा जगत् जानता था। भार्गव के आने पर विमद से उसने बहुत

कुछ सीखा था और वह भार्गव का परम भक्त बन गया था। भृकुंड ने दधीचि को ही रानी को बुला लाने भेजा था, इससे मृगा का अचरज और भी बढ़ गया।

गुरु भृकुंड मृगचर्म के बिछौने पर थर-थर काँपते-से पड़े थे। उन्हें ज्वर आ गया था।

''मैं मर रहा हूँ,'' भृकुंड ने मृगा से कहा, ''मारो...मार...डालो...जिसका जी चाहे वही गुरु भृकुंड को मार डालो!'' वे बुदबुदाए।

''क्या बात है गुरुजी?''

दधीचि द्वार के पास जाकर खड़ा हो गया।

''मेरे पास सरक आ।'' भृकुंड ने कहा और मृगा एकदम पास आ गई।

''ऐसी क्या बात है?''

भृकुंड ऐसे काँप उठा जैसे ठंड चढ़ आई हो और चारों ओर भयपूर्वक देखकर धीमे स्वर में कहा, ''भगवती और आचार्य विमद यहाँ आए हैं, मारो...मार डालो इस गुरु को...''

''कहते क्या हो? वे कहाँ हैं?''

''सवेरे तड़के ही दधीचि उन्हें लिवा लाया है। वह भी मेरा वैरी हो बैठा है। कहता है मृगारानी को बुलवा दो, नहीं तो मार डालूँगा। सब मुझे ही मारने को तैयार होते हैं।''

वृद्ध के इस मरने के डर पर मृगा को किंचित् हँसी आ गई।

''घबराते क्यों हो, तुम्हें कोई नहीं मारेगा।''

''यह मेरा लड़का भी उनका दास बन बैठा है,'' गुरु ने कहा, ''पशुपति! देव!'' फिर गुरु ने स्वर को एकदम धीमा कर दिया, ''उन्हें कल तुम्हारे पास भिजवा दूँ?''

''आधी रात गए मैं स्वयं ही यहाँ आऊँगी।''

''बाप रे बाप!'' बूढ़े ने कहा।

''तुम यहीं सोए रहना, मैं बाहर की अमराइयों में मिलूँगी। दधीचि होगा तो चलेगा।''

''ओ पशुपति!'' गुरु ने निःश्वास छोड़ा और वे रोने-रोने को हो आए, ''गुरुदेव जब से आए हैं तब से तो आपदा-पर-आपदा आए ही जाती है।''

[3]

गढ़ में मृगा के अपने आदमी थे। वहाँ से बाहर जाने के जितने मार्ग वह जानती थी, उतने दूसरा कोई नहीं जानता था। और गुप्त रूप से गढ़ के बाहर जाने का उसे सदा से अभ्यास रहा है। इसी से रात को अमराई में वह ठीक समय पर आ पहुँची।

दो व्यक्ति झाड़ की ओट से सामने आए। पुरुष वेश में भी उसने भगवती के उस सुडौल स्वरूप को पहचान लिया।

''भगवती!'' वह बोली और उसे गुरुदेव का स्मरण हो आया। इतने दिनों से जो चिन्ता मन में सतत जाग्रत थी, वह उग्र हो उठी और वह रो पड़ी।

भगवती और विमद कुछ देर चुप खड़े रहे। मृगा जब स्वस्थ हो गई तब उसने कहा, ''भगवती! आप यहाँ कैसे चली आईं? यहाँ तो परिस्थिति बड़ी भयंकर हो गई है।''

''चाहे जो हो, मुझे उसकी क्या चिन्ता है?'' सुदृढ़ स्वर में भगवती ने कहा, ''पर गुरुदेव का क्या हुआ है? या तो उन्हें खोज निकालूँ, या फिर जहाँ वे गए हैं वहीं मैं चली जाऊँ।''

मृगा को इस स्त्री की निश्चल भक्ति पर ईर्ष्या हो गई। किसी के भी प्रति ऐसी भक्ति करने का लाभ पशुपति ने उसे दिया ही नहीं था।

"पर तुम यहाँ पकड़ी जाओगी तो तुम्हारा न जाने क्या हो?"

"गुरुदेव न मिलें तो मेरा मरना-जीना समान ही है। अर्जुन मेरा क्या कर लेगा? मैं उसे मारकर ही मरूँगी।"

"उसे मारोगी?"

"हाँ, उसने मेरे जीवन को जलाकर भस्म कर दिया है। वह मेरा हरण कर मुझे आर्यावर्त से ले आया। यहाँ आकर गुरुदेव के पीछे पड़ा। वह मुझे अपनी लालसा का ग्रास बनाना चाहता है। मैंने भी अपना अन्तिम निर्णय कर लिया है।"

"तो तुम क्या चाहती हो?"

"आज एक वर्ष हो आया, गुरुदेव की खोज करवा रही हूँ, पर सफल नहीं हो सकी। थककर अन्त में मैं ही उनकी खोज में निकल पड़ी हूँ। उन्हें खोज निकालने का काम तुम्हारा भी है; तुम उनकी शिष्या हो।"

भार्गव-पत्नी भगवती उसे शिष्या कहकर धर्म का सम्बन्ध बाँध रही है, यह देखकर एक अपरिचित हर्ष से मृगा का हृदय भर आया। वह कुलटा नहीं है, भार्गव की शिष्या है।

"पर मुझसे क्या होना है? मैं तो बन्दिनी के समान हूँ। सहस्रार्जुन का मुझ पर विश्वास नहीं रहा।"

"तुम सहायता नहीं करोगी तो मुझे सहस्रार्जुन के पास ही जाना पड़ेगा।"

"पर वह तो तुम्हें खा जाएगा।"

"नहीं, वह स्वयं ही ग्रास हो जाएगा। मेरी लालसा उससे छूट नहीं सकती और उस लालसा की तृप्ति करने को जब वह उद्यत होगा तो जलकर भस्म हो जाएगा।" भगवती लोमहर्षिणी ने एक निश्चय के साथ कहा।

"भगवती! भगवती! मेरा रहा-सहा सुख भी ले लेना चाहती हो?"

"मेरा सुख तो उसने छीन ही लिया है। गुरुदेव की पत्नी होने के नाते अब मेरे लिए मर जाना ही शेष रहा है।"

मृगा अब स्वस्थ हो गई। उसने हाथ जोड़े, "भगवती! भगवती! जाने दो यह बात, मैं आपकी सम्पूर्ण सहायता करूँगी।"

"पशुपति की शपथ है—तुम्हें..."

"पशुपति की शपथ है—गुरुदेव की शपथ है मुझे! मैं उनमें और पशुपति में अन्तर नहीं देखती।" कहकर मृगा ने हाथ जोड़ लिए।

"तो बताओ, गुरुदेव कहाँ हैं?"

"सच बता दूँ, भगवती?" और मृगा का स्वर टूटने-सा लगा, "गुरुदेव की आशा त्यागे बिना निस्तार नहीं है। तुम्हारे जाने के उपरान्त मैंने उन्हें तलघर से मुक्त करवाया और सबके सामने वे पशुपति के स्थानक पर चले गए। मैंने जो व्यवस्था कर रखी थी, उसके अनुसार एक नाव में बैठकर वे चन्द्रतीर्थ जाने को निकल पड़े।"

"गुरुदेव भाग गए?"

"नहीं, चक्रवर्ती का रोष उतरने तक मैंने उनसे चन्द्रतीर्थ जाकर रहने की विनती की थी।"

"तो फिर वे कहाँ हैं?" अधीरतापूर्वक भगवती ने पूछा।

"वे वहाँ नहीं पहुँचे। मैंने बहुत खोज करवा ली है।" गद्गद कंठ से मृगा ने कहा।

"वहाँ तो मैंने भी उनकी खोज करवाई थी। तब फिर वे कहाँ गए?"

मृगा रो पड़ी। भार्गव की मृत्यु की बात उसकी जिह्वा पर न आ सकी। भगवती ने आँख में झलक आया अश्रु-बिन्दु पोंछ लिया, "जो हो वह स्पष्ट कह डालो, मैं वज्र का कलेजा किए बैठी हूँ।"

"वे नहीं रहे," मृगा ने सिसकते हुए कहा, "बचे हुए मल्लाहों से मुझे सारी बात का पता लगा है।"

"वे कहाँ हैं?"

"मैंने ही उन्हें मौत के मुँह में डाला। मैं सारी बात जानती हूँ।"

"क्या है? कह दो।"

"मल्लाहों ने बताया था कि चन्द्रतीर्थ पहुँचने से पहले ही एक मल्लाह ने नाव में छेद करके नाव को डुबा दिया। गुरुदेव को पता नहीं था कि वह अघोरी-वन का किनारा कैसा है। अन्य मल्लाह तो तैरकर चन्द्रतीर्थ की ओर किनारे पर निकल आए, पर गुरुदेव सामने के किनारे की ओर गए।" और मृगारानी का स्वर रुँध गया।

"...फिर क्या हुआ?" होंठ-पर-होंठ दबाकर स्वस्थ स्वर में भगवती ने पूछा।

"वे मल्लाह जब इस किनारे पर आए, तो सामने अघोरी-वन के तट पर अघोरियों की भयंकर किलकारियाँ सुनाई पड़ीं। उन्हें लगा कि गुरुदेव अघोरियों के हाथ पड़ गए।"

"फिर!" भगवती का हृदय स्थिर हो गया।

"फिर–फिर तो डड्डनाथ अघोरी ही जानता है!"

सब काँप उठे। उस भयंकर पिशाच का नाम सुनकर ही अच्छे-अच्छे आततायियों के छक्के छूट जाते थे। तीनों के हृदय में ऐसा आतंक व्याप गया, मानो आँखों के आगे की धरती फट गई हो।

"जो पिशाच मनुष्य के रक्त पर जीता है वही?"

"हाँ, जो पवन-पावड़ी पर उड़ता है, श्मशान-श्मशान भटकता फिरता है, मनुष्य के रक्त में ही जो विलसता है..."

वीर विमद सिसकने लगा। दोनों स्त्रियों के श्वास रुँध रहे थे; वे चुपचाप आँसू टपका रही थीं।

भगवती लोमहर्षिणी का जो हृदय बुझता जा रहा था, वह प्रदीप्त हो उठा। भार्गव मर सकते हैं उसे छोड़कर? नहीं...नहीं...। उसके अन्तर मैं जैसे प्रतिध्वनि हुई। अन्धकार प्रकाशमय हो उठा। उसकी आँसू-भरी आँखों के सामने भार्गव खड़े थे–हाथ में परशु लेकर, उसके विजयी हास्य का आलिंगन करते-से। उसके आँसू सूख गए।

"नहीं...नहीं...नहीं!" उन्होंने दृढ़तापूर्वक कहा, "नहीं...नहीं...नहीं, भार्गव को कोई मार नहीं सकता!" भगवती ने धरती पर पैर ठोंककर श्रद्धापूर्वक कहा।

मृगा के आँसू भी सूख गए। भार्गव की भक्ति ने इन दोनों स्त्रियों के बीच एक आश्चर्यजनक सम्बन्ध स्थापित कर दिया था, अतएव भगवती की श्रद्धा की लौ ने मृगारानी को भी छू दिया। उसे अपनी कल्पना में गुरुदेव का वह प्रचंड और सुरेख शरीर, उनके वे

भभकते नयन, उनका वह स्वस्थ और तेजोराशि-सा मुख दिखाई पड़ा। मानो वसन्त की वायु बह चली हो, ऐसे उसके हृदय में आशा नवपल्लवित हो उठी।

"कैसे जाना?" उसने पूछा।

"मैं जानती हूँ। वे कहा करते थे। बालपन से ही उन्हें न तो अग्नि ही जला सकी थी और न पानी ही डुबा सका था। शस्त्रों से वे भी घायल नहीं हो सके थे। वे तो मनुष्यों के द्वेष को पचाए बैठे हैं!" मानो स्वप्न में बोल रही हों, ऐसे भगवती बोलीं। वे आँखें फाड़कर अन्धकार में कुछ देख रही थीं।

"मेरा हृदय मानता ही नहीं है।" कहकर मृगा फिर से रो पड़ी।

एक व्याकुल निःशब्दता चारों ओर व्याप गई। मृगा का रुदन भी थम गया। रात्रि के सन्नाटे में झाड़ों की घटा में होती हुई सरसराहट में उन्हें किसी के पैरों की आहट सुनाई पड़ी। अन्धकार में ओंडा, गहरा, हरा प्रकाश व्याप गया।

उस गहरे हरे वर्तुल में चलत् गिरिराज के समान गौरव-भरे भार्गव परशु लिये आए–खड़े रहे–अदृष्ट हो गए। उनकी आँखें एकाग्र थीं और भभक से भरी थीं–ऐसी स्मित-भरी और उद्दीपक, जैसी किसी की नहीं थीं। उन आँखों ने उन तीनों के हृदय को पागल बना दिया।

विमद ने साष्टांग दंडवत् प्रणाम किया। मृगा मूर्च्छित हो गई। भगवती के हृदय में एक ज्वार-सा उठ आया और उनके कंठ से एक आकुल शब्द फूटा–"राम?"

कुछ ही दूर छिपकर खड़े गुरु भृकुंड भूमि पर सिर रखे मन्त्र-पाठ कर रहे थे; सिर उठाकर देखने का उनमें साहस नहीं था।

फिर अन्धकार व्याप गया, "भार्गव जीवित हैं, मैंने कहा था न?" हर्षपूर्वक भगवती बोल उठी।

"हाँ," मृगा ने कहा। उसका हृदय भी उल्लास के गीत गा रहा था।

"अब हमें क्या करना होगा?" विमद ने पहली बार मुँह खोला।

"भार्गव कहाँ होंगे?"

"सो तो डड्डनाथ अघोरी ही जाने।" मृगारानी ने कहा।

"वे कहाँ मिल सकते हैं?"

"किसी ने भी कभी उसे देखा नहीं है। कहते हैं कि स्थानक के पास ही माहिष्मती के श्मशान में प्रत्येक अमावस्या को शव पर बैठकर वह आता है।"

"कैसे जाना?"

"फूटी हुई खोपड़ी और रक्त-चूसा शव दूसरे दिन वहाँ पड़ा मिलता है, यही उसकी पहचान है।"

"पर वह रहता कहाँ है?"

"सो तो पशुपति ही जानें। श्मशानों में, झाड़ों पर, खंडहरों में, जहाँ भी भयंकर अट्टहास सुनाई पड़े, वहीं–उसके सम्बन्ध में यही लोकोक्ति प्रचलित है। पर उसका निवास अघोरी-वन में है।"

"वहाँ कोई मुझे नहीं ले जा सकता?" भगवती ने पूछा।

"वहाँ जानेवाला आज तक न तो कोई देखा ही गया है और न सुना गया है। पर गुरु भृकुंड विशेष रूप से जानते होंगे।"

कुछ ही दूर झाड़ के पत्तों पर काँपते बैठे गुरु को विमद जैसे-तैसे लिवा लाया। बहुत अनुनय-विनय करने पर काँपते होंठों से उन्होंने उत्तर दिया–

"गुरुदेव अघोर-वन में अभी भी जीवित होंगे, यह बात तो मेरा मन नहीं मानता।"

"पर मेरा मन कहता है," भगवती ने कहा, "मुझे अघोर-वन का रास्ता बताइए। कहाँ से जाना होगा?"

"वह तो सभी जानते हैं। सवेरे नर्मदा के किनारे आप खड़ी होंगी तो सामने ही पर्वत दिखाई पड़ेगा। उसी की तलहटी में अघोर-वन है। नदी की राह वहाँ जाना सम्भव नहीं है, क्योंकि एक सहस्त्र मगर उसकी रक्षा करते हैं। स्थल-मार्ग आज तक किसी को नहीं मिला; एक लाख पिशाच उसकी रक्षा करते हैं।" और गुरु फिर से मन्त्रों का पाठ करने लगे। अघोरी डड्डनाथ का नाम सुनकर ही वे भागते थे। एक बार कृष्ण-पक्ष की एकम को उन्होंने रक्त चूसा हुआ शव देख लिया था, तो डड्डनाथ के पराक्रम उनकी आँखों-आगे प्रत्यक्ष हो उठे थे और उस समय उन्हें इक्कीस दिन तक ज्वर आया था। उस दिन से डड्डनाथ का नाम सुनकर ही वे अपने कान बन्द कर लिया करते हैं।

"वहाँ होगा मेरा राम?" लोमा ने घबराकर पूछा।

"होंगे तो फिर वहीं होंगे।" मृगा ने कहा।

"वहाँ नहीं हो सकते; होते तो कुछ तो सन्देशा भेजते ही।" भृकुंड ने कहा।

"होने ही चाहिए। जंगल की राह जाने का क्या कोई रास्ता नहीं है? डड्डनाथ कैसे आते हैं?"

"नदी के पानी पर चलकर। कुछ मछुए कहा करते हैं कि उन्होंने डड्डनाथ को आते देखा है।"

"तो मुझे डड्डनाथ अघोरी को खोज निकालना होगा।"

"भगवती!" भृकुंड ने हाथ जोड़कर कहा, "यह पागलपन छोड़ दो। किसी ने आज तक उसे देखा नहीं है और किसी ने देखा भी हो तो वह जीवित लौटकर नहीं आया।"

"मुझे ही कौन लौटकर आना है? जो मेरा राम जीवित होगा तो मिल ही जाएगा; और यदि उसका रुधिर डड्डनाथ की नसों में जा पहुँचा होगा, तो मेरा रुधिर भी उसी में जाकर मिल जाए, बस इतना ही मैं चाहती हूँ।"

[4]

डड्डनाथ अघोरी की खोज में जाने का भगवती का संकल्प अचल था। शस्त्र-विद्या का सागर आचार्य विमद तो हिम्मत हार गया था, पर मृगा ने आवश्यक सहायता करना आरम्भ कर दिया। उसने अपना विश्वस्त आदमी चन्द्रतीर्थ भिजवाया, और कोई विशेष जानकारी न मिल सकी। एक ही वृद्ध मल्लाह ने एक बार अपनी नाव पर से अघोर-वन के किनारे दो श्वेत अघोरियों को देखा था, ऐसी एक कपोल-कथा सुनने में आई। पर इस पर विश्वास नहीं किया जा सकता था।

भगवती और विमद भिखारी के स्वाँग में दो-एक दिन भृकुंड के आश्रम में रहे। पर इससे गुरु को बड़ी घबराहट हुई। तब मृगा ने गाँव के छोर पर, किसी एक छोटे-से घर में उनके रहने की व्यवस्था करवा दी।

गुरु भृकुंड की एक बात तो अवश्य ही कुछ तथ्यपूर्ण थी। प्रत्येक कृष्ण एकम को सवेरे पशुपति के स्थानक के सामने के श्मशान में, एक चबूतरे पर एक नई खोपड़ी का उपहार मिला करता, पर पास ही किसी मनुष्य का बिना सिर का धड़ भी पड़ा हुआ मिलता। यही एकमात्र चिह्न थे जिनसे जाना जाता था कि डड्डनाथ अघोरी अमावस्या की रात को पशुपति के सम्मुख खोपड़ी की बलि चढ़ा गए हैं।

दृढ़तापूर्वक भगवती अपने संकल्प को पूरा करने का प्रयत्न करने लगीं। दधीचि के द्वारा मृगारानी ने तान्त्रिक विद्या के निष्णातों से उनका परिचय करा दिया और भगवती ने भूतनाथ की आराधना करने के प्रयोग सीखना आरम्भ कर दिया। सोलह बरस के स्त्रैण लगनेवाले इस शिष्य की हिम्मत देखकर तान्त्रिक लोग चकित हो गए। उन्हें किंचित् संशय भी हुआ कि कदाचित् वह स्त्री हो। उनके जी में यह भी आया कि यह चंडिका के सम्मुख बलि देने योग्य है। पर यह शिष्य सशस्त्र घूमा करता था और गुरु भृकुंड तथा मृगारानी का रक्षित भी था, इसलिए अन्य विचार छोड़कर तान्त्रिकगण भगवती को तन्त्र विद्या सिखाने लगे; और सीखने के लिए उत्सुक और उतावला ऐसा शिष्य उन्होंने पहले कभी नहीं देखा था।

सुकुमारदेही भगवती मध्यरात्रि में, काँपती काया और किटकिटाते दाँतों से पुरुष वेश में श्मशान को जातीं, वहाँ जलते शवों की खोपड़ी की पूजा, चिता की राख का अर्चन आदि अघोर-तन्त्र की प्रारम्भिक शिक्षा वे लेने लगीं।

आचार्य विमद की हिम्मत तो जैसी थी वैसी ही बनी रही। डड्डनाथ अघोरी को कैसे रिझाया जा सकता है और भार्गव को कैसे जीवित लौटाकर लाया जा सकता है, इस सम्बन्ध में वह बहुत ही सन्दिग्ध था। उसकी मान्यता थी कि ये अधम प्रयोग अपवित्र हैं और अथर्वण आचार्य के लिए अशोभन हैं तथा आर्यत्व को भ्रष्ट करनेवाले हैं और न उसका मन यह मान लेने को तैयार था कि भार्गव अभी जीवित हैं। इसी से यह सब प्रक्रिया छोड़ देने के लिए उसने भगवती से बहुत कुछ अनुनय-विनय किया, पर भगवती टस-से-मस न हुईं। प्रतिदिन रात को जब भगवती श्मशान में जातीं, तो कुछ दूर तक वह उनके साथ जाता और फिर वहीं बैठकर उनके लौटने की प्रतीक्षा करता। भार्गव की पत्नी को वह अकेली छोड़ रहा है, यह विचार तक उसके मन में नहीं आया, क्योंकि मध्यरात्रि में श्मशान में जाना उसने तो स्पष्ट रूप से अस्वीकार कर दिया था।

भगवती तो पागल हो गई थीं। वे तो सवेरे जब से उठतीं, तब से एकाग्र दृष्टि किए 'राम-राम' ही की रट लगाए रहतीं। मानो खुली आँखों के सामने भार्गव उन्हें दिखाई पड़ते हैं, ऐसा उन्हें चाला-सा हो गया था। कभी-कभी तो विमद को लगता कि भगवती को चित्त-भ्रम-सा होता जा रहा है। भगवती सदा भार्गव के सान्निध्य में ही रहा करतीं। प्रत्येक श्वास में उनका मन भार्गव का नाम रटा करता। उनकी आँखों-आगे भार्गव उन्हें दीखा करते। जब वे रात को श्मशान में जातीं, तो भार्गव का तेजस्वी दर्शन उन्हें आगे-आगे लिये जाता। जब वे कोई भयानक क्रिया करती हुई घबरा उठतीं, तो भार्गव पास खड़े रहकर उन्हें शक्तिदान करते। इस प्रकार धीरे-धीरे भार्गव का साक्षात्कार होता चला गया और भयानक क्रियाओं का भय जाता रहा।

विमद इस परिवर्तन को देखकर घबरा गया। रात होते ही भगवती बेभान-सी हो जातीं। कमर पर चक्र बाँधकर, एक ओर खड्ग लटकाकर हाथ में छोटी-सी फरसी लिये, मानो वे

भार्गव के साथ ही जा रही हों, ऐसा विमद को भी आभास-सा होने लगा। उन्हें रोकने की शक्ति किसी में भी नहीं थी।

अमावस्या आने पर भगवती ने डड्डनाथ अघोरी के दर्शन करने जाने का अपना मन्तव्य प्रकट किया। गुरु भृकुंड ने उन्हें बहुत कुछ समझाया, पर उनका निश्चय टल न सका। विमद ने साथ जाना अस्वीकार कर दिया।

रात होने पर, पशुपति के स्थानक से थोड़ी दूर पर जो श्मशान था, उसके चबूतरे के पास के एक झाड़ पर चढ़कर भगवती बैठ गईं। धीरे-धीरे बहती रेवा की श्यामल तरंगों में तारों के प्रतिबिम्ब जुगनुओं-से चमककर रात के अन्धकार को कुछ हलका कर रहे थे। सहस्रार्जुन का गढ़ ऊँचे अधर में काले बादल-सा झूम रहा था। दूर पर स्थानक के खम्भे अन्धकार में गम्भीर रूप धारण कर रहे थे। रेवा के जल का स्वर भी भयोत्पादक प्रतीत हो रहा था। भगवती की घबराहट का पार नहीं था। वे झाड़ पर से गिर न पड़ें, इसलिए झाड़ की डाल के साथ उन्होंने अपनी कमर को बाँध लिया। झाड़ के पत्ते किंचित् हिलते कि वे काँप उठतीं।

थोड़ी ही देर में रेवा के जल की सतह पर से लप-लप की ध्वनि सुनाई पड़ी। तारों के हलके प्रकाश में कोई तैरकर आता हुआ दिखाई पड़ा। तैरनेवाला किनारे पर आया और एक चौमुँहा जानवर पानी में से निकलकर स्थानक की ओर दौड़ गया। भगवती का गात्र ठंडा हो गया।

वह जानवर स्थानक के सामने घूमकर फिर लौट आया और चबूतरे पर चढ़कर खड़ा हो गया। भगवती का श्वास नितान्त रुद्ध हो गया।

वह जानवर नहीं था, बल्कि एक विशाल छातीवाला, छोटे कद का मनुष्य था। लम्बे बालों और दाढ़ी में उसका मुँह सम्पूर्ण रूप से ढक गया था। उसके हाथ में जो खोपड़ी थी उसे चबूतरे पर रखकर, तीन बार भूमि पर लेटकर उसने नमस्कार किया।

एकाएक वह व्यक्ति चारों ओर देखने और सूँघने लगा। उसे कुछ सन्देह-सा हुआ। भगवती जहाँ झाड़ में घुसी बैठी थीं, उसी ओर उसने दृष्टि डाली। उसने भयानक अट्टहास किया, "हा-हा-हा-हा!" वह फिर चौपदा हो गया और चपलतापूर्वक चबूतरे से कूदकर वह जानवर की भाँति झपटकर किनारा लाँघ गया और पानी में कूद पड़ा। झपटते हुए तैरकर वह उस पार जा रहा था। अट्टहास की ध्वनि भगवती के कानों में अभी भी सुनाई पड़ रही थी। जैसे-तैसे अपनी चीखने-चिल्लाने की वृत्ति पर नियन्त्रण कर वे सारी रात झाड़ पर बैठी रहीं। सवेरा होने पर जब लोग नदी पर नहाने को आने लगे तो वे झाड़ पर से उतरकर स्थानक पर चली गईं। वहाँ श्वेत रुई की पोनी-सा विमद खम्भा पकड़े बैठा था। थोड़ी ही दूर पर एक धड़ पड़ा हुआ था।

"भगवती, तुम अभी जीवित हो?"

"क्या बात है?"

"मुझे तो अग्निदेव ने बचा लिया। मैं खम्भे के पास तुम्हारी राह देखते हुए बैठा था कि एक विशाल सियार आया। उसके सिर और मुँह पर लम्बे-लम्बे बाल थे। वह उस व्यक्ति के गले में नख मारकर उसका रक्त पी गया। अनन्तर उसने नखों से उसका सिर अलग कर दिया और खोपड़ी की चमड़ी हटाकर खोपड़ी लिये चला गया। वह पड़ा है धड़!" विमद का अंग-प्रत्यंग काँप रहा था। लोमा भी घबराई-सी उस धड़ की ओर देख रही थी।

"विमद!" उसने भराए हुए स्वर में कहा, "वह जानवर नहीं, डड्डनाथ अघोरी थे। उन्होंने वह खोपड़ी वहाँ लाकर पशुपति को अर्पित की थी।"

भगवती की आँखों में अँधेरा छा गया। विमद का हाथ पकड़कर उन्होंने अपने को गिरने से बचाया।

[5]

डड्डनाथ अघोरी को प्रसन्न करने का भगवती का संकल्प अडिग था। अगली अमावस्या की रात को नर्मदा के उस तीर पर स्थानक के ठीक सामने के झाड़ पर भगवती, विमद और तीन भृगु जाकर घुस बैठे। भगवती के हठ को मानकर ये चारों व्यक्ति उनके साथ आए थे। पर उनमें से एक का भी चित्त ठिकाने नहीं था, किन्तु वे स्वयं स्वस्थ थीं। गुरु डड्डनाथ से मिलने, उन्हें प्रसन्न करने और भार्गव का पता लगाने के लिए वे एकाग्रचित्त हो गई थीं।

झाड़ पर चढ़ने से पहले उन्होंने अपनी सीखी हुई विद्या का उपयोग किया था। किनारों की रेती पर उन्होंने सिन्दूर का अघोर-चक्र बनाया, बीच में लाल फूलों का ढेर कर दिया और उस पर एक खोपड़ी रख दी। चारों ओर के झाड़ पवन से डोल रहे थे। दूर पर किसी हिंसक प्राणी की चीख सुनाई पड़ जाती या फिर रेवा का रव अकुलाता-सा लगता। पर पति को प्राप्त करने के लिए राजा दिवोदास की पुत्री पिशाचों के नाथ की आराधना करती ही गई। यह देखकर आचार्य विमद झाड़ पर बैठे थर-थर काँपने लगे।

मध्यरात्रि होने में अभी चार घड़ी की देर थी, तभी एक छोटे कद का चौड़ी छातीवाला मनुष्य नदी के प्रवाहित वेग पर बैठा-बैठा आता जान पड़ा। कुछ दूर पानी में आकर वह तैरने लगा और उस पार चला गया।

एक प्रहर के उपरान्त डड्डनाथ अघोरी खोपड़ी की भेंट चढ़ाकर वापस लौटे। किनारे की ओर आते हुए उन्होंने एक झाड़ पर दृष्टि डालकर सूँघना आरम्भ किया। फिर उन्होंने एक झाड़ पर दृष्टि ठहरा दी, जहाँ एक भृगु बैठा हुआ था। अँधेरी रात में उसकी आँखें भार्गव की आँखों-सी चमकती जान पड़ीं। इसके अनन्तर उसकी दृष्टि अघोर-चक्र पर पड़ी और उसका भयानक अट्टहास 'हा-हा-हा-हा' गूँज उठा।

झाड़ पर बैठा हुआ भृगु अनायास चिल्ला उठा। उसके हाथ निश्चेतन हो गए और वह बेभान होकर भूमि पर गिर पड़ा। तुरन्त ही डड्डनाथ चारों पैरों से दौड़ते आए और उसे सूँघने लगे। उसे अचेत पाकर डड्डनाथ खड़े हो गए और अपनी आजानु बाहुओं में उठाकर उसे अघोर-चक्र के पास ले जाकर लिटा दिया।

तभी भृगु को चेत आया। भयानक रूप से घिघियाता हुआ वह दौड़ने लगा। डड्डनाथ का अट्टहास फिर गूँज उठा और उसने दो ही छलाँग में भृगु को पकड़ लिया। भृगु भूमि पर गिर पड़ा। लम्बे नख उसके गले में धँस गए। उसकी अन्तिम चीख अधूरी ही रह गई और पलक मारते ही उसका सिर धड़ से अलग होकर दूर जा गिरा।

डड्डनाथ खड़े हो गए और पानी के पास पहुँचकर विचित्र प्रकार से डकारने लगे। बीच-बीच में वे सियार के रोने की-सी ध्वनि कर रहे थे और फिर डकार रहे थे। पानी में से एकाएक एक बड़ा-सा मगर बाहर आया।

"डच्, डच्, डच्," डड्डनाथ ने डकारें लीं और भृगु के धड़ को पैरों से मगर की ओर ठेला। कुत्ता जैसे रोटी खींच ले जाता है, वैसे ही मगर उस धड़ को पकड़कर पानी में सरक गया।

भय के मारे अन्य भृगु भी घिघिया उठे और झाड़ पर से कूदकर भागने लगे। डड्डनाथ की चमकती आँखें उनकी ओर उठीं और वह अट्टहास करके फिर उलटे पैरों नदी की ओर जाने लगे। मुँह से वे डकारते जा रहे थे।

विमद अचेत हो गया और झाड़ से नीचे आ गिरा। डड्डनाथ दो-एक डग पानी में गए और उलटे पैरों प्रवाह पर खड़े हो सनसनाते हुए अदृश्य हो गए।

सवेरे भगवती, विमद और दो भृगु नाव में बैठकर माहिष्मती लौट आए। भृगुओं में से एक पागल हो गया। विमद को तीव्र ज्वर चढ़ आया और वह सन्निपात में बर्राने लगा। भगवती की बावली आँखों के आगे भार्गव दिखाई पड़ते और वे उनसे मनचाही बातें किया करतीं।

दधीचि मार्कण्डेय उन सबको जैसे-तैसे अपने घर ले गया। गुरु भृकुंड और मृगारानी की घबराहट का पार नहीं था। सहस्रार्जुन माहिष्मती में था और किसी भी क्षण उसे भगवती की उपस्थिति का पता चल सकता था। भृगुओं को तो उन्होंने गाँव से बाहर भिजवा दिया और दधीचि तथा मृगारानी के विश्वस्त नौकर भगवती और विमद की परिचर्या करने लगे।

भगवती जब अच्छी हो गईं तो वे विमद की परिचर्या में जुट गईं। दो बार जाकर वे मृगारानी से मिल आईं, पर दोनों में से किसी को भी कोई रास्ता नहीं सूझा। भगवती ने कूर्मा को सन्देशा भेजकर बुलवा लिया और माहिष्मती से कुछ ही दूर पर जहाँ वह कुछ विश्वस्त यादवों और भृगुओं को लेकर छिपा हुआ था, वहाँ विमद को भिजवा दिया।

कूर्मा ने आकर सारी जानकारी प्राप्त करनी आरम्भ की। कभी भिखारी, कभी मछुआ तो कभी हैहय योद्धा बनकर वह चारों ओर घूम गया। गाँव के छोर पर स्थित श्मशान में जो अघोरी रहते थे, उन्हें अपनी प्रसादी भी दे आया।

तीसरी अमावस्या आ पहुँची। उसके आने के दो-तीन रात पहले ही एक रात को, भगवती थर-थर काँपती हुई उठकर बिछौने में बैठ गईं। एक क्रूर अट्टहास रात्रि की शान्ति को भेद रहा था–'हा-हा-हा-हा!'

"कूर्मा!" उन्होंने शान्तिपूर्वक कहा, "कुछ सुना?"

"कोई भयंकर हँसी हँसा है" बिछौने में जागता हुआ कूर्मा बोला।

"यही हैं गुरु डड्डनाथ अघोरी!"

सवेरे कूर्मा चारों ओर खोजकर आया। कुछ दिन पहले आमा नाम के हैहय नायक ने एक अघोरी को बहुत पीटा और वह मर गया। पिछली रात को वह अपने घर में सोया हुआ था। सवेरा होने पर उसका सिर और धड़ कटकर अलग-अलग पड़े थे और किसी ने उसका रक्त चूस लिया था।

"गुरु डड्डनाथ! मैंने कहा नहीं था?" भगवती ने कहा।

कूर्मा को एक योजना सूझ पड़ी, "भगवती! यों दिन बिताने में तो कुछ सार नहीं है। ग्राम के श्मशान में जहाँ आप अघोर-क्रिया सीखने जाया करती थीं, वहीं डड्डनाथ रहता होगा। आप उसके लिए उसका खाद्य धरवा आइए। मैं सहस्रार्जुन के पास जाता हूँ। इन दोनों के सींग भिड़वाए बिना काम न चल सकेगा। इस पार या फिर उस पार–कुछ होकर रहेगा।"

भगवती, दधीचि, भृकुंड और मृगारानी से तथा गाँव के लोगों से कूर्मा ने आवश्यक जानकारी प्राप्त कर ली थी। मछुवे के वेश में वह गढ़ के द्वार पर जा पहुँचा और राजकुमार रुरु से मिलने की इच्छा प्रकट की। उसने सैनिकों को समझाया, डराया और फुसलाया। निदान उसे रुरु के पास पहुँचा दिया गया।

"कौन है तू?"

"मैं चन्द्रतीर्थ का मछुआ हूँ।"

"क्यों, क्या बात है?"

"मैं चक्रवर्ती से मिलना चाहता हूँ।"

"पागल हुआ है? ऐसे क्या चक्रवर्ती से मिला जाता है? क्या बात है सो मुझसे कह दे।"

"चक्रवर्ती को छोड़कर और किसी से कहने की नहीं है। उनके प्राण संकट में हैं।"

रुरु खिलखिलाकर हँस पड़ा, "तो क्या हम सबको तू पागल समझता है?"

"तो अन्नदाता, मैं यह चला। मैं तो चक्रवर्ती का एक गरीब प्रजाजन हूँ। इसी से उन्हें चेताने..."

"समझा, समझा, चल निकल यहाँ से।"

"तो अन्नदाता, लो यह चला। पर चक्रवर्ती से इतना ही कह देना कि अघोरी-वन में नया गुरु आया है। वह गोरा और ऊँचे कद का है और हाथ में फरसा लेकर घूमता है। आगे की बात मैं चक्रवर्ती को छोड़ और किसी से नहीं कहूँगा। मैं जाता हूँ। परसों फिर आऊँगा, यदि मेरी आवश्यकता जान पड़े तो।"

कूर्मा चला आया, पर वह अपना काम सिद्ध कर आया था। मछुवे की बात रुरु ने सहस्रार्जुन को कह सुनाई; सुनकर वह निस्तेज हो गया। मछुवे को भगा देने के लिए रुरु की भर्त्सना की। क्षमा माँगकर, तीसरे दिन मछुवे को उपस्थित करने का वचन देकर, घबराया-सा रुरु अपनी मूर्खता पर पश्चाताप करने लगा।

तीसरे दिन रुरु ने कूर्मा का स्वागत कर उसे चक्रवर्ती के सम्मुख उपस्थित किया। सहस्रार्जुन ने रुरु को चले जाने की आज्ञा दी।

"कौन है तू?" उसने कूर्मा से पूछा।

"चन्द्रतीर्थ का मछुवा हूँ, अन्नदाता!"

"क्या कहना चाहता है?"

"आजकल सामनेवाले तीर के अघोर-वन में एक नया गुरु आया हुआ है। वह युवा है, ऊँचे कद का है और गौर वर्ण है। पूनों की रात में मैंने उसे घूमते देखा है।"

सहस्रार्जुन ने आँखें फाड़कर पूछा, "हाथ में उसके क्या होता है?"

"अन्नदाता, फरसे जैसा ही कुछ होता है।"

"उसकी आँखें अँधेरे में चमकती हैं?"

"अन्नदाता, बस सिंह की ही आँखें समझिए।"

सहस्रार्जुन के कलेजे में एक धक्का-सा लगा; उसका वैरी अभी तक जी रहा जान पड़ता है।

"तूने कैसे जाना?"

"अन्नदाता! वह गुरु डड्डनाथ अघोरी के साथ चलकर तीर पर आता है।"

सहस्रार्जुन फीका पड़ गया। तभी कूर्मा ने बाग्बाण मारा, "ऐसा सुनने में आया है कि डड्डनाथ ने उसे अपना गुरु स्वीकार कर लिया है, और उन दोनों ने आपके प्राण लेने का निश्चय किया है।"

एकाएक चक्रवर्ती की आँखों में अँधेरा छा गया। उसने आँखों पर हाथ दे लिये।

"अन्नदाता, आमा नायक यही बात आपसे कहने को आना चाहते थे, इसी से अघोरियों ने उनके प्राण ले लिये। मैंने यह सोचा अन्नदाता, कि जो होना होगा हो रहेगा, पर मैंने आपका नमक खाया है तो मुझे आपको जताना तो चाहिए ही।" हाथ जोड़कर सिर नीचा किए कूर्मा बोला।

सहस्रार्जुन ने अपने हाथ का कड़ा निकालकर उस मछुवे की ओर फेंका।

"ले यह उपहार। अघोरी कहाँ रहता है, सो तुझे पता है?"

"अमावस्या की मध्यरात्रि में वह पशुपति को खोपड़ी चढ़ाने आता है।"

"यह तो सारा नगर जानता है।"

"उसी समय वह आप पर कुछ करेगा।"

सहस्रार्जुन चुप हो गया। कुछ देर बाद उसने पूछा, "तू डड्डनाथ को पहचानता है?"

"अन्नदाता, मैंने बहुत बार गुरु को देखा है।"

"तो अमावस्या को आना और मेरे आदमियों को ले जाकर उसे दिखाना।"

[6]

भगवती प्रतिदिन श्मशान में जाकर अघोरी-चक्र बनाकर प्रसाद चढ़ा आतीं और चिताओं के आसपास फेरी लगाते कुत्तों और सियारों के बीच बैठे हुए अघोरियों की स्तुति किया करतीं।

अमावस्या आ गई। रात को भगवती चबूतरे पर अघोर-चक्र बनाकर लाल फूलों का ढेर करके उस पर खोपड़ी धर आईं। पास ही खाने का प्रसाद भी धर दिया और फिर झाड़ पर चढ़ बैठीं।

कूर्मा सहस्रार्जुन से मिल चुका था और उसने तालबाहु के उद्धत बेटे तालध्वज को डड्डनाथ के मारने का काम सौंप दिया था। इसी से मध्यरात्रि होने पर तालध्वज और रुरु का एक विश्वस्त नायक आकर थोड़ी दूर पर ही एक झाड़ की ओट में घुस बैठा। कूर्मा उससे कुछ दूर स्थानक के एक खम्भे के पीछे खड़ा हो गया।

भगवती के मन में रंचमात्र भी घबराहट नहीं थी; आज डड्डनाथ को अपना प्राण अर्पण करके, इस पीड़ा से मुक्ति पाने का उन्होंने संकल्प कर लिया था। मध्यरात्रि हो आई। गुरु डड्डनाथ नदी के उस पार से न आकर, नदी के किनारे-किनारे ही अपने चार पैरों से आए, चबूतरे पर चढ़े और उन्होंने चारों ओर सूँघा। फिर वे अपने दो पैरों पर खड़े हो गए। जिस झाड़ पर भगवती बैठी थीं, उस ओर दृष्टि डालकर बड़े आनन्द से डकार लेने लगे।

ज्यों ही वे नीचे झुककर प्रसाद खाने को हुए कि तालध्वज और उसके साथी खड्ग लेकर उनकी ओर दौड़े। डड्डनाथ सियार की भाँति किलकारी मारकर हवा में उछल पड़े। भगवती झाड़ पर से कूदीं और दौड़कर उन्होंने फरसी से एक नायक का सिर काट डाला। तालध्वज मुट्ठी बाँधकर भाग गया।

भगवती ने चबूतरे की ओर दंडवत प्रणाम किया और भूमि पर सिर डालकर प्रतीक्षा करने लगीं कि कब डड्डनाथ के नख उनके गले में भिद जाएँ।

डड्डनाथ ने पहले तो चारों ओर सूँघा, फिर वह आनन्द से डकारने लगा। सदा की भाँति उसने पशुपति को खोपड़ी चढ़ा दी और फिर जिस रास्ते तालध्वज गया था, उसी रास्ते भूमि सूँघते-सूँघते चारों पैरों से दौड़ता चला गया।

सवेरे सहस्रार्जुन घबराया-सा मृगारानी के आवास पर पहुँचा। मृत्यु का भय उसके मुख पर छाया हुआ था।

"मृगा! देखो अपने गुरु की करतूतें!"

"कौन से गुरु? और कौन-सी करतूतें!"

"वह भार्गव अब डड्डनाथ अघोरी का गुरु हो गया है!"

"अरे वाह, ऐसा भी कहीं हो सकता है?" मृगा ने कहा। पर गुरुदेव जीवित हैं, यह सुनकर उसके स्वर में उत्साह उभर आया।

"अभी परसों डड्डनाथ अघोरी ने आमा नायक को मार डाला।"

"हाँ, वह तो मैंने सुना है।"

"कल मेरी बारी थी।"

"रहने भी दो!"

सहस्रार्जुन को कँपनी आ गई, "सच कह रहा हूँ, इसी से मैंने कल तालध्वज और मरीचि नायक को उसे मारने के लिए भेजा था।"

"अररर! उसे भी कहीं मारा जा सकता है? वह तो अमर है!" मृगा के स्वर में भय व्याप गया।

"मरीचि को तेरे भार्गव ने मार डाला। तालध्वज को अघोरी ने मार डाला।" कहते-कहते सहस्रार्जुन का स्वर भी भय से काँप रहा था।

"कैसे जाना कि अघोरी ने ही मारा है?"

"कल रात को वह स्थानक के श्मशान के पास खोपड़ी चढ़ाने आया था।"

"पर तालध्वज..."

"अभी-अभी तालबाहु बताकर गया है। मध्यरात्रि के पश्चात् तालध्वज घबराया-सा लौटा और सो गया। सवेरे डड्डनाथ ने उसका भोग ले लिया; उसका सिर नखों द्वारा धड़ से अलग कर दिया गया था।"

दोनों काँप उठे।

"पर यह कैसे जाना कि भार्गव ने मरीचि को मार डाला?"

"उसकी गर्दन फरसी से काटी गई है।"

"ओह...!" मृगा का मुख खुला ही रह गया।

सहस्रार्जुन ने अपना सिर दोनों हाथों से पकड़ लिया।

"गुरुदेव को अभी भी मना लो। मान जाएँगे।"

"मनाऊँ? नहीं, कभी नहीं!"

"तो फिर क्या होगा?"

सहस्रार्जुन ने अपने बाल नोच लिए।

अब तक डड्डनाथ अघोरी खोपड़ी की बलि देने के लिए किसी रोगी मनुष्य को महीने में एक बार मारा करते थे, पर पिछले कुछ दिनों में आमा, मरीचि और तालध्वज-जैसे तीन योद्धाओं के प्राण ले लिए थे, इस संवाद से माहिष्मती में घबराहट व्याप गई। इस बात की चर्चा भी होने लगी कि अघोरी ने भार्गव को गुरु-रूप में स्वीकार कर लिया है। पशुपति के स्थानक पर गुरु डड्डनाथ और भार्गव की आराधना आरम्भ हो गई। लोग उनकी मनौतियाँ मनाने लगे।

सहस्रार्जुन को एक रात सपने में डड्डनाथ और गुरु भार्गव अपना गला दबाते दिखाई पड़े। सवेरे वह चौंककर चारों ओर देखने लगा। सवेरे से ही उसे सन्ध्या होने का भय लगने लगा।

"वह मछुवा कहाँ चला गया?" उसने रुरु को आज्ञा दी, "जहाँ भी हो, उसे खोज निकालो।"

कूर्मा तो बस ऐसे ही किसी निमन्त्रण की प्रतीक्षा लगाए बैठा था। वह तुरन्त आ उपस्थित हुआ। चक्रवर्ती ने आतुरतापूर्वक उसका स्वागत किया और पिछली रात की दुर्घटना के सम्बन्ध में पूछताछ की।

"डड्डनाथ गुरु जो न करें थोड़ा है, अन्नदाता! जो अन्तरिक्ष में उड़ता है, उसे कौन रोक सकता है?"

"अघोरी जब आता है तो वह कहाँ होता है, सो भी कुछ पता है?"

"जहाँ श्मशान होता है, वहीं अघोरी आते हैं, अन्नदाता!"

सहस्रार्जुन ने सेनापति तालबाहु को बुलवा भेजा और मछुए से ठहरने को कहा।

"तालबाहु, ये अघोरी चारों ओर ऊधम मचा रहे हैं। इन्हें तो निर्मूल ही करना होगा।"

तालबाहु पुत्र के मरण से क्षुब्ध था, वह उग्र हो उठा।

"चक्रवर्ती! कोई भी योद्धा अघोरियों को मारने के लिए जाने को तैयार नहीं होगा।"

"क्या सभी इतने कायर हो गए हैं?"

"नहीं, सबकी मति गुम नहीं हो गई है। और मुझे आपका यह सेनापति-पद नहीं चाहिए। परसों ही आपके पैरों पड़कर मैंने आपसे कहा था कि डड्डनाथ अघोरी को न छेड़िए, उसे कोई मार सके, यह सम्भव नहीं है। पर आपने नहीं माना और मेरा हीरे-सा बेटा बिना मौत मारा गया।" तालबाहु ने आँसू पोंछ लिए।

"क्या कोई भी उसे मारने के लिए नहीं जाएगा?"

"नहीं, कोई नहीं जाएगा। मनुष्य हो तो उसे मारा भी जा सकता है, पर जो अमर है उसे भला कौन छेड़ेगा?"

"पर मुझे ही वह मार डालेगा तो?"

"अब तक तो उसने कुछ किया नहीं है। आमा ने भी यदि अघोरी को न मारा होता तो डड्डनाथ उसे न छेड़ता। किसी को व्यर्थ ही उसने मारा हो, ऐसा तो कभी सुना ही नहीं।"

"पर वह भार्गव उसे प्रेरित कर रहा है।"

"चक्रवर्ती! यह बात गढ़ी हुई है। आज डेढ़ वर्ष से भार्गव ने क्यों कुछ नहीं किया? और भार्गव आपको मारने के लिए डड्डनाथ को प्रेरित करे, यह मैं नहीं मान सकता।"

"तू समझता नहीं है।"

"आप ही भला सोचिए, क्या गुरु डड्डनाथ अघोरी किसी को अपना गुरु बना सकते हैं?"

इतने में ही गुरु भृकुंड और मृगारानी आ पहुँचे, और बड़ी देर तक वे चारों परामर्श करते रहे। निदान कूर्मा को फिर बुलाया गया।

"मछुवे!" गुरु भृकुंड ने कहा, "तू डड्डनाथ से कभी मिला है?"

"देखे हैं, मिला तो नहीं हूँ।" कूर्मा ने कहा।

"डड्डनाथ को जाकर सन्देशा सुना आए, ऐसे किसी व्यक्ति को जानता है?"

"मेरे गाँव के एक लड़के ने डड्डनाथ अघोरी को साध रखा है, कदाचित् वह जाकर कह आए।"

"उसे बुलाकर ले आ।" गुरु भृकुंड ने कहा।

"तो मैं अपने गाँव जाकर उसे लिवा लाता हूँ।"

"क्या उसने सचमुच डड्डनाथ को साध लिया है?" सहस्रार्जुन ने पूछा।

"सो तो कैसे कहा जा सकता है? और वह बड़ा ही हठी लड़का है। कदाचित् न भी आए।"

"जा, कुछ करके उसे ला," गुरु भृकुंड ने कहा, "जल्दी ही उसे ले आना, अगली अमावस्या से पहले।"

"अगली अमावस्या को मैं शायद ही जीता बचूँ।" सहस्रार्जुन बुदबुदाया।

[7]

भगवती को अब भय नहीं रह गया था। प्रतिदिन रात को वे श्मशान में जातीं और अघोर-चक्र बनाकर प्रसाद धर आतीं।

सहस्रार्जुन के साथ हुई बातचीत कूर्मा ने जब उन्हें कह सुनाई तो उसी रात को वे श्मशान में गईं और मन्त्र पढ़कर अँधेरे में सोए पड़े अघोरियों को सुनाई पड़ सके, ऐसे स्वर में गुनगुनाईं, "डड्डनाथ गुरु, अघोरियों के प्रभु, तुम्हारे माथे पर भय है। मुझसे आकर मिलो।"

दूसरे दिन भी जाकर ऐसे ही गुनगुना आईं।

उसी दिन रात को मध्यरात्रि बीत जाने पर भगवती को कुछ ऐसा प्रतीत हुआ कि कोई जानवर उनके द्वार पर पेट के बल घिसटता चला आ रहा है। उन्होंने उठकर द्वार खोला तो एक बड़ा-सा सियार भागता दिखाई पड़ा।

तीसरे दिन रात को वे फिर श्मशान में जाकर प्रार्थना कर आईं, और रात ढलने पर फिर वही सियार द्वार पर पेट के बल घिसटता दिखाई पड़ा। भगवती ने उठकर द्वार खोला। पीछे की कोठरी में सोया हुआ कूर्मा, माथे तक ओढ़ना खींचकर, घुटनों से पेट दबाए, काँपता हुआ पड़ा रहा।

तुरन्त ही डड्डनाथ सियार की भाँति अन्दर चले आए। भगवती ने दंडवत् प्रणाम किया और अघोरी ने एक आधी खोपड़ी को बीच में धर दिया। उसमें से कुछ फीका-सा प्रकाश झाँक रहा था। डड्डनाथ कद के ठिगने थे, पर उनकी छाती बहुत चौड़ी थी। उनके हाथ भी बहुत लम्बे थे। दो दाँत उनके मुँह के बाहर निकले आ रहे थे। वे कोई पचास-एक वर्ष के जान पड़ते थे। कुछ ध्वनि-सी करते हुए वे चारों ओर सूँघने लगे।

"तीन महीने पहले तू चबूतरे के पास के झाड़ पर थी?" उसने भारी स्वर में पूछा।

"हाँ, थी।" भगवती ने हाथ जोड़कर सम्बोधन किया।

डड्डनाथ ने फिर सूँघकर कहा, "झूठ बात है, तू स्त्री है।"

"गुरु, सच बात है। मैं स्त्री हूँ।"

"उसके अगली अमावस्या को उस पार आई थी?"

"हाँ।"

"गई अमावस्या को उस आदमी को तूने मारा था?"

"हाँ।"

"तू ही प्रतिदिन अघोरी-चक्र बनाती है?"

"हाँ।'

"मैं तुझ पर प्रसन्न हूँ। माँग, माँग, क्या चाहती है?" डड्डनाथ तिरस्कारपूर्वक हँस पड़ा, "स्वार्थ के बिना तुम मनुष्य भला कुछ करते हो—अरे, हाँ, बहुत-कुछ करते हो—एक-दूसरे को मारते हो, भूखों मारते हो, सताते हो।" और धीरे-से मुँह मटकाकर अघोरी हँस पड़े।

"महाराज, मेरा तो कोई स्वार्थ नहीं है। आज आपको चेतावनी देने के लिए बुलाया था। अगली अमावस्या को चबूतरे पर न जाइए। सहस्रार्जुन आपको मार डालना चाहता है।"

"मैं अवश्य जाऊँगा। मैं कोई भी अमावस्या चूका नहीं हूँ।"

"पर वह आपको अवश्य ही मार डालेगा।"

"तुम्हारी यह मानव जाति ही नीच है। मैंने उसका क्या बिगाड़ा है?"

"उसका यह मानना है कि आप उसे मारने को उद्यत हैं?"

"मैं उसे क्यों मारने लगा? हाँ, महीने में एक मनुष्य तो अवश्य मारता हूँ—भोग चढ़ाने के लिए। और कोई मेरे अघोरी को मार डालता है तो उसका बदला भी अवश्य लेता हूँ। बिना कारण के तो तुम्हारी मनुष्य जाति ही मारती है।" डड्डनाथ ने तिरस्कारपूर्वक खीसें निपोर दीं।

"आप मानव नहीं हैं?"

"मैं मानव! हा-हा-हा-हा! मैं अघोरी हूँ। तुम्हारी पापी मानव जाति को तो मैं छूता भी नहीं हूँ।"

"कोई भी अच्छा मानव अभी तक आपको नहीं मिला?" भगवती के स्वर में आतुरता थी।

डड्डनाथ हँस पड़े, "है, एक है अवश्य।"

"कौन है ऐसा, भला?"

आशा और निराशा के बीच भगवती का हृदय अधर में झूल रहा था। बाहर किसी का पग-रव और चिल्लाहट सुनाई पड़ी। पलक मारते डड्डनाथ उछलकर छत पर जा चिपके और छप्पर की कड़ियाँ निकाल दीं।

"मैं आगामी अमावस्या को मिलूँगी।" भगवती ने कहा।

छप्पर के बड़े-से भक्काले में होकर डड्डनाथ अदृश्य हो गए।

रात को सहस्रार्जुन की आँख नहीं लग रही थी। कहीं किंचित् मात्र भी शब्द होता, कवेलू खड़कता या कुत्ता भौंकता सुनाई पड़ जाता, तो वह उठ बैठता, सोए हुए अंगरक्षकों को जगा देता, चारों ओर खोज करवाता। आँखें मिंचते ही उसे भयानक सपने आते। जैसी पहले कभी न की थीं, ऐसी मनौतियाँ वह मानने लगा।

एक सवेरे बिछौने से उठकर ज्यों ही उसने धरती पर दृष्टि डाली तो वह बड़े ही त्रासक स्वर में चीख उठा। उसकी शय्या के पाँयताने किसी ने एक छोटा-सा सिन्दूर का अघोर-चक्र बना दिया था।

उसकी किलकारी सुनकर मृगारानी आ पहुँची। वह रानी से चिपट गया।

"मृगा! मेरी घड़ी आ पहुँची है।"

उसने अंगरक्षकों को धमकाया, कुछ नए नायकों को पहरे पर नियुक्त किया, तालबाहु को चारों ओर सैनिक भेजने की आज्ञा दी और मानो सचमुच मर रहा हो ऐसे कातर होकर वह मृगा से चिपटा रहने लगा।

सारी माहिष्मती में बात फैल गई कि सहस्रार्जुन की अन्तिम घड़ी आ पहुँची है।

सहस्रार्जुन ने सारे सैनिकों के मुख पर अपनी मृत्यु की छाप देखी। मृगा के आश्वासनों से वह क्रुद्ध हो गया। गुरु भृकुंड को बुलवाकर पशुपति की आराधना प्रारम्भ करवा दी। उसने स्वयं भी स्थानक में जाकर अपने हाथों से आरती उतारी और भृकुण्ड द्वारा अभिमन्त्रित पशुपति का यन्त्र गले में बाँध लिया। दोपहर के पश्चात् वह गढ़ के कँगूरों पर इधर-से-उधर छलाँगें मारता रहा।

सन्ध्या होने पर वह मृगा के आवास में गया। स्वयं चारों ओर घूमकर योद्धाओं को नियुक्त कर आया। अपने सोने के तल्य के आसपास उसने अपने सारे शस्त्र टाँग दिए। द्वार के पास मृगा को सुलाकर वह आप सोने के लिए गया। बड़ी देर तक वह मृगा के साथ उच्च स्वर में बातचीत करता रहा। फिर अभिमन्त्रित पशुपति-यन्त्र उसने अपने गले से निकाला और अपने तकिये के पास रख दिया, उसकी पूजा कर उस पर फूल चढ़ाए। मध्यरात्रि होने पर दोनों की आँख लग गईं और...

वह कँगूरों पर घूम रहा था। बादल घिर रहे थे...

वातावरण स्तब्ध था। एकमात्र बिल्ली कूदती हुई चली आ रही थी। वह बिल्ली उसके ऊपर होकर निकल गई। वह उसके पीछे दौड़ा तो वह बिल्ली उसके गले पर झपटी। चिल्लाकर थर-थर काँपता हुआ वह उठ बैठा। जैसे-तैसे उसके गले में से एक रुँधती-सी चीख फूट पड़ी। घबराई-सी मृगा उठकर आई। चारों ओर से रक्षकगण मशालें लेकर दौड़ते हुए आ पहुँचे। उसके अंग-प्रत्यंग से पसीना झर रहा था।

मशालें लेकर सैनिक उसके तल्य के आसपास खड़े थे। उसकी आँखें फटी-सी रह गईं।

"देखो, देखो, देखो!" सहस्रार्जुन ने भूमि की ओर संकेत किया। वहाँ एक छोटा-सा सिन्दूर का चक्र रचा हुआ दीख पड़ा।

मृगा चीखकर बेभान हो गई। घबराहट में सहस्रार्जुन तकिये के पास रखा हुआ अपना यन्त्र लेने पहुँचा और इस प्रकार चिल्ला उठा मानो साँप ने काट खाया हो। तकिये के पास यन्त्र था ही नहीं।

...मृत्यु की घड़ी...श्वास मानो रुँध रहा हो, ऐसे उसने अपने गले पर हाथ दे लिया।

[8]

कूर्मा और भगवती जब मछुओं के वेश में गढ़ में पहुँचे, उस समय चक्रवर्ती यहाँ-वहाँ ताक रहे थे। मृगा उनके पास बैठी चिन्तातुर दृष्टि से उनके मुँह की ओर देख रही थी। तालबाहु निस्तेज-सा बैठा था। गुरु भृकुंड बिना उच्चारण किए ही मन्त्र-पाठ कर रहे थे।

राजा दिवोदास की पुत्री और गुरुदेव भार्गव की पत्नी गन्दे भैंस के चमड़े का वेश धारण किए, उलझे बालों की लटें और श्मशान की राख लपेटे खड़ी थीं। उनके हाथ में त्रिशूल और गले में हड्डियों की माला थी।

गुरु भृकुंड और मृगारानी ने उन्हें पहचान लिया। तीन महीनों से भगवती से मिलने का प्रयत्न उन्होंने नहीं किया था, अतएव वह लज्जित हो गए।

''लड़के!'' गुरु भृकुंड ने कहना आरम्भ किया, ''तूने डड्डनाथ अघोरी को देखा है?''

''मैंने उनका आराधन किया है।'' भगवती ने कहा।

''वह कैसा है?''

''जैसा किसी ने अब तक न देखा होगा!''

''तू उनसे मिल सकता है?''

''यदि वे मुझ पर बहुत प्रसन्न हो जाएँ, तो।''

''चक्रवर्ती का सन्देश उनके पास पहुँचा देगा?'' भृकुंड ने पूछा।

''यदि गुरु डड्डनाथ को सुनाने योग्य होगा, तो ले जाऊँगा।''

''उससे जाकर कहना कि चक्रवर्ती तुम पर प्रसन्न हैं।''

''वे तो मानवों को धिक्कारते हैं। उनकी प्रसन्नता की चिन्ता उन्हें नहीं है।''

''उन्हें जो चाहिए वह, स्वर्ण चाहिए तो वह भी, मैं उन्हें देने को तैयार हूँ।'' सहस्रार्जुन ने कहा।

''आपके स्वर्ण से श्मशान की राख उन्हें अधिक प्रिय है।'' भगवती ने उत्तर दिया।

''तब फिर वे मुझे क्यों सताते हैं?'' सहस्रार्जुन ने दीन भाव से पूछा।

''जो निर्दोष का दमन करता है और गुरु का द्रोह करता है, ऐसे अधर्मियों को ही वे सताते हैं।'' भगवती ने कहा।

''मैंने उनका क्या बिगाड़ा है?''

''अन्नदाता, आप क्षमा करें तो कहूँ।'' भगवती ने अपने सिन्दूर से रँगे हुए हाथ जोड़ लिए।

''बोल-बोल, जो जी चाहे बोल!'' गुरु भृकुंड ने आश्वासन दिया।

सहस्रार्जुन गर्वित होकर गुरु की ओर देखते रह गए।

''मैंने स्वयं गुरु डड्डनाथ से तो सुना नहीं है, पर ऐसा कहा जाता है कि वे आप पर बहुत कुपित हो गए हैं।''

''किस कारण?''

''कृपानाथ, गुरु डड्डनाथ मानते हैं कि आप निर्दोषों को मारते हैं, गुरुओं का संहार करते हैं और स्त्री-बालकों पर अत्याचार करते हैं।''

सहस्रार्जुन का मुख गहरा लाल हो गया, पर तुरन्त ही वह फीका पड़ गया और उसने माथे पर हाथ दे लिया।

''लड़के!'' गुरु भृकुंड ने बात को आगे बढ़ाया, ''तू गुरु डड्डनाथ अघोरी से कहना कि अब बहुत हुआ। वे अब कृपा करें; चक्रवर्ती अब ऐसी कोई बात नहीं करेंगे। मैं वचन देता हूँ! चक्रवर्ती! आप स्वस्थ नहीं हैं, लेट जाइए। हम इस लड़के को समझा रहे हैं।''

सहस्रार्जुन धीरे-से उठा और चुपचाप वहाँ से चला गया। उसके साथ तालबाहु भी गया।

गुरु भृकुंड और मृगा उठकर भगवती के पैरों पड़े।

"भगवती!" मृगारानी ने चारों ओर सावधानी से देखते हुए धीमे स्वर में कहा, "यह क्या कर रही हैं आप?"

"जब सहस्रार्जुन मनचाहा करते थे, तब तुममें से किसी ने उनसे यह नहीं पूछा कि तुम क्या कर रहे हो?"

"हम कर ही क्या सकते हैं? गुरुदेव मुझे सौभाग्य का आशीर्वाद दे गए हैं और आप वही हर लेने को उद्यत हो बैठी हैं। दिन और रात इन्हें कल नहीं है। इन आठ दिनों में तो ये पागल हो गए हैं।"

"पर इन्होंने कितनों को पागल नहीं बनाया? मुझे भी तो पागल बना छोड़ा है।"

"मैंने गुरुदेव को यहाँ के संकट से बचाया..."

"मैं तुम्हारे सुख का अपहरण करना नहीं चाहती। तुम आनन्द से रहो। उसका मारनहार जब आएगा, तो वह आप ही उससे उत्तर माँगेगा।"

"क्या गुरुदेव मिले? क्या वे जीवित हैं?"

"उनको मारनेवाला न तो जन्मा ही है और न अब जन्मेगा।"

"वे कहाँ हैं?"

"तुम जानकर क्या करोगी? तुमसे कुछ होता तो है नहीं। पर सहस्रार्जुन को यदि बचना है तो उसे एक वचन तो देना ही पड़ेगा--यही कि अघोरियों और भृगु को वह कभी न सताएगा।"

"तब तो डड्डनाथ चक्रवर्ती को सुखपूर्वक रहने देंगे न?"

"देखूँ, पहले गुरु डड्डनाथ को मना देखूँ। पर यह वचन मिलने से पहले तो मैं कुछ करनेवाली नहीं हूँ। जाओ, जाकर उससे वचन ले आओ, यद्यपि उसके वचन पर मुझे श्रद्धा नहीं है।"

थोड़ी देर में गुरु भृकुंड चक्रवर्ती का वचन लेकर लौट आए।

"भगवती!" मृगा ने पैरों पड़कर भगवती के चरणों की रज माथे पर चढ़ा ली, "मेरे अर्जुन का कुछ न बिगड़ने पाए, मैं आपके पैरों पड़ती हूँ।"

"यदि वह वचन का पालन करेगा, तो।"

[9]

दूसरे ही दिन सहस्रार्जुन ने डोंडी पिटवा दी कि अघोरियों और भृगुओं को कोई न सताए। लोगों के जी ठिकाने आए। गुरु भृकुंड ने एक नया यन्त्र अभिमन्त्रित करके चक्रवर्ती को दिया। सहस्रार्जुन ने उसे गले में बाँध लिया और उसका मन शान्त होने लगा। दो-चार दिन तक जब डड्डनाथ का कोई चिह्न नहीं दिखाई पड़ा तो उसे फिर कुछ साहस-सा आ गया।

जब साहस आ गया तो चक्रवर्ती का हृदय पुकार उठा—वह तीन भुवन का स्वामी, वह लंकाधीश को जीतनेवाला सहस्रार्जुन, एक छोटी बच्ची के समान थर-थर काँप उठा था। मृगा-जैसी स्त्री का आँचल पकड़कर वह बैठा रहा! और एक दुष्ट पिशाच से घबराकर उसने वचन दे दिए। एक मछुवे के छोकरे के सामने प्रणिपात करना-भर उसके लिए शेष रह गया था! भृकुंड और मृगा, जिनका कि वह तिरस्कार किया करता था, उन्हीं के पैरों पड़कर उसने

जीवनदान माँगा! उसका सारा अभिमान चूर-चूर हो गया। और ज्यों-ज्यों वह उस चूरे को एकत्रित करने लगा त्यों-त्यों उसका क्रोध बढ़ने लगा।

मृत्यु का भय अदृश्य हो गया। डड्डनाथ ने उसे डराया था। उससे बदला लेने की इच्छा उसमें बलवती हो चली। चौदस की रात को वह इच्छा प्रमत्त हो उठी। कल रात अघोरी अकेला आएगा। वह लड़का उसके साथ बात करने जाएगा। अघोरी ने पहले वचन का पालन करना आरम्भ कर दिया था, अतएव वह निर्भय था। और जिस समय वह लड़का जाकर उससे मिले, ठीक उसी समय यदि वह डड्डनाथ को मार डाले तो सारा भय दूर हो जाएगा। प्रतिशोध भी हो जाएगा और पिशाचनाथ को मारने की अमर कीर्ति भी प्राप्त हो जाएगी।

दूसरे दिन सवेरे उसका निश्चय दृढ़ हो गया। किसी से कहने की बात वह नहीं थी। तालबाहु और मृगा इस कौशल को नहीं समझ सकते थे। वह सोच रहा था कि उसकी चतुराई इस समय सोलहों कलाओं से दीप्त हो उठी है।

रात होने पर एक विश्वस्त नायक को उसने साथ लिया। डड्डनाथ के साथ उसकी मैत्री हो गई है, वह उससे प्रसन्न है और संकेत के अनुसार ही वह उससे मिलने जा रहा है, आज बहुत-सी बातें उसने नायक को समझाईं, तब कहीं बड़ी कठिनाई से वह साथ जाने को तैयार हुआ।

उसे किनारे पर खड़ा रखकर सहस्रार्जुन स्वयं स्थानक के पास जाकर खड़ा रहा। डड्डनाथ किस ओर से आता है, यह देखने के लिए उसने चारों ओर दृष्टि डाली।

डड्डनाथ नदी के रास्ते ही आए और उन्हें मनुष्य की गन्ध आई। पत्थर के पीछे छिपा हुआ सैनिक डड्डनाथ के आने की सूचना देने के लिए बाहर निकला। डड्डनाथ चारों पैरों से उसके पीछे दौड़ा और उसके गले पर झपटकर उससे चिपट गया। तुरन्त ही उसने उसे भूमि पर डाल दिया, उसका माथा धड़ से अलग कर दिया, उसका रक्त पी लिया और उसकी खोपड़ी लेकर, भोग चढ़ाने के लिए श्मशान के चबूतरे की ओर बढ़ा।

कूर्मा को दूर खड़ा देखकर भगवती ने चबूतरे के पास अघोर-चक्र रचा, फूल और खोपड़ी चढ़ा दी और चबूतरे के सामने हाथ जोड़कर खड़ी हो गई। उन्हें देखकर डड्डनाथ ने आनन्द की डकारें लीं। फिर उन्होंने प्रसाद ग्रहण कर पशुपति के सम्मुख नायक की खोपड़ी की बलि चढ़ाई।

"बेटा! क्या बात है?"

"गुरु डड्डनाथ! भैरवनाथ! सहस्रार्जुन ने कहलाया है कि कृपा करिए, अब वह मित्र होकर रहेगा।"

"मनुष्य भी कभी किसी का मित्र हुआ है?"

"जो आप चाहें वही–स्वर्ण भी–वह देने को तैयार हो गया है।"

"मैं तो मनुष्य नहीं हूँ जो स्वर्ण के पीछे मर मिटूँ।"

"उसने वचन दिया है कि अघोरियों को अब नहीं सताऊँगा।"

"उसने जो डोंडी पिटवाई है, वह मैंने सुनी है। अब उसके साथ भला मेरा क्या झगड़ा है?"

"वह कहता है कि धर्म और गुरुओं की आज्ञा का उल्लंघन नहीं करूँगा।"

"झूठ!" डड्डनाथ हँस पड़े।

"उनकी मृगारानी बुद्धिमती है। उसने भी वचन दिया है।"

"मुझे और मेरे अघोरियों को वे सुख-चैन से रहने दें, और मुझे क्या चाहिए? मुझे कौन उसके अधम लोक में आना है?"

"और भैरवनाथ! आपने उस दिन मुझसे पूछा था कि मुझे क्या चाहिए?"

"स्वार्थी मानव!" डड्डनाथ हँस पड़े, "बोल, क्या चाहिए तुझे?"

"एक बात पूछूँ?"

"पूछ! तू मानवी स्त्री नहीं जान पड़ती, अघोरी स्त्री-सी जान पड़ती है।"

"अघोर-वन में क्या कोई मानव इस डेढ़ वर्ष के बीच आया है?" भगवती का स्वर काँप रहा था।

"बहुत-से आते हैं, पर बीच ही में या तो मगर खा जाते हैं, या फिर बिना मौत मारे जाते हैं।"

"नहीं-नहीं, बहुत-से नहीं।" और भगवती की आँखों से टप-टप आँसू टपकने लगे, "एक स्वरूपवान, तेजस्वी मानव–भय ने जिसका स्पर्श तक नहीं किया है ऐसा; युवा पशुपति के समान; आपके समान ही अँधेरे में भी देख सकनेवाली आँखोंवाला..." कहते-कहते भगवती रो पड़ीं।

"हा-हा-हा-हा!" प्रसन्न होकर डड्डनाथ ने कहा, "वह मानव नहीं है–मानव नहीं है वह!"

भगवती ने आँखों पर हाथ दे लिए।

"वह तो गज की गति से चलता है, सिंह की दृष्टि से आतंक प्रसारित करता है। भार्गवनाथ मानव नहीं है, अघोरी है, वह मेरा पुत्र है!"

"आपका पुत्र?"

"डड्डनाथ के एक पुत्र को रेवा माता ले गईं–यह दूसरा पुत्र भी रेवा माता ने ही उसे दिया है, वह भार्गवनाथ!"

"वही-वही–राम भार्गव!"

"तूने कैसे जाना?"

लोमा सिसकती हुई डड्डनाथ के पैरों पड़ गई।

"भैरवनाथ! मुझे उनके पास ले चलिए। मैं आपके पैरों पड़ती हूँ।"

डड्डनाथ किंचित् झिझका, "किसलिए? भार्गवनाथ मेरा बेटा है।"

"तो मैं आपके बेटे की बहू हूँ..." और भगवती उच्च स्वर से रोने लगीं।

"हा-हा-हा!" डड्डनाथ आनन्द की किलकारी करके हवा में कूदे, और फिर भूमि पर आ गिरे। उन्होंने कहा, "मैं दस दिन के पश्चात् उसे लाकर तुझे सौंप दूँगा। तेरे घर पर ही उसे लिवा लाऊँगा।" और वे बड़ी देर तक हँसते रहे, "बेटा और बेटे की बहू दोनों ही मिल गए।"

वे लौटने को घूम गए। "मैं आपको पानी तक छोड़ आऊँ," कहकर भगवती उनके साथ ही हो लीं।

चबूतरे से उतरकर किनारे की ओर आते हुए डड्डनाथ सूँघने लगे, "इस कगार के पीछे कोई मनुष्य घुसकर बैठा है।"

लोमा ने पीछे घूमकर कमर पर बँधा हुआ चक्र हाथ में ले लिया।

सहस्रार्जुन गदा उठाकर ललकारता हुआ एकाएक डड्डनाथ पर टूट पड़ा। भगवती ने पीछे हटकर चक्र फेंका, वह जाकर सहस्रार्जुन के हाथ पर लगा और उसके हाथ से गदा गिर पड़ी। वह क्रोध से गुर्राया और बाएँ हाथ में खड्ग लिये दोनों की ओर बढ़ आया।

भगवती ने खड्ग निकालकर सामना किया। सहस्रार्जुन किंचित् झिझका। डड्डनाथ ने सियार के समान भयानक शब्द किया और डकारते हुए वह अपने चारों पैरों पर खड़े हो गए।

सहस्रार्जुन और भगवती के खड्ग टकरा गए। उनमें चिंगारियाँ निकलने लगीं और भगवती का खड्ग दूर जा गिरा।

डड्डनाथ झपटकर सहस्रार्जुन की गरदन पर चढ़ बैठे और उनके लम्बे-लम्बे नख उसका गला टटोलने लगे। सहस्रार्जुन के प्रचंड शरीर का प्रत्येक स्नायु डड्डनाथ को पटक मारने को छटपटा रहा था। अघोरी की भयंकर किलकारी राजा के कानों को फाड़े दे रही थी।

सहस्रार्जुन भूमि पर गिर गया। डड्डनाथ के नख उसके गले में भिदने को ही थे कि भगवती दौड़ती हुई आ पहुँचीं, "डड्डनाथ गुरु, इसकी रानी को मैंने वचन दिया है, इसे न मारिए।"

डड्डनाथ ने शिथिल हाथों से सहस्रार्जुन के मुख पर चाँटे मार उसे बेजान कर दिया। वे फिर उठकर पानी के निकट आए। भगवती को तलवार का आघात लगा था, सो उन्हें चक्कर आ गया।

डड्डनाथ ने उन्हें गिरते हुए देखा था। वह तुरन्त दौड़ आए। उन्हें उठा, पानी के छींटे दे सचेत करने लगे।

सहस्रार्जुन की मूर्च्छा दूर हो गई। वह उठा और हाथ में खड्ग ले पानी में भगवती को उठाए खड़े डड्डनाथ की ओर बढ़ा चला आया।

पानी के पास पहुँचते ही डड्डनाथ को उसने उछलते हुए देखा और उसके हाथ से खड्ग गिर पड़ा।

नर्मदा के जल पर खड़े-खड़े डड्डनाथ अघोरी सन्नाते हुए उलटे पैरों चले जा रहे थे। उनके हाथों में लोमा की देह थी।

बेजान होकर सहस्रार्जुन धरती पर ढुलक गया।

मृगारानी का उद्धार

[1]

मध्यरात्रि बीत गई थी। दो ऊँचे कगारों के बीच के जल पर एक नाव बही जा रही थी। कृष्णपक्ष के चन्द्र का क्षीण प्रकाश चारों ओर फैला था। कुछ मल्लाह सो रहे थे और कुछ ऊँघ रहे थे। ज्वार के कारण नाव अपने आप ही आगे बढ़ी जा रही थी। इस ओर सोए हुए भार्गव की आँख एकाएक खुल गई। नाव के उस सिरे पर कोई धीरे-धीरे कुछ खोद रहा हो, ऐसी स्पष्ट ध्वनि उन्हें सुनाई पड़ी। एक मल्लाह सिर नीचे किए छेद कर रहा था।

वे उठ बैठे। खोदने का शब्द बन्द हो गया और छेद में से पानी आता सुनाई पड़ा। उन्होंने जाकर मल्लाह की गर्दन पकड़ी और बोले, "क्यों रे, नाव डुबा रहा है।"

सब जाग उठे। नाव के तले में एक बड़ा-सा छेद हो गया था, उसमें से बड़े वेग से पानी अन्दर धँसा आ रहा था।

भार्गव ने उस छेद करनेवाले को उठाकर नदी में फेंक दिया। नाव डाँवाडोल होने लगी। नाववाले चीखते-चिल्लाते उठ बैठे और सब लोग पानी में कूद पड़े। एक दूसरे मल्लाह ने भार्गव के सिर पर आघात किया। उन्होंने फरसी तानी। नाव उलट गई। भार्गव और वह मल्लाह पानी में एक-दूसरे के ऊपर हो गए।

अन्य सब मल्लाह चन्द्रतीर्थ की ओर किनारे पर आए। दक्षिण की ओर का किनारा कुछ निकट था, सो भार्गव उस ओर बढ़ चले। उस मल्लाह ने डुबकी मारी और पीछे से आकर पैर पकड़ लिया। उन्होंने बलपूर्वक लात मारकर पैर छुड़ा लिया और झपटते हुए किनारे की ओर तैरने लगे। अपने परशु को साथ रखने के लिए भी वे प्रयत्नशील थे, इसी से तैरना उनके लिए कठिन हो रहा था।

भोर होने आया था; भार्गव ने देखा कि किनारे पर पाँच-सात बड़े-बड़े मगर पड़े हुए हैं। उनका शब्द सुनकर वे सचेत हो गए और फिर पानी में लौटकर डुबकी मार ली।

कुछ दूर आकर भार्गव खड़े हो गए और उन्होंने हाथ में अपना परशु उठाया। उनका पीछा करनेवाला मल्लाह हाँफते-हाँफते तैरता आ रहा था। वह कटि-पर्यन्त जल में खड़ा हो गया और उसने एक भयानक किलकारी की।

एक मगर मुँह फाड़कर उस मल्लाह को पकड़ लेता कि उससे पहले ही भार्गव ने छलाँग मारकर मगर के फटे हुए मुँह में बड़े वेग से एक आड़ा परशु मार दिया। मगर पीछे हट गया और परशु मुँह में लेकर पानी में डुबकी लगा गया। कुछ ही देर में रक्त की धारा ऊपर आती दिखाई पड़ी।

वह मल्लाह फटी आँखों से मगर को अदृश्य होते देखता रह गया। भार्गव उसे हाथ से खींचकर पानी के बाहर ले आए।

"ज्यामघ!" उन्होंने स्नेहपूर्वक कहा, "अबके तीसरी बार तू मुझे मारने में विफल हुआ है। क्या अब भी शत्रुत्व को भूल नहीं पाता है?"

ज्यामघ ने भार्गव की ओर इस प्रकार देखा जैसे सपने से जागा हो और तुरन्त ही भूमि पर पड़कर उसने उनके पैर पकड़ लिए और सिसकने लगा।

"तू इस नाव में कैसे आ गया?"

"गुरुदेव, क्षमा करिए। मृगारानी के निजी व्यक्ति मेरे सम्बन्धी होते हैं। आप इस नाव में आनेवाले थे, इसी से आपको मारने के लिए मैं इसमें चढ़ बैठा। और आपने मुझे बचा लिया–कितनी बार!"

"अच्छा ही हुआ, तेरे लिए इस पश्चाताप की आवश्यकता थी।"

सैकड़ों सियारों की किलकारियाँ किनारे के जंगलों में सुनाई पड़ीं।

"यह क्या है?" भार्गव ने पूछा।

"गुरुदेव! क्षमा करिए। यह अघोरियों का वन है। यहाँ से बचकर आप निकल नहीं सकते हैं, इसी से तो नाव को मैंने इस स्थल पर डुबाया था।"

"अघोरियों का वन?"

"हाँ, डड्डनाथ पिशाच यहीं रहता है। उसके हाथ से बचकर कोई जा नहीं सकता। चलिए, यहाँ से भाग निकलें।"

"देखें तो क्या होता है।" भार्गव ने कहा।

[2]

ज्यों ही भार्गव और ज्यामघ ने अघोरी-वन में पैर रखा कि हाथों में भैंसों और गायों की अँतड़ियों के शस्त्र लेकर अघोरी उनके आसपास घिर आए। ज्यामघ घबराकर भागने जा रहा था कि भार्गव ने उसे रोका और आप हँसता हुआ मुख लिये खड़े रह गए।

भार्गव को निर्भय और हँसते हुए देखकर पहले तो अघोरी कुछ झिझके और फिर उन्होंने दोनों को बाँधने के लिए रस्से निकाले। भार्गव ने स्वयं ही उनसे माँगकर एक रस्सा ले लिया और अपने हाथ-पैरों में उसे बाँधकर, उस रस्से का एक छोर उन्होंने अघोरियों के अग्रणी के हाथ में थमा दिया।

"चलो, कहाँ ले चलना चाहते हो?" उन्होंने हँसकर कहा, "मैं भागनेवाला नहीं हूँ।"

उन्हें हँसते देखकर दूसरे दो-चार अघोरी भी हँसने लगे।

अघोरी उन्हें बाँधकर वैद्यार्य पर्वत की तलहटी की ओर ले गए। घने जंगलों से घिरे हुए कगारों के बीच एक मैदान था। उसके आसपास के कगारों में गुफाएँ थीं। उन्हें देखकर वहाँ से कुछ स्त्रियाँ और बालक बाहर निकल आए।

चारों ओर खाए हुए पशुओं और पक्षियों की हड्डियाँ और पंख फैले हुए थे। सड़े हुए मांस की दुर्गन्ध भी आ रही थी। स्त्रियों और पुरुषों ने हड्डी, पत्थर तथा पंखों के नाममात्र वसन पहन रखे थे। प्रत्येक व्यक्ति की कमर पर एक-एक खोपड़ी बँधी हुई थी, जो पानी पीने के काम भी आती थी।

मैदान के बीच में लाकर भार्गव और ज्यामघ को बाँध दिया गया। दिन-रात उन्हें खड़े रहना पड़ता था। जो कुछ उन्हें खाने को दिया जाता था, उसे सूँघना भी असह्य था। ज्यामघ सारे दिन भय से या आत्म-तिरस्कार से क्रन्दन किया करता। भार्गव को इन गन्दे दुर्गन्ध-भरे, पर आनन्दी और विद्वेष-मुक्त लोगों पर ममता हो आई।

पर मानवों के प्रति इन लोगों के मन में जो तिरस्कार का भाव था, उसे जीतना सहज नहीं था। साँझ को खा-पीकर निवृत्त होने पर लकड़ियाँ अथवा आग में तपी हुई हड्डियाँ लेकर उन दोनों को जला-जलाकर सन्तप्त किया जाता। ज्यामघ चिल्लाता, गालियाँ देता और प्रायः वेदना से बेजान हो जाया करता।

भार्गव चुप रहकर उस दाह को सहन करने लगे, यह बात अघोरियों की समझ में न आ सकी। धीरे-धीरे वे अघोरियों के साथ कुछ बातें भी करने लगे। अघोरी लोग मानव को हिंसक मानकर उससे डरा करते थे, पर ऐसे ममता-भरे मानव को देखकर वे अचरज में पड़ गए; फिर तो वे उन्हें एक बड़ा-सा खिलौना समझकर उनके साथ विनोद-क्रीड़ा करने लगे और उन्हें जलाना-सताना उन्होंने छोड़ दिया।

आठ दिन पश्चात् गुरु डड्डनाथ आए। भार्गव और ज्यामघ को देखकर उन्होंने होंठ पीसे।

"घातक, दुष्ट मानव!" वह बुदबुदाए।

भार्गव ने हँसकर कहा, "बहुत लोग ऐसे होते हैं, पर सभी नहीं।"

"तू यहाँ कैसे चला आया?"

"इस ज्यामघ से पूछिए।"

ज्यामघ ने सारी बात कह सुनाई। डड्डनाथ ने उस पर थूक दिया, "झूठे, द्वेषी, हत्यारे, कृतघ्न मानव!"

"आप भूल रहे हैं। आप भी तो मानव ही हैं न?"

"नहीं, मैं मनुष्य नहीं हूँ। मैं तो अघोरी हूँ।"

"क्यों अघोरियों में द्वेषी, झूठे और हत्यारे लोग नहीं होते?"

"नहीं, हम लोग तो सीधे और सरल हैं।"

"बहुत-से मनुष्य भी ऐसे होते हैं।"

"हाँ..." तिरस्कारपूर्वक डड्डनाथ ने कहा।

"पर गुरु, हमें मुक्त तो कर दीजिए। हमारे शरीर पर घाव हो गए हैं और सिर में जुएँ पड़ गई हैं। हमें नहा तो लेने दीजिए।" भार्गव ने कहा।

"शायद भाग जाना चाहते हो?"

"मैं क्यों भागने लगा?"

"मैं किसी का भी रक्त पी सकता हूँ।" कहकर डड्डनाथ हँस पड़े।

"रक्त किसलिए पीते हैं आप? और भी तो खाने की बहुत-सी वस्तुएँ हैं। और आप यदि गुरु हैं तो मेरे बाप-दादे भी गुरुवंश के ही हैं।"

"तू भी गुरु है?"

"हाँ।"

"तू हवा में उड़ सकता है?"

"नहीं।"

"पानी पर चल सकता है?"

"नहीं।"

"अँधेरी रात में देख सकता है?"

"हाँ।"

"झूठ बोलता है।"

"रात होने पर परीक्षा कर देखिए।"

"हाँ-हाँ, बापू, आपके और मेरे समान ही यह भी रात को देख सकता है।" डड्डनाथ के पुत्र भड़नाथ ने कहा।

डड्डनाथ कुछ उलझन में पड़ गया, "पर तू न तो हवा में ही उड़ सकता है, न पानी पर ही चल सकता है और न खून ही पीता है। फिर तू भला कैसा गुरु?"

"आप जो नहीं कर सकते, वह मैं कर सकता हूँ।"

"क्या कर सकता है?" तिरस्कारपूर्वक हँसकर डड्डनाथ ने पूछा।

"आप जो कुछ खाते हैं, उससे अच्छा खाना आपको दिलवा सकता हूँ। ये आपके घाव और खुजली मिटा सकता हूँ। मैं आपको विद्या सिखा सकता हूँ।"

"विद्या? यह विद्या क्या होती है?"

"आपके पास जो शस्त्र हैं उनसे अच्छे शस्त्र मैं बना सकता हूँ। तुमसे कहीं अधिक सरलता से मैं वनचरों को मार सकता हूँ। एक तो यही विद्या है। दूसरी विद्या है जिससे मैं तुम्हें तेजस्वी और विशुद्ध बना सकता हूँ, तुम्हें आर्यत्व सिखा सकता हूँ।"

डड्डनाथ खिलखिलाकर हँस पड़ा और उसे हँसते हुए देखकर अन्य अघोरी भी हँसकर आसपास नाचने लगे।

"इस लड़के को अच्छा कर सकता है?"

"यदि मुझ पर आपको विश्वास हो, तो।"

"मानव में और विश्वास?"

"करके तो देखिए।"

"पर कैसे कर सकता हूँ? मुझे तो तुम लोगों का बहुत अनुभव है।"

"आपको महाअथर्वण ऋचीक के पौत्र का अनुभव नहीं है। मुझे छोड़ दो।"

"तू भाग जाना चाहता है?"

"गुरु डड्डनाथ, क्या मैं मूर्ख हूँ जो भाग जाऊँगा? नदी की राह में मगर मुँह फाड़कर बैठे हैं। वन के मार्ग में सिंह और वराह भूखे बैठे हैं। मेरे भागने का एक ही मार्ग है। तुम्हारे हृदय का द्वार खोलकर उसी में से भागूँगा।"

"तू मेरी आज्ञा के बिना नहीं भागेगा?"

"मुझे अपनी शपथ है, अपने बाप-दादों की शपथ है।" भार्गव ने कहा।

"डड्डनाथ अघोरी का वचन भंग करके कोई जीता जा सका है?"

"पर भार्गव का दिया वचन देवों के लिए भी तोड़ना सम्भव नहीं है।"

डड्डनाथ ने प्रसन्न होकर भार्गव को छोड़ दिया और उनके बहुत विनती करने पर ज्यामघ को भी छोड़ दिया। डड्डनाथ ने तो ज्यामघ को मार डालने का संकल्प किया था, पर भार्गव ने उसे छुड़वा लिया।

ऐसी सुन्दर नर्मदा पास ही में थी, तब भी उसमें स्नान करना सम्भव नहीं था। वहाँ मगर बहुत अधिक थे।

दूसरे दिन सवेरे भार्गव नदी के तट पर खड़े थे, डड्डनाथ और भड़नाथ वहाँ आए। डड्डनाथ के डकराने पर छह मगर खिलवाड़ करते हुए, दुम हिलाते-से उनके पास आए। डड्डनाथ ने उन्हें सहलाया। भड़नाथ ने हाथों में मांस के टुकड़े लेकर उन्हें खिलाए। फिर डड्डनाथ ने आज्ञा दी, "बेटे, जाओ, अब कल।" आज्ञाकारी कुत्तों की भाँति मगर फिर पानी में चले गए।

डड्डनाथ ने भार्गव से कहा, "देखा, तेरे मानवों से तो मेरे ये मगर ही भले। जो खिलाता है, उसे तो कभी नहीं काटते।"

"सच बात है।" भार्गव ने स्वीकार किया।

"मानव के समान कृतघ्न जन्तु मैंने दूसरा नहीं देखा। अघोरी कभी अपनी की हुई सेवा को भूलता नहीं है। तू मगरों को खिलाएगा?"

"आजीवन यदि मुझे यहीं रहना पड़ा तो खिलाऊँगा।"

"सो बिना गुरु के कैसे सम्भव है?"

"तुम मगर को वश में करते हो, मैं उनसे भी दुष्टतर मानवों को वश में करने का प्रयत्न करता हूँ।" भार्गव हँस पड़े।

कुछ ही दूर पर एक प्रवाह था, वहीं भार्गव सन्ध्या-स्नान किया करते। ज्यामघ की अकुलाहट का पार नहीं था। तीसरे दिन वह अत्यन्त रुग्ण हो गया तो दिन-रात उसकी सेवा करने का काम भार्गव ने अपने सिर उठा लिया। रात को ज्यामघ पागल-सा हो जाता। वह अपने मरे हुए माँ-बाप को याद किया करता और भार्गव से क्षमा माँगा करता। बहुत बार वह भागने का या फिर आत्मघात कर लेने का विचार किया करता और सदा रोता-कलपता रहता। भार्गव उसके जीवन में रस लेने लगे। जब ज्यामघ निराश होकर रोया करता तो उसे छाती से दाबकर वे माता की भाँति आश्वासन दिया करते। कई दिनों तक उनके लिए सबसे बड़ा काम यही हो गया था कि आधी-आधी रात तक जागकर वे पगले-से हो रहे ज्यामघ को अपना दुःख बिसराने के प्रयत्न में योग दिया करते।

भड़नाथ और भार्गव सवेरे जंगल में आखेट को जाया करते। अघोरियों की आखेट-पद्धति आदिम ढंग की थी। एक लकड़ी के सिर पर पत्थर का फलक खोंसकर, वे भाले के रूप में उसका प्रयोग किया करते। किसी बड़े झाड़ की गठीली शाखाओं से वे अपनी गदाएँ बना लिया करते। पत्थर, पत्थर की हथौड़ी और हड्डियों की फरसी, यही उनके विशिष्ट हथियार थे।

दूसरे ही दिन जंगल में जाकर भार्गव ने हरे बाँस और भैंसों की अँतड़ियाँ एकत्रित कीं और उन्हें घिस-घिसकर कुछ तीखे तीर बना लिए। भार्गव को ऐसी विचित्र क्रियाएँ करते हुए देखकर भड़नाथ और उसके कुछ मित्रों को बड़ी हँसी आई। जब भड़नाथ और कुछ अघोरी सवेरे आखेट पर गए तो वे भी उनके साथ गए। जंगल में जाकर झाड़ों के पीछे छिपकर अघोरी पक्षियों का-सा शब्द करते हुए, पक्षियों को ललचाने लगे। जो पक्षी ललचाकर पास आ जाते, उन्हें वे बड़ी चपलतापूर्वक अपने हाथों में पकड़ लेते।

भार्गव ने उनसे चुप रहने के लिए कहा और दूर पर दो बड़े-बड़े सारस घूम रहे थे, उन्हें एक ही बाण से बींध दिया और फिर कुछ उड़ते हुए बड़े-बड़े पक्षियों को तड़ातड़ मार गिराया।

आखेट की यह पद्धति अघोरियों को बहुत पसन्द आई। अघोरी वृद्धों और डड्डनाथ ने उसका निषेध किया।

"यह तो छलना है। हाथों-हाथ जानवरों को पकड़ लाना ही न्याय कहा जा सकता है। या तो वे ही हमें खाएँ या फिर हमीं उन्हें खा जाएँ। ऐसी युक्तियाँ रचकर यदि हम उन्हें मारेंगे, तो किसी एक दिन हमारे परस्पर के व्यवहार में भी हम एक-दूसरे पर उसका उपयोग करने लगेंगे। परिणाम यह होगा कि शत्रुत्व बढ़ेगा और हम भी मानवों की भाँति हिंसक हो जाएँगे।"

भार्गव ने दूसरे ही दिन तीर-कमान जला दिए। शस्त्रों का एक नया ही रहस्य उनकी समझ में आया।

गन्दगी के कारण अघोरी अनेक प्रकार के रोगों से पीड़ित रहा करते थे। भार्गव ने अश्विनों की आयुर्विद्या के प्रयोग करने की इच्छा प्रकट की, पर वह अघोरियों को रुचिकर न जान पड़ी। रहन-सहन, वेशभूषा तथा शरीर की स्वच्छता आदि से उन्हें बड़ी विरक्ति थी। लोगों की मान्यता थी कि इसी से अघोरियों की शक्ति बहुत क्षीण हो जाती है। नहाना उनके यहाँ पाप माना जाता था। प्रतिदिन शरीर पर राख मलना एक सुघड़ता का लक्षण माना जाता था। भार्गव दिन में दो बार प्रवाह में नहाया करते थे, पर अघोरियों की दृष्टि में वह बड़ी अधम बात थी। कोई अघोरी जब बहुत रुग्ण हो जाया करता तो वे उसे मर जाने देते और उसे जलाकर उसकी खोपड़ी, उसकी हड्डियों तथा उसके मेदे के भिन्न-भिन्न उपयोग वे किया करते। अघोरियों को हड्डियाँ बहुत प्रिय थीं।

मनुष्य की ऐसी अवगणना भार्गव के मन में बहुत खलने लगी। पर इस सम्बन्ध में अघोरियों को समझाना व्यर्थ था। उन्होंने मरणशय्या पर पड़े एक व्यक्ति की परिचर्या का भार अपने ऊपर ले लिया तो डड्डनाथ ने उन्हें वैसा करने का निषेध किया, "जब अघोरी के मरने की घड़ी आती है, तो उसकी हड्डियों और खोपड़ी से ही अन्य अघोरियों को बल मिलता है।" उसने कहा, "उसे फिर जिलाने का प्रयत्न करने से भैरवनाथ कुपित हो जाते हैं।" यदि कोई अघोरी कहीं घायल होकर बेजान हो जाता तो उसका रक्त चूस लेना ही उनके यहाँ पुण्य माना जाता था।

चार महीनों के पश्चात् भार्गव को एक सुयोग मिला। एक दिन भड़नाथ और उसके कुछ युवा अघोरी उसके साथ जंगल में शिकार पर गए थे। भयंकर किलकारियाँ करके वे डुगडुगी बजाते हुए, बड़े-बड़े दाँतोंवाले सूअरों और सिंहों को खिजाते और फिर पत्थर की हथौड़ियों, लाठियों, पत्थरों तथा लकड़ी की गदाओं से वे उनका सामना करते। और उसमें भी यदि कोई बिना शस्त्र के ही जानवर से स्वयं भिड़कर उसे मार देता, वही शूरवीर समझा जाता। इस प्रकार आखेट अघोरियों और पशुओं के बीच युद्ध का रूप ले लिया करता था। या तो वे ही हमें खा जाएँ, या फिर हमीं उन्हें खा जाएँ, यही आखेट का न्याय माना जाता था।

एक दिन ऐसे ही एक आखेट में डड्डनाथ के भाई का एक बीस वर्ष का लड़का घायल होकर अचेत हो गया। आखेट सम्पन्न हो जाने पर, अघोरी आखेटक घायल व्यक्ति का रक्त पीने को प्रस्तुत हुए। भार्गव को वह लड़का बहुत प्रिय था, अतएव उसे कन्धे पर उठाकर जंगल में भाग निकले। बड़ी दूर तक सबने मिलकर उनका पीछा किया, पर वे हाथ न आए।

अघोरी क्रुद्ध होकर अपने गाँव को लौट गए; उनकी बात सुनकर सारा गाँव उत्तेजित हो उठा। पर भड़नाथ ने सबको समझा-बुझाकर शान्त किया। भार्गव भागकर नहीं जाएँगे। तीसरे दिन जब गुरु डड्डनाथ आए तो उन्होंने भार्गव की खोज में कुछ आदमियों को भेजने का

प्रबन्ध किया। सवेरे ही डुगडुगियाँ बजाई गईं। खोज में जानेवाले लोग तैयार होकर आ पहुँचे, अन्य लोग उन्हें देखने को एकत्रित हो गए और डड्डनाथ खिलखिलाकर हँस पड़े।

"कहाँ जा रहे हो, मूर्खो?"

भार्गव अपनी गुफा के बाहर ही खड़े थे। उनके साथ वह युवक बिना राख का स्वच्छ शरीर लिये खड़ा था। डड्डनाथ और उस युवक का बाप दौड़ते आ पहुँचे और ध्यानपूर्वक उस लड़के को देखने लगे। दो-एक स्थल पर भार्गव ने उसके शरीर पर पट्टियाँ बाँध रखी थीं, अन्यथा वह लड़का अति शुद्ध रूप में सामने खड़ा था।

"यह क्या बात है?" हँसकर डड्डनाथ ने कहा।

"मरे हुए अघोरी से तो जीता ही भला है न?" भार्गव ने पूछा।

अघोरियों पर इस चमत्कार का बहुत गहरा प्रभाव पड़ा। और धीरे-धीरे कोई-कोई अपने रोग का उपचार कराने के लिए उनके पास आने लगे।

[3]

ज्यामघ अच्छा तो हो गया, पर उसके भीतर आत्म-तिरस्कार का भाव बहुत बढ़ गया था। साथ ही अघोरियों के प्रति भी उसके मन की घृणा बहुत प्रबल हो उठी थी। वह स्वयं पितृहीन और कुलहीन था। जिसे वह मारने आया था, उसने अपने उपकारों से उसे ढाँक दिया था। जो व्यक्ति उसका कट्टर शत्रु था, उसके प्रति उसका पूज्यभाव दिन-प्रतिदिन बढ़ता जा रहा था। और वह शार्यात-कुल-शिरोमणि आज इन बीभत्स और गन्दे अघोरियों के बीच आ बसा था! किसी रूठे हुए बालक की भाँति अपने क्रोध का अधिक-से-अधिक प्रदर्शन करने में उसे आनन्द आता था।

भार्गव का अघोरियों के साथ मिलना-जुलना तथा हँसना-बोलना उसे रंचमात्र भी अच्छा नहीं लगता था। गुरुदेव-जैसे व्यक्ति को यों सरलता का व्यवहार करते देखकर उसके गर्व को आघात पहुँचता था और कई बार वह उन्हें ताने भी मारा करता था।

नितान्त बाध्य होने पर ही वह अघोरियों से बातचीत करता। राख मले हुए, हड्डियों से सजे, गन्दे शरीरवाले उन स्त्री-पुरुषों को प्रतिदिन देखकर उसकी घृणा और अकुलाहट बढ़ती ही जाती थी। प्रायः डड्डनाथ या भड़नाथ को मारकर अथवा स्वयं को मगरों का ग्रास बनाकर अपने जीवन का अन्त कर डालने को उसका जी चाहता। पर भार्गव की भक्ति से उसका हृदय ओत-प्रोत हो गया था। उनके प्रोत्साहक शब्दों से उसे शक्ति मिला करती थी। इसी से उनका द्रोह न करके उनकी सेवा करने का संकल्प मन-ही-मन करते हुए वह अपने दिन बिताया करता।

अघोरी स्त्रियों को देखकर ज्यामघ को बड़ा क्रोध आता। उन लोगों में विवाह की प्रथा नहीं थी। जिस पुरुष को जो स्त्री अनुकूल पड़ जाती उसी के साथ वह अपनी गृहस्थी बसा लेता; केवल डड्डनाथ को इस बात की सूचना दे देनी पड़ती थी। एक-दूसरे की प्रीति कोई तोड़ देता, तो उन्हें दुःख नहीं होता था। उन लोगों में परस्पर यदि कोई झगड़ा हो जाता तो डड्डनाथ या भड़नाथ उस पर अपना निर्णय देते, तब सभी लोग हँस पड़ते और जहाँ से चूके थे वहीं से फिर गिनना आरम्भ कर देते। दाम्पत्य-भाव उन लोगों में इतना कम था कि स्त्रियों

को लेकर उनके बीच कभी कोई ईर्ष्या या द्वेष नहीं जागता था कि जिसके परिणामस्वरूप उनमें परस्पर संघर्ष हो। उनकी प्रीति करने की रीति देखकर ज्यामघ का सिर घूम जाता था। स्त्रियों में कोई लज्जा का भाव नहीं था। पुरुष खुल्लमखुल्ला स्त्रियों को रिझाने की चेष्टाएँ किया करते। दिन हो या रात, जहाँ भी विलास का रंग जम जाता वहीं रति-शय्या हो जाती। ज्यामघ उन्हें कुत्तों से भी हीनतर मानता था। इन लोगों के आनन्दी और सरल स्वभाव को देखकर उसके मन की ग्लानि का भाव विद्वेष से ओत-प्रोत हो उठता। कोई स्त्री ज्यामघ की ओर आँख उठाकर देखती भी नहीं। वे माना करती थीं कि ज्यामघ एक नीच और अधम मानव है। पर भार्गव के पीछे कई स्त्रियाँ चक्कर काटा करती थीं। ज्यामघ आत्म-तिरस्कारपूर्वक इस बात की प्रतीक्षा में था कि किस क्षण गुरुदेव का पतन हो और कब वे किसी अघोरी स्त्री के साथ गृह-संसार बसाकर बैठ जाएँ। एक-दो महीनों तक स्त्रियों को भार्गव के आसपास डोरे डालते देखकर ज्यामघ क्रोध से भर उठा।

एक दिन उसने भार्गव से पूछा, ''गुरुदेव! क्या भगवती को आप भूल गए हैं?''

''मुझे उसका स्मरण करने की आवश्यकता नहीं है।''

''इतने दिनों के उपरान्त भी?''

''मुझे लोमा का स्मरण करने की आवश्यकता नहीं जान पड़ती। मैं जहाँ भी हूँ, उसका अंश हूँ। और वह जहाँ भी है, मेरा अंश है। हम एक हैं, दो नहीं।''

ज्यामघ मन-ही-मन हँसा—और यों किसी दिन गुरुदेव किसी अघोरी स्त्री के जाल में फँस गए तो!

यह तो सभी प्रत्यक्ष देख रहे थे कि अनेक स्त्रियाँ भार्गव की ओर आकर्षित हो रही हैं। वे जहाँ भी जाते, स्त्रियाँ अपने काम छोड़कर उनके सामने जा खड़ी होतीं। जब भार्गव नहाने जाते तो बहुत-सी स्त्रियों का जी करता था कि वे पानी भरने जाएँ। कभी-कभी भार्गव भी मन्द-मन्द मुसकराते हुए बातचीत किया करते।

एक बार ज्यामघ भार्गव के साथ नहाने गए, तभी तीन अघोरी युवतियाँ वहाँ पानी भरने आईं। उनमें से दो युवतियाँ पानी भरना छोड़कर भार्गव के सामने आ खड़ी हुईं। उनमें से एक डड्डनाथ की छोटी बहन थी। ज्यामघ ने छिपे-छिपे, पत्तों की सिंगार-सज्जा में से छनकर आ रही उसकी शरीर-रेखाएँ देखीं और दूसरी अघोरी स्त्रियों की शरीर-रेखाओं के साथ उनकी तुलना की। अघोरी स्त्री अपने हास्य और नखरों से भार्गव को रिझाने का बराबर प्रयत्न कर रही थी। बड़े ही मीठे हास्य से उस स्त्री ने उनसे बातचीत की, पर उनकी हिमगिरि के समान शीतल आकर्षणता क्षण-भर को भी न पिघली। उस स्त्री ने भी अनेक प्रकार के धृष्ट प्रदर्शन किए, पर भार्गव उसको ऐसे लाड़ से बहलाते रहे, मानो कोई प्रपितामह ही हों।

''तेरा पति कहाँ है?''

''आखेट पर गया है। मैं आज ही साँझ को उसे छोड़ दूँगी।''

''किसलिए?''

''मैं तेरे साथ ब्याह करना चाहती हूँ।''

''पर मैं तेरे साथ ब्याह करना नहीं चाहता।'' हँसकर भार्गव ने कहा।

''क्यों?''

''मेरे तो स्त्री है।''

"कौन?" किंचित् क्रोध में आकर डड्डनाथ की बहन ने कहा।

"यहाँ तो कोई स्त्री मेरी नहीं है, वह तो मानवों के यहाँ है।" भार्गव ने आश्वासन दिया।

"कोई नीच मानवी होगी वह?"

"नहीं, वह भी अघोरियों-सी ही सरल है और मानवों के बीच भी वह अपूर्व है।"

"पर न तो वही यहाँ आ सकेगी और न तू ही यहाँ से जा सकेगा।"

"जो भी हो, पर मैं उसकी प्रतीक्षा करूँगा।"

"कब तक?"

"जब तक हम मिल नहीं जाते।"

"ऐसा भी भला कहीं हो सकता है? तू तो मेरा पति बन जा।"

"कैसे बन सकता हूँ? मैं तो दूसरी का पति हूँ न!"

"गुरु से कहकर उससे अपना विवाह-विच्छेद कर ले।"

"मानवों का गुरु तो मैं ही हूँ। हमारा विवाह टूट नहीं सकता है।"

"तो तू मुझे नहीं ब्याहेगा?" वह स्त्री रो पड़ी।

"तेरा पति ही क्या बुरा है? मैं आज साँझ को तुम दोनों से मिलूँगा और तुम्हारे साथ ही भोजन भी करूँगा।"

साँझ को उस स्त्री ने डड्डनाथ के सन्मुख जाकर भार्गव के विरुद्ध गुहार की।

"भार्गवनाथ! क्या तू विवाहित है?" उन्होंने भार्गव को बुलाकर पूछा।

"हाँ।"

"तू यहीं किसी से विवाह क्यों नहीं कर लेता?"

"मेरे तो पहले ही से एक पत्नी है। मैं विवाह कैसे कर सकता हूँ?"

"तो क्या आजीवन स्त्री के बिना ही निबाह लेगा?"

"किसी दिन तो मुझे छोड़ोगे ही न?"

"और जो नहीं छोड़ूँ तो?" डड्डनाथ ने पूछा।

"तब भी मैं और मेरी पत्नी तो एक ही रहेंगे। वह तो मेरे रक्त-मांस में रची हुई है।"

"क्या वह भी किसी दूसरे के साथ विवाह नहीं करेगी?"

"इस बात की तो वह कल्पना भी नहीं कर सकती।"

डड्डनाथ फिर हँस पड़ा—मानवों को समझाना बहुत ही कठिन काम है।

"क्या अघोरी तुझे अच्छे नहीं लगते?"

"अघोरी मुझे बहुत प्रिय हैं। राग-द्वेष की मात्रा उनमें इतनी कम है, कि मानवों की अपेक्षा उनमें देवत्व का अंश अधिक है।"

उसी साँझ को भार्गव डड्डनाथ की बहन और उसके पति के साथ भोजन करने के लिए गए और उन दोनों के बीच ऐसा मेल करवा दिया कि उस स्त्री ने अपने पति को त्यागने का विचार ही त्याग दिया।

भार्गव विवाहित हैं, वे दूसरा विवाह नहीं कर सकते हैं और डड्डनाथ की बहन के साथ विवाह करना उन्होंने अस्वीकार कर दिया है, आदि बातें जब अघोरियों के बीच फैल गईं तो उन लोगों को बड़ी हँसी आई। बहुत लोगों के मन में उनके लिए पूज्यभाव जाग्रत हो उठा और कुछ लोग तो यह भी मानने लगे कि इस विषय में मानव अघोरियों से अच्छे हैं।

पर इस घटना का ज्यामघ के मन पर बड़ा ही विचित्र प्रभाव पड़ा। अब वह अघोरी स्त्रियों को एक दूसरी ही दृष्टि से देखने लगा। पत्थरों और हड्डियों के आभूषणों से ढकी स्त्रियों के शरीर की प्रत्येक रेखा को निरखने का एक मोह-सा उसके मन में जाग उठा। पर साथ ही उसे बड़ी तीव्रता से इस बात का भी भान होता गया कि वह स्वयं आर्य है, शार्यात है और ये गन्दी, संस्कारहीन, खोपड़ी का मेदा रखनेवाली अघोरी स्त्रियाँ हैं। पर दूसरी ओर उन स्त्रियों को लेकर उसके मन में बड़ी ही उन्मत्त लालसा जाग उठी। किन्तु उसके दुर्भाग्य से अघोरी लोग उसे घृणा की दृष्टि से देखते थे और वे उसे मनुष्य तक मानने को तैयार नहीं थे।

सारे गाँव की नग्न स्त्रियाँ उसके सामने से आया-जाया करती थीं, उनकी लज्जित करनेवाली चेष्टाएँ और व्यवहार भी वह नित्य अपनी आँखों-आगे देखा करता था, फिर भी वह स्वयं उनसे दूर था, अस्पृश्य था—यह वेदना उसके लिए बड़ी दुःसह थी। दिन और रात उसे ऐसे ही सपने आया करते मानो काल्पनिक अघोरी स्त्रियाँ उसके हाथ से रह-रहकर निकल जाती हैं। और इन सपनों से जो व्यथा उसे होती थी, उस पर नियन्त्रण करने के लिए वह अकेला जंगलों में भटका करता।

ज्यों-ज्यों उसकी यह व्यथा बढ़ने लगी त्यों-त्यों उसका आत्म-तिरस्कार का भाव भी बढ़ने लगा। इस लालसा के कारण वह पतित और अधम हो गया है, इस बात की कल्पना भी उसके हृदय को बेधने लगी।

एक दिन तड़के ही उठकर वह बहुत दूर जंगल में निकल गया और गिरिशृंग पर जा चढ़ा। इस अधमता से बचने के लिए उसने आत्महत्या करने का निश्चय कर लिया था। ज्यों-ज्यों वह गिरिशृंग पर चढ़ता गया, त्यों-त्यों अघोरी स्त्रियाँ उसे अधिकाधिक दीखती गईं। अपनी कल्पना से उस दर्शन को दूर करने के लिए उसने अपने गालों पर कई तमाचे मारे।

वह शार्यात है और भार्गव का शिष्य है; उसके लिए एक ही रास्ता है—और वह है मृत्यु। शिखर के एक किनारे पर झाड़ के तले वह आत्मघात करने के लिए तैयार होकर खड़ा हो गया।

उसके पास ही किसी ने खाँस दिया। वहाँ निकट ही अघोरियों का एक गाँव था; वहीं की कोई स्त्री लकड़ियाँ बीन रही थी। ज्यामघ ने ज्यों ही उसे देखा कि वह हँस पड़ी और वहीं ठिठक गई; फिर वह ज्यामघ की ओर बढ़ आई। वह एक अधेड़ वय की, कुरूप और गन्दी स्त्री थी। उसे ऐसे जान पड़ा मानो कोई दूसरा ही ज्यामघ यह देख रहा है। और यह ज्यामघ उस दूसरे ज्यामघ की ओर देखकर हँस पड़ा।

सारी सृष्टि मानो नृत्य करती-सी जान पड़ी।

कुछ ही देर में आत्मघात का संकल्प भूलकर मन्द-मन्द हँसता हुआ ज्यामघ पर्वत से नीचे उतर आया। उसके अन्तर में दूर खड़ा कोई ज्यामघ आत्म-तिरस्कार के भाव का अनुभव कर रहा था, पर उसकी उसे चिन्ता नहीं थी।

ज्यों ही वह भार्गव से मिला तो उन्होंने तुरन्त उसके भीतर के परिवर्तन को ताड़ लिया।

"ज्यामघ! कोई पत्नी मिल गई है क्या?"

ज्यामघ संकोच में पड़ गया। उसे पता ही नहीं था कि गुरुदेव बड़े ध्यान से उसका निरीक्षण किया करते हैं।

"गुरुदेव! क्षमा करिए, अब मुझसे अकेले नहीं रहा जाता है।"

"इसमें क्षमा करने की क्या बात है? स्त्री का संग तो मनुष्य का परम धर्म है। मैं आज ही गुरु डड्डनाथ से आज्ञा ले आऊँगा।"

कुछ महीनों में भार्गव ने अघोरियों पर बड़ा गहरा प्रभाव जमा लिया। अघोरियों की भोजन-पद्धति अब व्यवस्थित हो चली थी; उनके रहन-सहन में एक सुघड़ता आ गई थी और उनके रोग अब मिटने लगे थे। उनकी रीतियाँ भी अब बदल चली थीं। डड्डनाथ कहने लगे थे–'डड्डनाथ के दो पुत्र हैं–भड़नाथ और भार्गवनाथ।'

भार्गव ने अघोरियों के साथ सम्पूर्ण तादात्म्य साध लिया और अब वे उनमें शक्ति का संचार करने लगे। डड्डनाथ ने भी निःसंकोच उन्हें अघोरियों की सिद्धियाँ सिखा दी थीं।

एक ही वर्ष में भार्गव अघोरियों के भी गुरु हो गए। प्रत्येक पूर्णिमा को अघोरियों के झुंड अमरकंटक में होकर डड्डनाथ के दर्शन करने आया करते थे। उन पर भी भार्गव का प्रभाव पड़ने लगा था और जहाँ भी अघोरी बसते थे वहीं गुरु भार्गवनाथ का नाम-स्मरण होने लगा था।

एक दिन गुरु का सत्कार-समारम्भ करने के लिए अघोरीगण नदी के तट पर एकत्रित हुए थे। गुरु डड्डनाथ पानी पर ऐसे सनसनाते हुए चले आ रहे थे मानो नदी पर बैठे-बैठे आ रहे हों। उनके हाथ पर एक मनुष्य था; देखकर सभी चकित हो गए। डड्डनाथ गुरु, और जीता मनुष्य साथ ले आएँ!

घुटनों तक पानी में आकर डड्डनाथ खड़े रह गए और अपने हाथ के मनुष्य को उठाकर हर्ष की किलकारी मारते हुए किनारे पर आ पहुँचे, "बहू लाया हूँ, बहू लाया हूँ!"

"किसके लिए?" अघोरियों ने चिल्लाकर पूछा।

"भार्गवनाथ के लिए।"

डड्डनाथ कगार की ओर गया। भार्गव की दृष्टि ज्यों ही वहाँ पड़ी तो वे झपटकर वहाँ जा पहुँचे।

"लोमा! लोमा!" कहकर उन्होंने भगवती को अपने हाथों में ले लिया।

"मैं भार्गवनाथ की बहू को लिवा लाया हूँ–बहू को!" कहकर डड्डनाथ हर्ष से उछल पड़े। भगवती ने आँखें खोलकर भार्गव को देखा और उनके गले से लिपट गईं। एकाग्रता का वह बल बिखर गया। वे हर्ष के आवेग में बड़े भारी उच्च स्वर में सिसकने लगीं।

डड्डनाथ मन-ही-मन मुसकरा रहे थे और अपने प्रिय और हितैषी मगरों को उनका खाद्य खिला रहे थे।

[4]

माहिष्मती नगरी के कुछ दूर एक ऊजड़ गाँव में एक छोटा-सा घर था। उसमें एक नन्हा-सा दीया जल रहा था। उसके बाहर दो व्यक्ति दीवार की ओट में नंगी तलवार लेकर छिपे हुए थे।

बाहर की पटसाल में एक वृद्ध पुरुष अँधेरे में बैठा था। भीतर के कक्ष में एक सुन्दर मृगचर्म पर मृगारानी बैठी थी–आभूषणविहीन और अत्यन्त मलिन जर्जर वेश में। उसका मुख चिन्तातुर था। कान लगाकर वह किसी की बात सुन रही थी। उसका धैर्य अब जाता रहा था।

आभूषण और सुन्दर वस्त्रों में वह सदा ही आकर्षक दिखाई पड़ती थी, पर इस समय उन सबकी सहायता के बिना उसके होंठों का मद, उसकी गरदन की बंकिमा का गर्व, उसके खवों और स्तनों की प्रौढ़ मोहिनी का रहस्य मानो स्पष्ट प्रकट हो रहा था।

सहस्रार्जुन के राज्य की वह अधिष्ठात्री थी, फिर भी यह छोटा-सा घर और अपने तीन विश्वस्त आदमी उसने अलग ही रख छोड़े थे। गुरु भृकुंड और पाँच-सात अन्य विश्वस्त व्यक्तियों को छोड़कर कोई इस सम्बन्ध में कुछ जानता ही नहीं था। प्रतापी मृगारानी को जब भी कोई अत्यन्त गुप्त मन्त्रणा करनी होती थी या राज्य-व्यवस्था का भार हल्का करने को जब भी उनका जी चाहता, वह कभी-कभी यहाँ आ जाया करती थी। जगत् की दृष्टि में वह उस बाहर बैठे हुए वृद्ध का घर था, पर वास्तव में वह सहस्रार्जुन की जानकारी से परे मृगारानी का एक विश्राम-स्थल था।

मानो उस घर के परिचित कोने-कोने से वह अन्तिम विदा माँग रही हो, ऐसे खिन्न और स्नेहपूर्ण नयनों से वह चारों ओर देख रही थी।

'आएँगे या नहीं आएँगे? नहीं आए तो?' उसके चिन्तातुर मस्तिष्क में ऐसे ही प्रश्न बार-बार उठ रहे थे। रह-रहकर द्वार में जा खड़े होने को उसका जी चाहता, पर वह मन मारकर जहाँ-की-तहाँ बैठी ही रही।

उसने निश्चय कर लिया था। यदि वे न आए, तो वही उनके पास जाएगी—एक बार, एक क्षण के लिए, अन्तिम क्षण के लिए।

उसके हृदय में एक ज्वार-सा आया; बाहर कोई आया जान पड़ा। उसका जी न माना। वह खड़ी हो गई और उसका अंग-प्रत्यंग काँपने लगा।

गुरु भृकुंड आए। उनके पीछे ही परशु दिखाई पड़ा। भार्गव आ रहे थे, पहले से अब कुछ काले पड़ गए हैं और कुछ क्षीण भी हो गए हैं।

मृगा ने सिसकते हुए प्रणिपात किया और भार्गव के चरणों की रज लेकर माथे पर चढ़ा ली।

"गुरुदेव! पावन करिए।" वह अस्पष्ट भाव से बोली, "विराजिए।"

"मृगारानी, शत शरद् जियो, पर तुम यहाँ कैसे?"

"यह मेरा घर है, यहाँ सहस्रार्जुन को स्थान नहीं है। यहाँ मैं अकेली, पशुपति ने जैसी मुझे बनाया है वैसी ही, रह सकती हूँ।"

"मृगारानी, तुम बहुत ही अस्वस्थ जान पड़ती हो।"

"हाँ, क्षमा करिए, डड्डनाथ के हाथों सन्देशा भेजकर बड़ी उतावली में मुझे बुलाना पड़ा है। पर इस समय एक महाभयानक विपत्ति सिर पर मँडरा रही है।"

"क्या बात है?" भार्गव मन्द-से मुसकराए।

"सहस्रार्जुन पागल हो गए हैं।"

"सो तो मैं जानता ही था।"

"जैसे आप सोचते हैं वैसे नहीं। एक रात वे घायल होकर लौटे, तभी से चारों ओर विनाश प्रसारित करने में जुट पड़े हैं; इसके अतिरिक्त उन्हें कुछ सूझता ही नहीं है। गुरु भृकुंड की और मेरी सलाह अब वे नहीं लेते हैं। वे तो सारी सृष्टि में आग लगा देने के आयोजन में लगे हैं।"

"यों मनुष्य की अपनी मान्यता से सृष्टि में आग नहीं लग जाया करती है।"

"पर बड़े गहरे बादल मँडरा रहे हैं।"

"क्या? किस पर?"

"सहस्रार्जुन ने यादव और भृगुमात्र के संहार का संकल्प किया है।" मृगा ने धीरे-से कहा।

भार्गव की आँखें भयंकर हो चलीं।

"उन्होंने तालजंघ, शार्यात और तुंडीकेराओं का एक सैन्य एकत्रित किया है और तुंडीकेराओं के दुष्ट राजा रुरु को—जो कुँवर था उसे—आज पाँच दिन हुए, उन्होंने यहाँ बुलवा लिया है।"

"क्यों?"

"वह सैन्य प्रतीप का पीछा करनेवाला है। उन्होंने आज्ञा दी है कि प्रतीप के यादवों में से एक भी जीवित नहीं रहना चाहिए।"

भार्गव की आँखें विकराल हो गईं।

"आप इसी क्षण यहाँ से चले जाइए। घोड़े प्रस्तुत हैं। आप जाकर तुरन्त प्रतीप को आर्यावर्त लिवा ले जाइए।"

"प्रतीप को कदाचित् कोई सूचना ही न मिली हो।"

"पाँच दिन हुए मैंने सन्देशे भिजवाए हैं। पहुँच जाएँ तब की बात है। पर आपके गए बिना यादव हतवीर्य होकर कट मरेंगे।"

"मैं सहस्रार्जुन को मार सकता हूँ।"

मृगा ने सिर हिलाया, "तीन सौ विश्वस्त योद्धा उनकी रक्षा में नियुक्त हैं। तालबाहु को सौराष्ट्र भेजकर उन्होंने रुरु को अपना सेनापति नियुक्त किया है। यदि वे मारे गए तो फिर रुरु किसी को छोड़नेवाला नहीं है। तब तो फिर वही सहस्रार्जुन की गद्दी पर अपना अधिकार जमाएगा।"

"प्रतीप को तो कुछ करके बचाना ही होगा।"

"और गुरुदेव, आपका यहाँ रहना भी कोई बुद्धिमानी की बात नहीं होगी," गुरु भृकुंड ने कहा, "इतने वर्षों में कभी भी मैंने उसका ऐसा भयंकर रूप नहीं देखा है। डड्डनाथ ने उनके प्राण ही ले लिये होते तो भला होता।"

"भगवती ने ही डड्डनाथ को ऐसा करने से रोका था," भार्गव ने कहा, "नहीं तो उसका अन्त तो आ ही गया था।"

"कभी वे थर-थर काँपने लगते हैं, तो कभी खड्ग लेकर निर्दोष लोगों को मार डालते हैं। और निरन्तर बस एकमात्र यादवों के ही विनाश के विचार में वे तल्लीन रहते हैं।"

"तुम ठीक कह रही हो। एक बार जाकर मुझे प्रतीप से मिलना चाहिए," भार्गव ने कहा, "कभी लौटकर आया, तो फिर तुमसे मिलूँगा। मृगारानी! तुमने तो मुझे कच्चे सूत के धागे से ही बाँध लिया है।"

मृगा की आँखों में आँसू छलछला आए। उसने हाथ जोड़कर कहा, "गुरुदेव! भगवन्! आज दर्शन देकर आपने मुझे कृतार्थ कर दिया है। आपसे फिर मिलना अब नहीं होगा। कल का सूर्य मैं नहीं देखूँगी।"

"कारण?" भार्गव ने चकित हो दृष्टि उठाकर देखा।

"सहस्रार्जुन को मुझ पर रंचमात्र भी विश्वास नहीं रहा है।"

"सो क्यों?"

"उन्हें यह निश्चित विश्वास हो गया है कि मैंने ही भद्रश्रेण्य और आपको भगा दिया था।"

"अँह...!"

"प्रतीप के पास संवाद पहुँचाने के लिए मैंने अपने पाँच आदमियों को भिन्न-भिन्न मार्गों से भेजा था। उनमें से कल एक पकड़ा गया। जान पड़ता है उसने सारी बात कह दी है।"

"अच्छा?"

"कल रात चक्रवर्ती ने मुझसे जो बातचीत की उसमें वह स्पष्ट झलक रहा था।" गुरु भृकुंड ने कहा।

"मेरी घड़ी अब आ पहुँची है। सहस्रार्जुन जब स्वच्छन्द हो उठता है तब तो वह फिर भी मान जाता है, पर जब धूर्त होकर हँसने लगता है तब तो वह सचमुच बड़ा ही विषाक्त हो उठता है। आज सवेरे उसके मिठास की सीमा नहीं थी।" मृगारानी ने कहा।

"तुम्हें वह मार डालेगा?"

"मुझे तो इसमें किंचित् भी सन्देह नहीं है। क्यों, गुरु?" मृगा ने भृकुंड से पूछा।

"मैं भी निश्चित यही मानता हूँ।"

"तो मेरे साथ चलो। मैं तुम्हें निरापद कर दूँगा।"

"गुरुदेव! यह विचार तो कई बार मेरे मन में आया है। आपके भक्तवत्सल हृदय में मेरे लिए जो स्थान है, सो तो मैं भली-भाँति जानती हूँ।"

"तो फिर चलो मेरे साथ।" भार्गव ने कहा।

मृगा ने खेदपूर्वक सिर हिलाया।

"गुरुदेव! मैं उसे छोड़कर जा नहीं सकती हूँ। यह दुष्ट, कृतघ्न, क्रूर, मेरे जीवन के साथ बुन गया है। भार्गव! मैंने अपने माता-पिता नहीं जाने। बालकपन में जब से स्मृति जागी, मैं पुरुषों की वासना के कीचड़ में नाचती-कूदती चली आ रही हूँ। वृद्ध, अधेड़, युवा, बालक–सभी पतंगों की भाँति मुझ पर टूटे हैं। पर मैं वेश्या नहीं हूँ। जहाँ देती हूँ, वहाँ फिर सर्वस्व देती हूँ। मैं व्याकुल होती हूँ, पर बेल की भाँति लिपटकर ही। मुझे छूटना अच्छा नहीं लगता।"

ममता-भरी आँखों से भार्गव देख और सुन रहे थे, "सहस्रार्जुन जब पन्द्रह वर्ष का था, तभी से मैंने अपना सर्वस्व सौंप दिया है। उसे मैंने अपना यौवन दिया, उत्साह और शक्ति दी; उसके लिए मैंने राज्य-व्यवस्था की, लोगों को मारा और मरवाया। उसने मुझे मारा–अनेक बार। उसने दो बार मुझे विष देने का प्रयत्न भी किया। उसका प्राण ले लेना मेरे लिए खिलवाड़-मात्र था। आज भी वैसी ही है। पर उसका स्वच्छन्द स्वभाव, उसकी ओछी और क्रूर दृष्टि तथा उसके शरीर का एक-एक स्नायु मेरे साथ जैसे एकाकार हो गए हैं। उसके बिना जीती रहकर भी मैं मरी के समान हूँ। मैंने अनेकों की चादर अपनाई है–पल-भर के चंचल सुख के लिए। पर उसकी चादर मेरा सर्वस्व है, मैं उसे क्योंकर छोड़ सकती हूँ?"

"मृगारानी! भले ही तुम कीचड़ में से उगी हो। पर आओ, आज तुम संस्कारी हो। उसे छोड़कर मेरे साथ चलो–महर्षि जमदग्नि के आश्रम में तुम कंचन के समान विशुद्ध हो जाओगी।"

"नहीं, गुरुदेव! मैं आपकी ममता को जानती हूँ। पहले ही दिन आपके दर्शन पाकर मेरे हृदय में उच्चाशयों का उदय हुआ था। अकल्पित आदर्शमयता मेरे भीतर जाग उठी थी। मैं वेश्या हूँ इसी से मुँह खोलकर कह सकती हूँ," खिन्नतापूर्वक मृगा ने कहा, "आपकी मोहिनी

ने मुझे पागल बना दिया है। आपका नाम-स्मरण-मात्र मुझे इस शूद्र जीवन से ऊपर उठा देता है। दिन और रात आपके दर्शन होते रहते हैं। और उस क्षण मैं एक नया ही निर्दोष—अवतार जैसे पा जाती हूँ।"

"मैंने भी मृगा से बहुत कह देखा है कि वह आपके साथ यहाँ से चली जाए।" गुरु भृकुंड ने कहा।

"नहीं...नहीं...नहीं...मैं नहीं जा सकूँगी। वह शक्ति मुझमें नहीं है। आपके साथ जाने के लिए यौवन चाहिए, आदर्श चाहिए। भगवन्, क्षमा करिए। मैं जब आपके द्वारा प्रेरित कल्पना के जीवन में बिहरती हूँ तो आपको प्रणयी के रूप में पाने लगती हूँ। पर देव! मुझमें वह साहस नहीं है।" वह दीन मुख से भार्गव की ओर देख रही थी।

भार्गव हँस पड़े—मन्द और लजाए-से। उनकी आँखों में छाया हुआ स्नेह मृगा की उस गहरी प्यास को छिपाए ले रहा था।

"मैंने सहस्रार्जुन को सर्वस्व सौंप दिया है। किसी के लिए मैंने जो नहीं सहा, वह उसके लिए सहा है। पर यह समर्पण करके, अब मैं थक गई हूँ। मेरी शक्ति अब चुक गई है। उसे सर्वस्व देकर मैंने अपना सर्वस्व खो दिया है।"

"मृगा, तेरी व्यथा को मैं भली-भाँति समझ रहा हूँ। पर अर्जुन तेरे प्राण लेकर ही मानेगा। मैं तुझे अपनी बड़ी बहन मानकर अपने साथ रखूँगा; तेरे पापाचारों के सारे संस्कार साँप की केंचुली की भाँति उतर जाएँगे।"

"नहीं, मेरे देव, नहीं। मुझे न लुभाओ। मैं मूर्ख नहीं हूँ। मैं मोह में भूली हूँ अवश्य, पर मोहान्ध नहीं हूँ। एक बार ऐसा भी विचार मेरे मन में आया था कि आपके संग रहकर नया जीवन देखूँ और आपको भी दिखाऊँ। चाहा कि अपनी नसों की ज्वालाओं से आपकी यह पत्थर की-सी तटस्थता पिघला दूँ, पर आप तो उदय होते हुए सूर्य के समान पवित्र हैं और मैं दुर्गन्ध से भरा नरक हूँ।"

भार्गव हँस पड़े।

"गुरुदेव! मैं अभी भी स्वरूपवती हूँ। मेरा हाथ, मेरा गला, मेरे शरीर के अवयव अब भी सुडौल हैं। उनकी मोहिनी अभी कुम्हलाई नहीं है, पर किसी को आकर्षित करने की मेरी शक्ति जाती रही है। विलास की उच्छृंखलाओं से मैं जड़ हो गई हूँ—ठीक वैसे ही, जैसे धोबी-घाट कपड़ों की पछाड़ से हो जाता है। आपने मुझे अपनी बड़ी बहन के रूप में स्वीकार किया, सो तो आपकी कृपा है।"

"मृगा! मैं झूठ नहीं कह रहा हूँ।"

"मैं जानती हूँ। पर मैं बड़ी बहन नहीं बन सकती। तब तो मैं वृद्ध हो जाऊँगी। आपके आश्रम की व्यवस्थापिका होकर मुझे रहना पड़ेगा, आपके बालकों का पालन-पोषण करना होगा और भृगुओं की सेवा में जीवन बिताना पड़ेगा। पर मेरे भगवान्!" क्रन्दन करती-सी मृगा अश्रु-विगलित कंठ से कहने लगी, "मैं ऐसे शीतल शान्त गौरव के लिए नहीं बनी हूँ। आप से देवांशी की साम्राज्ञी तो मैं होने से रही; आपके संसार में तो मेरा स्थान ही नहीं है। और दूसरे मन-बहलावों का मेरे निकट कोई महत्त्व नहीं है। मैं तो यहीं उगी हूँ और यहीं मुझे कुम्हला जाना है।"

आँखों पर हाथ देकर मृगा रो पड़ी।

"बहन," भार्गव ने कहा, "विधाता ने चाहे जो अनुभव तुझे दिए हों, पर तेरी आँखों में सत्य बस रहा है।"

मृगा ने दृष्टि उठाकर देखा और उसका मुख प्रफुल्लित हो उठा।

"गुरुदेव! आज की रात सहस्रार्जुन मुझे जीती नहीं छोड़ेगा। यदि रहने दिया, तो फिर मिलेंगे। पर वह दिन आनेवाला नहीं है। भार्गव! कल्विणि के समान ही लोभिन होने को जी चाहता था, पर उस विचार से आपकी पवित्र मूर्ति को कलंकित करना नहीं चाहती। पर उसे आपने अपने ही हाथों से कोड़े मारकर पावन किया था। मैं तो पतिता हूँ। मैं तो पितृलोक की अधिकारिणी भी नहीं हूँ। पर तुमने मुझे बहन कहा है। बहन की बात रख लोगे?"

"क्या?"

"मुझे पावन करो। पितृविहीन हूँ मैं—मुझे अपने पितृलोक में ले चलो।" मृगा ने अपना सिर भार्गव के पैरों पर रख दिया। भार्गव ने अत्यन्त स्नेह से उसके माथे पर हाथ फेरा।

भक्ति के आवेश में मृगा बैठ गई और दोनों हाथों से भार्गव के हाथ पकड़कर अपनी आँखों से लगा लिए। अत्यन्त मार्दवपूर्वक भार्गव ने मृगा के मस्तक पर से धीरे-धीरे केश हटाकर ऊँचे कर दिए। अधमुँदी-सी नशीली आँखों से मृगा उस स्पर्श-सुख का आनन्द ले रही थी।

"बहन," धीरे-धीरे भार्गव कहने लगे, "भृगुओं के पितृलोक में जाने के लिए बहुत तपस्या करनी होगी। करेगी?"

"हाँ।"

"सहस्रार्जुन जब तक तेरा पाणिग्रहण न कर ले, तब तक उसे अपना स्पर्श नहीं करने देगी?"

"नहीं करने दूँगी।" मृगा ने भक्ति के आवेग में कहा।

"भृगुओं के पितरों से द्रोह नहीं करना होगा।"

"भगवान् कभी नहीं करूँगी।"

"गुरु भृकुंड! ईंधन है? अग्नि स्थापित करनी होगी।" भार्गव ने कहा।

गुरु भृकुंड उलझन में पड़ गए, पर चुपचाप दौड़ते हुए जाकर ईंधन ले आए।

भार्गव ने अग्नि स्थापित की, मन्त्रोच्चार किया, आहुति दी और पितृयज्ञ का आरम्भ कर दिया। मृगा को अपने पास बिठा लिया। उन्होंने उसकी शुद्धि की। गर्भाधान संस्कार के द्वारा उसे भृगु बना दिया।

"भृगुओ! आगरसो!" भार्गव ने आवाहन किया, "पितरो! कवि-श्रेष्ठ उशनस! महाअथर्वण ऋचीक! महर्षि जमदग्नि का पुत्र कवि चायमान का शिष्य, मैं राम जामदग्नेय तुम्हारा आवाहन करता हूँ। आओ, अपने कुल में इस मृगा को स्वीकार करो। मैं, तुम्हारा पुत्र, विनती कर रहा हूँ।"

उन्होंने मृगा का बायाँ हाथ अपने हाथ में लेकर आहुति दी। अग्नि की ज्वाला बढ़कर बहुत प्रबल हो उठी। भृकुंड और मृगा स्तब्ध होकर देखते रह गए। अग्नि की ज्वालाओं में उन्होंने मृगा को पितरों की गोद में बैठे देखा।

आहुति पूरी हो गई। भार्गव चुपचाप अग्नि की ओर देख रहे थे।

"बहन! भार्गवी! मेरे पितरों ने तुझे स्वीकार कर लिया है।"

हँसते हुए, मूर्च्छा का अनुभव करती-सी मृगा उनके पैरों पड़ी।

"गुरु भृकुंड!" भार्गव ने कहा, "तुम्हारे पास जो एक छोटी-सी कटार थी, वह मृगा को दे दो। मृगा, इसे अपनी चोटी में रखना। यह तेरी रक्षा करेगी। बहन! सहस्रार्जुन यदि तुझे छेड़ेगा, तो मैं उसे देख लूँगा। क्या साथ चलूँ?"

"नहीं, विश्वास रखिए। अपने कुल की लाज नहीं जाने दूँगी। भगवान्, सिधारो। किसी दिन मुझे याद करना।"

"बहन!" भार्गव ने फिर मृगा के सिर पर हाथ रखा, "जो पाणिग्रहण के बिना तू अणिशुद्ध देह त्यागेगी, तो हमारे पितर हमें एक ही साथ रखेंगे।"

मृगा का सारा स्वरूप ही मानो बदल गया। उसके मुख पर एक नई ही मोहकता प्रकट हो आई। भृगुकुल के पितरों ने उसे स्वीकार कर लिया था; प्रतापी राम जामदग्नेय की वह बहन थी—यही ध्वनि रह-रहकर उसके कानों में गूँज रही थी।

वह अपने आवास पर गई। वहाँ उसे सहस्रार्जुन का सन्देशा मिला कि वह आ रहा है। उत्तर में उसने कहलवाया कि वह पशुपति के दर्शन करके अभी लौटेगी, फिर भले ही चक्रवर्ती पधारें। वह सखियों को साथ लेकर अपने स्थानक पर गई।

मृगा का जगत् अब मानो दूसरा ही हो गया था। पशुपति के स्थानक में अब वह परायी नहीं थी और वह उसके कुलपति का आश्रम था। यहाँ से कुलपति ऋचीक ने, माहिष्मत को शाप देकर, आर्यावर्त के लिए प्रयाण किया था और उसके वीर, अप्रतिरथवीर्य के स्वामी राम जामदग्नेय ने यहाँ यज्ञ किया था।

अब तक तो वह भी औरों के समान ही उसे भार्गव कहा करती थी, पर अब उसका सच्चा नाम उसे याद हो आया, जामदग्नेय। भृगुकुल के बीच वह भार्गव नहीं था, राम जामदग्नेय था। वह स्वयं भी जामदग्नेयी थी।

वह अपने आवास को लौट आई। आकर अपनी चोटी को ठीक किया, कटार को उसमें सँभालकर रख लिया और वस्त्राभूषणों से अपने आपको सुसज्जित कर लिया। आज वह रूप-गर्विता भी हो गई।

उसकी आँखों की अन्धता आज दूर हो गई थी। सहस्रार्जुन लम्पट, क्रूर तथा नीच था। पर उसने तो नया ही अवतार पा लिया था। उसने जामदग्नेय के पैर छुए थे, उसके हाथों को अपनी आँखों से लगाया था। उसके हाथ का स्पर्श उसे अभी भी उल्लसित कर रहा था।

सहस्रार्जुन उसके पास आया—सुरा के मद में चूर, हँसता हुआ और धूर्ततापूर्ण दृष्टि से उसकी ओर देखता हुआ। मृगा को देख वह किंचित् विचार में पड़ गया; इतने वर्षों में ऐसी मोहकता तो उसने मृगा में कभी नहीं देखी थी। आज उसमें नया क्या था? वस्त्र, आभूषण, कुंकुम की आकृति, काजल की कान्ति? आज टीमटाम का कोई चिह्न उसमें नहीं था, न कोई हाव-भाव का दिखावा और न कोई ढोंग। मृगारानी आज उसे ठीक एक रानी-सी लगी।

"पधारिए!" मृगा ने कहा और सहस्रार्जुन चौकी पर बैठ गया। सदा की भाँति वह स्वयं आज चौकी पर नहीं बैठी। पहले उन्हें रिझाने के लिए जैसे पैरों में बैठ जाया करती थी, वैसे भी आज वह नहीं बैठी। कुछ दूर एक दूसरी चौकी पर वह बैठ गई।

"कहिए, क्या आज्ञा है?"

सहस्रार्जुन बड़ी देर तक देखता ही रहा। मृगा के तेज को देखकर, जो बात वह कहने आया था, वह उसे भूल गई। उसकी आँखों में वासना भभक उठी।

“मृगा...” उसके स्वर में अस्थिरता थी।

“बोलो।”

“यहाँ आकर बैठ।” उसने अपने पास की जगह दिखाते हुए कहा। मृगा उत्तर पचा गई।

“आप इस समय मुझसे क्या चाहते हैं?”

“इधर आओ...”

“नहीं...”

“नहीं! क्यों नहीं?”

“आपने मेरा पाणिग्रहण नहीं किया है।” मृगा ने कहा। उसकी आँखों में चमक थी। उसके मुख पर तेज था।

“पाणिग्रहण? रहने भी दे, बावली हुई है? तेरा भी कहीं पाणिग्रहण होता है? यहाँ आ—यहाँ आकर बैठ।”

“मैंने कहा न, मैं नहीं आऊँगी।

“क्यों?”

“मैं पर-पुरुष का स्पर्श नहीं करूँगी।”

सहस्रार्जुन खिलखिलाकर हँस पड़ा।

“ओहो! तेरा अपना पुरुष था ही कब जो आज तुझे पर-पुरुष की ग्लानि हो रही है? आओ!” कहकर वह उठा।

मृगा उठकर पीछे हटी।

“सावधान! मुझे हाथ लगाया तो!”

सहस्रार्जुन ये अपरिचित शब्द सुनकर ठिठक गया, “क्यों, क्या बात है आज?” और दाँतों के बीच होंठ दाबकर वह मदमत्त होकर देखता रह गया। उसका काम उद्दीप्त हो उठा था।

“मृगा! यह क्या खेल मचा रखा है तुमने?”

“खेल नहीं, यह यथार्थता है।”

“तू मुझे हाथ नहीं लगाने देगी? अच्छा देखूँ...” कहकर वह आगे बढ़ आया।

“पहले पाणिग्रहण करो—फिर दूसरी बात।”

“तू बावली हुई है।” सहस्रार्जुन आगे बढ़ता ही आया।

“नहीं, आज मैं सयानी हो गई हूँ।”

“मूर्खता न कर, तेरा पाणिग्रहण से क्या लेना-देना?”

“दूर खड़े रहो,” मृगा ने रोषपूर्वक कहा, “पाणिग्रहण किए बिना मेरे पास नहीं आ सकते। मैं वेश्या नहीं हूँ।”

“तब?” उग्र होकर सहस्रार्जुन ने कहा, “तब तू कौन है?”

“मैं भार्गवी हूँ।”

“क्या कहा?” मानो ठीक से समझ में न आया हो, ऐसे सहस्रार्जुन ने कहा।

“मैं भृगुकुल की हूँ। जामदग्नेयी हूँ!” सम्राज्ञी के गर्व से मृगा ने कहा।

सहस्रार्जुन पीछे हट गया। मृगा शायद पागल हो गई है। वह शान्त हो गया।

“मृगा, मृगा! आज तुझे क्या हो गया है? जान पड़ता है तेरा सिर घूम गया है। तेरा, और भृगुकुल से सम्बन्ध?”

“तुम यह मानते हो कि मैं पागल हूँ। तुम भ्रम में हो। आज भृगुओं के पितरों ने मुझे अपने कुल में स्वीकार कर लिया है।”

“तुझे? भला सो कैसे?” सहस्रार्जुन उसे पागल ही मान रहा था।

“अग्नि की साक्षी से, भगवान् जामदग्नेय की कृपा से।”

“जामदग्नेय! कौन राम?”

“हाँ।”

“कहाँ है वह? किस जगह है वह?”

“वे तो जोत की भाँति जागते बैठे हैं।”

“कहाँ?”

“आपको नहीं दीख सकते हैं वे।” गर्वपूर्वक मृगा ने कहा। उसका रूप देदीप्यमान हो उठा। उसकी क्रोध-भरी आँखों की मोहकता ने सहस्रार्जुन को पागल बना दिया। वह मृगा को पकड़ने के लिए आगे बढ़ आया। मृगा दो पग पीछे हटकर दीवार से सटकर खड़ी हो गई।

“अर्जुन!” मृगा ने सत्तापूर्वक कहा, “जहाँ हो वहीं खड़े रहो। मारने ही आए हो तो मार डालो।”

सहस्रार्जुन धूर्ततापूर्वक हँस पड़ा, “मैं और तुझे मारूँगा? तेरे बिना तो मैं रह नहीं सकता। यह पागलपन छोड़ो...”

“तुम अपनी पशुवृत्ति छोड़ोगे, तभी।”

अदम्य वासना के आवेग से सहस्रार्जुन गुर्राता हुआ मृगा को पकड़ने के लिए झपटा।

“भगवान् जामदग्नेय!” मृगा चिल्ला उठी। सहस्रार्जुन पीछे हट गया। कहीं राम वहाँ न आ टपके, इस डर से उसने चौकी के निकट झपटकर अपना खड्ग उठा लिया।

उसने अपने सामने की उस मृगा को देखा—मोहक, तेजस्वी, अमुद्रित होंठों, उछलती छाती और फटी आँखों से वह एक ओर देख रही थी। सहस्रार्जुन ने उस ओर देखा। अँधेरे कोने में एक तेज वर्तुल में भार्गव जामदग्नेय खड़े थे। एक कन्धे पर वे परशु धारण किए थे, दूसरे कन्धे पर धनुष और उनकी आँखें सहस्रार्जुन को भेद रही थीं।

“जामदग्नेय!” मृगा की पुकार गूँज उठी। मृगा उसी ओर दौड़ी और—इससे पहले कि सहस्रार्जुन उसे पकड़ पाए, अपनी चोटी में से कटार निकालकर उसने अपनी छाती में भोंक लिया।

सहस्रार्जुन सिर से पैर तक काँपता हुआ, जहाँ-का-तहाँ खड़ा रह गया।

मरती हुई मृगा भगवान् जामदग्नेय के नाम की रट लगा रही थी।

तीसरा खंड

महाभिनिस्सरण

[1]

आठ व्यक्ति जैसे उड़ते हुए घोड़ों पर मही नदी के किनारे जा रहे थे। उन आठ आदमियों के बीच चालीस पानीदार घोड़े थे। एक पहर बीतने के उपरान्त प्रत्येक अश्वारोही अपना घोड़ा बदलता था; इससे घोड़ों को थकान कम होती थी और उनकी गति का वेग बढ़ जाता था।

अश्वारोही न तो थक रहे थे और न उन्हें भूख लग रही थी। उनकी एकाग्र दृष्टि क्षितिज पर टकटकी लगाए थी।

वे एक टीले पर चढ़ गए। उनके अग्रणी ने चारों ओर तीक्ष्ण दृष्टि डाली। कहीं एक ओर उसे जगरा जलता दिखाई पड़ा। कमर पर लटकते शंख को हाथ में लेकर उसने फूँक लिया।

सन्ध्या की शान्ति में तुरन्त ही उसका प्रतिशब्द सुनाई पड़ा। अग्रणी घोड़े पर से उतर पड़ा। उसके पास का अश्वारोही भी उतर पड़ा। अग्रणी अपनी आँखों की अग्नि से क्षितिज को प्रज्वलित करता-सा खड़ा था। घोड़े खड़े-खड़े घास चरने लगे।

चारों ओर से बीस-पच्चीस अश्वारोही आ पहुँचे और झपटते हुए टीले पर चढ़ गए। उनमें सबसे पहले एक वृद्ध सामने आया, उछलकर घोड़े से नीचे उतरा और अग्रणी के पैरों पड़ गया।

"गुरुदेव!"

"भद्रश्रेण्य!"

दोनों ने एक-दूसरे को भेंट लिया। भद्रश्रेण्य ने भार्गव और भगवती को प्रणाम किया।

"भद्रश्रेण्य!" भार्गव ने कहा, "एक क्षण का भी विलम्ब उचित नहीं है। यहाँ कितने आदमी हैं?"

"कोई दो सौ होंगे।"

"विमद?"

"वह आनर्त में विशाखा के पास है।"

"सब मिलकर इन जंगलों में भृगु और यादव कितने होंगे?"

"चार सौ!"

"स्त्रियों और बालकों सहित?"

"एक सहस्र।"

"और आनर्त में?"

"बहुत अधिक हैं।"

"प्रतीप कहाँ है?"

"यहाँ से अवन्ति जाते हुए मही के तट पर ही उसने एक बड़ा-सा गोत्र बसा लिया है।"

"भद्रश्रेण्य! सहस्रार्जुन यादवों और भृगुओं का संहार करने के लिए एक विशाल सैन्य भेज रहा है। मैंने चारों ओर अपने आदमी भेज दिए हैं। विमद और विशाखा के साथ भी जो लोग हों उन्हें बुला लो। एक-एक स्त्री और बालक तक को वह छोड़नेवाला नहीं है।"

"क्या कहते हैं आप?"

"मृगा ने अपने ही हाथों अपने को मार लिया है। तालबाहु को पद-भ्रष्ट करके अर्जुन ने रुरु को सेनापति-पद पर नियुक्त किया है। पाँच सहस्र तुंडीकेरा, तीन सहस्र हैहय और तीन सहस्र शार्यातों को उसने एकत्रित किया है। उसने आनर्तराज को दो सहस्र मनुष्य लेकर उपस्थित होने की आज्ञा दी है। उसके यहाँ आ पहुँचने के पहले ही हमें यहाँ से यादवों और भृगुओं को लेकर निकल जाना होगा।"

"कहाँ जाने के लिए?"

"आर्यावर्त।"

"पर हम लोग तो सहस्रों की संख्या में हैं—स्त्रियाँ, बालक, वृद्ध।"

"हाँ, सबको चल पड़ना होगा।" निश्चलतापूर्वक भार्गव ने कहा, "मैंने सभी को इस रास्ते होकर यादव-गोत्र पहुँचने के लिए कहलवा दिया है। पर उससे पहले मुझे अवन्तिराज के यहाँ पहुँचना ही चाहिए।"

"सहस्रार्जुन ने अवन्तिराज को भी प्रतीप पर आक्रमण करने की आज्ञा दी है।"

"अरे रे!"

"पर हम पाँचों तो पाँच घोड़ों पर चढ़कर चले आए हैं। उन आज्ञा-वाहकों को तो अभी पाँच दिन की देर लगेगी। उससे पहले तो हम ही अवन्तिराज को सँभाल लेंगे। तुम्हारी मौसी का पुत्र है न वह? लोमा! कूर्मा! यह सब तुम सँभाल लो। हम दोनों जा रहे हैं।"

[2]

अवन्तिगोत्र का राजा वितिहोत्र भद्रश्रेण्य का मौसेरा भाई और बालसखा था। भद्रश्रेण्य ने—जब वह राज्य का अधिष्ठाता था तब—उसे बहुत अधिक अधिकार और सम्मान दिया था। जब उसने सुना था कि भद्रश्रेण्य मारे गए हैं तो उसकी आँखों में आँसू भर आए थे। पास के जंगल में आकर जब प्रतीप बस गया तो उसके मन को बड़ा सुख हुआ। पर कहीं सहस्रार्जुन कुपित न हो जाएँ, इसी डर से प्रतीप वहाँ बस रहा है या नहीं, उस ओर से उसने आँखों-आड़े कान कर लिए।

महाअथर्वण ऋचीक का शाप उसके मन में चुभा करता था। उसके कोई पुत्र नहीं था और जब भद्रश्रेण्य भार्गव को ले आए तो किसी दिन गुरुदेव की पूजा कर उनसे कृपा-याचना करने की इच्छा भी उसके मन में उठी थी। पर माहिष्मती से जब वे भी अदृश्य हो गए, तो उसने कपाल पीटकर चक्रवर्ती को गालियाँ दी थीं।

उसके छह स्त्रियाँ थीं। अपनी स्त्रियों सहित वह दिन में दो बार पशुपति महाकाल की पूजा किया करता था। पर उसके कोई पुत्र नहीं था।

जंगल में सिद्धेश्वरी की टेकरी पर कापालिक लोग रहा करते थे। उन्हें भी प्रसन्न रखने का वह प्रयत्न करता।

इन कापालिकों की गुरु थी एक स्त्री–महादेवी। सहस्रों वर्षों से राख खाकर वह जी रही थी; वह सतत समाधि में मग्न रहा करती थी, और त्रिकाल दर्शन की अधिकारिणी थी। वितिहोत्र के मन में उसके आशीर्वाद प्राप्त करने की तीव्र उत्कंठा थी, पर उसे समाधि में से जगा लेना बहुत टेढ़ी खीर थी। ऐसा कहा जाता था कि यदि उसे कोई उसकी समाधि से जगा लेता था, तो उसे वह शाप द्वारा जलाकर भस्म कर देती थी और यदि वह किसी को आशीर्वाद देना चाहती तो स्वयं ही अपनी समाधि से जागकर उसे बुला लिया करती थी। ऐसे ही किसी निमन्त्रण की प्रतीक्षा करते-करते वितिहोत्र अब थक चला था।

मध्यरात्रि में वितिहोत्र गहरी नींद में सोया था कि मानो एकाएक किसी ने उसे पुकारा, 'वितिहोत्र!'

वह चौंककर जाग उठा। आज से सोलह वर्ष पहले उसकी माँ मर गई थी। उसके पश्चात् कभी किसी ने उसे 'वितिहोत्र' कहकर नहीं पुकारा था। उसने आँखें मलीं। पुकार स्पष्ट सुनाई पड़ रही थी–'वितिहोत्र!'

बौखलाया-सा वह चारों ओर देखने लगा। 'वितिहोत्र' पुकार कापालिकों की टेकरी पर से आ रही थी। उसे कोई आज्ञा दे रहा था। उसने हाथ में खड्ग ले लिया और एक आदमी को लेकर वह दौड़ गया।

वह पुकार उसे खींच रही थी। वितिहोत्र 'आया', यों बुदबुदाता हुआ दौड़ते हुए टेकरी पर चढ़ गया। कोई सामान्य मनुष्य उस टेकरी पर चढ़ने का साहस कभी नहीं करता था। वहाँ चारों ओर अस्थि-पिंजर, राख, खोपड़ियाँ इत्यादि कापालिकों की प्रिय वस्तुएँ पड़ी रहा करती थीं। एक ओर उसने कापालिकों को देखा और वह काँप उठा। वहीं से वह पुकार आ रही थी।

पूर्णिमा की रात्रि थी। चारों ओर कापालिक पूज्यभाव से भूमि पर सिर डालकर प्रार्थना कर रहे थे। बीच के एक चबूतरे पर एक झाड़ खड़ा था। उसके तले, राख के एक ढेर में एक हड्डियों के थैले-सी वृद्ध जर्जरित स्त्री बैठी थी। केवल उसकी अंगारों-सी दोनों आँखें खुली थीं, और उसके मुख से धीमा-सा स्वर निकल रहा था–"वितिहोत्र!"

कापालिकों और अघोरियों की यह महादेवी महादन्ती के समान सिद्धेश्वरी थी। ऐसा माना जाता था कि वह सहस्रों वर्षों से तपस्या कर रही है और अमर है। उसके मन्त्रों से अनेक प्रकार की सिद्धियाँ मिल सकती थीं। वह निरन्तर समाधि में बैठी रहा करती और तीन वर्ष में जब वह एक बार जागती तो अघोरियों का बड़ा भारी उत्सव होता।

वितिहोत्र के कान में हर्ष की एक टंकार-सी हुई। दौड़ते हुए जाकर नमस्कार किया। महादन्ती ने आज उसी के लिए समाधि त्यागी थी। महादन्ती बुदबुदा रही थी–"वितिहोत्र!"

भूमि पर सिर टेककर वितिहोत्र ने प्रणिपात किया। जब महादन्ती समाधि में से जागती, तब उसकी ओर देखनेवाला एक वर्ष के अन्दर मर जाया करता था।

कापालिक भय से काँप रहे थे। राजा वितिहोत्र हर्ष से काँप रहा था।

"वितिहोत्र! आ रहा है–आ रहा है।"

"माताजी! कौन आ रहा है?"

"आ रहा है, जिसकी मैं राह देख रही हूँ, वही आ रहा है। गोत्र से आधे योजन की दूरी पर आ पहुँचा है, उसे जाकर ले आ।"

"पर कौन?"

"यह मत पूछ। पूछनेवाला भ्रम में पड़ जाएगा। जो वह है, वह है। जा..."

"पर उसे पहचानूँगा कैसे?" उलझन में पड़कर वितिहोत्र ने पूछा।

"मैं देख रही हूँ उसे–जिसकी मैं राह देख रही हूँ उसे। उसके चक्षुओं में वह्नि है; उसके हाथों में विद्युत है; उसकी वाणी में वज्र है। वह आ रहा है–तेरे मरे हुए भाई को लेकर! जा, जल्दी जा।"

वितिहोत्र कुछ समझा, कुछ न समझा और आज्ञा का पालन करने के लिए दौड़ पड़ा। मानो उसके पैरों को कोई खींच रहा हो, ऐसे वह द्रुतवेग से जंगल के रास्ते पर बढ़ रहा था। उसका हृदय काँप रहा था।

गोत्र से कुछ ही दूर जाने पर उसे कुछ सुनाई पड़ा, जैसे सूखे पत्तों पर से होकर कोई आ रहा है। वह कुछ दूर पर ही खड़ा रह गया।

झाड़ों के झुरमुट के अन्धकार में से दो व्यक्ति चाँदनी में आए। वितिहोत्र का शरीर जैसे ठंडा पड़ गया। उनमें से एक व्यक्ति की आँखों में अग्नि थी और उसके हाथों में बिजली; उसके साथ उसका भाई भद्रश्रेण्य भी चला आ रहा था। वितिहोत्र काँपता, थरथराता आगे बढ़ आया।

"यादवराज!" उसने हाथ जोड़कर कहा। भद्रश्रेण्य पीछे हट गया और भार्गव ने परशु तान लिया।

"यह तो मैं वितिहोत्र हूँ।" राजा ने कहा। दोनों भाइयों ने एक-दूसरे को भेंट लिया।

"भाई, आप हैं गुरुदेव भार्गव।"

वितिहोत्र को लग रहा था कि जैसे वह पागल हुआ जा रहा है; फिर भी उसने प्रणाम किया।

"राजन्! शत शरद् जियो!" भार्गव ने आशीर्वाद दिया।

"गुरुदेव! आपका स्वागत करने के लिए आया हूँ। कापालिकों की महादन्ती सिद्धेश्वरी ने अपनी समाधि से जागकर आपको लिवा लाने के लिए भेजा है। वे आपको बुला रही हैं।"

भार्गव मुसकराए, "देवी महादन्ती ने अभी समाधि त्यागी है? वे तो तीन वर्ष में एक बार समाधि त्यागती हैं न?"

"आपसे मिलने के लिए।"

वे तीनों जन कापालिकों की टेकरी पर चढ़ गए। चन्द्रिका से दो-दो नयन-युगल एक-दूसरे को देख रहे थे।

"राम! राम!" महादन्ती के मुँह से निकल पड़ा।

"महादन्ती! अघोर-चक्र की अधिष्ठात्री! मेरा प्रणाम स्वीकार करिए।"

"तुम आ गए?"

"अपने पितृतुल्य गुरु डड्डनाथ से आपके सम्बन्ध में मैंने सुना था। मैंने आपके मन्त्रों का जाप भी किया है।

"मैंने तुम्हें वहाँ देखा था।"

"आपने..."

"राम! मैं तुम्हें वर्षों से देखती आ रही हूँ। आज दो सौ दस वर्ष से मैं तुम्हारी प्रतीक्षा कर रही हूँ।"

भार्गव मुसकराए—दीन भाव से।

"सृष्टि के सृजनकाल में स्थिति और लय पर ताण्डव करनेवाले, राग, भय और क्रोध के स्वामी, मैं जानती थी कि तुम निश्चित रूप से आओगे, इसी से तो मैं यह देह धारण किए हुए थी।" भार्गव के हृदय में जैसे किसी अविस्मृत गीत की प्रतिध्वनि-सी होने लगी।

"मैं तुम्हें जन्म लेते देख रही हूँ, अम्बा के हाथ में झूलते देख रही हूँ। कवि चायमान के साथ मल्ल-युद्ध करते हुए और दस्युओं के हाथ से छिटक जाते मैं तुम्हें देख रही हूँ, वरुओं के साथ संघर्ष करते मैं तुम्हें देख रही हूँ, गोमती बहाते हुए और शार्यातों का मर्दन करते राम को मैं देख रही हूँ!"

महादन्ती के स्वर में जैसे उन्माद था। ऐसा लग रहा था, जैसे उसकी आँखें चित्र देख रही हैं।

"मैं देख रही हूँ तुम्हें सहस्रार्जुन को कँपाते हुए, डड्डनाथ को वश में करते हुए, मृगारानी को भार्गवी बनाते हुए..."

"देवी!" राम ने आश्चर्यान्वित होकर पूछा, "आप कौन हैं?"

"मैं तुम्हारे ही समान भूत, वर्तमान और भावी...जामदग्नेय! मैं सर्वदिशाओं में तुम्हारी विजय-घोषणा की गूँज सुन रही हूँ। इस पृथ्वी के प्रत्येक खंड में तुम्हारे मन्दिर हैं, जगत् के नाथ! भय का संहार करो और जगत् का उद्धार करो।"

भार्गव स्तब्ध देखते रह गए।

"भगवान् जामदग्नेय!" महादन्ती ने पूज्यभाव से कहा, "मैं तुम्हारी प्रतीक्षा करते-करते थक गई हूँ। मुझे स्वीकार करो!"

'भगवान जामदग्नेय!' राम को मृगा के शब्दों का स्मरण हो आया। दो सौ वर्ष की यह त्रिकालदर्शी सिद्धेश्वरी भी वही शब्द कह रही है।

झाड़ हिलने लगे। चन्द्रिका भी मानो अस्थिर हो गई। भार्गव की आँखों का तेज महादन्ती की आँखों के तेज से जा मिला।

"स्वीकार करो, मैंने बहुत दिन तुम्हारी प्रतीक्षा की है।" महादन्ती ने दीन स्वर में कहा। कापालिक, भद्रश्रेण्य और वितिहोत्र यह भयानक संवाद सुन न सके।

"महादन्ती! मैं स्वीकार करता हूँ।" राम ने सिर नवाकर कहा।

महादन्ती ने एक गम्भीर ओंकार का उच्चारण किया।

चारों दिशाएँ गूँज उठीं। उसकी आँखों से अंगारे बहने लगे। एक वात्याचक्र उठा। चारों ओर एक किलकारी सुनाई पड़ी। अनिमेष नेत्रों से भार्गव देखते रह गए।

भद्रश्रेण्य और वितिहोत्र थर्रा उठे—जैसे प्रलयकाल ही आ पहुँचा हो। महादन्ती के चारों ओर तेज का वर्तुल प्रकट हो गया।

उस तेज के वर्तुल में उसके दो सौ वर्ष के सूखे अंग-प्रत्यंग और लटकती चमड़ी अदृश्य हो गई। उसकी मुद्रा एक नवयुवती की-सी हो गई। उसकी शरीर-रेखाओं में एक मोहिनी

झलक उठी। उसकी आँखों की दाहक अग्नि में एक सोलह वर्ष की नवयौवना की प्रेरकता आ गई।

उसने बड़ी छटा से हाथ जोड़कर भार्गव को नमस्कार किया।

"भगवान्!"

भार्गव ने हाथ जोड़कर सिर नवा दिया।

महादन्ती भूमि पर से अधर में उठती दिखाई पड़ी। उसके तेज का वर्तुल उसे और भार्गव को लपेट रहा था।

वह ऊपर की ओर उठती ही चली गई। वह सूक्ष्म हो गई; एक तेज-बिन्दु मात्र रह गई। भार्गव खड़े हो गए। उनके एकाग्र नयन ऊपर की ओर जाती हुई, सूक्ष्म होती हुई सिद्धेश्वरी को देख रहे थे। उसके शरीर से अभेद्य तेज की धाराएँ बहने लगीं। बिजली जैसे धरती में समा जाती है, वैसे ही वह तेज-बिन्दु भार्गव की आँखों में समा गया...

सूर्य का प्रकाश होने पर वहाँ महादन्ती का कोई नाम-चिह्न भी नहीं दिखाई पड़ा। निश्चल, एकाग्र, भयंकर भार्गव वहाँ चुपचाप खड़े थे।

[3]

पन्द्रह दिनों से प्रतीप द्वारा स्थापित यादव गोत्र के थाने में सहस्रों यादव और भृगु प्रयाण की तैयारी कर रहे थे। दिन और रात चारों ओर से लोग आते जा रहे थे। सहस्रार्जुन के सर्वनाशकारी क्रोध से बचने के लिए अज्ञात जंगलों, अनुल्लंघ्य पर्वतों तथा मानव-आक्रमण से अब तक अस्पर्श्य मरुस्थलों में होकर आर्यावर्त जाने के लिए यह मानव-समूह उद्यत हो रहा था।

तीन दिन पहले मार्ग-शोधक टुकड़ी आगे निकल चुकी थी। अगले दिन स्थान खोजकर विराम-स्थल निर्दिष्ट करनेवाली टोली जा चुकी थी। उसकी अगली सन्ध्या को कुछ सैन्य लेकर प्रतीप मार्ग को निरापद करने के लिए आगे बढ़ गया था।

यादवों और भृगुओं का एक विशाल समूह आज सवेरे प्रस्थान करनेवाला था। पहले ग्वालों का समूह ढोर-चौपायों को लेकर रास्ता बनाने को गया। उसके अनन्तर गाड़ियों में वृद्ध, स्त्रियाँ और बालक, बछड़ों, कुत्तों और घोड़ों के बच्चों को साथ लेकर आगे बढ़े। दो सहस्र गाड़ियाँ चल रही थीं। बारी-बारी से उतरकर स्त्रियाँ उन गाड़ियों के आसपास चल रही थीं। चारों ओर सैनिकों का व्यूह उन्हें घेरकर चल रहा था। लोमा, कूर्मा और विशाखा उस व्यूह के नायक थे। इस गोत्र के व्यूह के पीछे एक छोटा-सा सैन्य धीरे-धीरे आ रहा था। उज्जयन्त उसका नायक था।

इसके अनन्तर चुने हुए योद्धाओं का एक सैन्य आधे दिन के अन्तर से उस स्थल पर जा पहुँचा जहाँ प्रतीप ने यादव-गोत्र बसाया था। भद्रश्रेण्य और विमद उसके अग्रणी थे। पीछा करनेवाले किसी भी आक्रमणकारी सैन्य का सामना करके उसे रोकने का काम इस सैन्य को सौंपा गया था।

सहस्रार्जुन की आज्ञा की अवगणना करके और उसके दूतों को फुसलाकर लौटा देने के उपरान्त, वितिहोत्र ने प्रयाण करनेवाले समूह के लिए सारी व्यवस्था कर दी थी।

विदा का क्षण आ पहुँचा। बीचोंबीच भार्गव हाथ में प्रचंड परशु लेकर तेज के पुंज-से आवेष्टित-से खड़े थे। पास ही खड़ा उनका तेज घोड़ा हिनहिना रहा था।

एक ओर भद्रश्रेण्य, विमद और ज्यामघ खड़े थे।

वितिहोत्र और उसकी रानियाँ आँखों में आँसू भरकर उन्हें नमस्कार कर रही थीं।

"भगवान्!" वितिहोत्र ने कहा, "हम लोगों पर कृपा बनाए रखना।"

"राजन्, तुम्हारी जय हो।"

रानियाँ भार्गव के पैरों पड़ीं। भार्गव ने छह रानियों में से चौथी की ओर देखा और उसके माथे पर हाथ रख दिया।

"महिषी! पुत्रवती होओ।"

आशीर्वाद के भार से रानी रो पड़ी। भार्गव हँस पड़े, "राजन्! रानी को यदि पुत्र हो तो उसका नाम महादन्त रखें।"

"जैसी आज्ञा!" हर्ष-विह्वल होकर वितिहोत्र ने कहा।

महादन्ती जब से अलोप हुई थीं, तभी से सबको भार्गव के चारों ओर एक तेज प्रसारित होता-सा दिखाई पड़ता था। उनकी श्रद्धा प्रेरित करने की शक्ति भी अब बढ़ चली थी।

भार्गव ने आँखों के संकेत से ज्यामघ को पास बुलाया, "राजन्! अपने ज्यामघ को मैं तुम्हें सौंपे जाता हूँ!"

"मुझे?" ज्यामघ ने अचरज में पड़कर पूछा।

"ज्यामघ! तुझे अब छोड़े बिना निस्तार नहीं है। कुछ ही दिनों में यादवों और शार्यातों के बीच बड़ा ही घातक विग्रह आरम्भ होगा। तू शार्यातों का राजा है। भद्रश्रेण्य यादवों का राजा है। मैं उनका हूँ। तू यदि साथ रहेगा तो यादवों के मन में सन्देह जागेगा।"

"गुरुदेव! मुझ पर आपको इतना भी विश्वास नहीं है?"

"पूरा विश्वास है, इसी से तो कह रहा हूँ। इस युद्ध में अब तेरा स्थान शार्यातों के बीच है।"

"मैं तो इन युद्धों से थक गया हूँ, गुरुदेव! कब तक यह मार-काट चलती रहेगी? कब यह रक्तपात बन्द होगा? आप ही इसका निवारण नहीं करेंगे तो और कौन करेगा?"

"ज्यामघ, मनुष्य के द्वेष पर केवल भय की मर्यादा है और कोई मर्यादा नहीं। अपने आप ही अपने द्वेष को मर्यादित रख सकनेवाले महात्मा तो कोई विरले ही होते हैं। इस मार-काट को रोकने का बस एक ही मार्ग है।"

"तो वही मार्ग आप क्यों नहीं दिखा रहे?" गिड़गिड़ाकर ज्यामघ ने कहा।

"वही मार्ग दिखाने जा रहा हूँ। जो विद्वेष फैल गया है, उसके सिर पर जामदग्नेय का भय मँडराएगा।"

"तो शार्यातों, हैहयों..."

"मैं उनका द्वेष्टा नहीं हूँ। मैं द्वेषियों का द्वेष भुलानेवाला महामय हूँ।"

"पर जो इस प्रकार हम एक-दूसरे का हनन करते ही जाएँगे, तो द्वेष और भी बढ़ेगा।"

"जो मैं द्वेषपूर्वक मारूँ तब न! मुझे तो सभी प्रिय हैं। पर द्वेष के रोगियों का रोग मैं मिटाना चाहता हूँ। यदि मेरे मन में द्वेष ही होता तो मैं सहस्रार्जुन को सौ बार उसके महल में सोया हुआ मार सकता था।"

"गुरुदेव! गुरुदेव! पर आप मुझे क्यों छोड़ रहे हैं?"

"तू उपकारवश मुझे भेज रहा है। तू अभी भी मुझे समझ नहीं पाया है। जा, शार्यातों का राज्यपद ग्रहण कर। और जिस दिन तेरी समझ में आ जाए कि मेरी बात सत्य है, उस दिन मैं तेरा ही हूँ।"

"मुझे कब समझ में आएगी यह बात?"

"इस क्षण तेरा हृदय रुधिर के प्रवाह से काँप रहा है। जिस प्रकार द्वेष बुरा है, वैसे ही यह भय भी बुरा है। इन दोनों ही को जब तू भूल जाएगा, तब तुझे समझ में आएगा कि द्वेषोन्मत्त मानव को विशुद्ध होने के लिए अभी रुधिर के न जाने कितने सागरों में स्नान करना पड़ेगा।"

"भगवान्! भगवान्! मुझे नहीं समझ में आ रहा।"

"ज्यामघ! मैं तो केवल धर्म की रक्षा करता हूँ। जो धर्म लोपेगा, वह मेरी ज्वाला में जल मरेगा। राजा वितिहोत्र! ज्यामघ को ले जाओ! पधारो! शत शरद जियो! भद्रश्रेण्य, मैं परसों मिलूँगा।" कहकर भार्गव घोड़े पर चढ़ प्रयाण कर गए।

धूल के बगूलों में केवल काली जटा और चमकता हुआ परशु दिखाई पड़ रहे थे।

प्रचंड अजगर के समान यादवों और भृगुओं की गाड़ियों की श्रेणी योजनों तक फैली चली जा रही थी। चलते हुए पहियों की चूँ-चड़ड़ ध्वनि, ढोरों और घोड़ों के शब्द और मानव-समूह के कोलाहल से निर्जन जंगलों में विचित्र प्रतिध्वनियाँ हो रही थीं।

सारा समय एक तरंग में था। मानो किसी बड़ी यात्रा पर निकले हों, यही सब अनुभव कर रहे थे। स्त्रियाँ गातीं, वृद्ध कीर्तन करते और बालक उछल-कूद मचाते। सैनिक चलते तो कभी दौड़ लगाते।

सारा वातावरण आशा और उत्साह से भरा था। सभी सहस्रार्जुन के भय की छाया में पले थे, जिए थे, आज वह भय दूर होता जा रहा था। स्वतन्त्रता-प्रेरक वायु उन सभी मानवों को एक नवीन चैतन्य प्रदान कर रही थी।

पर भगवती की चिन्ता का पार नहीं था। कुछ ही समय में यह उत्साह जाता रहेगा और इस भयंकर प्रयोग के परिणाम का प्रभाव पड़ना आरम्भ होगा। विशाखा और कूर्मा को साथ लेकर उन्होंने इस मानव-समूह की व्यवस्था करना आरम्भ कर दिया। प्रति दस गाड़ियों पर उन्होंने एक-एक नायक नियुक्त किया और ऐसे पाँच नायकों पर एक-एक मुखिया नियुक्त किया। कुछ अश्वारोही थोड़े-थोड़े अन्तर पर इधर-से-उधर चक्कर लगाकर सन्देश पहुँचा आते; और इस प्रकार सारे तन्त्र का संचालन सरल हो जाता।

अवन्तिनाथ ने प्रचुर खाद्य-सामग्री दे दी थी। उनके साथ भेजे हुए मार्गदर्शक जंगल-वासियों से मिलकर भी कुछ व्यवस्था कर दिया करते। पर अधिकांश को तुरन्त आखेट करके ही खाना जुटाना पड़ता था, सो प्रत्येक नायक उसकी खोज में घूमा करता।

किसी नदी या प्रवाह के तट पर प्रवासी मध्याह्न और मध्यरात्रि में विश्राम करते, उस स्थान से आवश्यक पानी भरकर साथ ले लेते और आगे बढ़ जाते।

गोत्र के प्रवास से परिचित लोगों को आरम्भ में तो यह सब सरल जान पड़ा। श्रद्धा की सरिताएँ चारों ओर बह रही थीं और सबको भिगो रही थीं। सामान्य प्रवासी को इस बात की चिन्ता नहीं थी कि इतना बड़ा समूह कैसे आर्यावर्त पहुँचेगा।

पुराने यादव सौराष्ट्र की याद दिलाकर भार्गव के सम्बन्ध में बातचीत किया करते। नए आए हुए भार्गव और भृगु, माहिष्मती और वैदूर्य में भार्गव द्वारा दिखाए गए पराक्रमों की आख्यायिकाएँ कहते। भार्गव ने डड्डनाथ को कैसे वश में किया, मृगारानी को कैसे भृगु बनाया, और महादन्ती सिद्धेश्वरी उनमें कैसे समा गईं और भगवती कैसे आकाश मार्ग से जाकर भार्गव से मिलीं, आदि बातें वे सब लोग बड़े गौरवपूर्वक कहते-सुनते और उनके हृदयों में भक्ति के ज्वार-से उभरने लगते।

अभिनिस्सरण के तीसरे दिन पीछे कहीं दौड़ते हुए आ रहे घोड़ों की टापों की गूँज सुनाई पड़ी। दौड़ते घोड़ों पर आकर मार्गदर्शकों ने सूचना दी और तुरन्त भगवती और कूर्मा शस्त्र-सज्जित सैनिकों के साथ छोर पर आकर खड़े हो गए।

एक काले बड़े-से घोड़े पर भार्गव आ रहे थे। उनके पीछे कोई बीस-एक सवारों के साथ उज्जयन्त आ रहा था।

भगवती और कूर्मा ने उनके चरणों की रज माथे पर चढ़ा ली। सबकी कुशल पूछते हुए भार्गव पैदल चलकर गाड़ियों के पास गए। गाड़ियाँ रुक गईं। लोग उतर पड़े और आ-आकर भार्गव के पैरों पड़ने लगे। भार्गव आशीर्वाद देते हुए, सस्मित बदन आगे बढ़ चले।

विशाखा अपनी गाड़ी के पास ही थी। उसने भी आकर प्रणिपात किया।

"विशाखा, तेरा सौभाग्य अमर रहे। और, बच्चे कैसे हैं?"

प्रतीप की छोटी प्रतिमाओं-से तीन बच्चे दौड़ते हुए आए।

"गुरुदेव के पैर छुओ!"

बच्चे डरे-से खड़े रह गए। गुरुदेव की बातें तो नित्य ही हुआ करती थीं, पर उन्होंने उन्हें देखा नहीं था।

भार्गव हँस पड़े—मुख से, आँखों से, स्वर से।

"अरे, वाह! मुझे ही नहीं पहचानते? आओ!" उन्होंने हाथ फैला दिए; परशु उज्जयन्त को दे दिया। पर बच्चे उस प्रचंड मूर्ति को देख ठिठके-से खड़े रह गए।

"नहीं आओगे?" भार्गव के स्वर में मृदुता थी, "अरे, ऐसा भी कहीं होता है। नहीं आओगे?"

तीन वर्ष का छोटा बच्चा वश हो गया, "गुरुदेव, मैं आता हूँ," कहकर वह भार्गव के हाथों में आ गया। कुछ देर रहकर दूसरे दो बच्चों ने भी पास आने का साहस दिखाया।

एक साथ तीनों को उठाकर भार्गव ने छाती से लगा लिया।

रात होने पर गाड़ियाँ छोड़कर सब लोग भोजन के आयोजन में लग गए। पड़ाव के चारों ओर, वनचरों को दूर रखने के लिए होलियाँ चेता दी गईं।

रात को सब मुखियागण गुरुदेव के पास आए। भगवती, विशाखा, कूर्मा और उज्जयन्त तो वहाँ पहले से ही उपस्थित थे।

"भगवती, हम यात्रा पर नहीं चले हैं। हमें सैकड़ों योजन जाना है। सवेरे मैं प्रतीप से मिलने जा रहा हूँ। चौथे दिन फिर आ मिलूँगा। इस बीच प्रत्येक सशक्त पुरुष, स्त्री और बड़े बालक का स्वधर्म निर्दिष्ट हो जाना चाहिए। पहला स्वधर्म है पूरा-पूरा भोजन जुटा लेना; दूसरे, यथासम्भव अधिक-से-अधिक वेग से आगे बढ़ना; तीसरे, चाहे पुरुष हो या स्त्री हो, लड़का हो या लड़की हो, यथासम्भव युद्ध के लिए सदा प्रस्तुत रहना।" फिर विशाखा को

इंगित कर बोले, "भगवती ने चक्रवर्ती सहस्रार्जुन को पराजित किया था। तुम उन्हीं की शिष्या हो। सबको मेरी यह आज्ञा सुना देना। इस स्वधर्म की रक्षा में ही मर जाना है। ऐसे मरकर ही जिया जा सकेगा।"

दो घड़ी के पश्चात् सब लोग सो गए। वहाँ स्थापित की गई एक वेदी के आसपास भार्गव और भगवती बातें करते हुए लेटे थे, वे उठ बैठे।

"लोमा! चलो, हम नहा आएँ।"

"चलो।"

एक-दूसरे से लगे-जुड़े-से दोनों नदी पर गए और साथ-साथ जाने कब तक स्नान करते रहे। फिर मृगचर्म पहनकर एक-दूसरे का हाथ थामे खड़े रह गए।

"राम!" लोमा ने लजाते हुए कहा, "अब मैं अधिक समय तक शस्त्र-प्रयोग न कर सकूँगी।"

"क्यों?" भार्गव ने आश्चर्यान्वित होकर पूछा।

लोमा राम से चिपट गई और अपना मुख उसने पति की छाती में छिपा दिया।

"तुमने वितिहोत्र की रानी को आशीर्वाद दिया था कि पुत्रवती होना!"

"हाँ..."

"वह मुझे फल गया।"

राम ने उल्लास के आवेश में लोमा को उठा लिया और अपना मुँह उसकी छाती में दाब दिया।

दोनों हँस पड़े।

फिर पहले जैसे ही राम लोमा को उठाकर, जहाँ पहले सोए थे, वहीं लिवा लाए।

[4]

प्रतीप का कर्तव्य सबसे टेढ़ा था। अवन्तिनाथ के साथ भेजे हुए मार्गदर्शक रास्ता दिखाते जा रहे थे। जंगल की राह में स्त्रियों के साथ बातचीत चलानी पड़ती। जहाँ कभी मनुष्य का पद-संचार ही न हुआ होगा, ऐसे स्थलों में होकर मार्ग खोजना पड़ता था। कई बार योजनों तक ऊबड़-खाबड़ आड़े रास्तों से चलना पड़ता। जहाँ गाड़ी निकलने का रास्ता न होता वहाँ झाड़ कटवाने पड़ते। और पीछे आ रहे समूहों के लिए विश्रामस्थल तैयार करवाकर, यथासाध्य भोजन जुटाने का आयोजन भी करना पड़ता।

प्रतीप ठुक-पीटकर अब एक महान् योद्धा और व्यवस्थापक बन गया था। पर नए ही प्रकार का पराक्रम था, अतएव नई शक्तियाँ इसमें अपेक्षित थीं। दूसरे दिन रात को वह और उसके सैनिक एक टेकरी पर चढ़कर सोने की तैयारी कर रहे थे। तभी आसपास के पर्वतों से सैकड़ों सूअर उतर आए। मार्गदर्शक चारों ओर से चिल्ला उठे और घोड़े हिनहिना उठे। किसी ने खड्ग सँभाला, किसी ने तीर ताना। पर अँधेरी रात में उस लोमहर्षी भयंकरता के सम्मुख सबकी छाती बैठ गई।

तुरन्त ही प्रतीप ने जलते हुए जगरे में से एक अधजला लक्कड़ खींच लिया और उसे लेकर वह टेकरी के किनारे पर दौड़ आया। उसका अनुकरण करके अन्य लोग भी जलते हुए लक्कड़ हाथ में लेकर दौड़ पड़े।

सूअर चिल्लाते हुए तथा एक-दूसरे से सिर टकराते हुए ऊपर की ओर आ रहे थे। सबसे आगे के सूअर जब दस हाथ की दूरी पर रह गए तो प्रतीप ने अपने हाथ का जलता हुआ लक्कड़ उन पर फेंककर दे मारा। आगे की ओर दौड़े आ रहे सूअरों को जाकर वह लगा। वे जल गए, कुछ अटके और फिर लौट पड़े। योद्धाओं ने ताक-ताककर जलते लक्कड़ फेंकना आरम्भ कर दिया। आगे आ रहे सूअरों की पंक्ति टूट गई और तुरन्त पीछे आ रहे सूअरों ने मुँह फेर लिया और प्राण लेकर भाग निकले। योद्धा तीर-पर-तीर बरसाने लगे।

सवेरा होने पर कुछ सूअर घायल पड़े पाए गए। पीछे आते हुए समूह के लिए प्रतीप को उनसे अच्छी-सी खाद्य-सामग्री प्राप्त हो गई।

जंगलों में पक्षी, सूअर, हरिण और शशकों का आखेट तो पद-पद पर मिल जाया करता था। मनुष्य के भुक्खड़पन से अपरिचित इस जंगल के प्राणी, अभी मनुष्य का पदसंचार सुनकर भागना नहीं सीखे थे। जंगलों में जंगली फल तो खानेवालों के अभाव में यों ही कुम्हलाकर पड़े रह जाते थे। जंगल के निवासी भी यथासामर्थ्य उनका स्वागत किया करते।

भार्गव आकर प्रतीप से मिले और दो दिन उसके साथ भी रहे।

"प्रतीप, केवल तुझे ही मैं कह सकता हूँ। वन, वनचर, नदी और वर्षा ऋतु, ये जंगलवासी और पीछे आ रहे हैहय, तुंडीकेरा और शार्यात–सभी हमारे शत्रु हैं। इनको वश करने में ही इस समय हमारी सबसे बड़ी परीक्षा है।"

"आपके आशीर्वाद यदि साथ हैं, तो सारी परीक्षाओं में से हम पार उतर जाएँगे।"

"वर्षा आने से पहले ही हमें आर्यावर्त पहुँच जाना चाहिए।" भार्गव ने कहा।

"अब से दुगुने वेग से हमें चलना चाहिए।"

"यह तो बहुत कठिन है।"

भार्गव ने मार्गदर्शकों को बुलाया और चारों ओर खोज करवाई। जंगलवासियों के एक बड़े राजा का ग्राम, यहाँ से कोई आधे दिन के प्रवास पर मिलता था। भार्गव उसे मिलने के लिए गए। प्रतीप ने भी उनके साथ जाने की इच्छा प्रकट की।

"प्रतीप! मेरे साथ यदि कोई दूसरा होता है, तो मनचाहा काम हो नहीं पाता। मैं तो अकेला ही भला हूँ।"

दो मार्गदर्शकों को लेकर भार्गव टेढ़े-मेढ़े पहाड़ों में होकर, वनवासियों के राजा से मिलने गए। पर्वत के ढाल पर चलते हुए, ज्यों-त्यों कर नदी लाँघते हुए निदान वे वनवासियों के थाने में पहुँचे। वहाँ एक झरने के तीर पर जाकर भार्गव बैठ गए।

"जाओ," उन्होंने सन्देशवाहकों से कहा, "यहाँ के राजा से या उनके गुरु से या कोई कापालिक यहाँ हों तो उनसे जाकर कहो कि 'महाअथर्वण ऋचीक का पौत्र और यादवों का गुरु, देवी महादन्ती जिसमें समा गई हैं वह, वह अघोरी डड्डनाथ का दत्तक पुत्र भार्गवनाथ आपके द्वार पर आया है'।"

थोड़ी ही देर में ढोल और शहनाइयाँ बजने लगीं और सारा गाँव राजा के पीछे-पीछे भार्गवनाथ का स्वागत करने के लिए बाहर निकल आया। फूल लेकर स्त्रियाँ भी आईं। वनवासी और देवियों के पुजारी भी आए। श्मशान में जो तीन कापालिक थे वे भी आए; अतएव अन्य लोग कुछ झिझककर खड़े रहे।

भार्गव ने उन्हीं की भाषा में उनसे डड्डनाथ का कुशल-संवाद कहा, और अपने पास ही उन्हें बैठने को इंगित किया। राजा ने आकर भार्गव के पैर धोए। स्त्रियों ने चन्दन और फूलों से उनका सत्कार किया।

''राजन्, सहस्रार्जुन के अत्याचारों से पीड़ित अपने शिष्यों को मैं आर्यावर्त लिये जा रहा हूँ। आपकी सहायता चाहता हूँ। सभी वनवासियों के राजाओं को कहलवा दीजिए कि वे हमारी सहायता करें, हमें रास्ता बताएँ और आवश्यक खाद्य-सामग्री जुटा दिया करें। हमारे पीछे सहस्रार्जुन का एक बड़ा-सा सैन्य चला आ रहा है। यदि वे आएँगे तो हमारे प्राण ले लेंगे और तुम्हें भी मारेंगे। मैं तो केवल भिक्षा माँग रहा हूँ।''

राजा ने वृद्धों की ओर देखा। वृद्धों ने देवी के पुजारियों की ओर देखा। पुजारियों ने कापालिकों की ओर देखा।

राजा सावधान हो गए। उनके प्रजाजनों को विश्वास नहीं हो रहा था।

''आज तो गाँव में चलिए। कल विचार करेंगे।''

''राजन्! यदि आप मुझे यह भिक्षा देना स्वीकार नहीं करते, तो मैं आपका आतिथ्य कैसे स्वीकार कर सकता हूँ? कल आप फिर पधारें, मैं यहीं आपकी प्रतीक्षा करूँगा।''

आधी रात बीतने पर वनवासियों के राजा रोहिल्ल, उनके मन्त्रीगण, देवी के पुजारी और कापालिक, सब चुपचाप भार्गव को देखने आए। एक झाड़ के तले भार्गव सोए हुए थे। पग-रव सुनते ही वे जागकर उठ बैठे। उनकी आँखें अँधेरे में दो जलते अंगारों-सी चमक रही थीं। उनके हाथ के परशु का फलक भी चमक रहा था।

पर्वत पर पवन सनसना रहा था। दूर से वनचरों के शब्द सुनाई पड़ रहे थे। आगन्तुक ठिठककर खड़े रह गए। जहाँ भार्गव बैठे थे वहाँ, उनके आसपास मानो तेज प्रसरित होता-सा लग रहा था।

''राजन्!'' भार्गव ने धीरे-से कहा, ''क्या विश्वास नहीं होता? पर्वत की तलहटी में मेरे योद्धा पड़े हुए हैं। यदि मेरे मन में कोई खोट होता तो तुम्हारे गाँव को जलाकर भस्म कर देने में मुझे घड़ी-भर की भी देर नहीं लगती।''

भार्गव ने सभी को पहचान लिया, लज्जित होकर वे पास सरक आए। ''कापालिको, तुम भी विश्वास नहीं कर सके? यदि विश्वास नहीं ही जम पाता हो तो मैं यह चला।'' भार्गव ने राजा से कहा।

''नहीं, नहीं, गुरुदेव!'' रोहिल्ल ने कहा। भार्गव खड़े हो गए और पास आकर उन्होंने राजा के खवे पर हाथ रखा और बोले, ''मैं तो चला ही जाऊँगा, पर आया हूँ तो तुम्हारा भला करता जाऊँ। अपने राजाओं से कहलवा देना कि हमारे पीछे तुंडीकेराओं का राजा और सहस्रार्जुन का सेनापति रुरु आ रहा है–सैन्य लेकर। वे वनों में आग लगाएँगे और तुम्हारे गाँव उजाड़ेंगे; यदि बचना चाहें तो भागने की तैयारी कर रखें। अरुणोदय हो गया है। मैं सहायता की भिक्षा माँगने आया था, पर तुमने मुझे ठेलकर निकाल दिया है। मैं तो अब चला ही जाऊँगा, पर तुमने भी एक मित्र खो दिया है।''

राजा ने विवश दृष्टि से मन्त्रियों, पुजारियों और कापालिकों की ओर देखा। सब चुप थे।

साथ के मार्गदर्शक को बुलाकर भार्गव पर्वत से उतरने लगे।

सवेरा हुआ। जहाँ भार्गव बैठे थे वहाँ एक अणिशुद्ध अघोर-चक्र दिखाई पड़ा। कापालिकों ने पास जाकर देखा। वह सामान्य चक्र नहीं था, प्रत्युत गुरु-चक्र था। उन्होंने भूमि पर पड़कर नमस्कार किया। रोहिल्ल राजा ने क्रोध-भरी दृष्टि से मन्त्रियों और पुजारियों की ओर देखा, "क्या देख रहे हो? ढोंगी हैं? क्या लेने आए थे? रास्ता पाना चाहते थे? खाद्य-सामग्री चाहते थे? उसके लिए भी तुमने इनकार कर दिया। इतनी पीढ़ियों के उपरान्त मेरे कुल में आए अतिथि को तुमने ठेल दिया।" राजा ने पर्वत पर से देखा, "मेरे हाथों इन्हें धक्का देकर निकलवा दिया?" उसने उगते सूर्य की किरणों से बनी-सी मुक्त केशावलि और दाढ़ी से तेजोमान भार्गव को उतरते हुए देखा।

"गुरुदेव! गुरुदेव! पधारिए।"

भार्गव लौट पड़े।

"पधारिए, पधारिए।" रोहिल्ल ने पुकारा और वह दौड़ता हुआ नीचे उतर आया।

"पधारिए, आप जो माँगेंगे वही दूँगा। लौट आइए।"

[5]

सेनापति रुरु का विशाल सैन्य उस स्थल पर आ पहुँचा, जहाँ प्रतीप का थाना था। प्रतीप को सूचना मिलने से पहले ही आक्रमण करके यादव-गोत्र का सर्वनाश करने की उसकी उत्कट इच्छा थी।

पर सैन्य एकत्रित करने में कुछ समय लग गया और मही नदी तक पहुँचने से पहले ही उसे पता लग गया कि प्रतीप अपना थाना छोड़कर उत्तर की ओर चला गया है। रुरु गर्विष्ट था। भद्रश्रेण्य और उसके पुत्र प्रतीप के भाग जाने की सूचना पाकर उसका गर्व सन्तुष्ट हुआ।

हैहयों के संघ में तुंडीकेरा लोग सबसे अधिक जंगली थे और नर्मदा के तीर पर चन्द्रतीर्थ से पूर्व की ओर रहा करते थे। रुरु गर्विष्ठ था और निष्ठुर भी था। रक्तपात उसे बहुत प्रिय था। भद्रश्रेण्य और मृगा के शासनकाल में तो वह माहिष्मती के राज्यचक्र की ओर आँख उठाकर भी नहीं देख सकता था, पर अब वे दोनों चले गए थे; तालबाहु निकम्मा सिद्ध हो चुका था; सहस्रार्जुन का विनाशक उन्माद बढ़ चला था, अतएव रुरु अब उसका दाहिना हाथ हो गया था।

रुरु जिस योजना को सरल समझ रहा था, उसमें कुछ कठिनाइयाँ दिखाई पड़ीं। छोटे गाँवों में भृगुओं और यादवों की खोज विफल सिद्ध हुई और उसमें बहुत समय नष्ट हो गया।

यादव और भृगु अपने कुटुम्बों सहित अदृष्ट हो गए थे। रुरु की समझ में आ गया कि इसमें कुछ गहरा रहस्य है।

उसने वितिहोत्र अवन्तिनाथ को सैन्य लेकर उपस्थित होने का सन्देशा भेजा। उत्तर मिला कि राजा तो रुग्ण हैं, पर सेनापति सैन्य लेकर मही पर आ मिलेंगे।

रुरु का सैन्य आगे बढ़ा। मही के तट निर्जन पड़े थे।

कई दिनों पहले भद्रश्रेण्य और प्रतीप निकल भागे थे। उनके साथ गुरुदेव भार्गव भी थे। उन्हें भी उसने भगा दिया है, यह जानकर रुरु को परम सन्तोष हुआ।

अवन्तियों के सेनापति भद्राक्ष से रुरु की भेंट हुई। उसके साथ ज्यामघ भी आया था। उसकी इच्छा इस सैन्य के साथ जाने की नहीं थी, पर कुछ तो रुरु की आज्ञा के कारण और कुछ जो दो-एक सहस्र शार्यात प्रतिशोध लेने के लिए एकत्रित हुए थे, उनकी विनती मानकर ज्यामघ ने उनके साथ जाना स्वीकार कर लिया।

रुरु प्रतीप का पीछा करता हुआ आगे बढ़ चला। जंगलों में यहाँ-वहाँ पड़े हुए मार्ग के नए चिह्न निस्सरकों का मार्ग सूचित कर रहे थे। रुरु का सैन्य रथ, घोड़ों, पैदलों और गाड़ियों का बना था। एक सँकरे मार्ग से जब वह जा रहा था तो दोनों ओर की खन्दकों से निकलकर उस पर भद्रश्रेण्य और विमद की टुकड़ियों ने आक्रमण कर दिया। इस अप्रत्याशित आक्रमण से सैन्य छिन्न-भिन्न हो गया। अवन्ति के सैनिक नौ-दो-ग्यारह हो गए। जैसे-तैसे रुरु अपने कुछ आदमियों को एकत्रित करने लगा। तभी सामने से असंख्य अश्वारोही आते दिखाई पड़े। सबसे आगे भार्गव थे, उनके पीछे उज्जयन्त था और उसके पीछे अनेक अश्वारोही झाड़ों की घनी झुरमुटों से निकले आ रहे थे। यादवों और भृगुओं ने गुरुदेव भार्गव का जय-जयकार किया। पवन पर सवारी करते-से अपने काले घोड़े पर बैठकर आते हुए भार्गव को हैहय-सैन्य ने देखा। उनमें से बहुतों के हृदय में तो उनके लिए पूज्यभाव था। उनके और डड्डनाथ के सम्बन्ध की चमत्कारपूर्ण बातें भी उन्होंने सुन रखी थीं। महादन्ती सिद्धेश्वरी ने जो उन्हें तेज प्रदान किया था, उसकी दन्तकथा भी उन्होंने अवन्ती के सैनिकों से सुनी थी। मनुष्यबल से अस्पर्श्य गुरुदेव से वे लड़ने के लिए तैयार नहीं थे।

भार्गव वज्र के समान सैन्य पर टूट पड़े; उनका प्रचंड परशु मनुष्यों और घोड़ों को धड़ाधड़ भूसात करता हुआ विद्युत की भाँति चमक रहा था। ऐसा आभास हो रहा था, मानो उनकी भयंकर आँखें अग्न्यास्त्र छोड़ रही हैं। हैहय सैनिक मुट्ठियाँ बाँधकर, एक-दूसरे को कुचलते हुए, वहाँ से भाग निकले और प्रतीप के पुराने थाने पर पहुँचकर उन्होंने विश्राम लिया।

यादव और भृगु-योद्धाओं ने केवल दिखाने-भर को पीछा ही किया। तुरन्त ही लौटकर उन्होंने हैहय-सैन्य के पीछे छोड़े हुए घोड़ों और बैलों को साथ लिया और झपटते हुए अपने गोत्र के संरक्षण के लिए आ पहुँचे।

रोहिल्ला राजा के प्रदेश की सीमा अब समाप्त हो चुकी थी। अब वनवासियों और आतिथ्य देनेवाले जंगलों के स्थान पर मरुस्थल और खारे पानी के पोखरे ही चारों ओर दिखाई पड़ते; न तो कहीं आखेट ही मिलता था और न झरनों में ही पानी था। धूप अंगारे बरसाया करती। प्यास और भूख अब निस्सरकों के नित्य के सहचर बन गए थे।

पाँच महीनों में युद्ध, भूख, थकान, तपन और रोगों से सहस्रों मनुष्य मर-खप गए थे। रोगिष्ठ वृद्धों ने अनेक बार समूह के लिए खाद्य-पदार्थ और पानी की बचत करने के लिए भार्गव की आज्ञा लेकर जंगलों में पीछे रह जाना स्वीकार किया था। स्त्रियाँ और बालक तो कुम्हलाए हुए फूलों के समान झर पड़ते थे। उन सबका अग्निदाह किए बिना ही निस्सरकों का समूह झपटता हुआ आगे बढ़ने लगा।

रोहिल्ल राजा के मित्रों की सीमा भी अब समाप्त हो गई थी। वन ज्यों-ज्यों कम होते गए, वनवासियों के थाने भी कम होते गए। अब जो भी थाने मिलते थे वे शत्रुत्व से ओत-प्रोत और रक्त-पिपासु थाने थे। प्रतीप के घोड़ों और गाय-बैलों को चुरा ले जाने के लिए वे सदा प्रस्तुत रहते।

क्षीण हो चला और अधभूखा प्रतीप अथक रूप से पड़ाव के स्थान खोजता हुआ आगे बढ़ता ही जाता। आवश्यकता पड़ने पर वह द्वेषी वनवासियों का संहार करता और उनसे बलात् खाद्य-सामग्री निकलवा लेता।

सबसे पीछे राजा भद्रश्रेण्य आ रहे थे। वे सचमुच अब बहुत वृद्ध हो गए जान पड़ते थे; उनकी आँखें बाहर निकल आई थीं; उनके हाथ सूखे बाँस के समान हो गए थे।

रुरु का सैन्य क्षीण हो चला था। उसे भी भूखों मरना पड़ता था पर थोड़े-थोड़े दिनों के अन्तर से माहिष्मती, अवन्ती और आनर्त से उसे कुछ मदद मिला जाया करती थी। कभी-कभी कुछ नए योद्धा भी उससे आ मिलते थे। उनके पीछे मित्रभूमि थी। पर निस्सरकों के लिए तो आगे और पीछे दोनों ओर आग लगी हुई थी।

रुरु सेनापति अवश्य था, पर सच्चा सेनानायक तो ज्यामघ हो गया था। निरन्तर भद्रश्रेण्य का पीछा करते रहने और उसे छकाते रहने से, उसके हृदय में ढका हुआ शत्रुत्व का दावानल फिर से धधक उठा। जिस रात उसने अपने बाप, माँ और भाइयों को सोया हुआ छोड़ा था, उसे वह भूल नहीं पाया था। अगले ही सवेरे भद्रश्रेण्य ने उसके बाप, भाइयों और स्वजनों का संहार किया था। उसकी माँ उसकी रानी बन गई थी। उसकी भाभियाँ यादवकुल में ब्याह दी गई थीं। शार्यातों का नाम-चिह्न तक निःशेष कर दिया गया था। निदान उस दिन का प्रतिशोध लेने का प्रसंग आ पहुँचा था, इस विचार से उसे प्रोत्साहन मिला।

उसने युद्ध-पद्धति को ही बदल डाला। उसने यह भी स्पष्ट देख लिया कि यादव और भृगु योद्धा दिन-प्रतिदिन खपते जा रहे हैं। उज्जयन्त की अलग रहकर चलनेवाली टुकड़ी भी अब योद्धाओं के अभाव में भद्रश्रेण्य की टुकड़ी में आकर मिल गई थी। नित्यप्रति रात और दिन ज्यामघ भद्रश्रेण्य की टुकड़ी को छेड़ा करता और उसके योद्धाओं का संहार किया करता। वह आक्रमण तो कभी न करता, पर भयंकर शत्रुत्व से प्रेरित हो वह निरन्तर सन्ताप देकर भद्रश्रेण्य की शक्ति को बूँद-बूँद चूसने लगा।

थोड़े ही दिनों में भद्रश्रेण्य का सैन्य खप जाएगा, फिर एक ही चोट में यादवों और भृगुओं का संहार हो सकेगा—यही युक्ति उसने सोच रखी थी। केवल भद्रश्रेण्य और ज्यामघ के बीच का शत्रुत्व ही पराकाष्ठा पर नहीं पहुँचा था, प्रत्युत यादवों और शार्यातों के बीच का परम्परागत वैर भी इन दिनों विषमता की चरम सीमा पर पहुँच गया था।

निस्सरकों के समूह में अब उत्साह और आनन्द नहीं रह गया था। व्याघ्र के आगे-आगे दौड़नेवाले हिरण की-सी त्रास-भरी अधीरता ही अब उनके भागने में भी थी। भगवती की स्थिति अब घोड़े पर बैठने योग्य नहीं रह गई थी। विशाखा मात्र एक अस्थि-पिंजर के समान दौड़-धूप किया करती। प्रायः पुरुष दिन में एक ही बार खाते। स्त्रियाँ तो कभी-कभी दो दिन में एक बार खातीं। पेट-भर भोजन न मिलने से बच्चे सारे दिन रोया करते। माताओं और गायों के दूध भी सूखने लगे। तप्त, खारा और रेत से भरा पवन आँखें लाल कर देता, मुँह सुखा देता और शरीर को शिथिल कर देता।

भार्गव केवल इसी चिन्ता में रहते कि किसी प्रकार गोत्र का उत्साह बना रहे और प्रवास शीघ्रतापूर्वक होता चले। उन्होंने वृद्ध और बालकों की एक टुकड़ी तैयार करके भद्रश्रेण्य और गोत्र के बीच नियुक्त कर दी। दिन और रात गोत्र आगे ही बढ़ता चला जाता। अँधेरी रात

की चिन्ता भी वे न करते। उतावली में बैल या घोड़ों के मरने की चिन्ता भी उन्हें न थी। उन्हें तो जैसे-तैसे वह मरुस्थल पार करके सरस्वती के तट पर पहुँचना था।

विमद कुछ अश्वारोहियों को लेकर भृगु के आश्रम से सहायता लाने के लिए आगे निकल गया था।

भूखे, प्यासे, प्राणों की रक्षा के लिए भागते हुए निस्सरकों की दृष्टि एकमात्र भार्गव पर ठहरी थी। जहाँ भी वे दिखाई पड़ते, वहीं विश्वास जाग उठता। वीर योद्धागण रण में धराशायी होते समय 'जय गुरुदेव' कहकर प्राण त्याग देते। बालकों को दूध पिलाने में असमर्थ स्त्रियाँ अपने अन्तिम श्वास के क्षण में गुरुदेव का पाद-स्पर्श करने में ही अपना मोक्ष मानतीं। छोटे बच्चे भूख से आक्रन्द करते और धूप से छटपटाते हुए भार्गव की ओर देखते और उनके हाथ का स्पर्श अनुभव कर एक मन्द हास्य के साथ सदा के लिए अपनी आँखें मूँद लेते। घोड़े और गायें भी उनका पग-रव सुनाई पड़ने पर भूखे पेट उत्साह-विह्वल गति से दौड़ने का प्रयत्न करते।

भार्गव कभी सोते नहीं; नाममात्र का भोजन करते। उनका प्रचंड शरीर भी कंकाल के समान दिखाई पड़ने लगा। उनकी आँखों का एकाग्र तेज पहले से भी अधिक दाहक हो चला था। उनके हाथ का परशु सदा की भाँति अडिग था और उनके होंठों पर दैव की निश्चलता थी।

ज्यामघ की युक्ति सफल होने लगी। भद्रश्रेण्य की टुकड़ी समाप्तप्राय थी। उसमें अब कठिनाई से पचास मनुष्य रह गए होंगे। सवेरे तक वे पूरे हो जाएँगे और साँझ को रुरु और ज्यामघ अपना सैन्य लेकर गोत्र पर आ टूटेंगे।

सरस्वती के तट तक पहुँचने में अभी दो दिन का मार्ग शेष था। भद्रश्रेण्य और उसके अडिग योद्धा अन्तिम युद्ध के लिए कटिबद्ध हो रहे थे। उनकी सारी आशाएँ समाप्त हो गई थीं। जगरे के आसपास बैठकर वे चुपचाप शस्त्रों को साफ कर रहे थे। अँधेरी रात थी। निस्सरकों के पड़ाव की ओर से घोड़ों की टापों का शब्द सुनाई पड़ा। थके हुए भद्रश्रेण्य ने सिर उठाकर देखा—"शायद गुरुदेव का सन्देशा होगा।"

घोड़ा जगरे के उजाले में आ पहुँचा। गुरुदेव स्वयं आए थे। भद्रश्रेण्य ने उठकर उनके पैर छुए और पैरों की रज माथे पर चढ़ा ली।

"भद्रश्रेण्य! कितने दिनों से तुमने नहीं खाया है?"

"तीन।"

"यह कुछ लेता आया हूँ, खा लो।"

"आप लाए हैं? पर वहीं कोई भूखों मरेगा न?"

"कोई नहीं मरेगा, यह तो मेरे भाग का भोजन है।"

"पर आप? आपने कितने दिनों से नहीं खाया है?"

"पाँच।"

"फिर?"

भार्गव हँस पड़े, "मैं तो अघोरियों का भी गुरु हूँ। मैं राख खाकर रह सकता हूँ। अघोरी वृद्धों की प्रतिस्पर्धा में मैंने दो महीनों के उपवास किए हैं।"

भद्रश्रेण्य ने खाकर जल पी लिया।

"राजन्! आप इन योद्धाओं को साथ लेकर चुपचाप गोत्र के पड़ाव पर चले जाइए।" भार्गव ने कहा।

"क्या कह रहे हैं, आप? तब तो कल ही दोपहर को रुरु आकर गोत्र को पकड़ लेगा।"

"पकड़ कैसे लेगा? मैं जो हूँ!"

"अर्थात् आप यहाँ रहेंगे और मैं यहाँ से चला जाऊँ?" भद्रश्रेण्य ने दृढ़तापूर्वक गरदन हिलाई, "कभी नहीं।"

"भद्रश्रेण्य! तुम्हें इस स्थिति में मैंने ही ला पटका है और मैं ही इस स्थिति से तुम्हें उबार भी सकता हूँ।"

"इस सम्बन्ध में तो मुझे कोई शंका नहीं है।"

"परसों या फिर तरसों गोत्र सरस्वती के तीर पर आ पहुँचेगा। विमद सहायता लेकर उस तीर पर आ जाएगा।"

"पर परसों का दिन हम देख सकें तब न?"

"इसीलिए मैं आया हूँ। तुम यहाँ रहोगे तो कल खप जाओगे। सन्ध्या तक हमारा संहार हो जाएगा।"

"और यदि आप रहेंगे तो?"

"मुझे मारनेवाला कौन है? दो व्यक्तियों ने मुझे तो भगवान् ही मान लिया है। तुम जानते हो?"

"पर मैं कब नहीं मानता हूँ!"

"भद्रश्रेण्य, जो मैं कह रहा हूँ, वही ठीक है। या तो तुम सबको सरस्वती पहुँचाऊँगा या फिर तुम सबके खपने से पहले मैं ही खप जाऊँगा। इसके अतिरिक्त, किसी तीसरे मार्ग से मैं गुरु-पद नहीं रख सकूँगा, जाओ!"

भद्रश्रेण्य की आँखों में पानी भर आया।

"आप नहीं आएँगे तो..."

क्षण-भर भार्गव चुप रहे।

"मैंने तो भगवती से कह रखा है। जामदग्नेय के शिष्यों के लिए केवल एक ही धर्म है।"

"कौन-सा?"

भार्गव चुप रहे। उनकी आँखें भयंकर हो गईं। उनके मुख के आसपास तेज का धुँधला-सा वर्तुल छा गया।

"अडिग भाव से मर जाने में ही जीवन है।" भार्गव ने स्पष्ट कह दिया।

"मैं समझ नहीं सका।"

"स्त्रियाँ बालकों सहित अपनी गाड़ी में जल मरें और पुरुष जहाँ खड़े हों, वहीं लड़ते-लड़ते मर जाएँ।"

भद्रश्रेण्य अवाक् हो गया और गुरुदेव की भयंकर मुखमुद्रा को देखता रह गया।

"पर भगवती? वे तो गर्भवती हैं।"

"मैं न आऊँ तब न?" भार्गव ने हँसकर कहा, "वह तो मेरा ही अंग है। जब मैं ही मर जाऊँगा, तो वह कौन जीती रहनेवाली है?"

[6]

शार्यातों की कोई पच्चीस योद्धाओं की टुकड़ी सवेरे ही भद्रश्रेण्य को सताने के लिए आ पहुँची। कोई भूला-भटका यादव पकड़ में आ जाए, इस विचार से झाड़ों के झुरमुटों में छिपते-छिपते वे आगे बढ़ रहे थे।

जहाँ पिछली रात को भद्रश्रेण्य का डेरा पड़ा हुआ था, वह स्थान अब निर्जन पड़ा था। केवल एक जगरे की राख और घोड़ों की लीद वहाँ पड़ी हुई थी। उनकी धारणा थी कि उस टुकड़ी में पाँच सौ आदमी रहे होंगे। पर भद्रश्रेण्य की टुकड़ी कितनी क्षीण हो गई थी, इस बात की निश्चित जानकारी किसी को भी नहीं थी।

यह समझकर कि शार्यातों के झाड़ी में से बाहर आते ही भद्रश्रेण्य भाग निकला है, उनका नायक अत्यन्त प्रसन्न हुआ। जाने कब तक वह चारों ओर चक्कर काटता रहा, पर कहीं कोई दिखाई नहीं पड़ा। भद्रश्रेण्य की टुकड़ी में अब इतने कम आदमी रह गए होंगे, यह जानकर वह बड़े अचरज में पड़ गया। उसने वहाँ से लौटकर, कुछ ही दूर पर जो एक दूसरी टुकड़ी थी, उसके नायक को सूचना दी। निदान कोई एकाध योजन की दूरी पर जहाँ रुरु और ज्यामघ का पड़ाव था, वहाँ भी यह संवाद पहुँच गया।

इस छावनी में भी भूख और प्यास के चिह्न दिखाई पड़ने लगे थे। कुछ दूर तक वे सावधानीपूर्वक आगे बढ़ते चले गए। मार्ग के दोनों ओर घने झाड़ों के झुरमुट थे।

कुछ दूर आने पर झाड़ों के उस ओर एक खुला मैदान दिखाई पड़ा। उस ओर जाने को वे प्रस्तुत हुए ही थे कि एकाएक रुक गए।

एक ऊँचे काले घोड़े पर व्याघ्रचर्म धारण किए, प्रचंड भार्गव धीरे-धीरे जंगल की पगडंडी से मैदान की ओर आते दिखाई पड़े। उनकी दाहक दृष्टि, सामने के झाड़ों की ओर से आते हुए सैनिकों की ओर ठहरी थी।

नायक और उसके मनुष्य अपने स्थान पर ही रुक गए। भार्गव के चारों ओर प्रकाशित तेज और वर्तुल को देखकर वे मुग्ध हो रहे।

"आओ! आओ!" भार्गव ने आज्ञा दी।

सैनिक यादवों का सामना तो प्रसन्नतापूर्वक कर सकते थे, पर अकेले भार्गव के पास जाने को वे तैयार न थे।

भार्गव का दुर्निरीक्ष्य स्वरूप देखकर नायक और उसके आदमी घबरा गए और घोड़ों की बाग मोड़कर वे भाग छूटे। रुरु और ज्यामघ को जाकर उन्होंने सूचना दी कि भद्रश्रेण्य के स्थान पर गुरुदेव स्वयं खड़े हैं। सारे सैनिक एक-दूसरे का मुँह ताकने लगे। गुरुदेव भार्गव के सम्मुख जाने का साहस उनमें नहीं था सो रुरु और ज्यामघ ने पड़ाव उठाने का विचार स्थगित कर दिया और सुसज्जित होकर भार्गव की प्रतीक्षा करने लगे।

मध्यान्त हो आया, दोपहर भी हो चली और सन्ध्या होने आई, पर भार्गव नहीं आए। साँझ को सैन्य ने प्रस्थान कर दिया और भद्रश्रेण्य के पुराने पड़ाव तक वे जा पहुँचे। सारी रात वे शत्रु की प्रतीक्षा करते रहे, पर शत्रु कहीं न दिखाई पड़ा।

यादव गोत्र को एक दिन की छूट मिल गई। सवेरे एक घोड़ा कहीं हिनहिनाया। यह विचार कर कि कोई छोटी-सी टुकड़ी होगी, ज्यामघ ने उसे घेरने के लिए आदमी भेज दिए और वह और रुरु भी आगे बढ़ चले।

झाड़ों के झुरमुट से निकलकर अकेले भार्गव खड़े थे। उनके साथ कोई भी नहीं था। झाड़ों की ओट में सौ आदमी तीर साधकर तैयार खड़े थे और रुरु और ज्यामघ की आज्ञा की राह देख रहे थे। अकेले गुरुदेव को देखकर उन्होंने तने हुए तीर नीचे कर लिए। भार्गव कुछ पास आकर घोड़े पर से उतर पड़े और अपनी सदा की रीति के अनुसार परशु के डंडे को फलक के पास से पकड़कर वे आगे आए।

"रुरु!" भार्गव ने हँसकर कहा, "मुझे मारने के लिए शर-सन्धान कर रहा है!" उनका स्वर मानो खिल्ली उड़ा रहा था। ज्यामघ ने रुरु को तीर चढ़ाते देख तुरन्त उसका हाथ खींच लिया।

"नहीं!" उसने आज्ञा दी।

"ज्यामघ! वत्स!" हाथ फैलाकर भार्गव ने कहा, "मैं लड़ने नहीं आया हूँ। मैं तो तुझसे मिलने आया हूँ।"

ज्यामघ की आँखों में पानी भर आया। घोड़े पर से उतरकर वह दौड़ता हुआ उनके पैरों पड़ने गया, पर उससे पहले ही भार्गव ने उसे गले से लगा लिया।

सैनिकों ने अपने साधे हुए तीर वापस खींच लिए।

"गुरुदेव! गुरुदेव!" ज्यामघ ने कहा, "इस समय आप यहाँ अकेले कैसे?"

"मुझे कब किसी के साथ की आवश्यकता है?"

गुरुदेव, रुरु और ज्यामघ के आसपास कोई पाँच सौ सैनिक घिर आए।

"आप कहाँ रहते हैं?"

"उस झाड़ के तले।"

"झाड़ तले रहते कितने दिन हो गए?"

"दो दिन हो गए हैं।"

"सो किसलिए?"

"तुझसे मिलने के लिए।"

"तो पधारिए!" ज्यामघ ने कहा। रुरु को यह बात नहीं रुची, पर गुरु भार्गव का क्या किया जा सकता है? और इस ज्यामघ का ही क्या किया जा सकता है?

"हमारा आतिथ्य स्वीकार करिए।"

"छह दिन से मैंने कुछ खाया नहीं है।" मन्द हास्य के साथ भार्गव ने कहा।

सबने लौटकर गुरुदेव का स्वागत-सम्मान किया। खा-पीकर भार्गव ज्यामघ के साथ बातचीत करते हुए निकल गए। चलते-चलते वे बहुत दूर निकल आए।

"ज्यामघ!" भार्गव ने कहा, "यहाँ शार्यातश्रेष्ठ कितने हैं?"

"तीन हैं।"

"उन्हें भी बुला ले। मुझे उनसे भी बात करनी है।"

तीन शार्यातश्रेष्ठ आ गए।

"ज्यामघ, शार्यातो! मैं इस समय एक याचना करने आया हूँ।"

"कौन-सी?"

"कल या परसों तुम यादवों का संहार कर सकोगे। अब अधिक समय नहीं रह गया।"

"हम उसी की प्रतीक्षा में हैं।" एक शार्यात ने कहा।

"पर वह सब मैं देख नहीं सकूँगा। शार्यातराज को मैंने मारा है, मैंने ही शार्यातों का दलन किया है और शार्यात स्त्रियों को यादवों के साथ भी मैंने ही ब्याहा है। मैं हूँ तुम्हारे द्वेष का मूल।"

कोई कुछ बोला नहीं।

"ज्यामघ, मैं तेरे हाथों अपने शिरच्छेद की याचना करता हूँ। मैंने तुझे परशु चलाना सिखा दिया है। उसका उपयोग तू मुझ पर कर, यही मेरी तुझसे आज याचना है।"

ज्यामघ अवाक् हो गया। उसके हाथ का परशु भूमि पर गिर पड़ा।

"निर्बल न बन, ज्यामघ! उस भयंकर रात को, जिसके सपने तुझे अभी भी सताया करते हैं, मैं ही प्रतीप को लेकर आया था। कूर्मा और उज्जयन्त को मैंने ही प्रेरित किया था। शार्यातों के सर्वनाश का निर्णय भी मैंने ही किया था। पहले मुझे मार ले, फिर कल उनको देख लेना।"

सब चुप थे।

भार्गव हँस दिए—एक मिठास के साथ, "तुम यादवों का संहार कर सको, उससे पहले मुझे तो मरना ही चाहिए। जो तुम अभी मुझे नहीं मारोगे, तो फिर कल तुम्हारा रास्ता खोजकर मुझे तो मरना ही है।"

"गुरुदेव! गुरुदेव! मैंने बहुत सहन किया है। अब क्या अपने हाथों आपको मारना ही मेरे लिए शेष रह गया है?" कातर स्वर में ज्यामघ ने कहा।

"क्यों नहीं? यदि यादवों के संहार में धर्म है, तो मेरे संहार में परम धर्म होना चाहिए। यदि मेरा संहार नहीं किया जा सकता, तो जिन्होंने मेरी आज्ञा का पालन किया है, उनका संहार कैसे किया जा सकता है?"

ज्यामघ आँसू-भरी आँखों से भार्गव के पैरों पड़ गया, "गुरुदेव! भगवती को मैंने मारा, तब भी आपने मुझे अपनाया। पशुपति के स्थानक पर मैं आपको मारने आया था, वहाँ भी आपने मुझे क्षमा कर दिया। आपने अपने प्राणों को संकट में डालकर भी मुझे मगर के मुँह से निकालकर बचा लिया। अघोरी मुझे काटकर फेंक देते, पर आपने ही उन्हें रोका। उन दो वर्षों में मैं सिर पटककर मर जाता, पर आपके ही बल से जीवित रह सका हूँ। आपने ही फिर मुझे शार्यातों के पास भेजा। मैं आपको क्योंकर मार सकता हूँ? तब तो फिर मैं ही क्यों न मर जाऊँ?"

"तो तेरे इस मरने से तो यही भला है कि तेरे भीतर का द्वेष ही क्यों न मर जाए? भद्रश्रेण्य तेरा पिता होने को तैयार है और तेरी ही माँ तो उसके घर में है। मैंने तेरी माँ को वचन दिया है कि अपने जीते-जी मैं पिता और पुत्र दोनों को मरने नहीं दूँगा।"

"मेरी माँ..."

"हाँ, वह नित्य तेरे और भद्रश्रेण्य के बीच के शत्रुत्व को देखकर आँसू टपकाती रहती है। शार्यातो! तुम कभी दस सहस्र थे, आज केवल एक सहस्र हो। यादव भी तब दस सहस्र थे, आज पाँच सहस्र भी नहीं रह गए। तुम अब भी अपने वैर को भूल नहीं सकोगे? मुझे थोड़ा तो अपने हृदय में बसने दो। मैं तुम दोनों कुलों को पहले-सा समृद्ध बना दूँगा।"

"आपने तो हमें कुत्ते की मौत मारा है।" एक शार्यातश्रेष्ठ ने कहा।

"झूठ बात है। मैंने तो केवल आठ सौ शार्यातों को मारा था। पिछले छह महीनों में ही तुममें से बहुत-से कट मरे हैं। शार्यात और उनकी कन्याएँ तो अब दत्तक पुत्रों के रूप में और

बहुओं के रूप में यादवों के पास हैं। जो तुम यादवों का संहार करोगे, तो तुम्हारे ही बेटे-बेटी और जँवाई मारे जाएँगे। इससे तो यही अच्छा है कि तुम मुझे ही मार डालो, मेरा ही सिर ले जाकर सहस्रार्जुन के चरणों में धर दो। वह अत्यन्त प्रसन्न होगा और तुम्हारी वृद्धि करेगा। यदि वह किसी से डरता है, तो केवल मुझसे।''

सब चुपचाप गुरुदेव के वचनों को सुन रहे थे।

''ज्यामघ! किसलिए विलम्ब कर रहा है? चल मेरे साथ, वहाँ तेरे ही स्वजन तेरी राह देख रहे हैं, और नहीं तो फिर मुझे ही मार डाल। अपने कुल के वैर का प्रतिशोध कर और अर्जुन के मन की साध को भी पूरी कर दे।''

''गुरुदेव! गुरुदेव! मुझे कुछ भी नहीं सूझ पड़ता। बताइए, मैं क्या करूँ?''

''चल मेरे साथ!'' भार्गव ने आज्ञा दी। ज्यामघ धरती ताक रहा था।

''तुम क्या कहना चाहते हो?'' भार्गव ने शार्यातश्रेष्ठों से पूछा, ''तुम हमारे साथ चलोगे या रुरु के साथ जाओगे?''

कुछ देर तक शार्यात एक-दूसरे का मुँह ताकते रहे।

''शार्यातवर्यो!'' ज्यामघ ने कहा, ''गुरुदेव मेरे सर्वस्व हैं। मैं प्राणान्त की घड़ी तक इनके साथ रहूँगा। तुम भी आना चाहते हो?''

''हाँ,'' श्रेष्ठों ने बाध्य होकर हामी भरी। सब लौट पड़े। बस ज्यामघ खड़ा रह गया।

''नहीं...नहीं...नहीं!'' उसने आक्रन्द किया।

''क्या नहीं?'' भार्गव ने पूछा।

''मैं नहीं आऊँगा। कैसे आ सकता हूँ, गुरुदेव?'' उसने काँपते स्वर में कहा, ''मैं शार्यात नहीं हूँ। मैं वीर नहीं हूँ। मैं तो निर्बल हूँ। मैं तो केवल प्रवाहों में तैरनेवाला एक तिनका हूँ। आप महान हैं। भगवन्! अपनी आग में अब मुझे भी जल जाने दीजिए। आप ही ने मुझे रुरु के पास जाने की आज्ञा दी थी। मैं अब उसे कैसे छोड़ सकता हूँ? नहीं...नहीं...नहीं। मुझे तो अब यहीं रहकर मरना होगा। यही मेरा स्वधर्म है।''

भार्गव ने रोते हुए ज्यामघ के खवे पर हाथ रखा, ''ज्यामघ, स्वस्थ होओ।''

''गुरुदेव, मुझे यहीं रहने दीजिए। मैं आपके पैरों पड़ता हूँ। और कल जब युद्ध हो तो आप मुझे मार डालें, बस यही मेरी एक याचना है। मेरे न माँ है, न बाप है और न कोई स्वजन ही है। जो कुछ हैं बस आप हैं। चाहे आप मुझे शिष्य मानें, पुत्र मानें या भक्त मानें, पर मैं आपका ही हूँ। आपकी गोद में सिर रखकर रोया हूँ। दिन और रात आपने मेरे आँसुओं को थामा है। अब मैं थक गया हूँ। अब मैं जीना नहीं चाहता। कल मैं ही सबसे पहले आपके सामने पड़ूँगा। तभी अपने हाथों मेरा शिरच्छेद कर देना। केवल इसी कृपा की, इसी प्रेमपूर्वक कृत्य की भीख मैं आपसे माँगता हूँ। माँ जैसे बालक को सुला देती है, वैसे ही आप मुझे अपने हाथों सदा के लिए सुला देना।'' ज्यामघ रोने लगा।

''ज्यामघ! प्रिय वत्स! रो नहीं। तू दुःखी है, तेरे दुःख का निवारण करना मेरा कर्तव्य है। मैं तेरी इच्छा को स्वीकार करूँगा। और कुछ?''

उनके एकाकी घोड़े की टापों का शब्द वन की शान्ति में भयंकर प्रतिध्वनि उत्पन्न करता हुआ दूर होता जा रहा था।

[7]

जब भार्गव गोत्र के निकट पहुँचे तो उनकी आँखें और भी अधिक एकाग्र और भयंकर हो उठीं।

अभी परसों ही अक्षय तृतीया गई है—उनकी जन्मतिथि थी वह। उस दिन सरस्वती में ज्वार आया था। उसके परिणामस्वरूप तट से जाने कितनी दूर-दूर तक पानी व्याप गया था। अब पानी उतर गया था। पर बड़ी दूर तक काला चिकना दलदल जम गया था। उसमें होकर कोई मनुष्य या ढोर नदी के पास नहीं जा सकता था।

निस्सरकों का सारा समूह उस दलदल के सामने, भूखा-प्यासा पड़ा हुआ कीचड़ सूखने की राह देख रहा था। पहले जो गाड़ियाँ कीचड़ में चली गई थीं वे छटपटाते बैलों के साथ दलदल में धँस गई थीं।

दो दिन की जो छूट बीच में मिली थी, उसमें सारा समूह एक प्राणान्तक त्वरा से भागकर यहाँ चला आया था। सो उसके बदले में दो दिन यहाँ आकर पड़े रहना पड़ा।

सरस्वती सामने ही थी, पर उसे पाया नहीं जा सकता था। पल-पल रुरु का सैन्य पास आता जा रहा था। देव ही मानो उनके विरुद्ध हो गए थे। प्रत्येक के मुख पर मृत्यु की छाया व्याप रही थी।

मृत्यु के त्रास से भयभीत होकर भागनेवाले यादव और भृगु अपनी स्त्रियों, बालकों और ढोरों को साथ लेकर जो घर छोड़कर निकल भागे थे, सो केवल निर्भय होने के विचार से, उन्होंने अनेक प्रकार की विपत्तियाँ झेली थीं। अब मृत्यु का भय नहीं रह गया था। मृत्यु स्वयं मुँह खोलकर आगे आ गई थी।

जब मही के तट से वे चले थे, तो तीस सहस्र निस्सरकों का समूह लेकर चले थे। उस बात को अब पाँच महीने हो गए हैं। आज उनमें से अधिकांश नष्ट हो चुके हैं। पच्चीस सहस्र मानवों, पन्द्रह सहस्र ढोरों और घोड़ों की हड्डियों से उनका निस्सरण-मार्ग पट गया है।

पुरुष, स्त्रियाँ और बालक धूप, शीत, भूख और अनेक रोगों से मर चुके थे। सहस्रों मानव रणक्षेत्र में खेत रहे थे। केवल अशक्ति के कारण भी सैकड़ों जन राह में गिरकर मर गए थे। पर केवल रुरु के क्रोध से भाग छूटने की आशा उन्हें खींचे लिये जा रही थी।

अब आगे भागना सम्भव नहीं था। कोई पाँच योजन का दलदल उनकी स्वतन्त्रता के बीच आकर बाधा रूप हो गया था। उसमें कीचड़ कितना था, यह कहना सम्भव नहीं है। सरस्वती के उस तीर पर कीचड़ से बाहर सौ अश्वारोही खड़े हुए थे। वहाँ से धुआँ उठ रहा था। खाद्य-सामग्री लेकर विमद वहाँ मोक्षबिन्दु के समान प्रस्तुत था। पर निस्सरकों का आगे बढ़ सकना सम्भव नहीं था। और न पीछे ही लौट सकना सम्भव था। मोक्ष सामने ही खड़ा था, पर उसे पाया नहीं जा सकता था। निःसहाय, निरुपाय और हताश यहाँ बैठे रहकर रुरु के हाथों मारे जाने के अतिरिक्त उनके लिए और कोई मार्ग नहीं था। उनकी निराशा अब पराकाष्ठा पर पहुँच गई थी। जिनके दर्शन मात्र से उसमें चैतन्य जाग उठता था वे गुरुदेव या तो बन्दी हो चुके थे, या फिर उनका संहार हो चुका था। जन-जन में उनके भव्य आत्म-समर्पण की चर्चा चल रही थी। अब उनका अन्त आ गया है, निस्सरकों में अब जीने की साध जैसे नहीं रह गई थी।

आशा अब नष्ट हो चुकी थी। यमराज मानो उनकी प्रतीक्षा में खड़े थे। घोड़े की पद-चाप जब सुनाई पड़ी तो उस ओर ध्यान देने की चेष्टा भी किसी ने नहीं की। काला घोड़ा क्षितिज पर दिखाई पड़ा। सूर्य की किरणों में परशु चमक उठा। मरता हुआ मनुष्य जैसे ब्रह्म-दर्शन पाकर उल्लास अनुभव करता है, ठीक वैसे ही मरणोन्मुख निस्सरकों का समूह अपने प्राणतुल्य गुरुदेव को देखकर उल्लसित हो उठा। उनका संहार अभी नहीं हुआ था। जैसे थे, वैसे ही वे चले आ रहे थे। सभी निस्तेज, बावली आँखें श्रद्धा और भक्ति से ओत-प्रोत हो उठीं।

भार्गव ने आकर पूछा, "यहाँ क्यों बैठे हो?"

भद्रश्रेण्य ने कपाल पीट लिया, "यहाँ पड़े-पड़े दो दिन बीत गए हैं। मनुष्य सिर तक धँस जाए इतनी गहरी दलदल सामने है।"

भार्गव ने दलदल में फँसी पड़ी गाड़ियों और छटपटाते बैलों की ओर देखा।

"सूर्य अब तपने लगा है। साँझ तक या कल तक यह कीचड़ सूख जाएगा।" भद्रश्रेण्य ने कहा।

"आज साँझ को या फिर कल तक रुरु आ पहुँचेगा।" भार्गव ने कहा।

सबके हृदय की धड़कन मानो एकदम रुक गई। भार्गव के नेत्रों की अग्नि के अतिरिक्त वे और कुछ भी नहीं देख पा रहे थे।

बिना एक शब्द कहे भार्गव ने एक गाड़ी की ओर देखा और बैलों की नाथ हाथ में लेकर उन्हें कीचड़ में हाँक दिया। कोई कुछ कहने का साहस न कर सका।

वे बैलों को लकड़ी और चाबुक से मार रहे थे। कुछ ही आगे बढ़कर बैल दलदल में डूबने लगे। गाड़ी और बैल धीरे-धीरे कीचड़ में धँस गए। बैलों का त्रास आँखों से देखा नहीं जाता था।

भार्गव गाड़ी पर से एक लम्बी अघोरी छलाँग भरकर फिर किनारे पर आ गए। ज्यों-त्यों करके एक तीसरी गाड़ी और उन्होंने दो गाड़ियों के बीच हाँक दी। यह गाड़ी भी बैलों सहित दलदल में धँसने लगी।

दलदल चार हाथ से अधिक गहरा नहीं था। धँसती गाड़ी पर गाड़ी चढ़ाकर उसे आगे ढकेलने का भगीरथ प्रयत्न आरम्भ हो गया। दो-दो गाड़ियों को एक साथ रखकर धँसाया जाने लगा कि उनके ऊपर होकर तीसरी गाड़ी को निकाला जा सके। मध्याह्न का सूर्य तप रहा था। नीचे का दलदल अब सूख चला। दो दिन और दो रात गाड़ियाँ ढकेली गईं। जहाँ आवश्यकता पड़ी, बैलों की बलि भी दी गई। इस परिश्रम में कितने ही मनुष्य मर मिटे।

तीसरे दिन सवेरा होते-होते केवल हाथ-भर दलदल रह गया था। जहाँ-जहाँ गाड़ियाँ और बैल धँसाए गए थे, वहाँ अब एक पुल बन गया था। हर्ष के नाद से लोगों ने ऊषा का स्वागत किया। उन धँसी हुई गाड़ियों और मरते-अकुलाते बैलों के भयंकर पुल पर से, निस्सरकों का पूरा समूह, सरस्वती के तट पर पहुँचने के लिए दौड़ता हुआ निकल पड़ा। पानी की प्यास से पागल हो रहे वृद्ध, स्त्रियाँ और बालक सरस्वती का जल पीने के लिए अधीर हो उठे। सबसे पीछे योद्धागण घोड़ों पर बैठकर प्रस्तुत हो रहे। रुरु कब आ पहुँचेगा, सो कुछ ठीक नहीं था।

मध्याह्न हो आया। दलदल सूखने लगा। जैसे-तैसे शीघ्रतापूर्वक लोग पुल पर से पार हो गए। उनके पीछे घोड़ों और सैनिकों ने पुल को पार किया। और सबसे अन्त में आए भार्गव और अन्य अग्रणी नेतागण।

सबके मन में उल्लास था। सरस्वती क्या मिली, मानो माँ ही मिल गई। मीठा पानी, मछलियाँ, सुभग स्नान और उस तीर पर अभय मुक्ति। कई दिनों से बहुतों ने तो जी-भर पानी भी नहीं पिया था। घोड़ों को तो शायद ही कुछ पीने को मिला होगा। दिन का ताप प्रखर होता जा रहा था। दलदल में से होकर आ रहे समूह का संयम जाता रहा। बिना विचारे ही सारे मनुष्य और जानवर सरस्वती के जल में आ पड़े। भार्गव तथा अन्य अग्रणीजन किसी को रोक न सके। इस पागलपन से बचकर वे पास ही वृक्षों के एक झुरमुट में चले गए। भगवती और विशाखा वहाँ पहले ही से चले गए थे; वहाँ बैठकर सब लोग पानी पीने लगे। दलदल के उस पार रुरु और ज्यामघ की सेना दौड़ते हुए घोड़ों पर आ पहुँची। पल-भर के लिए दलदल के तीर पर रुके। दलदल केवल आधा हाथ गहरा रह गया था।

नाशोन्मत्त, भूखा और प्यासा रुरु का दल भी नदी की ओर टूट पड़ा।

जिस दलदल को लाँघने में निस्सरकों को दिन युगों की भाँति बिताने पड़े थे, उसे रुरु देखते-देखते लाँघ गया।

उसके मनुष्यों और घोड़ों ने भी कई दिनों से पानी का मुँह नहीं देखा था, अतएव उसका सैन्य भी निस्सरकों के बीच पानी में आ धमका। दोनों समूह एक-दूसरे में घुल-मिल गए थे। इस क्षण पानी पीने के अतिरिक्त और कोई वृत्ति उन लोगों में नहीं थी।

पर रुरु की प्यास शान्त होते ही उसकी वैर-वह्नि प्रज्वलित हो उठी। शार्यातों ने यादवों को देखा। जहाँ पानी पीने-भर के लिए एकता थी, वहाँ विद्वेष का दावानल सुलग उठा।

जो खड्ग निकाल सके उन्होंने खड्ग निकाले और जो ऐसा न कर सके वे हाथों-हाथ एक-दूसरे को मारने-डुबाने लगे।

धड़ाधड़ सिर कट-कटकर गिरने लगे। चीत्कारों से गगन गूँज उठा। पुण्यस्मरण सरस्वती माता का तट, वैर से उफनती भयानक अंजुलि के समान उबल उठा।

पुरुष, स्त्रियाँ, बालक, ढोर तथा घोड़े कट-कटकर उस उबाल में कुदबुदा रहे थे। कटे हुए विकृत मुंड रक्त से झरते हुए ऊपर-नीचे हो रहे थे। मृत्यु का भय सबके मुख पर छाया हुआ था। प्रतिशोध लेने का उन्माद सबकी आँखों में झूम रहा था।

भार्गव, भद्रश्रेण्य, प्रतीप आदि जिन लोगों ने संयम रखा था, वे इस जल-मंथन को देखकर अवाक् हो गए।

कौन मरता है, और कौन जीता है, यह प्रश्न नहीं था। कोई किसी को रोकने में समर्थ नहीं था।

भार्गव उठकर नदी के तीर पर आए। उनकी आँखों में अगाध खिन्नता का भाव था। कन्धे पर से उन्होंने धनुष खींचा। एक, दो, तीन–इस प्रकार तीन तीर उन्होंने छोड़े और रुरु के आसपास लड़ रहे हैहयों के उस छोटे-से समूह में से तीन व्यक्ति घायल होकर गिर पड़े।

रुरु घबराया-सा चारों ओर देखने लगा कि यह शर-वृष्टि कहाँ से हो रही है। चौथा बाण छूटते ही रुरु चीत्कार करके उछला और पानी में जा गिरा। भद्रश्रेण्य, प्रतीप, कूर्मा, उज्जयन्त आदि अग्रगण्यों के बाणों की वृष्टि होने लगी। भार्गव ने शंख फूँक दिया।

सामने के तीर पर विमद भृगुओं के साथ आ पहुँचा था। उसने शंखनाद का प्रत्युत्तर दिया।

उस तीर से छूटकर आती हुई नावें झपटती हुई इस ओर आने लगीं।

भार्गव और उनके साथी घोड़ों पर सवार हो पानी में उतर गए। घबराए हुए हैहय और शार्यात तितर-बितर हो गए। उनमें से कुछ तो तैरकर उस पार जाने लगे। यादव और भृगु उन्हें डुबाने की चेष्टा में बराबर संलग्न रहे।

एक व्यक्ति तैरता हुआ भार्गव के घोड़े के पास आ पहुँचा। उसकी आँखें दीन-भाव से गुरुदेव की ओर लगी हुई थीं।

"गुरुदेव! रुरु के लिए आपको बाण मिल गया, पर मेरे लिए नहीं मिल सका? मुझे अपनी माँगी हुई भीख भी आपने नहीं दी।"

"वत्स!" भार्गव ने कहा, "मैं तुझे उबारना चाहता हूँ।"

"उबरने की अधमता मुझे नहीं चाहिए," कहकर ज्यामघ ने ममतापूर्वक, आँखों-ही-आँखों में गुरुदेव को उलाहना दिया। और वह पानी में डुबकी मार गया।

पानी में बबूले दिखाई पड़े। कुछ दूर तक, एक बार, दो बार, तीन बार वह सिर ऊपर आता-सा दिखाई पड़ा।

फिर अनन्त जल-प्रवाह ज्यामघ पर होकर बहता रहा।

[8]

दो भृगुश्रेष्ठों की मुद्रा पर खेद छाया हुआ था। भार्गव की ओर दृष्टि उठाकर देखने का साहस उनमें नहीं था। आचार्य विमद अस्वस्थ थे। उनकी आँखों में आँसू उमड़ रहे थे।

भार्गव ने पूछा, "क्यों, क्या संवाद है?"

भृगुश्रेष्ठ कुछ बोल न सके। विमद ने खँखारकर कंठ का परिष्कार किया और कुछ स्वस्थ होकर बोले–

"गुरुदेव! अधिकतर लोग दाशराज्ञ में लड़ने चले गए हैं।"

"और वृद्ध कैसे हैं?"

विमद की आँखों से आँसू टपकने लगे, "दो महीने हो गए पिताजी पितृलोकवासी हुए–वे रणक्षेत्र में मारे गए।"

क्षण-भर नीची दृष्टि किए भार्गव ने माता, अपने सखा और परम गुरुस्वरूप, शस्त्र-विद्या के उस महानिष्णात को अपनी अंजुलि अर्पित की।

"और सब कैसे हैं?"

फिर सब मौन हो रहे। भार्गव की दृष्टि स्थिर हो गई।

"गुरु विदन्वन्त युद्ध में जाने के लिए प्रस्तुत हो रहे हैं। आपके अन्य दो भाई भी पितृलोकवासी हो गए।"

"श्रेष्ठो! पिताजी कैसे हैं?"

वृद्ध भृगुओं ने दृष्टि नीची कर ली। विमद और भी खिन्न हो आए। भार्गव ने पूछा, "क्यों क्या बात है?"

विमद ने हाथ जोड़ लिए।

"कह दे, क्या बात है?"

"गुरुदेव! भृगुश्रेष्ठ अकेले रह गए हैं। सरस्वती के तीर पर भटकते रहते हैं। वे किसी से बोलते नहीं हैं। अस्थिपिंजर-मात्र धारण किए वे घूमते रहते हैं।"

"कारण?" भार्गव के प्रौढ़ स्वर में कम्प आ गया था। लज्जित होकर अधमता का अनुभव करता हुआ विमद धरती ताकने लगा। वे वृद्ध भार्गव तो दृष्टि उठाकर देख ही नहीं पाते थे।

"और अम्बा?" वे मानो चिल्लाकर पूछ उठे।

विमद रो पड़ा। तीनों भार्गव आँसू पोंछने लगे।

"अम्बा कहाँ हैं, बताओ न?"

विमद सिसकने लगा। उस कठोर हृदय वीर के मुँह से एक शब्द भी न निकल सका।

"बोलो!"

सिसकियों के बीच विमद का रुँधता-सा स्वर सुनाई पड़ा।

"आश्रम छोड़कर...वे गान्धर्वराज के यहाँ चली गई हैं।"

भार्गव में भयानक परिवर्तन हो गया। उनकी आँखों से अग्नि की सरिताएँ बहने लगीं। इतना ही नहीं, प्रत्युत उनके सदा शान्त रहनेवाले कपाल पर कुछ ऐसा भ्रूभंग हुआ, मानो धनुष खींच रहे हों। वे खड़े हो गए। क्षण-भर वे मौन रहे। पृथ्वी मानो काँपती-सी प्रतीत हुई। उन्होंने हाथ के परशु को दृढ़तापूर्वक जकड़ा और छलाँग मारकर वे बाहर निकल आए। व्यवस्था में व्यस्त हो रहीं भगवती से उन्होंने कहा, "मैं जाता हूँ। तू सबको आश्रम पर ले आना।"

सबके आश्चर्य का समाधान हो, इसके पहले ही भार्गव घोड़े पर बैठकर अदृश्य हो गए।

आर्यावर्त

[1]

एक प्रचंड घोड़ा प्रचंड गर्जना करता हुआ, भृगुओं के आश्रम में प्रविष्ट हुआ। उस पर उग्र, उज्ज्वलन्त भार्गव त्रिलोचन खोलकर आ रहे शंकर के समान आरूढ़ थे।

भृगुश्रेष्ठ का आश्रम निर्जन और निस्तेज हो गया था। एक स्थल पर कुछ स्त्रियाँ काम कर रही थीं; उन्होंने खिन्न बदन से दृष्टि उठाकर देखा। बालक घबराए-से अपनी झोंपड़ियों के द्वार पर खड़े हो, इस आँधी की भाँति आ रहे घोड़े को देख रहे थे। कहीं कोई वृद्ध उत्साहविहीन धीमे स्वर से यज्ञ कर रहा था। किसी आगामी विनाश की प्रतीक्षा करता-सा आश्रम सूना पड़ा था।

भार्गव अपने पिता भृगुश्रेष्ठ की झोंपड़ी पर गए। वहाँ एक स्त्री झाड़ू दे रही थी। वह चौंककर खड़ी रह गई, मानो किसी भयंकर स्वप्न में देखे-से इस पुरुष को देखकर वह स्तब्ध हो उठी हो। भार्गव घोड़े पर से उतर पड़े।

"भृगुश्रेष्ठ कहाँ हैं? पिताजी कहाँ हैं?"

स्त्री रो पड़ी। छलाँग भरकर वे उसके पास जा पहुँचे और उसे झकझोरकर पूछा, "पिताजी कहाँ हैं?"

"कौन, राम?" स्त्री ने उसे कुछ-कुछ पहचान लिया।

"पिताजी कहाँ हैं?"

"उस ओर नदी पर," आँचल के छोर से आँसू पोंछती हुई वह बोली। छलाँगें भरते हुए भार्गव नदी के तट पर पहुँच गए। आश्रम की सीमा समाप्त होकर जहाँ से वन का आरम्भ होता था, वहाँ पहुँचते ही उन्होंने एक मनुष्य को आते देखा और वे वहीं ठिठक गए।

एक वृद्ध उनकी ओर आ रहा था। उसके शरीर की हड्डियाँ गिनी जा सकती थीं। उसके मुख पर की चमड़ी लटक आई थी और हड्डियों का ढाँचा उसमें से झाँक रहा था। कपाल ऊपर को निकल आया था। धँसी हुई आँखें गुफा के भीतर से झाँकते दीपक के समान दिखाई पड़ रही थीं। उनकी दाढ़ी पीली और उलझी-उलझी-सी हो रही थी।

वृद्ध नीची दृष्टि किए हाथ में थामे डंडे के सहारे चले आ रहे थे। भव्य मुख और विशाल कायावाले, सौम्यता और शक्ति के अवतार महर्षि जमदग्नि की यह करुणाजनक स्थिति देखकर भार्गव के हृदय ने अननुभूत कम्प का अनुभव किया।

उन्होंने परशु फेंक दिया और दौड़ते हुए जाकर पिता को प्रणाम किया और उनके पैर पकड़ लिए। जन्म लेकर जिनकी आँखें आज तक भय या दुःख से कभी फड़की तक नहीं थीं, वे इस क्षण रो रहे थे।

"पिताजी! भृगुश्रेष्ठ!"

वृद्ध चलते-चलते रुक गए। उनकी अचेत आँखों में चैतन्य आ गया। उन्होंने मन्द और काँपते स्वर में उत्तर दिया–

"जा भाई, चला जा यहाँ से। मैं भृगुश्रेष्ठ नहीं हूँ।"

"पिताजी! पिताजी!" राम ने हाथ जोड़कर कहा, "यह क्या कह रहे हैं आप? पिताजी! मैं आपका पुत्र राम। पिताजी! मुझे भूल गए?" और राम का स्वर भी रो रहा था, "मैं राम।"

मानो बड़े परिश्रमपूर्वक किसी वस्तु पर ध्यान खींचा हो, इस प्रकार वृद्ध महर्षि पुत्र के सामने देखते रह गए। अभी भी उनकी दृष्टि में परिचय का भाव नहीं आया था।

धीरे-से वृद्ध ने उत्तर दिया, "मैं पिता नहीं हूँ। मेरे कोई पुत्र भी नहीं है। तू कौन है, मैं तुझे नहीं जानता।"

भार्गव ने खड़े होकर हाथ जोड़ लिए, "पिताजी! मैं हूँ राम–आपका छोटा पुत्र–सहस्रार्जुन जिसे उड़ा ले गया था, वही। मुझे आप नहीं पहचान रहे?" राम अभी भी अपने आँसू न थाम सके, "महर्षि जमदग्नि! महाअथर्वण के पुत्र!"

वृद्ध ने अत्यन्त परिश्रमपूर्वक फिर दूसरी ओर से अपना ध्यान समेटकर एकाग्र किया।

"वत्स!" उन्होंने धीमे-से कहा, "एक था जमदग्नि, महाअथर्वण का पुत्र। वह मर चुका है। न तो वह पितृलोक में ही गया है और न यमलोक में। वह जाकर पड़ा है अधोगति के तल में। भृगुओं के महाप्रताप के उस उत्तराधिकारी ने अपने पूर्वजों की संस्कृति से द्रोह किया था। वह चला गया है, उसे अब भूल जा। उसकी स्मृति तुझे कलंकित करेगी।"

"क्या कह रहे हैं आप? पिताजी! पिताजी!"

"भूल जा उसे!" मानो अपने में बोल रहे हों, ऐसे जमदग्नि बोले, "उसके पास प्रताप था, अथर्वणों की विद्या थी और शिष्य भी थे। पुत्र भी थे। पर वह उन सबके योग्य नहीं था। आर्यों के पारस्परिक विनाश को वह रोक न सका। विश्वामित्र को वह विजय न दिला सका। भृगुओं के तेज, वीर्य और शुद्धि की वह रक्षा न कर सका।"

"पिताजी! यह आप क्या कह रहे हैं? मैं आपका पुत्र वह सब लेकर आया हूँ–शिष्य भी और सामर्थ्य भी। मैं क्षण-मात्र में भृगुओं की कीर्ति को उज्ज्वल करूँगा।"

"मूर्ख! मूर्ख!" मानो स्वप्न में बोल रहे हों, जमदग्नि बोले, "जमदग्नि कभी माना करता था कि उसके शिष्य हैं और पुत्र भी हैं। वह अपने को महर्षि कहलवाता था! आर्यत्व की सिद्धि के लिए जीने का वह व्रतधारी था। भृगुकुल के कलंक रूप उस अधम का झंझावात देखनेवाला एक स्वभाव सा हो गया था।" उन्होंने धीरे-से भार्गव से कहा। वृद्ध कुछ देर चुप रहे और फिर कहते चले–

"वह विद्या की मूर्ति नहीं था। वह अन्धा था और मूर्ख था। उसके शिष्यों में न तो विद्या ही थी और न शौर्य था। न तो वह जीत ही सका और न संहार को ही रोक सका। उसकी हड्डियाँ आज सियार और...भेड़िये...खा रहे हैं...उसकी शक्ति का ह्रास हो चुका है। रण में मरने का लाभ भी वह नहीं पा सका। उसके कोई पुत्र भी नहीं था।"

"पिताजी! मैं हूँ, गुरु विदन्वन्त हैं।"

"जन्मदग्नि के कोई नहीं था।"

"क्या कहते हैं आप?"

"उसके पुत्रों की माता ने अपने पति की आज्ञा के विरुद्ध गान्धर्वराज के साथ रहकर अपने पत्नीव्रत को लोप दिया है।"

भार्गव का सिर चकराने लगा, "अम्बा, उसकी अम्बा, और गान्धर्वराज के साथ चली गई! और वह न तो आर्यत्व को स्वयं ही रख सका और न दूसरों से रखवा सका!"

जमदग्नि का स्वर भंग हो गया।

"पिताजी! पिताजी! झूठ बात है। अम्बा–आर्यत्व की जनेता–कल्याणी!"

जमदग्नि ने दीन मुख से राम की ओर देखा।

"लड़के, चला जा यहाँ से। मैं पिता नहीं हूँ, और तू पुत्र नहीं है। मेरा एक भी पुत्र ऐसा आर्य नहीं है जो रेणुका का वध करके, पिता के गौरव का सम्मान कर शुद्धि की रक्षा करता...पूर्वजों के बीच जाकर सम्मिलित होने को, जमदग्नि के लिए पितृलोक और देवलोक के द्वार बन्द हो गए हैं। लड़के, चला जा यहाँ से। जहाँ से तू आया है वहीं लौट जा। भृगुओं की परम्परा समाप्त हो गई..." और उसे वहीं छोड़कर जमदग्नि, थरथराते हाथों से डंडा टिकाते हुए हताश और भावनाभ्रष्ट व्यक्ति की दीन मूर्ति के समान वहाँ से चले गए।

थरथराते पैरों से दूर जाते हुए पिता को भार्गव देख रहे थे। महादन्ती के तेज को लजा देनेवाली आँखों से अश्रुबिन्दु टपक पड़ा। उन्होंने भूमि पर पड़े हुए परशु को उठा लिया और दौड़ते हुए आश्रम में जा पहुँचे। वहाँ अपने ज्येष्ठ भ्राता विदन्वन्त से उनकी भेंट हुई। भाई ने भार्गव को छाती से लगा लिया।

"भाई, अम्बा कहाँ हैं?" भार्गव ने पूछा।

"गान्धर्वराज के यहाँ।"

"वह क्यों?"

"तू निश्चिन्त होकर बैठ, अभी सब बताता हूँ।"

"मैं नहीं सुनना चाहता। पर-पुरुष-सेविनी आर्या का धर्म है केवल मृत्यु।"

"पर..."

भार्गव ने बड़े भाई से हाथ छुड़ा लिया और वहाँ से चल पड़े।

[2]

दूर पर हिमालय का शृंग उदय होते सूर्य के स्वर्ण-राग से झलमला रहा था। बीच में उतरते-चढ़ते अनेक शिखर नितान्त चौरस भूमि तक आ लगे थे। जहाँ सबसे छोटी पहाड़ी का अन्त होता था, वहीं एक छोटा-सा ग्राम था। वहाँ से कुछ ही दूर पर एक वृक्ष के तले भार्गव अकेले बैठे थे। पास ही उनका घोड़ा चर रहा था।

कोई तीन सौ वनवासी तीर लेकर पास ही खड़े थे। यह प्रचंड और सशस्त्र मानव उन्हें अच्छा नहीं लग रहा था, पर उसके यह कहने पर कि वह अम्बा का पुत्र है, उन्होंने उसे आने दिया था, अन्यथा वे तो उसे बींध देने को प्रस्तुत ही खड़े थे। वे सब अम्बा के भक्त थे। जिस प्रकार महर्षि विश्वामित्र वरुणदेव के सम्बन्ध में कहा करते थे, वैसे ही पूज्यभाव से ये वनवासी पुरुष अम्बा के सम्बन्ध में बातचीत किया करते थे।

मुखिया की झोंपड़ी के पास ही अम्बा की झोंपड़ी थी। तीसरे पहर वे वहाँ आया करती थीं। सवेरे के समय वे पर्वत-प्रदेश में गान्धर्वराज के यहाँ जाया करती थीं। वहाँ उनके साथ दूसरा कोई नहीं जाता था। अम्बा की यही आज्ञा थी।

तीसरे पहर जब वे पर्वत पर से उतरकर आतीं, तो दूर से वनवासीगण उनकी पूजा करने आया करते। अम्बा उन सबको खिलातीं-पिलातीं; अम्बा के आशीर्वाद से ही धान्य पका करता; अम्बा की मनौती लेने पर सन्तान की प्राप्ति होती; अम्बा की झोंपड़ी के सामने के झाड़ की नित्य पूजा हुआ करती। भार्गव इस भक्ति को देखकर चकित हो रहे। उनकी तो धारणा थी कि अम्बा गान्धर्वराज के महल में कहीं भोग-विलास में मग्न होंगी। पर वही है यह इन लोगों की अम्बा, कल्याणी, और वह पर-पुरुष-सेविनी!

भार्गव की आँखों की गहराई और भी गम्भीर हो उठी। अधर्म के उच्छेद की दिशा में उन्होंने जो-जो विकट अनुभव किए थे, उनमें यह सबसे विकट था। पर-पुरुष का सेवन करनेवाली आर्या के लिए तो मृत्यु के अतिरिक्त और कोई मार्ग नहीं था—फिर वह कल्याणी हो कि अम्बा हो।

तीसरे पहर भार्गव ने अपनी माँ को टेकरी पर से उतरकर नीचे की ओर आते देखा। क्षण-भर के लिए उनके हृदय में एक ज्वार-सा आया। उनकी माँ, प्रेममयी, भोली, पतिपरायणाओं के बीच श्रेष्ठ, सबके दुःख में दुःखी होनेवाली कल्याणी, जो पुत्रों में केवल उन्हें ही अपना मानती थी!

भार्गव ने देखा कि इन बीच के वर्षों में रेणुका में भारी परिवर्तन हो गया है। उनके केश श्वेत हो गए थे। उनका सुडौल शरीर पहले से अधिक स्निग्ध हो गया था। उनके मुख से जगज्जननी का सद्भाव बरस रहा था। पर उनके मुख पर, शरीर पर और चाल में एक अनिवार्य खिन्नता का भाव था। वे ऐसी लग रही थीं मानो किसी रोते हुए व्यक्ति के आँसुओं को ढालकर गढ़ा गया है। 'यह अम्बा और कुलटा? पर-पुरुष-स्पर्शिनी? गान्धर्व के साथ भागी हुई पतिता आर्या?' भार्गव विश्वास न कर सके।

रेणुका वहाँ आकर अपरिचित नयनों से उस प्रचंड और तेजस्वी पुरुष को देखती रह गईं। फिर तुरन्त ही उन्होंने पहचाना।

उनकी आँखें हँस उठीं। उनके मुख पर लाली छा गई। उतावले पैरों से पास चली आईं, "राम पुत्रक!"

राम खड़े हो गए—कठोर और क्रूर।

रेणुका समझ गईं और सकुचाई-सी खड़ी रह गईं। उनका मुख किसी मूर्च्छित मनुष्य की भाँति निस्तेज हो गया।

"पिताजी ने मुझे भेजा है।" राम के स्वर में रंच-मात्र भी भावना नहीं थी। रेणुका पीछे हट गईं।

"जिस प्रकार तेरे बड़े भाइयों को उन्होंने मुझे मारने के लिए भेजा था, वैसे ही क्या तुझे भी भेजा है?" बरसों के दबे हुए खेद के स्वर में उसने पूछा।

"उन्होंने मुझसे मारने के लिए नहीं कहा है। मैं स्वयं ही मारने आया हूँ। भृगुश्रेष्ठ की पत्नी यदि उनकी आज्ञा का उल्लंघन करती है और पर-पुरुष का सेवन करती है, तो वह धरती के लिए भार-रूप है।"

"मैं जानती हूँ। अनेक आर्यों और आर्याओं को मैंने यही शिक्षा दी है।" रेणुका ने दुखित स्वर में कहा।

"तो फिर यहाँ क्यों आकर घुस बैठी है?"

"भृगुश्रेष्ठ बड़े हैं, विद्या और तप के स्वामी हैं। यह सच है कि मुझसे धर्म का लोप हुआ है। पर किस कारण मैंने धर्म का लोप किया है, यह जानने की चिन्ता उन्हें नहीं है। तू मेरा लाड़ला बेटा है, पर तू भी उस ओर ध्यान देना नहीं चाहता। मरने का भय तो मुझे रंच-मात्र भी नहीं है। पति की आज्ञा लोपने का अधर्म जिस दिन मुझसे हुआ, अपने लेखे तो मैं उसी दिन मर चुकी हूँ। मैं तो कभी से यमराज की प्रतीक्षा किए बैठी हूँ। सैकड़ों के लिए यमराज इस बीच आ गए होंगे, पर मुझ पर वे अभी तक भी प्रसन्न नहीं हो सके हैं। तू यमराज का रूप धरकर आया है। आ प्रिय पुत्रक, मुझे मार। जान-बूझकर जिस पाप में मैं पड़ी हूँ, उससे मुझे मुक्त कर।" इसे हृदय-बेधक शब्दों को सुनकर भार्गव चकित हो गए।

"तो आश्रम को लौट चलो।"

"नहीं," खिन्न पर दृढ़ स्वर में रेणुका ने कहा, "पुत्रक, भृगु लोग सुखी हैं, समृद्ध हैं। उनकी सुख-समृद्धि में भाग लेने योग्य मैं नहीं हूँ। उनके बीच आ रहूँगी तो मेरा अधर्म उनके आर्यत्व को और भ्रष्ट कर देगा। पर यहाँ मैं कल्याणी हूँ। यमराज जब तक आकर नहीं ले जाते हैं, तब तक मुझे तो यहीं रहना है।"

"अम्बा! अम्बा! तुम्हारा स्थान यहाँ है?" भार्गव के मुख से आक्रन्दन फूट पड़ा।

"हाँ," त्यागमूर्ति की भाँति रेणुका ने कहा, "इसी से कह रही हूँ कि मार, बेटा मार! तेरे बाप ने अपने तीन पुत्रों को मारने भेजा, पर वे साहस न कर सके। तू तो मेरा लाड़ला बेटा है। बेटा, देवों से अधिक पूज्य अपने पति की आज्ञा का जो लोप मैंने किया है, उसका दंड मैं झेलना चाहती हूँ। मुझे मुक्ति प्रदान कर, मुझे मार।"

क्रूर, घातक स्वर में, पर रोती हुई आँखों से राम ने कहा, "अम्बा! अम्बा! इस सबका भान यदि तुम्हें था तो फिर पूर्वजों को कलंकित किसलिए किया? पिता का तेज क्यों नष्ट किया? किसलिए भृगुकुल का सर्वनाश किया?"

"राम, मैंने तीस वर्ष तक मेरे बाप की और तेरे कुल की अनिमेष सेवा की है; तुझे और तेरे भाइयों को कुल के दीपक बनाने के लिए अपने सर्वस्व का दान दिया है। पितृलोक में मेरे लिए स्थान नहीं है। यम के भयंकर कुत्ते मुझे इस लोक में नहीं जाने देंगे, मैं जानती हूँ। मैं सब जानती हूँ। मुझे मार—मैंने तुझे बहुत लाड़-दुलारों में पाला है, बेटा! तू अपनी जनेता की एक इच्छा पूरी कर दे।"

"अम्बा!" भार्गव ने कहा, "तू तो भृगुकुल के महर्षि की कुल-पत्नी है। तूने धर्म का लोप किया है। जब तक तेरा शिरच्छेद नहीं होता, पितृ-ऋण नहीं चुकाया जा सकता।"

"मैं जानती हूँ कि मैं कुल-कलंकिनी हूँ—पति की आज्ञा लोपने का अधर्म मैंने, महर्षि जमदग्नि की अर्धांगिनी ने, किया है," बहुत दिनों की हृदय-वेदना को रेणुका ने मुक्त कंठ से व्यक्त कर दिया, "पर वह अधर्म मैंने किसी मद या अज्ञान के वशीभूत होकर नहीं किया है। मैं वृद्ध हूँ। सदा से तेरे पिता के चरणों में रही हूँ। मैंने स्वयं पति-परायणता का पालन किया है, औरों को उसकी शिक्षा दी है और उसका पालन भी करवाया है। मैंने धर्म का लोप किया एक दूसरे धर्म का पालन करने के लिए; पर वह तो मेरा ही दोष है। मेरे धर्म-लोप के लिए

मेरा शिरच्छेद ही किया जाना चाहिए।" रेणुका ने हाथ जोड़ लिए, "बस, अब मुझे तू मार।" अम्बा ने गर्दन झुका दी, "बेटा, मैं प्रस्तुत हूँ।"

भार्गव ने परशु उठाया।

"अम्बा! मृत्यु को छोड़ और कोई मार्ग तेरे लिए नहीं है। पर मेरे मारने से पहले तू एक बात मुझसे कह दे—सत्य—अपने पूर्वजों की शपथ लेकर।"

"कौन-सी बात, बेटा?"

"ऐसा कौन-सा धर्म तुझे दिखाई पड़ा कि तू—अम्बा—कल्याणी—चलित हो गई?"

"बेटा, तो पल-भर के लिए विलम्ब कर। चल मेरे साथ गन्धर्वों के ग्राम में।"

"वहाँ?"

"हाँ! यह जो पहाड़ी दिख रही है, इसी के पीछे, जहाँ गान्धर्वराज के साथ मैं भागकर आई हूँ और पर-पुरुष का सेवन कर रही हूँ।"

[3]

भार्गव ने परशु भूमि पर टिका दिया और चुपचाप रेणुका के पीछे-पीछे चलने लगे। उस टेकरी पर, जहाँ अम्बा की दूसरी झोंपड़ी थी, उसे पार कर, पर्वत पर होकर एक छोटी-सी पगडंडी से वे दोनों जा रहे थे। जब अगली पहाड़ी की चोटी को लाँघकर वे दोनों आगे बढ़े तो नीचे भग्न दशा में बिखरे पत्थरों के घर और कुछ झोंपड़ियों का एक उजड़ा-सा ग्राम दिखाई पड़ा। आगे-आगे रेणुका और पीछे-पीछे भार्गव एक पगडंडी से चलते हुए नीचे उतर आए। गाँव में प्रवेश करते ही रक्त-पित्त से पीड़ित तीन मनुष्य, जो वहाँ बैठे थे, रेणुका को देखकर पागल-से हो गए।

"अम्बा! अम्बा!" उन्होंने भक्ति से विह्वल होकर आक्रन्दन किया।

"बेटा, आती हूँ, मैं अभी आई।"

"अम्बा!" पास ही एक ओर से एक रक्त-पित्त से भयंकर-सी हो गई लड़की दौड़ी आई। वह कोई पाँच-छह वर्ष की थी। ममता से भरकर वह रेणुका से चिपट पड़ी, "अम्बा! अम्बा!"

"हाँ बेटी, तू जाकर सो जा। मैं अभी आती हूँ। ले यह पानी।" रेणुका ने पास ही पड़े हुए एक मटके में से लेकर उसे पानी पिला दिया।

"अम्बा! मेरे लिए बेर ला दोगी?"

"हाँ, बेटा! कल सवेरे।"

एक निर्जन गली में होकर माँ-बेटा आगे बढ़ चले। मार्ग में, चबूतरों पर, रक्त-पित्त के रोगी अनेक विचित्र अवस्थाओं में पड़े दीखे। रेणुका को देखते ही उनके मुख सुख और आशा से प्रफुल्लित हो उठते। वे ममता से भरकर, 'अम्बा-अम्बा' पुकार उठते।

एक बड़े-से पत्थर के बने घर के निकट पहुँचकर रेणुका उसमें प्रवेश कर गई। वहाँ भी पाँच-छह रक्त-पित्त के रोगियों को आश्वासन देकर वह भीतर के भाग में चली गई।

चारपाई पर एक ऐसा व्यक्ति पड़ा हुआ था, जिसके हाथ-पैर खिर गए थे। उसके खिरे हुए हाथ-पैरों से पीप बह रहा था।

रेणुका को देख वह हर्ष के आवेश से भर आया, "अम्बा! अम्बा! आज फिर तुम आ गईं। आज दोपहर को तुम्हें मैंने सपने में देखा था और सोचा था कि तुम फिर आओगी। अम्बा! अम्बा!" उसने अपने दोनों डुंडे हाथों को जोड़कर कहा।

"गान्धर्वराज! यह मेरा पुत्र मुझसे मिलने आया है, मैं इसे आपसे मिलाने ले आई हूँ।"

भार्गव का सदा का दुर्धर्ष हृदय भर आया। उन्होंने परशु फेंक दिया, और दोनों हाथों से अपनी आँखें ढाँप लीं, "अम्बा! कल्याणी! क्षमा करो, क्षमा करो।"

"मेरे पुत्रक, सुन।" रेणुका ने उसे छाती से चाँप लिया, "आज से डेढ़ वर्ष पहले मैं पिता के घर से लौटकर आ रही थी तभी गान्धर्वराज अपने आदमियों के साथ मुझे मार्ग में मिल गए। विदन्वन्त मेरे साथ था। गान्धर्वग्राम में तब उत्सव चल रहा था, अतएव दो दिन के लिए हम वहाँ चले गए। मार्ग में तू जहाँ मुझे मिला, वहीं हम लोगों ने विश्राम किया था, तीसरे ही दिन तुग्रा का कोप हुआ और यह रोग फट पड़ा और कुछ लोग रक्त-पित्त से पीड़ित होने लगे।"

"अम्बा! अम्बा!" गान्धर्वराज ने अपने टूटे हाथ से आँसू पोंछ लिए।

"अपने साथ के जनों को मैंने आज्ञा दी कि वे रोगियों को उनकी नगरी ले चलें। उन सब लोगों ने ऐसा करना स्वीकार न किया। एकाएक रोग फट पड़ने से सवेरे ही साथ के प्रायः सभी लोग भाग गए। विदन्वन्त को मैंने जाने की आज्ञा दे दी, पर इन सबको मैं मार्ग में भटकते हुए न छोड़ सकी। वनवासियों के कन्धों पर इन लोगों को उठवाकर मैं यहाँ लिवा लाई।"

"फिर?"

"अम्बा! अम्बा!" आनन्द के आवेश से भरकर गान्धर्वराज ने अम्बा को सम्बोधन किया।

"उठाकर लानेवाले कुछ वनवासी भी इस रोग के ग्रास हो गए; और इस प्रकार रोग का आक्रमण होते देख यहाँ के भी बहुत-से गन्धर्व, अपने प्राण लेकर भाग गए और मैं अकेली ही रह गई। इन्हें पानी पिलानेवाला भी यहाँ कोई नहीं था। मुझे ये सब लोग देवी के समान मानने लगे। इन लोगों के हृदयों में कुछ ऐसी श्रद्धा जाग उठी मानो मेरे आशीर्वाद से ही ये अच्छे हो जाएँगे।"

रेणुका कुछ देर चुप हो रही। सद्भावपूर्वक उसने गान्धर्वराज की ओर देखा और वह लौट पड़ी। मार्ग में चलते हुए उसने अपनी बात को आगे बढ़ाया–

"तेरे पिता उग्र हो उठे। मैंने यहाँ की सारी वस्तु-स्थिति भी उन्हें जताई, पर उन्हें सन्तोष न हो सका। मैं गान्धर्वराज के यहाँ रहती हूँ, इस बात को लेकर समूचे आर्यावर्त में पुण्य-प्रकोप व्याप गया। अपमानित भृगुओं को भी विष के घूँट पीने पड़े। भृगुओं की कीर्ति पर कलंक लग गया। निदान महर्षि ने आज्ञा दी कि मुझे लौट आना चाहिए। पर मैं यहाँ से कैसे जा सकती थी? तेरे पिता के पास सब कुछ है। इनके पास मुझे छोड़कर और कोई नहीं है। मैं किंचित् जाने का विचार करती हूँ कि ये सब आक्रन्द कर उठते हैं।

"सब गन्धर्व मिलाकर, ये लोग अस्सी थे। उनमें आज केवल तीस रह गए हैं। गन्धर्वराज ने मुझसे वचन ले लिया है कि मैं यहाँ से न जाऊँगी। मैंने लौट आना स्वीकार न किया। मैं पागल नहीं थी। मैं पति की आज्ञा लोप रही थी; मैं पराये घर वास कर रही थी; पर-पुरुष की सेवा भी मैं कर रही थी। यों मैं पति का त्याग भी कर रही थी। पवित्र और

उन्नत भृगुकुल के लिए मैं कलंक-स्वरूप हो गई। मेरा शिरच्छेद ही मेरे लिए योग्य दंड हो सकता है, इस बात को भी मैंने आनन्दपूर्वक स्वीकार कर लिया। पर इन दुखियों को मैं न छोड़ सकी। वहाँ तो तेरे पिता और तुम सब लोग कुल, पूर्वज, गोत्र, संस्कार, देवों और स्वर्गों के आधार पर आनन्द में मग्न रहते हो। पर इन सबकी आशा का आधार तो एकमात्र मैं अकेली ही थी। मैं इन्हें कैसे छोड़ सकती थी?''

लज्जित होकर भार्गव ने आँखें नीची कर लीं।

''एक-एक करके तेरे भाइयों को महर्षि ने मुझे मारने के लिए भेजा। जो मैंने तुझसे कहा है, वही मैंने उनसे भी कहा। जो तूने देखा है, वही उन्होंने भी देखा और उनका हाथ उठ न सका। दुःख से कातर होकर वे यहाँ से चले गए।''

''न तो कुल का कलंक ही धुल सका और न कुल की शक्ति ही बढ़ सकी। न धर्म की रक्षा हुई और न अधर्म का नाश ही हो सका। और मेरे दोनों भाई युद्ध में मारे गए। न पिताजी ही स्वस्थ हो सके और न तू पाप से मुक्त हो सकी।'' भार्गव ने कहा।

रेणुका की आँखों से आँसू टपक रहे थे। पुत्रों के मरण की बात सुनकर अम्बा को आघात पहुँचा।

माँ और बेटा चुपचाप पर्वत से उतर आए।

झोंपड़ी पर पहुँचकर रेणुका ने कहा, ''पुत्रक, अब तू समझ सका होगा कि किस कारण मैं मृत्यु की कामना कर रही हूँ। मेरी मृत्यु के बिना भृगुकुल का कलंक नहीं धुल सकेगा और न आर्यत्व की ही विजय हो सकेगी। केवल मारनेवाले के अभाव में मैं जी रही हूँ। इन तीस जनों के मरने के उपरान्त मुझे अग्नि-प्रवेश तो वैसे भी करना ही है। अब तू अपना कर्तव्य पूरा कर।'' ममतापूर्वक रेणुका ने पुत्र के परशु की ओर देखा।

''अम्बा! अब सवेरे देखा जाएगा।'' कहकर भार्गव मुखिया की झोंपड़ी में सोने के लिए चले गए।

''सवेरे मैं गन्धर्वों को खिला-पिलाकर जब लौटूँगी तभी मरूँगी।'' अम्बा ने कहा।

[4]

सवेरे उठकर रेणुका ने स्नान किया और सविता को अर्घ्य दिया। उसके उपरान्त कुछ वनवासी जो खाद्य-सामग्री लाए थे, उसे अपने साथ लिवाकर वे गन्धर्वों को खिलाने के लिए चल पड़ीं। कुछ ही ऊपर जाने पर उन्होंने देखा कि पगडंडी पर बैठे भार्गव पास ही से बहे जा रहे एक निर्झर में अपना परशु साफ कर रहे थे।

''अरे! तू यहाँ कैसे?'' चकित होकर रेणुका ने पूछा।

''इससे पहले कि तू गन्धर्वों के पास जाए मैं तुझसे कुछ बात करना चाहता था।''

''तो चल मेरे साथ। क्या इतना उतावला हो रहा है? मुझे मारना चाहता है?''

''मारूँगा क्यों नहीं, भला?'' ममतापूर्वक वे माँ के साथ चल पड़े।

''अम्बा! तू अब भी मुझे पुत्रक ही मानती है, यह बहुत बुरी बात है। मैं अब हैहयों का गुरुदेव हो गया हूँ। अघोरियों का गुरु भी मैं हूँ! मैं हवा में उड़ सकता हूँ। जानती भी है?''

''सचमुच!''

"मैं विनोद नहीं कर रहा हूँ। माहिष्मती में सभी लोग मुझे पशुपति के समान मानते हैं।"

"तू तो जन्म से ही देव है। मैं तुझे बटुकदेव कहा करती थी।"

"मेरे एक बहू भी है। उसकी बात तो कल करना ही भूल गया।"

"बहू!"

"मैंने लोमा से विवाह कर लिया है।"

"हाय मुई! तू छोटा था तभी वह तुझ पर पागल थी।" रेणुका हँस पड़ी।

"सरस्वती के तीर पर उसके श्वसुर महर्षि जमदग्नि हैं। और रेवा के तीर पर जहाँ अघोरी बसते हैं, वहाँ उनके श्वसुर-गुरु डड्डनाथ अघोरी हैं। डड्डनाथ ने मुझे अपना पुत्र मान लिया है।"

"अच्छा!"

"अम्बा! तूने कहा था कि आर्यों में तेरा स्थान नहीं है, सो सत्य नहीं है।"

"सत्य कहती हूँ, आर्य मुझे कभी भी स्वीकार न करेंगे।"

"अम्बा!" मन्द हास्य के साथ भार्गव ने कहा, "तो जहाँ मैं गुरु-पुत्र होकर रहता हूँ, वहाँ कोई न आ सकेगा। भयंकर मगर वहाँ नदी के मार्ग को रोके हुए हैं। भेड़िए और अजगर वहाँ भूमि का मार्ग रोके रहते हैं। वहाँ डड्डनाथ अघोरी के प्रजाजनों को मानवों का राग-द्वेष छू तक नहीं गया है। अम्बा, मैं तुझे वहाँ ले जाऊँगा। मैं तुझे मगर पर बिठाकर नर्मदा पर विहार करवाऊँगा। माँ, मेरे साथ चलेगी वहाँ?"

"ऐसी पगली बातें न कर, बेटा!"

"यह पागलपन की बात नहीं है, माँ! पिताजी अविश्वास से पागल हो गए हैं। पुत्रों को वे पितृ-द्रोही मानते हैं। भृगु बहुत अधिक संख्या में कट चुके हैं। तेरे कृत्य के कारण कुल की आन और प्रतिष्ठा समाप्त हो गई है, सिर उठाकर देखना अब कठिन हो गया है। मुझसे अब आर्यावर्त नहीं लौटा जा सकेगा। भृगुओं को तो अब त्यागना ही होगा।"

"ऐसी पगली बातें मत कर, बेटा! भृगुकुल की शक्ति और पवित्रता की रक्षा मैं और तेरे पिता नहीं कर सके। तेरे दोनों भाई भी मारे जा चुके हैं। अब इस कर्तव्य का भार तुझ पर ही है। तू आर्यश्रेष्ठ जमदग्नि का पुत्र है। तू देव है। भृगुओं और आर्यों का उद्धार करने के लिए ही तेरा जन्म हुआ है।"

"तू नहीं लौटेगी?"

"नहीं! तेरा स्थान आर्यावर्त में ही है। तू आर्यावर्त का उद्धार कर और मेरी चिन्ता छोड़ दे। मेरा तारनहार कोई नहीं।"

"यह रहा मेरा घोड़ा। मैं तुझे फूल की भाँति उड़ा ले जाऊँगा। अम्बा, लोमा तेरे चरणों की दासी होकर रहेगी। चल, चल न!"

"तेरे गले का जंजाल होकर मुझसे न रहा जाएगा। तेरी इच्छा हो तो भले ही मुझे मार डाल। इतना साहस यदि तुझमें नहीं है, तो मेरे लिए तो निदान अग्नि-प्रवेश है ही। पर तेरे कुल का कलंक नहीं धुल सकेगा।"

"अम्बा! तू भूलती है।" भार्गव ने गम्भीर स्वर में कहा, "मैं धर्म का प्रतिपादन करने के लिए आया हूँ, लोप करने के लिए नहीं। तुझे मारूँगा तो मेरे हाथों धर्म का लोप होगा।"

"ऐसी पगली बातें न कर।"

"अम्बा!" भार्गव ने कहा, "पिताजी धर्म को भूल गए हैं। जान पड़ता है भृगु लोग भी धर्म को भूल गए हैं। समस्त आर्यावर्त धर्म को भूल गया है। तू जब मुझे यह मारने का कर्तव्य सिखा रही है, तब तू भी धर्म को भूल रही है। तूने जो यह पर-पुरुषों की सेवा की है, सो तो तू ही कर सकती है। और तू इसलिए कर सकती है कि तू पति-परायण है—महर्षि जमदग्नि की परम विशुद्धि की सहयोगिनी। जहाँ विशुद्धि होती है, वहाँ अधर्म हो ही नहीं सकता। चल मेरे साथ, मैं पिताजी को समझाऊँगा। भृगुओं के गए हुए तेज का फिर से उद्योत करूँगा।"

"नहीं, मैं नहीं जाऊँगी। तेरी बात कोई माननेवाला नहीं है। उलटे अपकीर्ति की ग्लानि का दाह तुझे सहना पड़ेगा। तू अपने लोगों को अभी भी ठीक से पहचानता नहीं है," कहकर रेणुका तुरन्त ही सकुचा गई।

भार्गव का स्वरूप बदल गया। मन्द-मन्द हँसता हुआ उसका ममतालु पुत्र वह नहीं रह गया था—दूर पर दीख रहे गौरीशंकर के समान अडिग, सनातन, अस्पर्श्य और अमेय उसका प्रताप था। उसके स्वर की झंकार बदल गई थी।

"मैं धर्म का उच्चारण करूँगा, जगत् उसे मानेगा। उसे माने बिना उसका छुटकारा नहीं है।"

रेणुका के हृदय में किंचित् दर्प व्याप गया।

"चल!" भार्गव ने आज्ञा दी।

"नहीं!" दृढ़तापूर्वक रेणुका ने कहा, "मेरे गन्धर्वों का भी कुछ विचार किया है?"

"उनका विचार मैंने कभी से कर लिया है। उनमें से एक भी अब जीवित नहीं है। सवेरे जाकर मैं उन सबका शिरच्छेद कर आया हूँ।"

रेणुका चीख उठी। नितान्त ठंडे हृदय से तीस मनुष्यों को मारकर आनेवाले इस पुत्र की ओर वह क्रोधपूर्वक देखती रह गई।

"ओ घातक! तूने बेचारे तीस निःसहायों के प्राण ले लिए।"

"हाँ, जो जी न सके, उसका मर जाना ही अच्छा है।"

"पापी, तूने यह क्या किया?" आँखों पर हाथ देकर रेणुका रो पड़ी।

"अम्बा! कल्याणी!" गुरुओं के गुरु भार्गव ने प्रोत्साहक स्वर में कहा, "तेरे आँसू सबल को सामर्थ्य देने के लिए हैं, मरते प्राणी की मृत्यु की घड़ी को बढ़ाने के लिए नहीं।"

रेणुका चीख उठी। उसकी अवगणना करके भार्गव ने उसे पैर पकड़कर उठा लिया और दौड़ता हुआ उसे पर्वत की तलहटी में ले आया। रेणुका रोते-रोते क्रोध के आवेश में पुत्र की छाती में मुक्कियाँ मार रही थी। भार्गव ने एक हाथ से उसे हृदय से चाँपते हुए कहा, "रो ले, रो ले, तूने बहुत सहन किया है।"

[5]

बनजारों का एक जत्था जा रहा था। इस जत्थे में सवा सौ मनुष्य, तीस बैल, सत्तर गायें, चार घोड़े और तीन गाड़ियाँ थीं। बैलों पर अनाज लदा हुआ था। वृद्ध और रुग्ण लोग गाड़ियों में बैठे थे। बचे हुए सब लोग पैदल चल रहे थे। उनमें से कोई दस व्यक्तियों के पास भाले और तीर थे।

यह जत्था उत्तर की ओर से शतद्रु के किनारे-किनारे होकर दक्षिण की ओर चला आ रहा था। रात होने पर जत्था किसी भी स्थान पर डेरा डाल देता; तब वहाँ स्त्रियाँ रास-नृत्य करतीं और पुरुष जगरे के आसपास बैठकर गप्पें मारते।

नदी के तीर पर होकर राजमार्ग से यह जत्था धीरे-धीरे आगे बढ़ रहा था। प्रतिवर्ष वृश्चिक पणी अपना जत्था लेकर बस्तीवाले प्रदेशों में आया करता और अनाज तथा आवश्यक ढोरों को बेचकर आवश्यक वस्तुएँ ले जाया करता। इस मार्ग पर पड़नेवाली सभी बस्तियों के लोग उसे पहचानते थे और उसके आने पर नया माल लेने अथवा बेचने के लिए उसके आसपास घिर आया करते।

वृश्चिक एक हँसमुख वृद्ध था। उसका और उसके जनों का कुटुम्ब भी आनन्दी था। छह महीने तो जत्था प्रवास करता और छह महीने वह अपने गाँव जाकर खेती करता और ढोर पालता।

एक दोपहर वृश्चिक पणी का जत्था एक झाड़ के तले विश्राम कर रहा था, तो कहीं जंगल के मार्ग से आते हुए किसी घोड़े का हंकार उसे सुनाई पड़ा। वह चौंककर उठ बैठा। उसके प्रहरी भी शस्त्र सँभालकर सावधान हो गए।

पगडंडी पर एक घोड़ा चला आ रहा था। उस पर एक प्रौढ़ वय की स्वरूपवान और सौम्य मुद्रावाली स्त्री बैठी थी। एक प्रचंड युवा वल्गा से घोड़े को खींचते चले आ रहे थे। उस युवा के कन्धे पर एक बड़ा-सा तीर था और उसके दाएँ हाथ में एक बड़ा-सा परशु।

उस युवक को अकेले ही देखकर उसका भय जाता रहा, प्रत्युत एक सबल शस्त्रधारी का साथ हो जाना उसे अच्छा ही लगा। घोड़े पर बैठी आ रही उस स्त्री का मुख भी कुलीनता का परिचायक था। कुछ ऐसा भी याद आ रहा था, जैसे इसे कहीं देखा हो।

भार्गव घोड़े को पकड़कर आगे ले आए। रेणुका को उठाकर उन्होंने नीचे उतार दिया और घोड़े को नहलाने और पानी पिलाने के लिए वे नदी पर ले गए। वृश्चिक ने जान-पहचान करने का प्रयत्न आरम्भ कर दिया।

"माँ जी, आओ! बहुत थक गई जान पड़ती हो। किरणी!" उसने अपनी बड़ी बेटी को पुकारा, "कहाँ गई थी? ये माँ जी थकी हुई हैं।"

लम्बे-चौड़े डीलडौल, बड़े होंठ और बड़ी आँखोंवाली किरणी आकर रेणुका का स्वागत-सत्कार करने लगी।

भार्गव ने पहले तो घोड़े को नहलाया, फिर आप नहाए, और अर्घ्य चढ़ाया। नदी से लौटकर उन्होंने वेदी बनाई, अग्नि स्थापित की और आहुति दी।

वृश्चिक जाकर उनके पैरों पड़ आया और साथ ही उन्हें भोजन का निमन्त्रण भी दे आया।

भार्गव और अम्बा जत्थे के साथ-साथ चलने लगे। वृश्चिक ने उन दोनों का यथार्थ परिचय पाने के लाख प्रयत्न किए, पर भार्गव ने केवल इतना ही बताया कि वे भृगु हैं और इस स्त्री को साथ लेकर वे सरस्वती के तीर पर जा रहे हैं; इसके अतिरिक्त उन्होंने और कुछ न कहा। बात करने में न उन्हें ही कोई रस था और न अम्बा को। पर वृश्चिक को प्रतीत हुआ कि अवश्य ही यह कोई महापुरुष है, अतएव वह भार्गव की सेवा करने लगा। उसकी

यह मान्यता थी कि महापुरुष की सेवा जितनी ही अधिक की जाएगी, उतना ही धन अधिक मिलेगा। उसे अनुभव होने लगा कि अल्पभाषी ऋषि कोई बहुत ही चामत्कारिक व्यक्ति है। अतएव वह भार्गव के आगे अपने दुःख का रोना रोने लगा।

पिछले साल अनाज का पाक ठीक नहीं हुआ था। एक लड़का भी उसका मर गया था। खेतों में टिड्डी-दल आ पड़ा था। रास्ते में आते-आते गायें भी मर गई थीं। किसी ऋषिवर के आशीर्वाद के बिना अब उसका उद्धार नहीं था।

भार्गव यह सब सुनते रहे।

वर्षों से खोए हुए अपने पुत्रक को रेणुका ने नए रूप में देखा। उसका अंग-प्रत्यंग सुश्लिष्ट और सुन्दर था। वह केसरी की भाँति डग भरता हुआ चलता। उसके शस्त्र अभूतपूर्व रूप से बड़े थे। उसकी आँखों में कभी शिशिर के सूर्य की आह्लादकता दिखाई पड़ती, तो कभी हिमवान पर्वत पर पड़नेवाली किरणों की तेजस्वी तटस्थता दिखाई पड़ती। कभी उनमें ग्रीष्म का मध्याह्न तपता हुआ दिखाई पड़ता, तो कभी बिजली चमकती और कभी फूटती हुई वह्नि की सरिता दिखाई पड़ती। उसकी अल्पभाषिता मुग्धकर और हृदय-बेधक थी; उससे हृदय में विनाशकता, भक्ति और श्रद्धा के भाव जागते थे। कभी-कभी वह बहुत दूर जाकर एक विराट स्वरूप धारण करता-सा लगता, तब अपनी प्रशान्त और एकाग्र उग्रता में वह मग्न हो जाता। और तभी उसके आसपास तेज का वर्तुल प्रकाशित होता-सा दिखाई पड़ता। शक्ति के अवतार-से इस पुत्र के सान्निध्य में रेणुका अपनी थकान, अपना अपयश, अकेलापन तथा पति और पुत्रों के वियोग का दुःख भूल गई थी।

धीरे-धीरे कई दिनों तक जत्था आगे बढ़ता चला गया और निदान सपाट बस्तीवाले प्रदेश में आ पहुँचा।

एक सवेरे गिद्धों के झुंड उड़कर जाते दिखाई पड़े। वृश्चिक ने उसे अपशकुन माना और वह भार्गव के पास आशीर्वाद लेने के लिए आया। भार्गव ने आशीर्वाद दिया। दोपहरी में जत्था मार्ग में खड़ा रह गया। रास्ते में एक मनुष्य भूमि पर बैठा हुआ था, उसके पास ही एक वह दूसरा मनुष्य अचेत अवस्था में पड़ा हुआ था। कुछ ही दूर एक तीसरा मनुष्य मरा हुआ पड़ा था। वृश्चिक ने उस बैठे हुए मनुष्य को भोजन और जल दिया तथा उस मूर्च्छित मनुष्य की मूर्च्छा दूर की।

जब जत्थे ने वृक्षों-तले विश्राम करने के लिए डेरा डाला तो वृश्चिक ने उन दोनों व्यक्तियों से सारी बातें पूछनी चाहीं। महा-संग्राम चल रहा था। महर्षि वसिष्ठ और सुदास एक ओर थे; विश्वामित्र, पुरुकुत्स और अन्य नौ राजा उनके विपक्ष में थे। भेद राजा के गाँव के पास ही भीषण संग्राम चल रहा था और ये तीन व्यक्ति वहीं से भागकर आए थे।

यह बात चल ही रही थी कि कुछ दूर पर उन सैनिकों ने अम्बा को जाते हुए देखा। वे बात करते-करते रुक गए।

"क्या बात है?" वृश्चिक ने पूछा। वे दोनों सैनिक कुछ ऐसे सिहर उठे जैसे अपशकुन हुआ हो।

"ये यहाँ कैसे?"

"कौन ये?" वृश्चिक ने पूछा, "ये भी कोई बटोही हैं।"

"यह तो नैष्ठ-पगी है," एक सैनिक ने कहा, "जमदग्नि की पत्नी रेणुका, जो भागकर गन्धर्वों के यहाँ रहा करती थी, वही तो है यह। इसे कहाँ से साथ ले आए हो? तुम्हारा काल आ पहुँचा जान पड़ता है। इसी के कृत्य से तो भृगुओं का सर्वनाश हो गया है।"

सुननेवाले अवाक् हो गए। आर्यावर्त में जो शाप के रूप में मानी जाती थी, जिसके लिए लोक में जमदग्नि की शपथ चारों ओर मान्य थी, उसे वह साथ कैसे ले आया?

"पर उसके साथ जो ऋषि हैं, वे तो कहते हैं कि वह उनकी माँ हैं।"

"कोई ऋषि भी रेणुका के साथ रहेगा! झूठी बात है यह। इस रेणुका के और कोई पुत्र हो यह तो हो ही नहीं सकता। इसके तीन पुत्र तो युद्ध में मारे जा चुके हैं। कुलगुरु विदन्वन्त, इसका बड़ा पुत्र भी मारा गया है।"

"क्या इसके तीन ही पुत्र थे?"

"एक चौथा भी था, पर कई वर्षों पहले वह अनूप देश में मर चुका है, या फिर उसे सहस्रार्जुन ने मार डाला।"

बात-की-बात में यह भयंकर वार्ता सारे जत्थे में फैल गई। अम्बा ने सबकी दृष्टियाँ अपनी ओर लगी देखीं और वह सावधान हो गई; ये सब लोग जो धीरे-धीरे बातें कर रहे थे, उनका उद्देश्य उसने भाँप लिया। उसका मुख गहरा लाल हो गया। उसकी आँखों से टप-टप आँसू टपक रहे थे।

"पुत्रक!" घोड़े की मालिश करते हुए भार्गव से जाकर अम्बा ने कहा और वे रो पड़ीं।

"क्या बात है, अम्बा?"

"मैंने तुमसे कहा नहीं था कि मुझे मर जाने दो। वे जो अनजान दो व्यक्ति आए हैं, उनमें से एक अपनी जटा से भृगु-जैसा दीखता है। उसने मुझे पहचान लिया है। यह सारा जत्था मुझे पतिता मानकर विद्वेष-भरी दृष्टि से देख रहा है। मैं अधम हूँ और अधम ही रहूँगी। मेरा यों अपमान कराने से तो यही अच्छा है कि तू मुझे कहीं ले जाकर मार डाल। तेरे पिता सच ही तो कहते हैं, मृत्यु को छोड़कर अब मेरे लिए शरण और कहीं नहीं है।" रोती-कलपती रेणुका सिर पर हाथ देकर बैठ गई।

भार्गव एक मन्द हास्य के साथ बोले, "अम्बा, घबराती क्यों है? तू चुपचाप बैठी रह। तुझे चाहे कोई अम्बा न माने, पर मैं तो मानता हूँ न? तू मुझ पर कब विश्वास कर सकेगी? मैं देख लूँगा, वे कौन हैं?"

वृश्चिक और वे सैनिक जहाँ बैठे थे, भार्गव वहीं पहुँचे। उनकी जटा खुली हुई थी; अतएव उनका गोत्र पहचानना किसी के लिए सम्भव नहीं था। पास जाने पर, सबकी आँखों में जो तिरस्कार का भाव उनके लिए था, वह उन्होंने ताड़ लिया। अम्बा की बात सच थी। इस क्षण इस जत्थे में ही क्या, आर्यों की किसी भी बस्ती में उनके और उनकी माँ के लिए स्थान नहीं था। वे यहाँ अपरिचित थे, माँ पतिता थी, इस प्रकार जैसे जगत् के निर्जीव क्षुद्रों में उनकी गिनती हो गई थी।

उन्हें हँसी आ गई। सहस्रों व्यक्तियों ने उन्हें पशुपति मानकर पूजा था, उनकी भक्ति की थी, उन्हें अपना सर्वस्व समर्पण किया था। उनके पैरों की रज माथे पर चढ़ाने में देवों ने दुर्लभ सुख माना था और इस क्षण यह नीच, स्वार्थी वृश्चिक उन्हें सहन तक करने को तैयार नहीं है। ये मनुष्य कैसे मूर्ख हैं और इन्हें इस मूर्खता में से उबार लेना भी सहज काम नहीं है।

वे वृश्चिक के पास गए। सभी की मुखमुद्रा में एक अपमानजनक कठोरता स्पष्ट झलक रही थी।

"भृगु!" उन्होंने उस सैनिक से कहा, "तू रणक्षेत्र से भागकर आया है। सवेरे गिद्धों को देखकर ही हमें निश्चय हो गया था कि निकट ही कोई रणक्षेत्र होना चाहिए," उस दृढ़ स्वर को सुनकर और उन तेजस्वी नयनों को देखकर वह भृगु कुंठित हो गया, "रणक्षेत्र कितनी दूर है?" भार्गव ने पूछा।

"यहाँ से कोई दो योजन दूर होगा।"

"युद्ध किस-किसके बीच चल रहा है?"

"वसिष्ठ और विश्वामित्र के बीच।" भृगु ने तिरस्कारपूर्वक कहा।

"मुनिवर वसिष्ठ और महर्षि विश्वामित्र के बीच।" कठोरतापूर्वक भार्गव ने कहा, "भृगु होकर इतना शिष्टाचार भी नहीं जानता?"

भृगु क्रोध के आवेश में उठ बैठा और सामने आकर खड़ा हो गया।

"मुझे शिष्टाचार सिखानेवाला तू कौन होता है?"

भार्गव हँस पड़े, "मैं न सिखाऊँगा तो तुझे और कौन सिखाएगा?"

और पल मात्र में उन्होंने भृगु को उठाकर एक छोटे बालक की भाँति भूमि पर डाल दिया।

"यह बता कि युद्ध में क्या हो रहा है?" भार्गव ने उससे पूछा।

कुछ देर ठहरकर भृगु ने उत्तर दिया, "मुनिवर वसिष्ठ की विजय हुई है। कल रात महर्षि विश्वामित्र मारे गए, ऐसा संवाद भी मिला है। यत्किंचित् युद्ध तो सारी रात चलता ही रहा।"

"और राजा भेद?"

"सवेरे जब हम भागे उस समय गढ़ में आग लगा दी गई थी। राजा भेद कल दोपहर मारे गए।"

"और कौन मारा गया?"

"पुरुकुत्स राजा भी मारे गए हैं—महर्षि शक्ति, मुनिवर के पुत्र भी मारे गए और हमारे गुरु विदन्वन्त ऋषि भी।"

क्षण-भर के लिए भार्गव चुप हो गए, "वे युद्ध में कब आए थे?"

"पाँच दिन पहले आए थे और कल मारे गए।"

उस भृगु को भयभीत अवस्था में छोड़कर भार्गव वहाँ से चले गए।

थोड़ी ही देर में रेणुका और भार्गव जत्था छोड़कर चल दिए। घड़ी-भर माँ और पुत्र एक शब्द भी नहीं बोले। माता का हृदय हताश हो गया था। उसके लाड़ले बेटे के सिर पर जो विपत्तियाँ मँडरा रही थीं, उन्हें देखकर वह थरथरा उठी थी।

एक प्रवाह के पास उन्होंने घोड़े को रोक दिया। दोनों ने हाथ-मुँह धोए, पानी पिया और कुछ देर बैठे रहे।

भार्गव की आँखें उड़ते हुए गिद्धों की ओर लगी थीं। उनके मुख पर एक निश्चल स्वस्थता थी। उनके मन में इस क्षण क्या विचार चल रहे होंगे, यह रेणुका की कल्पना में न आ सका। उसने पास आकर उनके सिर के बालों को व्यवस्थित कर दिया।

"पुत्रक! किस विचार में है?"

"अम्बा! मुझे कोई विचार नहीं आता।"

"तो फिर चुप क्यों बैठा है?"

"जो मुझे दीख रहा है वह यदि मैं तुझसे कहूँगा, तो तेरे दुःख का पार नहीं रहेगा।"

"बेटा, मेरे दुःख का तो अब पार है ही नहीं। मेरा हृदय तो अब वज्र का हो गया है। कह दे, क्या बात है?"

"अम्बा! तुझे मुझ पर विश्वास है?" भार्गव ने पूछा।

"पुत्रक! मेरे सर्वस्व में बस अब तू ही बचा है। तू ही मेरे इस जीवन का आधार है।"

"तू रोएगी तो नहीं न?"

"नहीं रोऊँगी।"

"तो मैं तुझसे कहता हूँ," भार्गव ने कहा। पल-भर दोनों चुप हो रहे।

"अम्बा, समस्त आर्यावर्त छिन्न-भिन्न हो गया है।" भार्गव ने धीर-गम्भीर स्वर में कहा, "महर्षि विश्वामित्र मारे गए और ऋषिवर विदन्वन्त भी मारे गए।"

"क्या कह रहा है?" दुःख के आवेश से आकुल होकर अम्बा ने कहा।

बड़े पुत्र की मृत्यु का संवाद सुनकर वह फूटकर रो उठना चाहती थी, पर भार्गव की गम्भीर मुद्रा देखकर वह रोने का साहस भी न कर सकी।

"हाँ, तेरे पुत्रों में से केवल अब मैं ही बचा हूँ। भृगुश्रेष्ठ को चित्तभ्रम हो गया है। भृगुओं की भगवती को सभी तिरस्करणीय मान बैठे हैं।"

अम्बा का कंठ अवरुद्ध हो रहा था।

"रो, अम्बा! जी भरकर रो ले! उसके बिना तुझे आश्वासन नहीं मिल सकेगा। कवि चायमान चले गए। भृगुओं का तेज समाप्त हो गया। भरतों का प्रताप नष्ट हो गया है। महर्षिश्रेष्ठ विश्वामित्र चले गए, भरतश्रेष्ठ देवदत्त चला गया—उनका सेनापति जयन्त चला गया।" अम्बा केवल सिसक रही थी।

"मुनिवर वसिष्ठ ने—उन विद्यानिधि ने—स्वयं अपने हाथों यह सब किया है। वसिष्ठ के उत्तराधिकारी महर्षि शक्ति भी मारे गए हैं। राजा पुरुकुत्स मारे गए और राजा भेद भी मारा गया है। जिस रणक्षेत्र में हम जा रहे हैं, वहाँ आर्यावर्त का तेज और गौरव मिट्टी में मिल गया है।"

"पुत्रक! पुत्रक! अब क्या होने को है?"

"यह तो आज तक की बात हुई। अभी तो विकराल सहस्रार्जुन सिंहों से भी भयंकर योद्धाओं को लेकर मुझ पर आक्रमण करेगा।"

"बेटा, तेरा क्या होगा?"

"मेरा?" और लज्जित होकर भार्गव हँस पड़े, "अम्बा, इस चोले से अब नई सृष्टि रची जाने को है।"

"वह सब कैसे करेगा, बेटा?" निराशा-भरे स्वर में अम्बा ने पूछा, "तू तो अब अकेला ही रह गया है। न बाप है, न भाई हैं और न भृगु ही तेरे साथ हैं।"

भार्गव हँस पड़े, "अम्बा! कल्याणी! फिर तू श्रद्धा खो बैठी! पहले हम इस छिन्न-भिन्न सृष्टि के खोलों को विसर्जित कर दें। पहले जाकर मामा और भाई के शवों को खोजकर उनका अग्नि-संस्कार कर दें, फिर दूसरी बात। अम्बा! तू भी मुझ पर श्रद्धा न करेगी?"

रेणुका इस प्रभावमूर्ति पुत्र की मुख-रेखा को देखती रह गई।

"पुत्रक! पुत्रक! मैं अब कभी अपनी श्रद्धा को न खोऊँगी।" वह अपने पुत्र से चिपट पड़ी। भार्गव के नेत्रों से बहती हुई शक्ति उसे आप्लावित कर रही थी।

वे उठकर चलने ही को थे कि दौड़ते हुए घोड़ों पर वृश्चिक आ पहुँचा। वह घोड़े पर से उतरकर भार्गव के पैरों में आ पड़ा।

"ऋषिवर! बचाइए, बचाइए! इस गरीब प्राणी को मरने से बचाइए!"

भार्गव चुप रहे।

"आपके जाते ही भटकते हुस सैनिकों की टोलियाँ उधर आने लगीं। बेचारे गरीब वृश्चिक के जत्थे में से लूट-लूटकर वे अनाज खाने लगे। दो व्यक्ति बिना पूछे ही घोड़े लेकर चलते बने। एक आदमी एक लड़की को उठा ले गया। बाप रे बाप! मैं तो बिना मौत मारा गया। भागे हुए सैनिकों के दल-पर-दल चले आ रहे हैं। मुझ पर तो देवों का कोप ही छा गया जान पड़ता है। भगवती! उन भृगुओं के कहने में आकर मैंने आपकी अवगणना की है। मुझे क्षमा करिए। मुझे बचाइए। जो चाहो प्रायश्चित करने को मैं तैयार हूँ।"

"किसलिए बचाऊँ तुझे?"

"मैं आपकी शरण में आया हूँ।" उसने भार्गव के परशु और तीर की ओर देखा, "सवेरा होने से पहले ही मैं लुट जाऊँगा और मेरे जत्थे की बालाओं पर अत्याचार होगा।"

"मैं तुझे क्योंकर बचा सकता हूँ। मैं तो स्वयं ही अकेला हूँ। और मैं कौन हूँ, सो भी तू नहीं जानता।"

"आप महर्षि हैं, आप सदेह उतरकर आए हुए इन्द्र हैं, आपको छोड़ मेरे लिए और कोई आधार नहीं है।"

"तेरा जत्था कहाँ है?"

"जिस रास्ते होकर आप आए हैं उसी रास्ते पर मैं उसे ले आया हूँ। पर वे सैनिक जत्थे को आगे नहीं बढ़ने दे रहे हैं। वे सब इस समय बड़े आनन्द से भोजन करने में जुटे हैं, इसी से मैं भागकर चला आया हूँ।"

"वृश्चिक, मैं तुझसे एक बात का वचन लेकर ही तेरा रक्षण कर सकता हूँ।"

"कहिए, आप जो चाहेंगे, वही वचन मैं आपको दूँगा।"

"यदि तेरा सारा जत्था मुझे गुरु के रूप में स्वीकार करे तो? इस युद्धकाल में अपने शिष्यों को छोड़ मैं औरों की रक्षा नहीं कर सकता।"

"अवश्य, गुरुदेव! मुझे बचा लीजिए। मरने की घड़ी तक भी मैं आपको नहीं भूलूँगा। मेरी सन्तानें आपका नाम-स्मरण करके जीवन बिताएँगी।"

"अच्छी बात है, तो लौट जा। मैं अभी आता हूँ।"

"नहीं-नहीं, गुरुदेव, आप जब तक यहाँ से नहीं चलेंगे, मैं नहीं लौटूँगा।" इस मनुष्य की यह भय-त्रस्त दशा देखकर भार्गव को दया आ गई। उन्होंने वृश्चिक की पीठ थपथपाई, "अच्छा, तू घबराना नहीं, मैं यह चला। तू अम्बा को लेकर आना।"

घोड़ा दौड़ाते हुए भार्गव उस स्थल पर आए जहाँ जत्था डेरा डाले हुए था।

कोई पच्चीस सैनिक वहाँ धमा-चौकड़ी मचाए हुए थे। दो-चार व्यक्ति स्त्रियों के हाथ खींच रहे थे। एक व्यक्ति एक गाय को दुहकर उसका दूध पी रहा था। चार सैनिक निश्चिन्त

पड़े खर्राटे भर रहे थे। कुछ लोग खाने में जुटे हुए थे। जत्थे के कुछ व्यक्ति सैनिकों की परिचर्या कर रहे थे। शेष व्यक्ति या तो जंगल में इधर-उधर भाग गए थे या फिर पास के एक वृक्ष पर चढ़ गए थे। जत्थे की जो स्त्रियाँ भाग न सकी थीं, वे एक-दूसरी से चिपटकर चीख-चिल्ला रही थीं।

भार्गव ने शर-सन्धान किया और उस एक ही तीर ने वृश्चिक की पुत्री किरणी का हाथ खींचकर उसे चूमने को उद्यत एक सैनिक को धराशायी कर दिया। सब सैनिक चौंक उठे और दौड़कर उन्होंने अपने-अपने शस्त्र सँभाले और इस नए शत्रु का सामना करने को प्रस्तुत हो पड़े।

घोड़े पर से उतरकर, हाथ में परशु लिये, भार्गव आगे बढ़ आए। उनकी आँखों में विनाश झाँक रहा था। एक सैनिक ने उन्हें तीर मारा। भार्गव ने परशु घुमाया और तीर परशु से टकराकर आड़ा हो, धरती पर जा गिरा।

इतना बड़ा परशु आर्यावर्त के सैनिकों के लिए सर्वथा अपरिचित था। अद्भुत कौशल से उसे विद्युत् की भाँति सिर पर गिरते देख सैनिक अपने प्राण लेकर भागे। घबराकर भागे हुए स्त्री-पुरुष धीरे-धीरे लौट आए। तभी वृश्चिक भी आ पहुँचा और गुरुदेव के पैरों में गिर पड़ा।

"वृश्चिक, अब भी मेरा गुरु-पद तुझे स्वीकार करना है?"

"मैं तो आपका ही हूँ, गुरुदेव!"

"तो जत्थे को तैयार कर और दौड़ते हुए मेरे साथ चला चल।"

"पर कहाँ?"

"गुरु पर इतनी श्रद्धा यदि नहीं है, तो कैसे काम चलेगा?"

[6]

एक प्रहर के उपरान्त गिद्धों और चीलों के व्यूह आकाश में चक्कर काटते दिखाई पड़े। जलते हुए स्तम्भ और धुएँ के पुंज भी आकाश की ओर जाते हुए दिखाई पड़े। राह में स्थान-स्थान पर मरे हुए मनुष्यों के शव भी पड़े दिखाई दिए।

एक प्रहर के अन्दर ही भार्गव ने जत्थे की सारी व्यवस्था अपने हाथ में ले ली। सैनिकों के नए शस्त्र उन्होंने रक्षकों को थमा दिए। जत्थे के घोड़ों पर तथा सैनिकों के छोड़े हुए घोड़ों पर जत्थे के अच्छे अश्वारोहियों को बिठा दिया।

सबसे पीछे गाड़ियों में स्त्रियाँ और बालक चले आ रहे थे। अम्बा वृश्चिक की स्त्री के साथ पीछे की एक गाड़ी में बैठी थीं।

सामने से कोई पचास सैनिकों की एक टोली दौड़कर आती-सी जान पड़ी। वे दस्यु थे और पानीदार घोड़ों पर दौड़ते चले आ रहे थे।

भार्गव ने शंख फूँक दिया। भृगुश्रेष्ठ का शंखनाद गगन में गूँज उठा। दौड़ते हुए आ रहे अश्वारोहियों ने एकाएक ठिठककर घोड़े थाम लिए। मित्र भृगुओं का यह विजयी शंखनाद, उन प्राण लेकर भागते हुए दस्युओं को ऐसा लगा, मानो प्यासे मरते चातक को स्वाति-बिन्दु मिल गया हो। सामने से आते हुए जत्थे को उन्होंने देख लिया। दो दिन के निराहार योद्धा भार्गव की ओर दौड़ आए।

दो योद्धा आगे बढ़ आए, "भृगुश्रेष्ठ! हमें कुछ खाने को दीजिए कि हम जल्दी ही यहाँ से भाग जाएँ।" बोलनेवाला व्यक्ति भय से व्याकुल होकर चारों ओर देख रहा था, "अभी-अभी हमारे पीछे तृत्सु लोग आ पहुँचेंगे।"

भार्गव हँस पड़े, "तुम्हारा कुछ न बिगड़ेगा। घबराओ नहीं। कहाँ जा रहे हो?"

"हमें भागकर पर्वतों में जा घुसना है। दस्यु-मात्र को पकड़कर दास बनाकर सुदास तुम्हें तृत्सु-ग्राम ले जा रहे हैं।"

"पहले तुम अपने लिए खाद्य-सामग्री बाँध लो, फिर बातचीत होगी। वृश्चिक! यदि कुछ खाद्य-सामग्री हो तो इन्हें दिलवा दें।" भार्गव ने ममतालु दृष्टि से देखा। "भागकर कहाँ जाओगे?" भार्गव ने पूछा।

"दूर के पर्वतों में जा छिपेंगे।"

"और यदि पकड़े गए तो?"

"हम मर मिटेंगे, पर दासत्व स्वीकार नहीं करेंगे।"

भार्गव हँस पड़े, "सचमुच?"

"राजा भेद चले गए। हमारा स्वातन्त्र्य नष्ट हो गया। यदि हम जीवित रहे तो किसी दिन दिवोदास का राज्य फिर से प्राप्त करेंगे। आज तो हमारा कोई नहीं रह गया है।"

"यदि मैं तुम्हारा हो जाऊँ तो?" भार्गव ने पूछा।

इस प्रश्न को सुनकर उस योद्धा को यह संशय हुआ कि इस प्रश्नकर्ता का मस्तिष्क ठिकाने है या नहीं, "महर्षि विश्वामित्र और महर्षि विदन्वन्त भी मारे गए हैं, यह तो आपने सुना ही होगा। आप कौन हैं, ऋषिवर?" शिष्टतापूर्वक उस योद्धा ने पूछा।

"मेरे साथ चलो तो बताऊँ।" मन्द-हास्यपूर्वक भार्गव ने कहा।

"नहीं, हम तो चले जाएँगे। आप कहाँ जा रहे हैं?"

"रणक्षेत्र में।"

"वहाँ तो केवल शव और गिद्ध रह गए हैं।"

"वहाँ महर्षि विश्वामित्र और विदन्वन्त, राजा पुरुकुत्स और राजा भेद पड़े हुए हैं। मैं उनकी उत्तर-क्रिया करने जा रहा हूँ।"

"उत्तर-क्रिया।"

"हाँ, मेरा कहा मानकर मेरे साथ चलो। ऐसा करके तुम निर्भय हो सकोगे और नहीं तो फिर जंगल-जंगल और गुफा-गुफा मारे-मारे फिरोगे।"

वे योद्धा इस विचित्र मनुष्य को देखते रह गए। उनकी शंकाएँ विचलित होने लगीं।

"मेरे साथ चलो—मेरे शिष्य के रूप में। फिर जब तक मैं जीवित हूँ, कोई तुम्हारा बाल-बाँका नहीं कर सकेगा। पर तुम्हें श्रद्धा नहीं है। तुम्हारे भाग्य में भटकना ही लिखा है, तो फिर जाओ।"

योद्धा अपने घोड़े दौड़ाते हुए चले गए। जत्था झपटता हुआ आगे बढ़ने लगा। पद-पद पर सैनिकों के शव दिखाई पड़ते या फिर जंगलों में इधर-उधर भागते हुए सैनिकों का पग-रव सुनाई पड़ता।

थोड़ी ही देर में उन दस्यु योद्धाओं में से आठ व्यक्ति लौटकर वापस आए।

"आपके साथ चलने को हम तैयार हैं, ऋषिवर! अब हम वृद्ध हो गए हैं, इधर-उधर छिपते फिरने की शक्ति अब हममें नहीं है। आप हमें अपने साथ ले चलें।"

"तुम अपने शस्त्र कहाँ छोड़ आए?"

"हम तो शस्त्र त्यागकर आपके शिष्यों के इस जत्थे में मिल जाएँगे।"

"पर मुझे तुम्हारे शस्त्र चाहिए। तुममें से एक व्यक्ति जाकर उन्हें ले आओ। तुम्हारे लिए शस्त्र धारण करने की आवश्यकता नहीं है। मैं अकेला ही शस्त्र धारण करूँगा। जाकर जल्दी से ले आओ।"

"आप कहाँ मिलेंगे?" एक योद्धा ने पूछा।

"जहाँ जत्थे का पड़ाव होगा, वहाँ एक बड़ा-सा जगरा जलता दिखाई पड़ेगा। जाओ, रात को वहीं आ जाना।"

तीसरे पहर जत्था जंगल से बाहर आया। एक भयानक दृश्य उनके सामने उपस्थित था। राजा भेद के गढ़ के आस-पास दूर-दूर तक मरे हुए मनुष्यों के ढेर पड़े थे। स्थान-स्थान पर घोड़े मृत्यु के मुँह में पड़े छटपटा रहे थे। टूटे हुए रथ यहाँ-वहाँ पड़े हुए थे। गढ़ एक विशाल चिता के समान दिखाई पड़ रहा था और उसमें रह-रहकर आग की ज्वालाएँ उठ रही थीं। छटपटाते सैनिकों की वेदना-भरी चीत्कारों से सारा वातावरण भयंकर हो रहा था। पर राजा सुदास और वसिष्ठ के सैन्य की अन्तिम टुकड़ी अन्न-जल तथा विश्राम पाने के लिए अपने पड़ाव की ओर जा रही थी। भार्गव ने दस्यु योद्धा को बुलाकर पूछा–

"पानी कहाँ है?"

"नदी उस ओर है।"

"वृश्चिक! नदी के तीर पर पड़ाव डलवा दे। स्त्रियाँ भोजन का आयोजन करें। हम सब रणक्षेत्र पर जाएँगे और जो जी रहे हैं उन्हें लिवा लाएँगे। सोने-चाँदी के जो भी कंकण मिलेंगे वे सब तेरे होंगे।"

वृश्चिक ने आँख फाड़कर देखा। यदि वह गुरु के वचन का पालन करेगा तो उसे सहस्रों सोने-चाँदी के कंकण मिलेंगे। उसके पैरों में जैसे बल आ गया।

"पर कल सुदास के सैनिक लूट मचाने आएँगे तो?"

"उससे पहले जो कुछ मिले वह तेरा।"

"पर वे मुझसे छीन लेंगे तो..."

"तू फिर श्रद्धा खो बैठा! मेरे होते कौन ले सकेगा?"

वृश्चिक के मन में किंचित् सन्देह अवश्य था कि कहीं इस युवा ऋषि में कुछ पागलपन की सनक तो नहीं है। पर अपने वचनों को सार्थक करने में वह कुछ ऐसे चमत्कार दिखा रहा था कि उनके कारण वृश्चिक को अनायास यह प्रतीति हो गई थी कि इस ऋषि के प्रताप से ही जैसे उसका दिन-मान बदल गया था।

पहले तो जत्थे के लोग रणक्षेत्र में जाने का साहस न कर सके, पर भार्गव की आज्ञा का उल्लंघन करना सम्भव नहीं था। वज्र के समान एक ही दृष्टिपात कर उन्होंने कह दिया था कि, "जो मेरी आज्ञा का उल्लंघन करेगा उसे मरना ही पड़ेगा।"

गिद्धों और चीलों के व्यूह-तले सहस्रों मरे हुए और मरण-तुल्य मानवों के बीच होकर उस भयानक रणक्षेत्र में भार्गव और वृश्चिक के आदमी जीवित मनुष्यों को खोजने लगे। अम्बा भी अपनी कोमलता को भुलाकर किरणी और अन्य स्त्रियों के साथ वहाँ आ पहुँचीं।

अँधेरा हो आया था, अतएव लकड़ियों को सुलगाकर उनकी मशालें बना ली गईं। एक टूटे हुए सुन्दर रथ के तले से किसी के कराहने का स्वर सुनाई पड़ा। भार्गव ने जाकर रथ के नीचे अपने कन्धे का सहारा लगा दिया और वह कुचला हुआ व्यक्ति जैसे-तैसे घिसटकर बाहर निकल आया। वह घायल योद्धा चीत्कार कर रहा था।

"अम्बा!" भार्गव ने कहा, "इसे उठाकर ले जा। यह कोई वसिष्ठ जान पड़ता है। अब महर्षि शक्ति को खोज निकालता हूँ।"

"ए! ओ! महर्षिवर..."

"ले भाई, ले!" अम्बा ने दोनों हाथों की अंजुलि में भरकर उसे पानी पिलाया।

"अम्बा!" भार्गव ने कहा।

उस घायल व्यक्ति ने आँखें खोलीं। उसे चेत आया, "अम्बा! भगवती अम्बा!" वह बुदबुदाया।

"हाँ, बेटा, हाँ!" अम्बा ने कहा।

भार्गव मशाल ले आए और रेणुका ने उस व्यक्ति को पहचाना, "कौन पराशर? बेटा, मैं ही हूँ।" अम्बा ने पराशर के सिर पर हाथ फेरा।

"अम्बा! अम्बा!" मुनि पराशर रो पड़े और मूर्च्छित हो गए। अम्बा मुनिवर वसिष्ठ के पौत्र पराशर मुनि को उठाकर पड़ाव के पास ले आईं।

महावीरों के शवों को खोज निकालना अब सरल हो गया। आस-पास पड़े सामान्य सैनिकों के शवों के ढेर, उनके अप्रतिम वीर्य की साक्षी दे रहे थे।

वहाँ पड़े हुए थे मुनि वसिष्ठ के पुत्र, वीर और तपस्वी महर्षि शक्ति, वीरश्रेष्ठ अनुओं का राजा प्रचंड और दस राजाओं के समूह के प्रमुख वृद्ध पुरुकुत्स, तृत्सु सेनापति हर्यश्व।

इसके अनन्तर विदन्वन्त ऋषि का शव हाथ लगा। भार्गव ने बड़े भाई के अवशेष को प्रणिपात किया और स्वयं ही उसे उठाकर रोती हुई माता को सौंप आए।

गढ़ धू-धू सुलग रहा था। उसकी ज्वालाओं के अस्थिर तेज में सारा रणक्षेत्र एक अनन्त श्मशान का आभास दे रहा था।

सौ मनुष्य हाथों में मशाल लिये शवों की खोज में भटक रहे थे। वे मानो किसी भूतों के समूह-से जान पड़ते थे। सन्ध्या होते ही हिंसक प्राणी आने लगे और उनसे शवों की रक्षा करना एक कठिन काम हो गया।

मध्यरात्रि होने पर कुछ सैनिक मशालें लेकर दौड़ते हुए वहाँ आ पहुँचे। तृत्सु सैन्य इतना अधिक थक गया था कि तुरन्त ही किसी को रणक्षेत्र पर भेज सकना सम्भव नहीं था। पर ज्यों ही एक टुकड़ी खा-पीकर निवृत्त हुई कि तुरन्त उसे चीलों, सियारों तथा चोरों से रणक्षेत्र की रक्षा करने के लिए भेज दिया गया। सवेरे कुछ और भी सैनिक आनेवाले थे।

अँधेरी रात तो सदा ही भयोत्पादक होती है। और फिर कई दिनों के संघर्ष के उपरान्त मध्य-रात्रि में इस अघोर श्मशान भूमि का संरक्षण करने की बात सैनिकों को रंच-मात्र भी रुचिकर नहीं थी। ज्यों ही वे रणक्षेत्र के निकट पहुँचे कि एकाएक वे स्तम्भित-से खड़े रह गए। उस सुनसान गढ़ के खँडहर में से रह-रहकर उठ रही ज्वालाओं के प्रकाश में उन्होंने उस भयंकर स्थल पर भूतों और पिशाचों को घूमते देखा। उनके छक्के छूट गए। हाहाकार करके

उन्होंने भूतों को भगा देना चाहा और अपने भीतर साहस बटोरने की वे भरसक चेष्टा करने लगे। उन्होंने अपनी मशालों की ज्योति को और भी तीव्र किया।

एकाएक एक प्रचंड परछाईं उनकी ओर आती दिखाई पड़ी। सिंह की आँखों के समान दो आँखें अन्धकार को भेद रही थीं। इस परछाईं के सिर के पास और ऊपर कुछ वर्तुलाकार-सा चमक रहा था। जंगलों में से आ रही सियारों की पुकारें और कुत्तों के भूँकने के शब्द सैनिकों के हृदय में भयानक प्रतिध्वनि उत्पन्न करने लगे।

वह परछाईं उनके पास आ पहुँची, "कौन हो?" उसने भयंकर स्वर में पूछा। सैनिक घबरा उठे।

एक व्यक्ति ने कन्धे पर से धनुष उतारकर काँपते हाथों तीर खींचा।

"सावधान!" भार्गव ने कहा।

उनकी विलक्षण आँखें अँधेरी रात में भी शर-सन्धान और तीर की दिशा को स्पष्ट देख सकीं। डड्डनाथ अघोरी से सीखी हुई कला के अनुसार, मनुष्य की शक्ति के बाहर की ऊँचाई तक वे उछले। तीर उनके नीचे होकर निकल गया।

इस चमत्कार से घबड़ाकर वे सैनिक मशालें फेंककर नौ-दो-ग्यारह हो गए।

"जाओ, जाकर राजा सुदास से कहना कि उसके मारे हुए और ये मरने को पड़े हुए सारे व्यक्ति अब मेरे हैं।"

श्मशान से भी अधिक भयंकर वह रणक्षेत्र पिशाच के अट्टहास-सी 'हा-हा-हा' की हास्य-गर्जना से गूँज उठा।

बहुत देर तक परिश्रम करने के उपरान्त गढ़ के द्वार के सम्मुख राजा भेद का शव मिल सका। सैकड़ों तीरों से बिंधा हुआ, घोड़े के पैरों नीचे कुचला हुआ शव, दस्यु योद्धाओं ने बड़ी कठिनाई से पहचाना। भार्गव ने जाकर उस वीर नर के शव को अपना कन्धा दिया।

बहुत खोज करने पर भी महर्षि विश्वामित्र के शव का पता न लग सका। उसका रथ टूटा हुआ पड़ा था। एक घोड़ा भी घायल होकर छटपटा रहा था, पर महर्षि का कोई चिह्न कहीं दिखाई नहीं पड़ रहा था।

दस्युओं के एक अग्रणी ने स्वयं महर्षि को घायल होकर रथ में पड़े देखा था।

क्या वसिष्ठ ने उन्हें पकड़ लिया? क्या सैकड़ों भरत यहाँ से भाग निकले? क्या वे उन्हें अपने साथ ले गए होंगे? या फिर वे इस गढ़ में जल मरे होंगे?

निदान अरुणोदय होने पर भार्गव अपने डेरे पर लौट आए। घायल मनुष्यों को उन्होंने बचा लिया और मरे हुए महापुरुषों के शवों को उन्होंने अग्निदाह के लिए तैयार किया।

अपना दुःख भूलकर घायलों की परिचर्या करती हुई अपनी माता से उन्होंने कहा, "अम्बा! इस पृथ्वी के खंड-खंड में दुखियों के दुःख हरण करनेवाली रेणुका माता के मन्दिर बनेंगे।"

"पुत्रक! मैं तो केवल तेरी माता होकर रहना चाहती हूँ। मुझे और कुछ नहीं चाहिए।"

दूसरे दिन सवेरे

[1]

दूसरे दिन सवेरे तृत्सुंओं के राजा सुदास ने अपने पड़ाव से विजय प्रस्थान किया। एक सहस्र अश्वारोही, दो सहस्र पदाति सैनिक, चार सौ रथ, दो सहस्र बन्दी और एक सहस्र अन्य स्त्री-पुरुषों ने पड़ाव से निकलकर विजय-घोषणा करते हुए तृत्सुग्राम की ओर प्रस्थान किया। विजय के उत्साह में वे सब पागल हो रहे थे। वर्षों से चल रहे इस महायुद्ध का आज अन्त हुआ था। पुरुकुत्स आदि दस राजाओं का समूह मिट्टी में मिल गया था। उस समूह को प्रेरित करनेवाले और इसका नेतृत्व करनेवाले विश्वामित्र स्वयं इस युद्ध में मारे गए थे। भरत, पुरु, भृगु, अनु, द्रुह्यू तथा तुर्वसु और दस्यु छिन्न-भिन्न होकर या तो भाग छूटे थे या फिर मर मिटे थे।

राजा भेद दस्युओं के राजा, शम्बर के पुत्र और महर्षि विश्वामित्र के साले थे। इस दस्यु ने सुदास राजा के काका के पुत्र और सेनापति हर्यश्व की पुत्र-वधू शशियसी जैसी आर्य-श्रेष्ठा का हरण करके अक्षम्य अपराध कर डाला था। इस अधर्म से आर्यावर्त को मुक्त करने की प्रेरणा मुनिवर वसिष्ठ ने दी। वर्षों पूर्व आर्यावर्त में रक्त की नदियाँ बहाकर उग्र तपश्चर्या की थी, आज वही तपश्चर्या फलित हुई थी। राजा सुदास की पालकी के पीछे की पालकी में राजा भेद की स्त्री शशियसी रो-रोकर अचेत हो गई थी और स्त्री-प्रहरियों से संवृत्त उसे तृत्सुग्राम ले जाया जा रहा था।

राजा सुदास परम आनन्द का अनुभव कर रहे थे। उनके जीवन के केवल दो ध्येय थे–एक ध्येय था राजाओं के बीच सर्वश्रेष्ठ होने का और दूसरा अपने बालसहाध्यायी विश्वामित्र के प्राण लेने का। देवों ने आज उनके दोनों ध्येयों को सिद्ध कर दिया था। आज वे आर्यावर्त के चक्रवर्ती थे। विश्वामित्र कल मारे जा चुके थे। उनके पिता ने दस्युओं के राजा शम्बर को जीता था और उन्होंने भरत, पुरु आदि दस राजाओं को जीता है।

राजा सुदास ने अपनी सेनाओं सहित वाद्य-ध्वनियों और जयकारों के बीच अपने डेरे से प्रस्थान किया। मुनिवर वसिष्ठ रण में खेत रहे महारथियों की उत्तर-क्रिया के लिए पीछे रह गए।

भार्गव दूर एक वृक्ष के पास खड़े हुए जयघोष करती हुई इस सेना को ध्यानपूर्वक देख रहे थे। उनके जाने पर वे धीर गति से चलकर पड़ाव पर आए और उन्होंने मुनि से मिलने की इच्छा प्रकट की।

थोड़ी ही देर में एक सैनिक उन्हें पड़ाव के अन्दर होकर पीछे की ओर ले गया। आर्यावर्त का निस्तेज वातावरण वहाँ व्याप्त था। उनके आसपास न तो युद्ध के चिह्न ही थे और न

अशान्ति का वातावरण था। वहाँ विजय का उत्साह नहीं था और न शत्रुओं के नाश से उत्पन्न होनेवाला सन्तोष ही था। चारों ओर पूज्यभाव से आप्लावित सौम्य और शान्त वातावरण वहाँ व्याप्त था।

वसिष्ठ वेदी के पास बैठे थे—क्षीणकाय, ऊँचे, स्वस्थ, श्वेत दाढ़ी और जटा से देदीप्यमान। अपने प्रशान्त मुख से मधुर स्वर में वे मन्त्रोच्चार कर रहे थे।

भार्गव को वसिष्ठ मुनि की कोई स्पष्ट स्मृति नहीं थी। उन्होंने सौराष्ट्रों और आनर्तों के जंगल में आर्यावर्त की विशुद्धि के सपने देखे थे; उनकी कल्पना से भी अधिक सुन्दर रूप में वे स्वप्न इस क्षण तादृष्ट होकर उनकी दृष्टि के सामने थे। सारी रात परिश्रम करने के उपरान्त वे वृद्ध मुनि को नम्रता का पाठ पढ़ाने आए थे, पर वहाँ तो उन्हें एक नया ही दर्शन हुआ। जैसी उनकी धारणा थी वैसे महत्त्वाकांक्षी तपोनिधि मुनिवर वसिष्ठ नहीं थे; अपनी महत्ता के लोभ से प्रेरित होकर भृगुओं और भरतों को जलाकर भस्म कर देनेवाली अग्नि वे नहीं थे; सैन्यों को प्रेरणा देनेवाले विनाश के प्रतीक राज-पुरोहित भी वे नहीं थे। इस क्षण वे विद्या और तप के भीतर निःसृत होती हुई विशुद्धि की स्थिर और सम–ज्वाला की भाँति लग रहे थे।

भार्गव ने अपना परशु और धनुष-बाण अग्निशाला के बाहर एक वृक्ष के सहारे टिकाकर रख दिया और वेदी के पास जा साष्टांग दंडवत् प्रणाम किया।

"कौन?" वसिष्ठ का मीठा ममता-भरा स्वर पूछ रहा था।

"मुझे नहीं पहचाना आपने? मैं हूँ राम जामदग्नेय।"

"वत्स, तू यहाँ कैसे, इस समय?"

वसिष्ठ खड़े हो गए और भार्गव को उन्होंने भुजाओं में भर लिया, "कुछ ही दिनों पहले मैंने सुना था कि तू आनर्त से लौट आया है। बैठ!" उन्होंने कहा, "अभी कैसे आना हुआ?"

"मैं एक याचना करने आया हूँ।" भार्गव की चतुर दृष्टि एक निमिष के लिए, एक शब्द के द्वारा वसिष्ठ का अन्तरंग जान लेने को अधीर हो उठी।

"कौन-सी?"

"आप मेरे साथ चलकर महर्षि शक्ति और महर्षि विदन्वन्त, राजा पुरुकुत्स और सेनापति हर्यश्व, राजा भेद तथा राजा प्रचंड की उत्तर-क्रिया करवाइए।"

"उत्तर-क्रिया?"

"हाँ, कल युद्ध पूरा होते ही अपने शिष्यों सहित मैं रणक्षेत्र में आ पहुँचा था। सारी रात खोज-टटोलकर इन सबके देह मैंने प्राप्त किए हैं। आज मध्याह्न में आप अपने ही हाथों इन महात्माओं को पितृलोक के पथ पर विदाई दें, यही योग्य बात है।"

"मैं अभी ही सब ठीक करने को आ रहा था। और अपने आदमियों को जो मैंने वहाँ भेजा था, उनका क्या हुआ?"

"रात को मुझे देखकर वे भाग गए। मैं इन सबके देहों को समेट लाया था; उसके अनन्तर वे सवेरे से वहाँ आकर रणक्षेत्र में इधर-उधर भटक रहे हैं, पर उन्हें कुछ मिल नहीं रहा है।"

"भार्गव! पराशर का देह न मिल सका?" वृद्ध मुनि का स्वर किंचित् अशान्त हो गया, "क्या मुनि जी रहे हैं?"

"वे रथ के नीचे दबे हुए पड़े थे। मैंने रथ उठाकर उन्हें बाहर निकाल लिया। अम्बा उनकी परिचर्या कर रही हैं।"

अम्बा का नाम सुनकर मुनिवर के मुख पर कुछ बादल-सा छा गया, पर तुरन्त ही वह छाया अदृश्य हो गई, "रेणुका तेरे साथ है?"

"हाँ, अम्बा को मैं लिवा लाया हूँ।"

"महर्षि?" मुनि ने पूछा।

"महर्षि का देह हाथ न लग सका और न कोई चिह्न ही मिल सका है।"

"अरे-अरे, वह क्या हो गया? कोई वनचर उनकी देह को न खींच ले जाए, इसीलिए तो मैंने अपने सैनिकों को विशेष रूप से भेजा है।"

भार्गव को अपनी ओर एकाग्र दृष्टि से देखते हुए देखकर मुनिवर हँस पड़े।

"वत्स! तू मेरी परीक्षा ले रहा है, क्यों? आर्यों के बीच मेरे लिए कोई अपना-पराया नहीं है। इसी से मैंने राजा सुदास को विदा कर दिया है और यह समेटने का अन्तिम काम अपने सिर ले लिया है।"

भार्गव चुप रहे।

"भार्गव, मेरे लिए आर्यावर्त कभी भी दो नहीं थे और कभी होंगे भी नहीं।"

"इसी से मैं आपसे यह विनती करने आया हूँ। शक्ति और विदन्वन्त, भेद और हर्यश्व एक साथ ही यमलोक में जाएँ, यही आपके गौरव के उपयुक्त बात है।"

वसिष्ठ की निर्मल दृष्टि भार्गव पर स्थिर हो गई।

"वत्स! इस युद्ध में तेरे सम्बन्धियों और मित्र-कुल का बहुत अधिक संहार हुआ है, इसलिए कदाचित् तू मुझे क्षमा नहीं करेगा। पर बहुत वर्षों के उपरान्त आया है तू! तू मुझे पहचानता नहीं है। किन्तु एक बात मेरी मान लेना और तेरा जो जी चाहे तो किसी कसौटी पर उसे परख लेना। आर्यावर्त का उद्धार करने के लिए ही मैंने इस युद्ध का आरम्भ किया था। और उसके परिणामस्वरूप आज आर्यत्व का उद्धार हो सका है। यह आर्यत्व हमें एक सूत्र में बाँध सके, इसी के लिए मैं जी रहा हूँ। महर्षि विश्वामित्र यदि जीवित हों तो उनके गले लगकर, मुझे उनसे यही याचना करनी है कि वे मुझ पर विश्वास रखें। और यदि वे जीवित न हों तो अपने हाथों उनका अग्निदाह करना चाहता हूँ! चलो, हम वहाँ चलें।"

वृद्ध और युवक दोनों एक-दूसरे के अप्रतिम व्यक्तित्व से आकर्षित होकर साथ-साथ ही रणक्षेत्र पर गए।

"राम!" वसिष्ठ ने कहा, "यह तो बता कि तूने क्या किया है?"

[2]

नदी के तीर पर शक्ति, विदन्वन्त, राजा पुरुकुत्स, राजा भेद, प्रचंड तृत्सु तथा सेनापति हर्यश्व आदि की छह चिताएँ चुनी गईं। कुछ ही दूर पर अन्य लोगों की चिताएँ भी चुन दी गईं।

शक्ति की चिता का अग्नि-संस्कार मुनि वसिष्ठ ने किया। संस्कार करने से पहले उन्होंने देवों को अंजलि दी।

"देवो! इन्द्र, वरुण, अग्नि, अश्विनो और मरुतो! मेरी यह आहुति स्वीकार करो। तम्हारी ही प्रेरणा से आर्यावर्त का उद्धार करने हेतु मैंने इस रणक्षेत्र का आरम्भ किया था। वसिष्ठों के कुलपति-पद के मेरे इस उत्तराधिकारी को तुमने इस यज्ञ में आहुति के रूप में स्वीकार करके मुझे कृतार्थ किया है। पुत्र द्वारा पिता के अग्नि-संस्कार के नियम का अपवाद करके, इस धर्म-कार्य में अपने पुत्र का अग्नि-संस्कार करने का अवसर तुमने मुझे प्रदान किया है। देवो, मैं तुम्हारा ऋणी हूँ।"

भार्गव ने अन्य सब लोगों का अग्नि-संस्कार किया।

जिन महारथियों ने कल एक-दूसरे के प्राण लिये थे, उनकी देहों का धुआँ एकाकार होकर गगन में लीन होने लगा।

"अब हमें महर्षि को खोज निकालना चाहिए।" मुनिवर ने कहा।

"पहले आप चलकर मुनि पराशर से मिल लीजिए।"

"घायल अवस्था में क्या उन्हें उस अमराई के तले सुलाया है!"

"हाँ।"

"मैं वहाँ नहीं आऊँगा। शायद रेणुका वहाँ होगी। मुझे देख वह लज्जा से व्याकुल हो उठेगी। उस बेचारी पर बहुत भारी विपत्ति आ पड़ी है। मैं जाकर उसके दुःख को बढ़ाना नहीं चाहता।"

"मुनिवर!" भार्गव ने कहा, "आपको बुलाने जब मैं आया तो मैंने भी अम्बा से यही बात पूछी थी। उसने उत्तर दिया कि यदि उसके समान पतिता के निकट आने में आपको आपत्ति न हो तो उसे रंच-मात्र भी आपत्ति नहीं है।"

वसिष्ठ ने सौम्य दृष्टि से भार्गव की ओर देखा, "भार्गव, रेणुका तो आर्याओं के बीच श्रेष्ठ है। वह जब बच्ची थी, तभी से मैं उसे जानता हूँ। वह तो विशुद्धि का सत्व रूप है। मैंने सदा से उसे पति-परायणता की मूर्ति के रूप में पहचाना है। उसके समान आर्द्र-हृदया कल्याणी समस्त आर्यावर्त में दूसरी कोई नहीं है। उसने यह सब क्यों किया, क्यों उसने महर्षि के द्वारा परित्यक्त होना भी स्वीकार कर लिया, क्यों यह मिथ्या आरोप उसके सिर पर आया, यही मैं नहीं समझ पाया हूँ। यदि मैं युद्ध में व्यस्त न होता, तो यह सब न होने देता।"

भार्गव ने रेणुका के सम्बन्ध की सारी यथार्थ घटना कह सुनाई। पूरी बात सुन लेने पर मुनि विचार में पड़ गए।

"वत्स, तूने यह जो कुछ किया है सो तू समझता ही होगा।"

"हाँ," मन्द हास्यपूर्वक भार्गव ने कहा, "अपने पिता की आज्ञा का मैंने उल्लंघन किया है। पतिता माता को मैं अपने साथ लिवा लाया हूँ, यही न? नहीं, मुनिवर, अपने पिता की मैं पूजा करता हूँ। उनका संकल्प मेरे सिर-आँखों पर है। अम्बा के लिए भी उनका संकल्प वैसा ही शिरोधार्य है। उन्होंने मृत्यु दंड दिया है, वह भी मुझे मान्य है। अम्बा भी उससे प्रसन्न हैं।"

"पर तू तो उनकी आज्ञा और संकल्प दोनों ही का बराबर उल्लंघन करता जा रहा है।"

"नहीं, मैं जो अम्बा को पिताजी के पास ले जा रहा हूँ सो उनकी आज्ञा पालन करने के लिए ही। उनके संकल्प को सार्थक करने के लिए मैं अम्बा का वध करूँगा।"

"पर अपने ही हाथों तू अपनी माँ को मारेगा? यह कैसे सम्भव होगा?"

"मेरे पिता की आज्ञा ही मेरा शासन है। पर मैं अपनी माता का ही पुत्र हूँ—और ऐसी आज्ञा का पालन करके मैं जीवित नहीं रहूँगा।"

वसिष्ठ चकित हो रहे, "तो तू क्या करेगा?"

"मैं भी अपनी माता की गोद में ही लुढ़क पड़ूँगा, बालपन में जैसे उस गोद में लुढ़क जाया करता था, वैसे ही मृत्यु में भी लुढ़क जाऊँगा।"

"तू विचित्र लड़का है। अच्छा तू जा, मैं आता हूँ। अभी आकर रेणुका से मिलूँगा। तू तो उसे संकल्प की सिद्धि के हेतु लिये जा रहा है। उसमें अधर्म की कोई बात नहीं है, पर यह तो बड़ा भयंकर व्रत है।"

"मैं व्रत नहीं लेता। मैं जो कुछ कहता हूँ, उसे प्राण के मूल्य पर भी पूरा करने के लिए ही मुँह से निकालता हूँ।"

वसिष्ठ इस विचित्र युवक की बात सुनकर मुग्ध हो गए।

"देखूँ, मैं क्या कर पाता हूँ। पर अभी तो चलकर पराशर से मिल लूँ।"

वे दोनों उन अमराइयों की ओर चल पड़े; ठीक तभी घोड़ों का पग-रव सुनाई पड़ा, धूल के बगूले दिखाई पड़े और शंखनाद गूँज उठा। हाँ, भृगुओं का शंखनाद ही था, पर इसमें अपरिचित परिवर्तन वसिष्ठ के कानों ने अनुभव किया, 'यह किसका शंखनाद है?' के विचार में पड़ गए—"भृगुओं की किस नई शाखा का यह शंखनाद है?" वसिष्ठ का आश्चर्य बढ़ता ही गया। यह मोहक, दृढ़-निश्चयी तथा वीर, जमदग्नि का पुत्र, क्षीण हो चले भृगुकुल का अवशेष था, यह बात उनके ध्यान में अवश्य थी; पर वह इस नई शाखा से सम्बन्धित है, इस बात का उन्हें पता नहीं था। शंखनाद के उत्तर में भार्गव ने वैसा ही शंखनाद करके प्रत्युत्तर दिया। यह भला कौन-सी शाखा थी, जिससे मुनिवर भी अनभिज्ञ थे!

"क्षमा करिए," कहकर भार्गव सामने से आते हुए घोड़ों की ओर बढ़ा।

तभी कोई डेढ़ सौ अश्वारोही वहाँ आ पहुँचे। सुन्दर घोड़ों, चमकते स्त्राणों तथा प्रचंड परशुओं के साथ वह सैन्य क्या भेद की सहायता के लिए आया था? मुनिवर को उन योद्धाओं में एक निराला ही तेज, अनुशासन और शक्ति दिखाई पड़ी। कौन हैं ये लोग?

अश्वारोहियों के नायक घोड़ों पर से उतरकर भार्गव के पैरों पड़े—

"गुरुदेव!"

"यह युवक और गुरुदेव?" वसिष्ठ विचार में पड़ गए।

"विमद, कूर्मा, उज्जयन्त, पहले गुरुओं के गुरु, मुनिश्रेष्ठ वसिष्ठ के पैर छुओ।"

वसिष्ठ की आँखें खुल गईं। इस युवक को हताश भृगुकुल के दुःखी कुलपति का एकमात्र पुत्र समझकर उन्होंने स्नेहपूर्वक उसका स्वागत किया था। उसके व्यक्तित्व-चापल्य और दीर्घदृष्टि पर वे मुग्ध हो गए थे, उसने सलज्ज-भाव से अपने सम्बन्ध में कुछ बातें भी बताई थीं, जिन्हें सुनकर मुनि के मन में उसके लिए सम्मान का भाव उत्पन्न हुआ था। पर शक्ति से फटे पड़ते योद्धाओं के वन्दन स्वीकार करते हुए, उसे साक्षात् इन्द्र के समान सम्मुख खड़ा देखकर अकल्पित इतिहासों की प्रतिध्वनियाँ उनके कानों में गूँज उठीं। क्या दाशराज्ञ का उत्तरार्ध आरम्भ हो गया।

"विमदाचार्य! विदन्वन्त, महर्षि शक्ति और राजा पुरुकुत्स की चिताएँ ये सामने जल रही हैं; जाकर इन्हें नमस्कार कर आओ। कल राजा सुदास जीत गए; भरत, भृगु और दस्यु

हार गए। दाशराज्ञ समाप्त हो गया। जिस आर्यावर्त को हमने देखा और जाना था, उसका तिरोभाव हो गया है।''

''पर मैं तो अभी हूँ।'' हँसकर मुनिवर ने कहा।

''आप केवल आर्यावर्त के ही नहीं हैं। आप तो भूत, वर्तमान और भविष्य तीनों ही कालों के हैं। चलिए, हम लोग जाकर पराशर मुनि से मिल आएँ। आचार्य! उन निःशस्त्र दस्यु-योद्धाओं को तुमने ही अपनाया जान पड़ता है। वे मुझे रास्ते में मिले थे। वे इस स्थान के मार्गदर्शक हैं। उन्हें लेकर चारों ओर घूम जाओ और महर्षि विश्वामित्र को खोज निकालो। उनका देह अभी मिल नहीं सका है।''

मुनि को अनुभव हुआ जैसे वह पितृलोक में हैं–प्रेरणा-वाहक और सदा के पूजनीय, फिर भी संसार का निर्माण करने में असमर्थ। उनके मन में यह विचार उत्पन्न हुआ कि यदि यह युवक ही आर्यावर्त का भावी है, तो इसके साथ तादात्म्य साधने में ही आर्यावर्त की विजय हो सकेगी।

अमराइयों में सैकड़ों घायल मनुष्य पड़े हुए थे। जत्थे के स्त्री-पुरुष उनकी परिचर्या कर रहे थे। अम्बा व्यस्त भाव से इधर-उधर घूमती हुई उपचार करने-कराने में संलग्न थीं। जहाँ भी वे जातीं, वहीं दुःखीजन अपना दुःख भूल जाते। रास्ते से जाते हुए एक बटोही ने एक ही दिन में जो ये इतनी नई समस्याएँ उत्पन्न कर दी थीं और इतने जीवनों की जो व्यवस्थापूर्वक रक्षा कर रहा था, उसे देखकर एक नए ही प्रकार का प्रभाव वसिष्ठ के मन में झाँक उठा। मूक हृदय से उन्होंने देवों का आभार माना। छह महीने पहले यदि यह युवक आर्यावर्त में आ गया होता तो?

रेणुका आई और एक पतिता की भाँति ही दूर से पैरों पड़ी। वसिष्ठ मुनि गम्भीर भाव से हँस पड़े और ममतापूर्वक पास चले आए।

''रेणुका! तू पतिता नहीं है। वत्स ने मुझे बताया है कि महर्षि की आज्ञा स्वीकार करके तू स्वयं ही अग्नि-प्रवेश करने का संकल्प कर बैठी है। इस क्षण तो तेरा संकल्प ही तुझे विशुद्ध किए दे रहा है। तेरा कल्याण हो।'' मुनि ने आशीर्वचन कहे और रेणुका के सिर पर हाथ रख दिया। रेणुका की आँखों में आँसू भर आए, इन महात्मा की दृष्टि में वह पापाचारिणी नहीं थी।

''रेणुका!'' मुनिवर ने कहा, ''ऋषि विदन्वन्त ने अद्‌भुत पराक्रम दिखाया। उसने तेरी कोख को उज्ज्वल किया है।''

रेणुका की आँखों से आँसू टपकने लगे।

''मुनिवर, आपने पराक्रम करवाए और इन लड़कों ने किए, पर इसमें हमारी स्थिति का विचार भी आपने कभी किया है? हम नौ महीने गर्भ धारण करती हैं, आजीवन दुःख झेलकर हम इन बच्चों को पालती हैं, सो क्या इसलिए कि आप उन्हें इस प्रकार सियारों और गिद्धों को खिला दें। मैंने चार पुत्रों को जन्म दिया, उनमें से तीन आपकी इस क्रोधाग्नि में जल मरे। देवों की कृपा ही कहूँ इसे?'' रेणुका ने आँसू पोंछ लिए।

''रेणुका!'' मानो छोटे बालक को समझा रहे हों, ऐसे स्नेह-भाव से वसिष्ठ ने कहा, ''अपने मित्रों, शिष्यों और अपने समूचे कुल को मैंने होम दिया है, सो क्या मुझे विचार नहीं आया होगा? मैं तो देवों का ऋणी हूँ कि उन्होंने मेरे पुत्र का अर्घ्य स्वीकार कर लिया।''

"पर इन सबने एक-दूसरे का क्या बिगाड़ा था? आपने यह युद्ध खड़ा ही न किया होता तो कौन-सी हानि थी? ये सब आज स्वजन बनकर आनन्द भोगते होते। आज इनकी अभागिनी स्त्रियों का क्या होगा? इनके रोते-बिलखते बालकों का क्या होगा?"

"रेणुका, तू तो समझदार है। अधर्म के विनाश के लिए जिसे मरना नहीं आया, वह जिया तो क्या और न जिया तो क्या!"

"अधर्म!" रेणुका क्रोध से भर उठी, "शशियसी को राजा भेद उड़ा ले गया, इसी को अधर्म कहते हैं। और आज कितने आर्य और दस्यु एक-दूसरे के होकर रह रहे हैं? आपके सैन्यों में आर्यों और अनार्यों का भेद ही कहाँ रह गया है। आपने क्या प्राप्त कर लिया इस युद्ध से?" बहुत दिनों के दबे हुए क्रोध को अम्बा ने व्यक्त कर दिया।

"मैं अन्धा नहीं हूँ। आर्य और दस्यु पहले केवल साथ रहा करते थे। वर्षों के युद्ध के फलस्वरूप अब वे एकाकार होने लगे हैं।" साथ चल रहे भार्गव की ओर देख वसिष्ठ ने इस प्रकार उत्तर दिया, जैसे स्पष्टीकरण कर रहे हों।

"रेणुका! मैं देखता हूँ कि इस लम्बे युद्ध के परिणामस्वरूप आर्य और दस्यु एकाकार होने लगे हैं। पर इस एकाग्रता का स्वरूप सर्वथा भिन्न है। धर्म के बन्धनों को शिथिल करके उत्पन्न किया गया शंकर यह नहीं है। असंस्कृत मनुष्य ज्यों-ज्यों धर्म को अंगीकार करता जाए, त्यों-त्यों समानता का अनुभव करता चले और एक-दूसरे का भान उन्हें होता चले--ऐसा है इस एकाकारता का रूप। आँखें मूँदकर अधर्म को छकाया नहीं जा सकता। आर्य लोग यदि इस वृत्ति को अपना लेंगे, तो धर्म-वृत्ति विलुप्त हो जाएगी और मनुष्य पशु बन जाएगा।"

"आप यदि इस युद्ध का आरम्भ न करते तो क्या हम सब पशु हो जाते?" घायलों से मिलकर मुनि जब उन्हें सम्बोधन कर रहे थे, तभी रेणुका ने बात को आगे बढ़ाया। हरिश्चन्द्र के नरमेध के पश्चात् वह मुनि से मिली ही नहीं थी। हृदय में जो भी भावों के ज्वार उठ रहे थे, उन्हें वह प्रकट करने लगी।

"रेणुका! यदि मैंने युद्ध घोषित न किया होता तो शशियसी और अन्य सभी आर्यों पर किए गए अत्याचार शिष्ट माने जाते, आर्यों की रीति-नीति भुला दी जाती और दस्युओं का स्वेच्छाचार सर्वमान्य हो जाता। इसी से धर्म की रक्षा के लिए मैंने आर्यों को युद्ध का आदेश दिया। दाशराज्ञ में बहाया गया रुधिर आर्यत्व की विशुद्धि को अभेद्य रख सकेगा। शशियसियाँ ही क्यों, मैं तो दस्यु-कन्याओं को भी आर्याएँ बनाना चाहता हूँ और अम्बाओं के शशियसी होने का विरोध तो प्राणार्पण करके भी करना होगा।" धीरे से, ममतापूर्वक, मधुर स्वर में वसिष्ठ ने सूत्रों का उच्चारण किया।

"रेणुका, तुम जैसी साध्वियाँ धर्म का पालन करने जाते हुए भी, यदि किंचित् मात्र भी शिष्टाचार से विचलित होती हैं तो उसका क्या परिणाम होता है, सो तू नहीं जानती? स्त्री को स्वेच्छाचार का साधन मानना तो अनार्यों का दृष्टिकोण है। यह तो पिशाचों को ही शोभा दे सकता है। आर्य-दृष्टिकोण तो यह है कि पत्नी अपने पति के रक्त-मांस में बिंधी होती है और वह उसके पुत्रों की माता होती है। यह नियम भंग हो रहा है, सो तो हम प्रतिदिन देख ही रहे हैं। पर इस नियम को भंग होते देख, यदि हम पुण्य-प्रकोप का अनुभव नहीं करते, तो हमारा आर्यत्व टिकनेवाला नहीं है।"

अम्बा ने आँखें मींचकर कहा, "हाँ, सारा भार स्त्री ही के ऊपर तो है।"

"हाँ, स्त्री ही विशुद्धि का मूल स्रोत है। पुरुष जब पतित होता है, तो अकेला ही होता है। पर स्त्री जब गिरती है, तो अपनी समूची सृष्टि को लेकर गिरती है।"

भार्गव चुपचाप इस भव्य वृद्ध के सूत्रों को सुन रहे थे। जो सत्य उन्हें दीख रहा था, मुनिवर उसे शब्द-देह प्रदान कर रहे थे। वे स्वयं धर्म का आचरण कर सकते थे, पर मुनि उसे सामनेवाले के हृदय में उतार सकते थे।

पराशर का एक पैर कुचल गया था, इस कारण उन्हें असह्य वेदना हो रही थी। आँखें मींचकर, चित्त को एकाग्र करके, चुपचाप वे उस दुःख को सह रहे थे।

"पराशर!" रेणुका ने कहा, "पितामह पधारे हैं।"

पराशर ने आँखें खोलकर नेत्रों के द्वारा ही दादा को वन्दन किया। जैसे-तैसे कर उसने अपने मुख पर एक मन्द हास्य की रेखा झलका दी।

"क्या बहुत वेदना हो रही है?" वसिष्ठ ने पूछा।

पराशर ने नेत्रों के संकेत से ही 'हाँ' कह दिया।

"यहीं रहेगा या मेरे साथ आना चाहता है?"

पराशर ने इंगित से अम्बा की ओर निर्देश किया।

"आपने मेरे एक पुत्र को मारा है, अब आपके पौत्र को मैंने अपना बना लिया है।" दीन वदन रेणुका ने कहा।

"रेणुका! तुमसे अधिक अच्छी माता पाने का सौभाग्य भला किसे मिल सकता है?" वसिष्ठ ने हँसकर कहा।

भार्गव अब तक ऐसे किसी व्यक्ति से नहीं मिले थे। उनके मन का पूज्य-भाव और भी अधिक बढ़ गया। प्रेममयी माता अपने इकलौते पुत्र को उसके स्वास्थ्य की रक्षा के लिए जिस प्रकार ठंडे पानी से स्नान करवाती है, वैसे ही उन्होंने विशुद्धि की रक्षा के लिए आर्यावर्त को रुधिर का स्नान करवाया था।

निदान भार्गव जाकर मुनिवर को उनके पड़ाव पर छोड़ आए।

[3]

तीनों लोकों में यदि सबसे अधिक सुखी कोई था, तो वे थे ऋक्ष ऋषि। ऊँचाई में वे बहुतों की अपेक्षा नाटे थे, पर आकार की विशालता में वे सबसे बढ़-चढ़ जाते थे। उनके गाल यों लटका करते थे जैसे दो बड़े-बड़े गोलार्ध बाँध दिए गए हों और उनके मुक्त-हृदय का विशाल हास्य इन दो गोलार्धों को यथासम्भव दूर ही रखा करता था।

चिन्ता और विषाद उन्हें छू भी नहीं गया था। जितना वे चाहते उतना उन्हें खाने को मिल जाया करता था; उनके सिर का सारा भार उनकी स्त्री अपने ऊपर ले लिया करती। उन्हीं के समान विस्तारवाली उनकी मोटी फूली हुई फूल की पंखुड़ियों-सी सन्तति, उनके जीवन को प्रफुल्लित कर देती।

वे भरत-जाति के ऋषि थे; और दस्युराज दिवोदास के पुत्र राजा भेद के राज-पुरोहित थे। पर देवकृपा से अच्छा खाना, अच्छा पीना और अपने स्त्री-बच्चों के साथ आनन्द का जीवन बिताना, इससे बढ़कर अधिक महत्त्वपूर्ण कर्तव्य जीवन में उनके लिए दूसरा नहीं था। कभी

एक-आध बार गढ़ में जाकर यज्ञ कर देने के अतिरिक्त अपना अन्य सब कर्तव्य भार उन्होंने विश्वामित्र ऋषि को सौंप रखा था। राजा भेद तृत्सु-ग्राम रहा करते थे और बरस-दो बरस में एक-आध बार दो-चार दिन के लिए दस्यु-ग्राम आ जाया करते। अतएव उनके इस निश्चिन्त जीवन में राजा भी कोई बाधा पहुँचाने में असमर्थ था। अपने शिष्यों को वे कभी किसी प्रकार का दुःख न देते। एक आचार्य उन शिष्यों को पढ़ाया करता और जिनका जी चाहता वे पढ़ लिया करते।

पर वे तो पुरानी बातों में रस लिया करते। उन दिनों वे सन्ध्या में बैठकर अपने सखा विश्वरथ की बातें अपने शिष्यों को सुनाया करते। बचपन में कैसे वे उसे अपने कन्धे पर बिठाया करते और कमर पर कुदाया करते; अगस्त्य के यहाँ वे दोनों कैसे साथ-साथ पढ़ा करते थे और किस प्रकार शम्बर उन दोनों को उड़ा ले गया था; शम्बर के गढ़ में वे स्वयं कैसे गुरु के रूप में स्वीकार किए गए थे; विश्वरथ कैसे विश्वामित्र बने; विश्वामित्र में कितने गुण थे और कितने देव उनके आह्वान करने पर आ प्रकट होते; और दिश्वामित्र के और उनके शरीर भिन्न होते हुए भी प्राण किस प्रकार एक था; अगस्त्य की पुत्री रोहिणी के साथ उन्होंने कैसे विश्वामित्र का विवाह करवा दिया; शम्बर राजा की कन्या कितनी सुन्दर थी और उसने विश्वामित्र के साथ विवाह कैसे किया—ये सारी बातें वे नित्य-प्रति नए-नए संशोधन और संवर्धनों के साथ अपने दस्यु शिष्यों को सुनाया करते और वे सब इस महापुरुष का पाद-वन्दन किया करते।

दस्युओं पर उनका बड़ा अनुराग था। और वे भी इन्हें बहुत प्यार किया करते थे। दीन दासों के वे प्रश्रयदाता थे। किसी को भूखा देख लेते तो जब तक वह भोजन न पा जाता, वे आप भोजन न करते। उनका आश्रम निःसहाय, भूखे अथवा ढोंगी दासों का स्वर्ग था; वहाँ उन्हें मुँहमाँगा मिला करता था। ऋषि स्वयं दुःखी दासों के प्रश्रय-स्थल थे। बिना माँगे और बिना संकोच किए जो चला आता उसके लिए वे छत्र बन जाते। कोई किंचित् भी अपने दुःख की कहानी कहने लगता कि उनके विपुल गोलार्धों पर से अश्रुओं के निर्झर बहने लग जाते।

उनके इस सन्तोषी जीवन में रण-दुन्दुभि ने हलचल मचा दी। आर्यों और दस्युओं के बीच का वैर बढ़ चला। विश्वामित्र ने भरत दस्युओं का पुरोहित-पद त्याग दिया। राजा भेद युद्ध में आ उतरे। चिन्ता के कारण ऋक्ष ऋषि के विशाल मुख पर झुर्रियाँ पड़ने लगीं।

बरस-पर-बरस बीतते चले और निदान एक दिन युद्ध घर के आँगन में आकर खड़ा हो गया। इस गढ़ के सम्मुख महर्षि विश्वामित्र ने महाव्यूह रचा। एक-दूसरे के गले लगने के स्थान पर मनुष्य एक-दूसरे के गले क्यों दाब रहे थे, यह ऋक्ष ऋषि की समझ में न आ रहा था। पर विश्वामित्र जो कुछ भी कहते और करते हैं, वह बात ठीक ही होती है, यह बात भी उनके जीवन में ध्रुव-तारे के समान अटल थी।

अन्तिम दिन आ पहुँचा। राज-पुरोहित के नाते उन्होंने राजा भेद को अन्तिम बार आशीर्वचन कहे। अन्तिम बार वे विश्वामित्र के पैरों पड़े; उन्होंने उन्हें आलिंगन किया। ऋक्ष की आँखों में आँसू अविराम बह रहे थे।

उन्होंने गढ़ पर चढ़कर देखा कि एक साथ उछले-पले हुए तथा एक साथ पढ़े हुए सम्बन्धी किस प्रकार एक-दूसरे का संहार कर रहे थे। मनुष्य एक विषाक्त प्राणी है, यह उन्होंने गुप्त रूप से देवों को जता दिया।

फिर तो उनके आँसू भी सूख चले। उनके हृदय की गति जैसे अटक गई। महर्षि विश्वामित्र और महर्षि शक्ति के बीच भयंकर द्वन्द्व-युद्ध चल रहा था। विश्वामित्र–विश्वरथ–सूर्य के समान तेजस्वी प्रिय वयस्य के शरीर में बाण बिंध रहे थे। उनके प्रफुल्ल नयनों में उन्हें वेदना दिखाई पड़ी। किसी का आश्रय खोजते हुए उनके हाथ को उन्होंने छटपटाते देखा।

ऋक्ष ऋषि को समरांगण बहुत अप्रिय था। जहाँ वीर-गर्जना हो रही हो वहाँ से वे इतनी दूर जा बैठना चाहते कि वह सुनाई न पड़े; बस इसे ही उन्होंने अपने जीवन का परम सत्य माना था। शस्त्र की टंकार सुनते ही उन्हें अपने सागर के समान पेट के तल में पक्षियों के पंखों की फड़फड़ाहट सुनाई पड़ने लगती। आज इन सबके होते भी आश्रय खोजता हुआ उनके प्रिय मित्र का निष्फल हाथ उनकी आँखों में तैर रहा था। वे गढ़ के कंगूरे पर से उतरकर एक पिछली खिड़की से बाहर निकल आए और छिपते-छिपाते, घुटनों के बल सरकते वे रणक्षेत्र में आ पहुँचे। रथों के पीछे दुबकते हुए, लड़ते हुए मनुष्यों के झुंडों से दूर भागते हुए, वे उस स्थान पर पहुँच गए जहाँ विश्वामित्र लड़ रहे थे। उन्होंने भूमि पर मरे पड़े एक मनुष्य की ढाल अपने हाथ में उठा ली।

उन्होंने विश्वामित्र के एकाग्र नयनों को देखा, उन्होंने जो चाम चढ़ा रखा था वह भी देखा। उसमें से जो बाण छूटा था वह भी उन्होंने देखा। और अपने प्राण, अपने मित्र को शिथिल हाथों से धनुष-बाण छोड़कर रथ में गिरते देखा।

ऋक्ष के पैरों में जैसे शक्ति आ गई। उन्होंने अपने महा शरीर को रथ पर चढ़ा लिया और उसकी विशाल ढाल शत्रु के सम्मुख प्रस्तुत कर दी। उनकी पीठ में आ-आकर तीर भिदने लगे और उनके मुँह से वेदना की चीत्कारें निकल पड़ीं।

एकाएक कोलाहल मच गया। महर्षि शक्ति घायल होकर रण में धराशायी हुए थे। शत्रु सैनिक उनकी ओर दौड़ पड़े।

ऋक्ष ने सिर उठाकर देखा। उनके शरीर से रुधिर की सरिता बह रही थी। उन्होंने पास ही खड़े चार-पाँच भरत-दस्यु सैनिकों को सहायता के लिए बुलाया और अपने जीवन में पहली बार एक अभूतपूर्व चापल्य का अनुभव करते हुए विश्वामित्र को लेकर वे रथ से उतर पड़े। सारथि और सैनिकों से उन्होंने कह दिया कि वे रथ को वहीं ले जाकर छोड़ दें जहाँ युद्ध चल रहा है।

थोड़ी ही देर में गढ़ का मुख-द्वार टूट गया। सबका ध्यान या तो गढ़ में प्रवेश करने की ओर अथवा अन्दर प्रवेश करते हुए शत्रुओं को रोकने की ओर गया। ऋक्ष के उस विशाल गोल-मटोल शरीर में अपार बल था। बड़े प्रयत्न से उन्होंने विश्वामित्र को पीठ पर उठाया और गढ़ की पिछली दीवार के सहारे छिपते-छिपते वे अपने आश्रम की ओर मुड़ गए।

ऋक्ष को बहुत घाव लगे थे। रक्त भी अबाध रूप से बह रहा था। उनकी आँखों पर मानो रक्त का आवरण ही पड़ गया था। पर अपने मूर्च्छित हो पड़े मित्र को शत्रुओं के पंजे से बचाने के अतिरिक्त और किसी बात की ओर उनका ध्यान नहीं था। विश्वामित्र का शरीर बहुत भारी था। उनके भार से झुककर ऋक्ष दुहरे हुए जा रहे थे और पद-पद पर उनके पैर लड़खड़ा रहे थे। पर यथासम्भव अधिक-से-अधिक त्वरा के साथ वे अपने आश्रम की ओर बढ़ने लगे। उन्हें भागते हुए दस्युओं ने अवश्य देख लिया था, पर इस बात की तो वे कल्पना

भी न कर सके कि उनके विश्वरथ को दूसरा कोई उठाकर ले जा सकता है। बीच के चालीस-पचास वर्ष जैसे मन पर से हट गए...

अगस्त्य के आश्रम में वे विश्वरथ को कन्धे पर उठाए फिरते थे। वह सुन्दर, सलोना नन्हा-सा, सुवर्ण-केशी बालक था; और वे आप तो ऋक्ष–रीछ–थे। पर आज उस बालक का भार बहुत अधिक लग रहा था...

वे दोनों परम मित्र थे। जब विश्वरथ और अगस्त्य की पुत्री रोहिणी कुत्ते के बच्चों के साथ खेला करते तो वह खड़े-खड़े देखा करते, मुँह में अँगुली डाले हुए...पर आज उसी मुँह से रक्त बह रहा था और उनका हाथ विश्वामित्र के शरीर पर था।

विश्वरथ–दैवी विश्वरथ–देवों का लाड़ला यह विश्वरथ उनका अपना था। स्त्रियाँ, बालक, मित्र सब यहाँ से दूर थे, पर वह और विश्वरथ तो एक ही थे। वे दोनों एक-दूसरे के अपने थे...विश्वरथ छोटा-सा था। उसे कहीं कुछ हो न जाए यह चिन्ता उन्हें सदा रहती और आज भी थी।

अपनी आँखों पर पड़े हुए लाल पट पर उन्होंने रोहिणी, शम्बरकन्या, अगस्त्य, लोपामुद्रा आदि के मुखों को रह-रहकर तैर जाते देखा। पर वे तो सब व्यर्थ ही थे। विश्वरथ उनके कन्धे पर बैठा था...पर मार्ग में एक गड्ढा आया और वे दोनों उसमें जा गिरे...अगस्त्य के आश्रम में जैसे वे गिर पड़े थे, ठीक वैसे ही...

जाने कितना समय बीतने पर ऋक्ष ऋषि को चेत आया। घने जंगल में वे पड़े हुए थे। उन्होंने हड़बड़ाकर आँखें खोलीं। विश्वरथ भूमि पर पड़े थे–लहूलुहान। उनके स्वयं के शरीर पर भी रक्त की धाराएँ बह रही थीं।

विश्वामित्र ने आँखें खोलीं, "ऋक्ष! चल, तेरे आश्रम पर ही चलें।"

उनके कानों में एक विचित्र स्वर सुनाई पड़ रहा था। हाथों के बल वे उठे–फिर गिर पड़े–फिर उठे! हाँ, उन्हें आश्रम पर ही ले जाना है। विश्वरथ भला शत्रुओं के हाथ कैसे पड़ सकता है? जैसे-तैसे वे उठ बैठे। दोनों मित्रों ने एक-दूसरे का हाथ पकड़ लिया...

जाने कब तक वे एक-दूसरे का हाथ थामे रहे। ऋक्ष की आँखें नहीं खुल पा रही थीं। विश्वामित्र गिर पड़े थे–वे चल नहीं पा रहे थे। ऋक्ष ने भूमि पर हाथ फैलाकर टटोला–वे धरती पर पड़े थे। उन्हें किसी भी तरह हो आश्रम पर तो ले ही जाना था। वहाँ ले जाकर उनकी परिचर्या करनी थी। उनके होते वे राह में कैसे पड़े रह सकते हैं?

ऋक्ष ने बहुत प्रयत्न किया, पर वे विश्वामित्र को उठा न सके। फिर प्रयत्न किया। कुछ उठा पाए थे कि वे फिर गिर पड़े। उन्होंने फिर प्रयत्न किया और उन्हें जान पड़ा कि उनके मुँह से कुछ खारा-सा उमड़ा आ रहा था। वे चौंक उठे। वे रक्त उगल रहे थे। पर विश्वरथ को–अपने उस प्रिय मित्र को–आश्रम पर जो ले जाना था। उन्होंने विश्वामित्र को उठा लिया–अधिक-से-अधिक बल लगाकर...वह तो उसका परम मित्र था–प्राणाधार–उनके कन्धों पर तो वह सदा से बैठता आया था...।

वे आगे बढ़ चले। एकाएक उनका पैर फिसल गया...वे और विश्वरथ बराबर नीचे की ओर लुढ़कते जा रहे थे...आश्रम...उनका, अगस्त्य का...विश्वरथ कन्धे पर क्यों नहीं बैठता?...विश्वरथ...उनके गले से मानो किसी जानवर का-सा स्वर निकल रहा था। वे विश्वरथ को अब नहीं उठा पा रहे थे...क्या होगा? ऋक्ष ऋषि के मस्तिष्क में अन्धकार छा गया।

[4]

भार्गव और दस्यु-योद्धा गृध्र ऋषि के आश्रम में जा पहुँचे। वहाँ भयानक निर्जनता व्याप्त थी। केवल कोई हृदय-वेधक क्रन्दन स्पष्ट सुनाई पड़ रहा था। आश्रम में बहुत-से मनुष्य छिपे हुए पड़े थे, पर सामने आने का साहस किसी में नहीं था।

निदान जहाँ से क्रन्दन का स्वर सुनाई पड़ रहा था, उस आँगन में वे जा पहुँचे। एक अत्यन्त स्थूलकाय मनुष्य का शव झाड़ के थाले पर, फूलों के ढेर से ढाँककर लिटा दिया गया था। पास ही बैठी एक दस्यु-स्त्री सिर पीट-पीटकर रो रही थी।

गृध्र ने उसे पहचान लिया, ऋक्ष ऋषि की पत्नी है।

"भगवती! भगवती!" गृध्र ने कहा।

स्त्री रोती ही रही। अस्तगत सूर्य की किरणों का प्रकाश उस शव पर और पास ही सोए हुए एक-दूसरे व्यक्ति पर पड़ रहा था।

गृध्र का स्वर सुनकर उस सामने लेटे हुए मनुष्य ने सिर उठाया।

सूर्य की किरणों के सुनहले प्रकाश में भार्गव ने उस मुख को देखा और तुरन्त पहचान लिया। सुन्दर मुख, विशाल नेत्र, भव्य कपाल, अभेद्य गौरव, सूर्य का आलिंगन करती-सी ममता, जगत् की वेदना से ओत-प्रोत नयनों का तेज। जिनकी स्वस्थता कभी डिग नहीं पाती थी, वे भार्गव भी एक पुलक कम्प से भर उठे। वे दौड़कर उन चरणों में जा गिरे—"मामा! मामा!"

वेदना पर नियन्त्रण करके महर्षि विश्वामित्र ने आँखें खोलीं, "कौन भाई?"

"मैं राम—भृगुश्रेष्ठ का पुत्र राम। अनूप देश से लौट आया हूँ।"

होंठ काटकर वेदना को दबाते हुए विश्वामित्र उठ बैठे। ऋषि-पत्नी ने उनकी पीठ को सहारा दिया।

"पुत्रक! तू आ गया? शत-शरद् जियो! अच्छा ही हुआ। सविता देव ने ही तुझे भेज दिया है। और युद्ध का क्या संवाद है?" उन्होंने पूछा।

"राजा भेद मारे गए। रानी शशियसी को राजा सुदास लिवा ले गए। राजा पुरुकुत्स और प्रचंड मारे गए। मेरे बड़े भाई भी मारे गए। विपक्ष में महर्षि विदन्वन्त और हर्यश्व मारे गए। पराशर मरते-मरते बच गए। भरत और भृगु हार गए।"

उस फीके सुन्दर मुख से वेदना के चिह्न दूर हो गए।

"राम, वत्स! हमारी पराजय नहीं हुई है। हमारी तो विजय ही हुई है। वत्स, अब मेरी दो-चार घड़ी ही शेष हैं। मृगा के उगते ही मैं देह त्याग दूँगा। मैं इसी प्रतीक्षा में था कि देव किसी को मेरे पास भेज दें। अच्छा, सुन!"

"जैसी आज्ञा।"

"यह है मेरा बाल-स्नेही ऋक्ष। इसने भेद का पुरोहित-पद ग्रहण किया था। इसके पत्नी भी है और बच्चे भी हैं। यहाँ कोई तीन-सौ भेद के सैनिक छिपे हुए हैं। इन सबकी रक्षा करना।"

"जैसी आज्ञा।"

"चाहे तो इस आश्रम को तू अपना बना लेना, पर ऋक्ष के बच्चे निराधार न हो जाएँ, यह ध्यान रखना। अरुन्धती! रो मत। राम तुझे कष्ट नहीं होने देगा। यह मेरा भानजा है।"

"राम! मेरे पास आ। शशियसी को सुदास ले गया है। उसकी शुद्धि करके सुदास उसका विवाह कृशाश्व के साथ कर देगा।"

"वह तो भेद की परम सती है। पूर्व काल में जैसे वसिष्ठ और अरुन्धती थे, अत्रि और अनसूया थे, वैसी ही उसे बना देना। भेद के पुत्र शिबि को भी वे साथ ले गए होंगे। यदि तेरा वश चल सके तो उसका पालन-पोषण करना, उसे यथेष्ट शिक्षा देना और राज्य-पद पर आसीन कर देना।" बोलते-बोलते विश्वामित्र का साँस फूल उठा और उन्होंने रक्त-वमन कर दिया।

"मामा! आप घबराएँ नहीं, आपके आदेश अक्षर-अक्षर मेरे सिर-आँखों पर हैं।"

"राम, मेरा राज्य-वंश समाप्त हो गया। देवदत्त चला गया, उसके भाई भी चले गए, रोती-अकुलाती रोहिणी भी चली गई, पर उसकी चिन्ता मुझे नहीं है...आज मेरी विजय हुई है। संयम और तप महान् हैं, पर उनसे भी महानतर है आत्म-समर्पण का पराक्रम। वह पराक्रम करने का श्रेय देवों ने मुझे प्रदान किया है। मैं हारा नहीं हूँ। इस भग्नप्राय आर्यावर्त के मस्तक पर मैंने एकता का ध्वज-दंड रोपा है। मेरे मरण से उस पर सुवर्ण-कलश चढ़ेगा। इस मृत्यु में भी आज मेरी विजय है। इतने वर्षों के युद्ध के फलस्वरूप भरत, पुरु, अनु, द्रुह्यु, तृत्सु और दस्यु आज एक हो गए हैं–संस्कारों और सम्बन्धों में।" फिर विश्वामित्र को खाँसी आ गई और उन्होंने रक्त को थूक दिया। अरुन्धती ने उन्हें पानी पिलाया।

"रंग, जाति और गोत्रों के भेदों से ऊपर उठकर, अपने संस्कारों और सम्बन्धों में, अपने किए हुए पराक्रमों के गर्व से आर्य आज एक हो गए हैं और मेरी स्मृति से उठती हुई ज्योति में वे सदा एक होकर रहेंगे।"

फिर महर्षि ने समय लिया।

"मेरी विद्या की रक्षा शुनःशेप करेगा। वह तेरा भक्त है। मेरी सन्तानें तो सब मर चुकी हैं, पर भरतों का राज्य-सिंहासन सूना न रहे, यही देख लेना।"

"किसे बिठाना है उस पर?"

"राम! हरिश्चन्द्र के नरमेध से निवृत्त होकर जब मैं लौट रहा था, तो निर्जन वन में मुझे मेनका मिल गई। कण्व ने हमारी पुत्री का पालन-पोषण किया, राजा दुष्यन्त के साथ उन्होंने उसका विवाह कर दिया। उनका पुत्र भरत है। ऋषि कवष ऐलुष सब जानते हैं। उसी को भरतों के सिंहासन पर बिठाना...जो कुछ मैंने कहा है, उसका रंच-मात्र भी शोक नहीं है। अपने रक्त की नदियाँ बहाकर हमने इस समूचे देश की एकता साधी है। भरत जब बड़ा हो जाए, तो उसे मेरा यह सन्देशा कह देना–'इस भरत-खंड को देव-खंड से भी अधिक तेजोमय बना देना'।"

"और क्या आज्ञा है?"

"कुछ नहीं, अभी मृगा के उदय होने में बहुत देर है। जमदग्नि से कह देना कि मैं और ऋक्ष बालपन में साथ-साथ सोया करते थे, आज भी साथ ही सोने जा रहे हैं।"

"इन्हें क्या हुआ?" भार्गव ने पूछा।

"मेरा शव वसिष्ठ के हाथ में न जा पाए, इसी से यह मुझे मेरे रथ में से उठाकर ला रहा था, उठाते समय उसे भी तीर लगे..." फिर विश्वामित्र खाँस उठे और मुँह से रक्त के झाग निकलने लगे।

"यह स्नेह-मूर्ति अपने प्राणों को संकट में डालकर भी मुझे यहाँ उठा लाया--गिरता-पड़ता, लड़खड़ाता हुआ, मुझे और अपने आपको जैसे-तैसे घसीटता हुआ। मेरे गौरव की रक्षा के लिए इसने प्राण दे दिए हैं।"

"धन्य है!"

"बालपन का यह मेरा साथी है। इस जैसा मित्र ही मुझे साथ मरने का लाभ दे सकता है।"

"मामा! आप जो कहना चाहते थे वह सब कह चुके हों तो मैं मुनि वसिष्ठ को बुला लाता हूँ। वे आपसे मिलने को बहुत उत्सुक हैं।"

"मुनिवर? देवों की कृपा का पार नहीं है। तू जाकर उन्हें बुला ला।"

विश्वामित्र के स्वर में विजयनाद गूँज उठा। उनकी प्रफुल्लित आँखें चमक उठीं।

"अरु, मुझे इस झाड़ के सहारे टिकाकर बैठा दे। गृध्र, अग्निकुंड में ईंधन डाल दे। ज्वालाएँ उठने दे। विपुल..." उन्होंने खाँसकर क्षितिज पर दृष्टि गड़ा दी, वे गुनगुना उठे–"ॐ भूर्भुवः स्वः तत्सवितुवरेण्यम् भर्गो देवस्य धीमहि धियो यो नः प्रचोदयात्।"

भार्गव वसिष्ठ मुनि को लेकर लौट आए।

"मुनिवर!" विश्वामित्र ने कहा, "शब्दों के द्वारा ही आपको प्रणाम कर सकता हूँ, क्षमा करना।"

"महर्षि विश्वामित्र! मेरे आशीर्वाद हैं तुम्हें।" वसिष्ठ ने पास आकर ममत्वपूर्वक विश्वामित्र के बालों को ऊपर हटाकर उनके माथे पर हाथ रखा।

"मुनिवर! अभी-अभी मृगा का उदय होगा, मैं पितृलोक में जा रहा हूँ। जाने से पहले आपके दर्शन करके कृतार्थ हो गया हूँ। मैं आपके ऋण को स्वीकार करता हूँ।"

"मेरा ऋण!" वसिष्ठ ने कहा, "विश्वामित्र, मैं वृद्ध हूँ, फिर भी तुम्हारे सम्मुख क्षमा का प्रार्थी हूँ। तुम्हारे कार्यों में मैंने बहुत अन्तराएँ डाली हैं।"

"मुनिवर, आपने कोई अन्तराएँ नहीं डालीं। आप ही के कारण तो मैं हूँ। वसिष्ठ न होते, तो मैं आज केवल विश्वरथ होता। आप ही कि स्पर्धा से प्रेरित हो मैंने यह विद्या और तप की सिद्धियाँ प्राप्त की हैं। आपके पुरोहित-पद का अनुकरण करके ही मैंने राज्य त्यागकर पुरोहित-पद स्वीकार किया। आपकी मन्त्र-विद्या की स्पर्धा में ही मैंने यज्ञ-विधि की स्थापना की। आपका वर्ण-भेद का विष उतारने के लिए ही मैंने दाशराज्ञ की चुनौती झेली। आप गगनचुम्बी गिरिराज हैं। आपके पराक्रमों के शिखर लाँघकर ही मैं सबल हो सका हूँ।"

"ऋषिश्रेष्ठ, देवों ने हमें आँखें दी हैं–पर भिन्न-भिन्न सत्यों का दर्शन करने के लिए। कौन जाने इसमें क्या रहस्य छिपा है? तुम्हारे सत्य का विरोध यदि न किया होता, तो मैं भी आज क्या होता? पर एक ही बात का बड़ा खेद है मन में। मैं तुमसे वय में बहुत बड़ा हूँ। मुझे पितृलोक में जाना चाहिए था, पर मेरे बदले आज तुम्हीं चले जा रहे हो।"

"मुनिवर, मुझे खेद नहीं है। मैं तो कृतकृत्य हो गया हूँ। देवों ने बिन माँगे ही सिद्धि मुझे दे दी है।" विश्वामित्र को फिर खाँसी आ गई। अपने तेजस्वी होते जा रहे नेत्रों को उन्होंने वसिष्ठ पर टिका दिया।

"वरुण के पुत्र, मुनिश्रेष्ठ! भगवान् सविता ने मेरी सारी इच्छाएँ पूरी कर दी हैं। उन्हीं की कृपा से मैंने आर्यों और दस्युओं के बीच के भेद को मिटा दिया, शम्बर कन्या को आर्या बनाया, मानव-मात्र के लिए आर्यत्व को सुलभ करा दिया। वसिष्ठों की विद्या के समक्ष ही

मैंने विश्वामित्रों की विद्या को स्थापित किया है। मेरी विद्या का उत्तराधिकारी, शम्बरी का पुत्र शुनःशेष, उसको प्रसारित कर रहा है। जहाँ भी गायत्री का उच्चारण होगा, वहाँ विश्वामित्र की आत्मा मूर्तिमान हो उठेगी...''

विश्वामित्र की आँखें निस्तेज हो गईं और वे थोड़ी देर चुप रहे। कुछ देर रुककर फिर प्रयत्नपूर्वक वे बोले–

''देवों ने मेरे हाथों मानवों के भीतर के देवत्व को सिद्ध करवाया है। उन्होंने कृपा करने में कुछ भी उठा नहीं रखा। मानव-मात्र के लिए मेरे आँसू बहे हैं और अपने आँसुओं की सरिता में मुझे सत्यों के दर्शन हुए हैं। मानव-मानव के बीच का भेद मैंने मिटाया है। आर्यत्व न तो रंग में ही है और न कुल में है, जहाँ देवों की शरण में जाने की शक्ति है, वहीं आर्यत्व है।

''मुझे निमित्त बनाकर देवों ने यज्ञ के मार्ग का विधान किया, नरमेध को रोका और नए आर्यत्व का सृजन किया है।

''मुनिवर! जब मैं छोटा था तो आर्यों की पाँच जातियाँ थीं–और दस्युओं का समूह था। आज यदु, पुरु, अनु, द्रुह्यु, भरत और तृत्सु एक हो गए हैं। मुनिवर! क्या आपने मान लिया कि मैं भेद के अत्याचारों के पक्ष में खड़ा रहकर अधर्म का समर्थन कर रहा हूँ? नहीं...नहीं।''

सब चुप थे। विश्वामित्र बड़े प्रयत्न से फिर बोल सके–

''नहीं, नहीं, मैं तो केवल आर्यों और अनार्यों के बीच का भेद मिटाना चाहता था। आज दाशराज्ञ के परिणामस्वरूप आर्य और दस्यु राजा एक-दूसरे के समधी हो गए हैं, सहस्रों आर्य और दस्यु साथ-साथ रहे हैं, साथ-साथ सोए, विद्या सीखी और यमलोक गए हैं; सहस्रों आर्याएँ दस्युओं की पत्नियाँ हो गई हैं; सहस्रों दस्यु स्त्रियों ने आर्यों को जन्म दिया है। आज जिसने मुझे गुरु माना है, वही भरत...

''मानव-मानव के बीच का भेद तो आर्यत्व को कलंकित करता है। जहाँ संस्कार है, वहीं आर्यत्व है। मुनिवर! यह तो आपने ही सिखाया है। रक्त तो सबके भीतर वही है। स्त्री और पुरुष से सन्तान उत्पन्न होती है।

''आप शायद मानते हों कि मैंने भ्रष्टाचार करवाया है। आर्यों और दस्युओं के वर्ण-भेद पर रची हुई सृष्टि तो एक महान् असत्य है। मैंने वर्ण-भेद को भुलाकर संस्कार-भेद की शिक्षा दी है। जो तप और विद्या को सिद्ध करे, वही आर्य है। इसी देह में जो नवजन्म धारण करता है, वही आर्य है। इसी देह में जो नवीन-संस्कार-जन्म नहीं प्राप्त कर सकता, वही अनार्य है।

''मुनिवर! सुदूर जंगलों में तप और विद्या से वंचित मानव पशु के समान विचरते रहते हैं।''

विश्वामित्र की आँखें प्रफुल्लित और तेजस्वी हो उठीं। अग्नि की ज्वाला में उनका सुन्दर मुख एक मोहक भव्यता से दीप्त हो उठा।

''मानव तो आर्यत्व के पथ पर चलकर देवत्व पाने को सिरजा गया है...मुझे चारों दिशाओं में उसकी प्रेरणा व्याप्त होती दिखाई पड़ रही है।...द्विपद्-पशु विद्या और तप के द्वारा पुनर्जन्म पाते दिखाई पड़ रहे हैं। भरत विश्वामित्र ने जिस मन्त्र का दर्शन किया, वह दसों दिशाओं में सुनाई पड़ रहा है।'' स्वर शिथिल हो गया। कमल-पत्र-सी आँखें मुँद गईं–''दस लक्ष्य योजन तक–काल के अन्त तक–यज्ञ की वेदी के समान यह खंड मनुजों को देवत्व प्राप्त

कराकर सृष्टि का उद्धार कर रहा है...आओ, मैं आँसू पोंछता हूँ...मैं हृदय से चाँप लेता हूँ। देवपद की प्राप्ति के दिव्य पथ पर मैं इसे लिये जा रहा हूँ...राग-द्वेष से परे...कोई रोओ नहीं...वरुणदेव व्योम के द्वार खोल रहे हैं।

"...आओ...ऊपर, और ऊपर..." स्वर मन्द हो चला।

श्वास घुटने लगा। विश्वामित्र गुनगुनाए, "जमदग्नि! भाई मृगा उदय हो गई..।"

विश्वामित्र ने माथा ढुलका दिया।

भार्गव ने गिरते हुए ऋषि का शरीर थाम लिया।

मुनिश्रेष्ठ वसिष्ठ की आँखों से आँसू टपक रहे थे।

[5]

आर्यावर्त पर बिजली आ गिरी। ऋषियों के आश्रमों, राजाओं के ग्रामों, किसानों के पुरवों और दस्युओं की बस्तियों के हृदय बैठ गए। महर्षियों के मन्त्र-दर्शन अधूरे रह गए। वनों में वनवासियों की स्त्रियाँ चक्की पीसते-पीसते रुक गईं।

भयानक, अकल्प्य घटना घटी जा रही थी, उसी की चिन्ता से सबके चित्त उचाट थे और सब एक-दूसरे का मुँह ताक रहे थे।

राम भार्गव पिता की आज्ञा का पालन करने के लिए पतिता माता को मारने को लिवा ला रहे थे। और माँ को मारकर, इस अधर्म का प्रायश्चित करने के लिए अपने स्वयं के प्राण त्यागने की भीषण प्रतिज्ञा राम ने की है।

आर्यावर्त की सामुदायिक कल्पना पर भार्गव ने अपना प्रभुत्व स्थापित कर लिया था। जन-जन के मुँह अभिवृद्धि पाती हुई दन्तकथाएँ बस्ती-बस्ती में फैल गईं। राम के जन्म के समय पर्वत फट पड़ा था। बचपन से ही उनके भीतर का देवत्व प्रकट हो चला था। दस्यु उन्हें मार न सके और न पाणि ही उन्हें बेच सके। आठ वर्ष की वय में उन्होंने अकेले ही भेड़िए को मारा था। शुनःशेप को उन्होंने वरुण के दर्शन कराए थे, लोमा के लिए उन्होंने सहस्रार्जुन का गला दाब दिया था और सौराष्ट्र में उन्होंने अपने प्रताप से नदी बहा दी थी। उन्होंने नागों का उद्धार किया था, शार्यातों का संहार किया था और माहिष्मती में उन्होंने सहस्रार्जुन को आतंकित कर उसकी रानी को अपनी शिष्या बनाया था तथा अघोरियों के गुरु को अपने अधीन कर लिया था। वे हवा में उड़े, पानी पर चले, महादन्ती सिद्धेश्वरी उनके भीतर प्रवेश कर गईं। तीस सहस्र यादवों को आर्यावर्त लिवा लाए। रक्त-पित्त से पीड़ित गन्धर्वों का संहार करके माँ को अपने कन्धे पर उचका लाए, अकेले हाथों रातों-रात उन्होंने वीरों का अग्नि-संस्कार किया। विश्वामित्र ने उन्हें अपना उत्तराधिकारी नियुक्त किया। अब घायल योद्धाओं को धीरे-धीरे वे भृगुओं के आश्रम में भेज रहे हैं। सबसे पीछे वे आएँगे—और फिर बलि चढ़ाएँगे—अपनी माता की और अपनी।

अकल्प्य, भयंकर और हृदय थर्रा देनेवाला यह पराक्रम!

और पिता भी कैसे? विद्वान्, तपस्वी, एकनिष्ठ। और कैसी माता? अम्बा, कल्याणी, अकेले हाथों जो रक्त-पित्तियों की सेवा करती थी और सहस्रों मरते हुए मानवों को जिसने यम के पास से छुड़ा लिया था। उसने भी पति की आज्ञा को शिरोधार्य किया था। मरते हुए

गन्धर्वों की परिचर्या करने के लिए उसने पति की आज्ञा का उल्लंघन किया था। अब उसी का दंड उसे दिया जा रहा था। मरना उसका धर्म था। और उसे मारना—यह पुत्र का धर्म था। कैसी पत्नी और कैसी माता?

अकल्प्य, भयंकर, हृदय हिला देनेवाला धर्म-संकट था यह!

मुनिवर वसिष्ठ ने कहा था, "जमदग्नि की प्रतिज्ञा यदि निष्फल हुई तो महर्षि का वचन टल जाएगा। और रेणुका जैसी कल्याणी का वध यदि उसका पुत्र करेगा तो यह अधर्म की पराकाष्ठा होगी। इस भीष्म कर्तव्य का पालन करके आर्य-धर्म का गोप्ता जामदग्नेय यदि देह त्याग देगा तो आर्यावर्त का भविष्य नष्ट हो जाएगा। आर्यत्व के डूबने की घड़ी आ पहुँची थी। उसकी रक्षा करने के लिए देव-कृपा की याचना की जानी चाहिए। प्रत्येक आश्रम में यज्ञों के द्वारा देवों की आराधना करो, और भी जिससे जो बन सके, करो।" यह सन्देशा लेकर वसिष्ठ सारे आश्रमों के द्वार-द्वार घूम गए, प्रत्येक तपोवन में यह संवाद सुनकर हृदय विदीर्ण हो रहे थे।

महर्षिश्रेष्ठ वसिष्ठ, महर्षि कण्व, अगस्त्यों के अग्रणी श्वेतपाद, विश्वामित्र-श्रेष्ठ शुनःशेप, ऋषि कवष ऐलुष, आंगिरसों के प्रमुख दीर्घतमस आदि सब भृगुओं के आश्रम में एकत्रित हुए और इस विपत्ति से आर्यावर्त को उबारने का संकल्प करने लगे।

सहस्रों मनुष्य आँसू टपकाते हुए, दिन-दिन निकट आते हुए, इस हृदय-द्रावक नाटक की भयंकर पराकाष्ठा को देखने के लिए आश्रम की ओर चल पड़े। इस व्यथा से अभिभूत होकर सबके हृदय रेणुका की पूजा करने लगे और राम को अपने अन्तर का अर्घ्य चढ़ाने लगे। दो ही महीनों में वे दोनों आर्यों के श्वास और प्राण बन गए।

[6]

भृगुश्रेष्ठ जमदग्नि का मस्तिष्क सदा विभ्रमित ही रहा करता था। वे नीची दृष्टि किए सरस्वती के तीर पर इधर-से-उधर चक्कर काटा करते थे।

अपने आदर्शों के भग्न और क्षुद्र अवशेष उन्हें अपनी कल्पना के सामने पड़े दिखाई पड़ते। उनकी आत्म-श्रद्धा नष्ट हो गई थी; इतना ही नहीं प्रत्युत उन्हें इस बात का भी एक तीव्र भान दिन-रात जलाया करता था कि उन्होंने समग्र-सृष्टि का द्रोह किया है।

जिन भगवती अम्बा को उन्होंने आर्य-स्त्रीत्व का परम आदर्श माना था, वे अब पराई हो गई थीं। जिन पुत्रों को उन्होंने कुल-तारक मान रखा था, वे कुल-कलंक सिद्ध हो चुके थे। कवि चायमान चल बसे थे।

अथर्व-विद्या का उद्धार करनेवाला कोई नहीं रह गया था। भृगु छिन्न-भिन्न हो गए थे। अनु, द्रुह्यू और तुर्वसु परस्पर मार-काट मचा रहे थे।

समूची सृष्टि चूर-चूर हो गई थी। वे केवल यम की कामना कर रहे थे, पर वह भी आ नहीं रहा था। आशा और उत्साह से शून्य जीवन में वे श्वास नहीं ले पा रहे थे।

इतने महीनों के उपरान्त अब राम भी आ पहुँचा था। वह भी अन्य पुत्रों की भाँति कायर और आदर्श-भ्रष्ट था। अभी तक वह लौटकर नहीं आया था। लौटकर आता भी कैसे? वह महर्षियों की सन्तान नहीं था, वह तो कुल-कलंकों का वंशज था। परिचित भृगु अग्रणी

मर-खप गए थे। परिचित स्वर अनसुने ही रह जाते। चार पुत्रों में से तीन चले गए थे। चौथा अदृष्ट हो गया था–उनकी आज्ञा का पालन करने में अपने को कायर और असमर्थ पाकर। वह अभी लौटकर नहीं आया था।

आश्रम में कुछ विचित्र हलचल दिखाई पड़ रही थी। अपरिचित मनुष्य अनजाने शस्त्र लेकर आते-जाते दिखाई पड़ते। आसपास के जंगल बड़ी शीघ्रता से कट रहे थे और स्थान-स्थान पर नई झोंपड़ियाँ बनती जा रही थीं। नदी के उस पार भी झोंपड़े खड़े दिखाई पड़ते थे। स्वप्नाविष्ट मनुष्य जिस प्रकार किसी अचल सृष्टि को उलट-पुलट होते देखकर उसे भूलता जाता है, वैसे ही जमदग्नि इन नए परिवर्तनों को देखते और उन्हें भुला देते। उनके साथ जैसे उनका कोई सम्बन्ध नहीं था। वे तो यमलोक को प्रस्थान करना चाहते थे, पर यमराज अभी आ नहीं रहे थे।

एक वृद्ध मनुष्य आकर उनके पैरों पड़ा करता था। कोई एक प्रतीप भी आया करता था। लोमा–हाँ, सुदास की बहन–और कोई विशाखा उनके लिए भोजन लाया करती थी। ये सपने के समान उन्हें बहुत ही अरुचिकर जान पड़ते थे।

वे तो इन सबसे दूर जाना चाहते थे–यमलोक में। पर अभी निमन्त्रण नहीं आया था। वे स्वयं भृगुओं के मात्र क्षुद्र अवशेष थे, एक प्रतीप कुल के कुठार-स्वरूप थे।

विमद आया और संवाद लाया कि राम रेणुका को लेकर आ रहा है। उसने कहलाया था कि 'पिताजी के चरणों में मैं अम्बा का शिरच्छेद करूँगा।' क्षीण हो चले जमदग्नि की तेज आँखों में जैसे तेज आ गया। एक पुत्र है अवश्य, जो कुल का गौरव है और पिता की आज्ञा का पालन करने के लिए तैयार है। जलते हुए जंगलों पर जैसे वृष्टि हो जाती है, वैसे ही हृदय की ज्वालाओं की सर्वभक्षी लपटें पल-भर के लिए कुछ कम हो चलीं।

विमद और लोमा कभी-कभी राम के पराक्रम की बात छेड़ा करते थे। पर जमदग्नि उसमें कोई रस न लेते।

राम की भीष्म प्रतिज्ञा से आश्रम में हाहाकार व्याप गया था। 'पिताजी की आज्ञा है अतएव अम्बा का शिरच्छेद करूँगा और माता का वध करके मैं जी नहीं सकूँगा।' राजा भद्रश्रेण्य, प्रतीप और विमद आदि के हृदय उचाट हो गए। अम्बा की परम पवित्र सेवाओं की बातें सुनाकर, जमदग्नि के हृदय को स्पर्श करने के उन्होंने बहुत प्रयत्न कर देखे, पर कोई भी सफल न हो सका।

दाशराज्ञ समाप्त हो गया था। भृगु, भरत, अनु, द्रुह्यु आदि भागकर चले आ रहे थे। अनुदेश आए हुए स्त्री-पुरुष भार्गव के शिष्य होने के कारण, जन्म से भृगु न होते हुए भी भार्गव के नाम से ही पुकारे जाते थे।

लोमा और प्रतीप भार्गव की शिक्षा के फलस्वरूप व्यवस्था के कार्य में प्रवीण हो गए थे। आश्रम अब व्यवस्थित हो चला था। मन्त्रोच्चार और शिक्षा, शास्त्र-विद्या, शस्त्र-विद्या का अभ्यास आरम्भ हो गया था। घोड़ों और गायों का शिक्षण और प्रतिपालन व्यवस्थित रूप से होने लगा था। भार्गव की पद्धति के अनुसार नए योद्धाओं के शतक तैयार होने लगे थे।

विमद के साथ और उसके पश्चात् भी दिन-प्रतिदिन, स्वस्थ हो चले घायल जन तथा लँगड़े-लूले आश्रम में आने लगे। साथ-ही-साथ वे दस्यु-योद्धा भी, जो रण में से भागकर

इधर-उधर जा छिपे थे, भार्गव के शिष्य-पद को स्वीकार कर आश्रम में आ पहुँचे। जन-जन के मुख पर अम्बा की प्रशंसा और भार्गव की भक्ति के गीत थे। अनेक ने उनकी परिचर्या और प्रेरणा से पराजय को भूलकर फिर से मनुष्यत्व प्राप्त कर लिया था।

दिन और रात नए आए हुए समूहों का स्वागत कर उन्हें आश्रम की व्यवस्था में समाविष्ट करने का काम लोमा, प्रतीप और विशाखा मिलकर किया करते थे।

पर किसी के भी जी में निश्चिन्तता नहीं थी। भार्गव की भीष्म प्रतिज्ञा आठों पहर उनके हृदय को कुरेदा करती थी। अधिकांश वृद्ध जमदग्नि को क्रोध की दृष्टि से देखा करते थे। सभी निःश्वास छोड़कर 'अम्बा! अम्बा!' का जाप किया करते थे।

जो भृगु अम्बा को कुलकलंकिनी मानते थे, वे भी भक्तिपूर्वक उनके आने की बाट जोह रहे थे। उनका नाम तक लेने में जिन्हें छूत लगती थी, ऐसे लोग भी अब उनके वात्सल्य का कीर्तन करने लगे थे।

लोमा, भद्रश्रेण्य और विमद बड़ी चतुराई से जमदग्नि के निकट अम्बा की चर्चा करने लगे। पर उनका नाम सुनते ही जमदग्नि काँप उठते और एक ही प्रश्न पूछते, "राम कब आएगा?"

रेणुका का नाम जमदग्नि की जिह्वा पर कभी न आता, पर उनके मन से उसका ध्यान कभी दूर न होता था।

अम्बा की बलि चढ़ाए बिना जमदग्नि का प्रसन्न होना सम्भव नहीं था और अम्बा की बलि देकर जीना भार्गव ने अस्वीकार कर दिया था। वृद्ध जमदग्नि हिमालय के समान निश्चल पड़े हुए थे।

धीरे-धीरे रणक्षेत्र पर से सभी लौट आए। डोली में बैठकर पराशर मुनि आए। रणक्षेत्र से बटोरे हुए कंकण और कुंडलों से धनाढ्य होकर वृश्चिक और उसका कुटुम्ब भी आ पहुँचा। सबकी आँखों में सम्मुख आ रहे भयंकर क्षणों के अशुभ चिह्न नाच रहे थे।

धीरे-धीरे समस्त आर्यावर्त वहाँ इस प्रकार आ जुटा जैसे कोई यात्रा-प्रसंग हो। सबके अन्त में महर्षि वृन्द भी चिन्तातुर वदन लिये आ पहुँचा। यह केवल एक महर्षि का या किसी एक वसिष्ठ कुल का प्रश्न नहीं था। समूचे आर्यावर्त की यह अन्तिम कसौटी की घड़ी थी। विश्वामित्र के पुत्र शुनःशेप ने महर्षियों का स्वागत किया। लम्बी मन्त्रणा के उपरान्त महर्षिगण वसिष्ठ-प्रमुख जमदग्नि के पास गए।

"भृगुश्रेष्ठ, शतंजीव!" वसिष्ठ ने आशीर्वाद दिया। जमदग्नि की दृष्टि निश्चेतन-सी ही बनी रही। वे कुछ पहचान न सके।

"मैं हूँ वसिष्ठ, महर्षि जमदग्नि! मुझे नहीं पहचाना?"

जमदग्नि काँप उठे और उनके पैरों पर गिर पड़े।

"महर्षि, क्या मेरी विडम्बना करने आए हैं? पधारिए, मैं महर्षि नहीं हूँ।"

"आज तीसरे पहर रेणुका आ पहुँचेगी।" वसिष्ठ ने कहा और जमदग्नि के होंठ काँप उठे। महर्षि की ओर पीठ फेरकर वे वहाँ से चले गए। मानो किसी तीव्र वेदना से पीड़ित हों, ऐसे उनका सिर हिल रहा था।

मुनिवर वसिष्ठ के हृदय में निराशा व्याप गई; जमदग्नि के लिए अपनी प्रतिज्ञा को लौटा लेना सम्भव नहीं था। और महर्षियों की प्रतिज्ञा तोड़ी भी कैसे जा सकती है!

सबकी आँखों में आँसू भर आए।

आश्रम में एकत्रित जन-समूह सिसकियाँ भरता हुआ, आश्रम के प्रवेश-मार्ग पर आकर खड़ा हो गया। उनके प्राण भार्गव आ रहे थे। पर उनके सामने देखने और उनका स्वागत करने का साहस किसी में भी नहीं था।

कभी जिसकी कल्पना भी किसी ने नहीं की थी, ऐसा भयंकर क्षण निकट आता जा रहा था। देवाधिदेव-से गुरुदेव पिता की आज्ञा का पालन करने के लिए परम कल्याणी अम्बा का शिरच्छेद करनेवाले थे और फिर...फिर...वे स्वयं भी नहीं जिएँगे। भगवती लोमहर्षिणी की आँखें मानो फटी-सी रह गई थीं।

गर्जन करते हुए प्रमत्त घोड़े की पद-चाप पास आती सुनाई पड़ रही थी; यम के महिष के पग-रव से भी अधिक भयंकर थी वह।

सब लोग रो पड़े। स्त्रियाँ सिर पीटने लगीं।

भार्गव के लिए प्रतिज्ञा तोड़ना सम्भव नहीं था और भृगुश्रेष्ठ अपनी एकमात्र इच्छा का त्याग कर सकें, यह भी सम्भव नहीं था।

गर्जन करते घोड़े की पद-चाप और भी पास आ गई। सबके हृदय फट पड़े।

उड़ती हुई धूल के बगूले वात्याचक्र के समान छा गए। काले बादलों के समान प्रचंड घोड़ा और परशु की विद्युच्छटा धूल के बादलों में चमक रहे थे। आँधी के वेग से घोड़े ने आश्रम में प्रवेश किया। लोग आक्रन्द कर रहे थे। फूलों की गेंद के समान अम्बा भार्गव के हाथों में थीं। रास्ते पर और आश्रम में सहस्रों पुरुष, स्त्रियाँ और बालक आक्रन्द करते हुए देख रहे थे।

"अम्बा! अम्बा!" सबके आर्त हृदय पुकार उठे। पर्णकुटी के आगे विमद ने घोड़ा सँभाला और भार्गव उतर पड़े। उनकी विकराल आँखें देखकर विमद के बोल गले में ही अटक गए।

भार्गव अम्बा को दोनों हाथों में लेकर छलाँग मारते हुए आश्रम के पिछवाड़े जा पहुँचे, जहाँ जमदग्नि चक्कर काट रहे थे। उनके पीछे-पीछे विमद, भद्रश्रेण्य, प्रतीप, कूर्मा और उज्जयन्त आदि भी आ पहुँचे, लोमा और विशाखा वहाँ पहले ही से रोती हुई खड़ी थीं। महर्षिगण वहाँ चिन्तातुर मुख किए बैठे। वसिष्ठ मुनि खड़े हो गए।

भार्गव ने आकर अम्बा को पिता के चरणों में रख लिया। अम्बा खड़ी हो गईं और जमदग्नि के पैरों पड़ीं।

जमदग्नि बावले-से होकर उन्मत्त तेज-भरी आँखों से निहार रहे थे—अम्बा से भार्गव की ओर और भार्गव से अम्बा की ओर।

"पिताजी! पिताजी! अम्बा को लिवा लाया हूँ।" गम्भीर स्वर में भार्गव ने कहा।

जमदग्नि बोले, "राम! तू आ गया?" उनकी आँखें निस्तेज हो गईं। थर-थर काँपते हुए उन्होंने आँखें मींच लीं।

"पिताजी! पिताजी! मैं राम, अम्बा को लेकर आ गया हूँ, भगवती अम्बा को।"

जमदग्नि ने आँखें खोलीं और चारों ओर इस प्रकार देखते रह गए जैसे उनका श्वास रुँध रहा हो।

सारा समूह निःशब्द, अनिमेष देखता रह गया।

जमदग्नि की आँखों में तेज उभर आया। किसी ऊँचे गिरि-शृंग के समान राम पिता और माता पर आरूढ़ थे। उनके मुख पर एक अँधेरा बादल घिर आया था। उनकी दोनों आँखों से वह्नि की सरिताएँ बह रही थीं।

"पिताजी! मैं राम, अम्बा को लेकर आ गया हूँ। मैंने आपकी आज्ञा का पालन किया है।"

जमदग्नि की आँखों में कुछ चैतन्य-सा जाग उठा। उन्होंने अपने पैरों के पास हाथ जोड़कर घुटनों पर पड़ी हुई रेणुका को देखा और इस प्रकार पीछे हट गए मानो असह्य ग्लानि से काँप उठे हों।

"राम! राम! तू मेरा पुत्र है?" उनके स्वर में वेदना थी।

"हाँ, पिताजी!" राम ने संयमपूर्वक उत्तर दिया।

"मेरी आज्ञा का पालन करेगा न?"

"हाँ, पिताजी!"

"इस अनार्या का शिरच्छेद कर!" जमदग्नि ने कहा।

मेदिनी काँप उठी। सिसकियों ने उस निःशब्दता को थर्रा दिया।

"हाँ, पिताजी!" राम ने परशु उठाकर कहा, "अम्बा! अम्बा! कल्याणी, पिताजी की आज्ञा तेरे और मेरे सिर पर है। गरदन प्रस्तुत कर..." भार्गव के स्वर में मार्दव था–अथाह प्रेम से परिप्लावित।

"बेटा! यह ले। तेरे हाथों मेरी मृत्यु हो, केवल यही मेरी याचना है।"

वसिष्ठ मुनि पास सरक आए, "भृगुश्रेष्ठ जमदग्नि!" उन्होंने कहा।

जमदग्नि सचेत होते जा रहे थे और रेणुका, वसिष्ठ मुनि तथा राम की ओर क्रम-क्रम से देख रहे थे।

"राम!" जमदग्नि ने कहा, "सृष्टि के आदिकाल से आज तक आर्य-जीवन में यह कभी देखा-सुना नहीं गया कि कुलपति की अर्धांगिनी ने कभी पर-पुरुष का सेवन किया हो। वह मैंने देखा है अपने ही कुल में, अपने ही घर में। आर्य-जीवन की शुद्धि की रक्षा करने के लिए धर्म का अन्तिम बार पालन करना चाहता हूँ। मैंने अनेक कुलटाओं का शिरच्छेद किया है और करवाया है। आज अन्तिम बार फिर अपने उसी धर्म का पालन करना चाहता हूँ।"

सिसकते हुए रेणुका ने आँखों पर हाथ दे लिए। भार्गव का मुख गहरा लाल हो गया। उन्होंने काँपते स्वर में कहा, "पिताजी! मैं भी पुत्र-धर्म का पालन कर लूँ–अन्तिम बार। पर..."

जमदग्नि चकित होकर सुन रहे थे।

"मैं अम्बा को मारूँगा अवश्य। पिता की आज्ञा को माथे पर चढ़ाऊँगा। किन्तु उसके अनन्तर फिर मैं भी आपके पितरों में जाकर मिलना चाहूँगा। मैं भी अम्बा का अनुगमन करूँगा। पिता की आज्ञा का उल्लंघन करके अथवा माता की हत्या करके मैं आर्यत्व का उद्धार नहीं कर सकूँगा और यदि वैसा भी कर सकूँ, तब भी मुझे फिर जीना नहीं है।"

"तू मरना चाहता है?" पुत्र की बात का अर्थ समझकर धीरे-से जमदग्नि ने कहा।

"भृगुश्रेष्ठ! अब तक आपका पुत्र होकर मैं भान भूला हुआ था। अब आपके कहने से मैं भले ही आर्य हो जाऊँ, पर अपनी दृष्टि में तो मैं चांडाल से अधिक अधम हो जाऊँगा।

जीवन-भर आपने आर्यत्व पर गर्व किया है, पर उसके सामर्थ्य से आप सदा ही भाग छूटे हैं। यदि आप चाहते तो महर्षि और मुनिवर के बीच के कलह को शान्त कर सकते थे। आप यदि चाहते तो पलक मारते में आर्यावर्त को एक कर सकते थे। आप यदि चाहते तो जिस अम्बा ने जगत् को उज्वला है, उसके अंगीकार किए हुए परम धर्म को समझकर, उसके बल से सबको बचा सकते थे। केवल आर्य-गौरव के काष्ठ-पिंजर को आपने आर्यत्व मान लिया है। उसके भीतर के प्राण को आपने नहीं पहचाना है। आपने औरों की आशा के आधार पर अपने जीवन की रचना की है; आपने किसी की भी आशा पूरी नहीं की।"

इस तेजस्वी स्वरूप और बहती हुई वाग्सरिता पर मुग्ध होकर वसिष्ठ बीच में नहीं बोले।

"राम! राम!" अम्बा खड़ी होकर राम से चिपट गई, "यह क्या कह रहा है?"

"सत्य! जो तुममें से किसी ने भी अब तक सुना नहीं था, वह। मैं तेरा शिरच्छेद करता हूँ–पिता की आज्ञा का पालन करने के लिए। इसके उपरान्त फिर मैं तुम्हारा नहीं हूँ। भृगुवंश में फिर मैं देह धारण नहीं करूँगा।" भार्गव के प्रौढ़ कंठ-स्वर की प्रतिध्वनि चारों ओर व्याप गई–आकाश में हल्की-सी गर्जना हुई, मानो उस स्वर का प्रतिघोष ही गूँज उठा हो।

"...आप!" उन्होंने प्रौढ़तर स्वर में पिता को सम्बोधन किया, "आपने अम्बा के समान सती को कुलटा कहा है। अपने चार-चार पुत्रों को आपने उसे मारने के लिए भेजा। पर आप अपने पैरों चलकर यह देखने नहीं गए कि वह किन गान्धर्वराज के चरणों की सेवा कर रही थी।"

"राम, चुप रह!" रेणुका ने बीच में आकर उग्र स्वर में कहा।

"मैं चुप नहीं रहूँगा। मेरे पास आँखें हैं, ये सब अन्धे हैं। ऐसा न होता तो मृत्यु-शय्या पर पड़े हुए रक्त-पित्तियों की परम कल्याणी अम्बा को पापाचारिणी न मान बैठते। अधर्म आचार में नहीं है, पर उसके पीछे रहनेवाली दृष्टि में है। इनमें से किसी भी अन्धे को यह नहीं सुझाई पड़ा।"

रेणुका रोती आँखों से बीच में आ पड़ी, "चुप रह, राम! क्या बोल रहा है?"

"मैं चुप कैसे रह सकता हूँ? आर्यत्व के मिथ्या अभिमान में आकर तुमने आर्यत्व का मूलोच्छेद किया है और अभी भी करना चाहते हो।" भयंकर स्वर में राम ने पिता को लक्ष्य करके कहा।

जमदग्नि के होंठ काँप उठे। रेणुका की मीठी आँखें उग्र हो उठीं। उसने कसकर राम को एक थप्पड़ मार दिया। कठोर स्वर में उसने पूछा, "राम, तू मेरी कोख को लजाना चाहता है?"

राम की अंगारों-सी आँखें सबको मुग्ध कर रही थीं, तिस पर भी रेणुका अडिग आँखों से उसे ललकार रही थी। क्षणमात्र में ही वह शान्त हो गई।

"बेटा! पिता की मान्यता को लोप रहा है। पैरों पड़कर क्षमा माँग।"

भार्गव सिंह के समान गर्व-भरे-से उग्रतापूर्वक देखते रह गए।

"राम! छोड़ दे तू अपना अभिमान।" ममता का अप्रतिरोध्य अधिकार उनके स्वर में था।

भार्गव की दृष्टि निर्मल हो चली।

"बेटा, यह मेरी अन्तिम आज्ञा है...इसके पश्चात् तू मेरा शिरच्छेद कर।"

भार्गव पिता के चरणों में गिर पड़े–उग्रतापूर्वक बाध्य होकर।

रेणुका समझ गई। उसने ममतापूर्वक उसकी पीठ पर हाथ रख दिया।

"यों गर्विष्ट भाव से नहीं। तू तो धर्म का त्राता है। पुत्र का सिर तो पिता के चरणों में ही हो सकता है।" उसने कहा।

भार्गव की उग्रता तिरोहित हो गई। उन्होंने पिता के चरणों में सिर रख दिया और गद्गद कंठ से कहा, "पिताजी! क्षमा करिए।"

जमदग्नि पूर्ण रूप से सचेत हो चले थे। उनकी आँखों से आँसू टपक रहे थे।

वे नीचे झुक आए और बेटे को छाती से चाँप लिया।

"बेटा! शत-शरद् जियो।"

"पिताजी! मैं आपकी आज्ञा का पालन करता हूँ।" कहकर वह रेणुका की ओर मुड़ा।

"राम!" जमदग्नि ने धीमे स्वर में कहा, "तेरी बात सच है, मिथ्या अभिमान से नहीं, सामर्थ्य के द्वारा ही आर्यत्व की रक्षा सम्भव है।"

भार्गव ने परशु उठाया।

"पुत्र, यह तू क्या कर रहा है?" मानो नींद से जागे हों, ऐसे जमदग्नि पूछ बैठे।

"आपकी आज्ञा का पालन कर रहा हूँ। अम्बा का वध कर रहा हूँ।"

"रेणुका, रेणुका!" रुदन के स्वर में जमदग्नि ने कहा, "मैंने तेरा वध करवाया। पर तेरे पुत्र ने तुझे जिला दिया। राम, परशु फेंक दे। अपनी प्रतिज्ञा को मैं लौटा लेता हूँ। रेणुका...!"

पैरों में गिरती हुई रेणुका को उन्होंने उठा लिया। जन-जन की आँखों से आँसू टपक रहे थे।

वसिष्ठ मुनि को अर्घ्यदान

[1]

सन्ध्या ढल रही थी। भृगु के आश्रम में चारों ओर प्रकृति का चांचल्य था। सरस्वती के तीर पर भार्गव बैठे हुए थे। उनके सामने विश्वामित्र की मन्त्रविद्या के अधिकारी, विद्यानिधियों में श्रेष्ठ, सौम्य, सुन्दर, तेजस्वी शुनःशेप ऋषि बैठे थे। उनके पास ही कवष ऐलुष बैठे थे–अधेड़ वय, बड़ी आँखें, बड़ी नाक और बड़े-बड़े कान; निश्छल और खरी बात कहनेवाले वे विश्वामित्र के प्रिय शिष्य थे। उनके पास ही अधेड़वयी राजा दुष्यन्त बैठे थे; माधुर्य के सत्व-सी विश्वामित्र की पुत्री शकुन्तला के वे पति थे और उनके दौहित्र बालक भरत के पिता। वे, यदुकुल के राजा, इस क्षण विचार में पड़े हुए थे।

लम्बी और गम्भीर बातों में वे चारों व्यस्त थे। निदान शुनःशेप ऋषि ने कहा, "सब प्रकार से विचार कर लेने के उपरान्त मुझे तो यही समझ में आता है कि भरत को भरतों के राज-पद पर स्थापित कर देना चाहिए। जितना ही अधिक विलम्ब हो रहा है, उतनी ही हमारी शक्ति अधिक क्षीण हो रही है।"

"महर्षि की अन्तिम आज्ञा को शिरोधार्य करना मेरा धर्म है।" दुष्यन्त ने कहा, "पर मेरा मन नहीं मानता है। भरत इस समय हतवीर्य हो गए हैं। उनके पास्परिक विग्रहों और द्वेषों में मैं अभी नहीं फँसना चाहता हूँ।"

"राजा सुदास अब चक्रवर्ती हो गए हैं। भरत-जाति-संघ के कुछ राजा तो उनके सामन्त होने के लिए तैयार भी हो गए हैं। भरत को हम यदि इस समय राज-पद पर स्थापित कर देंगे, तो वे सब हम पर टूट पड़ेंगे।" कवष ऐलुष ने उक्त कथन का समर्थन किया, "और भरत आज इधर-उधर भूले-भटके-से घूम रहे हैं। जहाँ वीरता की ज्वाला थी, वहाँ अब हताशा की राख शेष रह गई है।"

"क्या यह सब मैं नहीं जानता हूँ?" शुनःशेप ने अपने मीठे स्वर और अपूर्ण उच्चारण से प्रश्न किया, "पर पराजय से भी उद्धार पाने का कोई मार्ग है या नहीं?"

"ऋषिवर!" दुष्यन्त ने कहा, "आपको अभी हमारी पराजय का पूरा भान नहीं है। मैं तो नित्य योद्धाओं के बीच ही घूमता हूँ और उनकी मनोदशा भी जानता हूँ। सभी शरीर, मन और पराक्रम से थक चुके हैं। उत्साह में किसी को भी कोई रस नहीं रह गया है। कल तक जिसको सब वीरता कहते थे, उसी में सबको आज मूर्खता दिखाई पड़ती है। सहचार किसी को भी पसन्द नहीं है। सब अपने-अपने लाभ की सोच रहे हैं।"

"राजन्!" शुनःशेप ने कहा, "यह जो बातचीत हम कर रहे हैं, यह भी पराजय का ही प्रतिफल है। हम हार गए हैं–नितान्त हार गए हैं। इसमें तो किसी को रंच-मात्र भी सन्देह नहीं

है। पराजय छाती पर चढ़कर हमारी आत्म-श्रद्धा को कुंठित कर रही है। आप अपने पुत्र को चक्रवर्ती पद सौंपने से डरते हैं। कवष ऋषि के मन में भी संशय है।''

''ठीक बात है।'' सखेद कवष ने कहा, ''संशय हमारे प्रत्येक ध्येय को विदीर्ण कर रहा है। मेरे मन्त्र-गान भी कुंठित हो गए हैं। भरतों के हृदय में जय-घोष के प्रतिशब्द अब नहीं गूँजते। इसी का नाम है पराजय। पर इससे छुटकारा पाने का उपाय क्या है?''

''आप-से वीरों की यह कसौटी है।'' भार्गव ने मन्द हास्य के साथ पहली ही बार मुँह खोला।

''इस समय वीरों का कौन ठिकाना है? गुरुदेव! इस विचार को इस समय त्यागे बिना निस्तार नहीं है।'' दुष्यन्त ने कहा।

''परसों जो महर्षिगण यहाँ से गए हैं, उन्हें भी इस शैथिल्य से छुटकारा पाने का मार्ग नहीं सूझ रहा था।'' कवष ऋषि ने कहा।

''वसिष्ठ मुनि स्वयं भी कह रहे थे कि तृत्सुओं में अब उत्साह और आत्म-श्रद्धा नहीं रह गई है। उन्होंने आर्यत्व की साधना की है अवश्य, पर उसे टिकाए रखने की शक्ति अब उनमें नहीं रह गई है। दाशराज्ञ तो विजित और पराजित दोनों ही को हरा रहा है।''

''तो फिर आप सब लोगों की यदि यही इच्छा हो, तो इस प्रकरण को यहीं समाप्त किया जाए। देखा जाएगा, समय स्वयं ही अपना काम करेगा।'' शुनःशेप ने निदान स्वीकार कर लिया।

''निष्कर्म बैठ रहना भी कर्म तो है ही।'' ऋषि ऐलुष ने कहा, ''कभी-कभी इसकी भी आवश्यकता होती है।''

''तो इस समय भरत को चक्रवर्ती पद पर स्थापित नहीं किया जाए, यही आप सबका मत है।'' भार्गव ने निर्णय घोषित कर दिया।

''और हो ही क्या सकता है गुरुदेव?'' दुष्यन्त ने पूछा।

''अच्छी बात है।'' कहकर भार्गव उठ खड़े हुए।

''पर आपने तो कुछ कहा ही नहीं।'' कवष ऋषि ने कहा।

''भरण की घड़ी में महर्षि ने जो सन्देशा मुझे सौंपा था, वही मैंने आपको कह सुनाया है। और आपका निर्णय मानने को भी भरत बाध्य हैं।'' भार्गव ने तटस्थतापूर्वक कहा।

''पर क्या आप इससे सहमत नहीं हैं?'' दुष्यन्त ने पूछा।

''मेरी सम्मति की चिन्ता आप न करें। मैं तो अपने मार्ग पर जाऊँगा ही।''

''पर आपका मत क्या है, सो तो बताइए?'' कवष ऋषि ने कहा, ''हम जानें तो सही।''

''मेरा मन्तव्य आपके गले थोड़े ही उतरेगा? आप जिन्हें न पचा सकें, ऐसे घूँट आपको पिलाने से लाभ ही क्या है? आप यदि भरत को अभी चक्रवर्ती-पद पर स्थापित नहीं करना चाहते, तब भी मुझे तो अपना रास्ता खोजना ही होगा।''

''कौन-सा रास्ता?''

''समय आने पर मैं बताऊँगा।''

ऋषि कवष ऐलुष और राजा दुष्यन्त वहाँ से चले गए। भार्गव ने शुनःशेप के कन्धे पर हाथ रखकर कहा, ''शुनःशेप! भाई, हममें से किसी में भी शिथिलता को उखाड़ फेंकने की शक्ति नहीं रह गई है।''

"यह शिथिलता तो मुझे भी कुंठित कर रही है। मेरा मन्त्र-दर्शन अवरुद्ध हो गया है। पराजय इतनी भयंकर वस्तु होती है, यह तो मैंने कभी न जाना था।"

"पराजय तो महान् वस्तु है। मैं तो सदा ही उसका स्वागत करता आया हूँ," भार्गव ने कहा, "यह विपत्ति वीरों को तपाती है, उनके भीतर के कंचन को प्रकाशित करती है। सामान्यजन इसी से भागकर अधोगामी बनते हैं और शूर-जन अलग होकर उन्नति के मार्ग पर विहार करते हैं।"

"पर हम लोग हार गए हैं, यह तो सच ही है न?"

"हार क्या? जीत क्या? कायरों के इस शब्द-जाल का भेदन करना चाहिए। क्या हार-जीत मृत्यु पाए हुए वीरों की संख्या में है? क्या वह विनाश-प्राप्त समृद्धि की गणना में है? नहीं, नहीं, जो जीवन उन्नति करता है, वही विजयी है और जो उन्नति नहीं करता, वही पराजित है।"

"पर जीवन उन्नत कैसे हो सकता है? आपने तो इस समस्या को सहस्रों बार सुलझाया है।"

"जहाँ श्रद्धा से प्रेरित उत्साह नहीं है, वहीं पराजय है। पर जहाँ श्रद्धा और उत्साह है, वहाँ पराजय कभी हो ही नहीं सकती।"

"कहने को भले ही हम कह लें, पर आज न तो श्रद्धा ही रह गई है और न उत्साह। राजा दुष्यन्त और कवष ऐलुष में ही वह नहीं है, तो और किसी में कहाँ से होगी?" शुनःशेप ऋषि ने कहा, "ये सब तो मुझे भी मात कर रहे हैं। विश्वामित्रों और भरतों का प्रताप कैसा था और आज वह क्या हो गया है।"

"भाई, तुम्हारे मुँह से ये शब्द शोभा नहीं देते। तुम्हीं यदि जय-पराजय से ग्रस्त हो जाओगे तो फिर किसका धैर्य टिक सकेगा? विजय? विजय तो क्षणजीवी फूल है। इस क्षण वह विकसित होता है और अगले ही क्षण कुम्हला जाता है। इससे भी परे चिरंजीवी है आत्म-श्रद्धा, अडिग शक्ति की जनेता, जो समय-बल और पशु-बल से परे है। जब आत्म-श्रद्धा विचलित हो जाती है, तभी पराजय आती है।"

शुनःशेप ने बालपन से ही जिसे वरुणदेव माना था, अपने उस मित्र के मुख से बहते हुए वह्नि के समान ज्वलन्त शब्दों को वह सुनता रहा।

"भार्गव, मेरी आत्म-श्रद्धा भी विचलित हो गई है। इस समय ऐसी कौन-सी वस्तु प्राप्य है कि जिससे आत्म-श्रद्धा जाग सके?"

"प्राप्य और अप्राप्य की चिन्ता करके ही तो हम अपनी आत्म-श्रद्धा को खो देते हैं। प्राप्य के लिए जो लड़ता है, वह मनुष्य है। अप्राप्य के लिए जो जूझता है, वह महात्मा है। प्राप्यता की मर्यादा निर्दिष्ट करने में ही पराजय की नींव पड़ती है।" भार्गव ने दूर सरस्वती के नीर पर दृष्टि स्थिर करके कहा, "शुनःशेप! भाई! मैंने तो अप्राप्य पर ही कमर कसी है। विश्वामित्र के आश्रम को तुम फिर मन्त्र-गान से गुंजित कर दो; सहस्रों शिष्य तुम्हारी विद्या की परम्परा लेकर सिन्धु से सिंहल तक घूम जाएँ, यही मैं चाहता हूँ।"

शुनःशेप आँखें फाड़कर देखता रह गया, "क्या कह रहे हैं आप?"

"शुनःशेप! तुम्हें जो अप्राप्य दीख रहा है, वह तो मुझे मेरी आँखों के आगे आता-सा दिखाई पड़ रहा है। तुम मेरे साथ विहार कर रहे हो—अनजान नदियों और गिरिवरों के पार—

सहस्रों आश्रम स्थापित करते हुए, सिन्धु से सिंहल तक विद्या, तप, संयम से आर्यावर्त की सीमा का विस्तार करते हुए। विश्वामित्र ऋषि ने गायत्री के दर्शन किए थे—तुम्हारे और मेरे लिए नहीं, कंठ-कंठ में उसे गुंजित कराने के लिए, दसों दिशाओं में आर्यत्व को प्रसारित करने के लिए।

"शुनःशेप!" भार्गव कुछ देर चुप रहकर ममतापूर्वक पुनः उसकी ओर घूम गए "मैं तो अप्राप्य का मन्त्र-द्रष्टा हूँ, इसी से विधि से भी अधिक वीर्यवान बन गया हूँ। मैं मरूँगा भी तो मृत्यु का स्वामी बनकर। मेरे मरण में से उत्साह और श्रद्धा की चिंगारियाँ उड़ेंगी। उनकी आँच आज नहीं तो आगामी कल के वीरों को अवश्य लगेगी। आर्यत्व की ध्वजा को वे फिर से खड़ी करेंगे, फहराएँगे और अनन्त काल तक आगे बढ़ाते ले जाएँगे।"

शुनःशेप ने भार्गव के पास आकर उनके हाथ पर अपना हाथ रख दिया।

"भार्गव, वीरमूर्ति, मैं तुम्हारा हूँ—आजीवन तुम्हारा रहूँगा। कहो—कहो, क्या चाहते हो, कहो!"

"मैं श्रद्धा का महास्रोत बहाना चाहता हूँ। मानवता के शृंग-शृंग पर उत्साह का दावानल सुलगाना चाहता हूँ। हृदय की शान्ति मुझे नहीं चाहिए। उस हृदय में श्रद्धा और शक्ति का प्रभंजन जगाकर मैं जड़ जगत् को गगन तक ले जाना चाहता हूँ। तू रहेगा मेरे साथ?"

दोनों सरस्वती की साक्षी में खड़े थे—ठीक वैसे ही जैसे बालपन में एक दिन एक नाव में खड़े थे। वैसे ही पूज्यभाव से शुनःशेप ने अपने उस देव-स्वरूप मित्र को देखा और उसके प्रति अपना अर्घ्य चढ़ा दिया।

"राम! मैं तेरा ही हूँ। तू तो जय और पराजय दोनों ही का स्वामी है।"

[2]

निस्तेज-स्वरूप में और भी आकर्षक लगती-सी एक सुन्दरी तृत्सुग्राम में विजयी सुदास राजा के महालय के एक बाड़े में पत्थर पर बैठी हुई थी। उसका सर्वांग लालित्य से परिपूर्ण था, पर उसके सारे शरीर पर निराशा की एक अमिट छाप थी।

वह कुन्द के पुष्प के समान श्वेत थी। कोई छह वर्ष का एक किंचित् श्यामवर्ण बालक दौड़ता हुआ आया और रूठकर रोता हुआ बोला, "माँ! माँ! मैं यहाँ नहीं रहूँगा, मुझे पिताजी के पास ले चल।"

"शिबि!" सुन्दरी ने बड़ी कठिनाई से अपने आँसू रोकते हुए कहा—"ले जाऊँगी बेटा, ले जाऊँगी।"

"कब ले चलेगी? यहाँ तो सभी मेरा अपमान करते हैं।" किसी ने राजा भेद के पुत्र का अपमान किया था।

"कल ले चलूँगी, बेटा, कल।" और उस स्त्री की आँखों से आँसू टपक पड़े।

"अवश्य ले चलेगी?"

"हाँ, बेटा!"

"तू रो नहीं माँ, मैं कल सयाना हो जाऊँगा।"

सोमक राजा की पुत्री, चक्रवर्ती सुदास राजा के युवराज कृशाश्व की पूर्वाश्रम की पत्नी और राजा भेद की विधवा अपने पुत्र शिबि को झूठा आश्वासन दे रही थी। वह जानती थी, कल सत्र प्रारम्भ होने के पश्चात् उसकी शुद्धि होगी और उसके उपरान्त मुनि वसिष्ठ और चक्रवर्ती सुदास, उसे फिर से कृशाश्व के साथ विवाह करने की आज्ञा देंगे। उसका वश चलता तो वह मर जाती, पर उसके पीछे शिबि का, भेद के एकमात्र पुत्र का, कौन होगा? उसके बाप की राज्य-लक्ष्मी लुट गई थी। उसकी प्रजा छिन्न-भिन्न हो गई थी। उसके गढ़ भूमिसात् हो चुके थे। वह यदि न रहेगी तो उसके पुत्र का क्या होगा?

महालय में और सारे तृत्सुग्राम में जो आनन्दोत्सव हो रहा था, उसे देखकर उसके हृदय में ज्वालाएँ धधक उठती थीं। इस सबके बीच वह नितान्त निःसहाय थी।

ग्राम-ग्राम के राजा वहाँ आकर एकत्रित हुए थे। जो शत्रु थे, वे उसके पति की पराजय का उत्सव मनाने आए थे और मित्रों में से जो लोग बच रहे थे, वे चक्रवर्ती की आज्ञा को शिरोधार्य कर, अपने को सुरक्षित बनाए रखने के विचार से आए थे।

सुदास की विजय को वसिष्ठ ने आर्यावर्त की विजय के रूप में घोषित किया था। उन्होंने साथ-ही-साथ एक वर्ष-व्यापी महासत्र का आयोजन भी किया था। चारों ओर से आश्रमों के ऋषिगण अपने शिष्यों सहित आ रहे थे। बारह महीनों तक वे सब साथ बैठकर मन्त्र और विधि की पुनर्घटना करेंगे और उसके पति तथा उनके मित्रों की लुटी हुई समृद्धि का शिरोपाव प्राप्त करेंगे। कल ही उस सत्र का आरम्भ होगा।

द्वार पर पहरा था। बाड़े की दीवारों के बाहर भी पहरा लगा हुआ था। पहरा हो या न हो, पर जगत् में उसका अपना कोई नहीं था। कहीं से भी संरक्षण पाने की आशा उसे नहीं रह गई थी।

प्रणय-विह्वलता के आवेग में शशियसी ने तृत्सुओं का महिषीपद ठुकराकर, राजा भेद की प्रणयिनी होना अधिक पसन्द किया था। उसने भेद और उसकी प्रजा दोनों ही का जीवन उज्ज्वल किया था। उसकी प्रजा के हृदय में उसने स्थान प्राप्त कर लिया था।

उसे वह दिन याद हो आया जब महर्षि विश्वामित्र अकेले उसके द्वार पर आए थे—उसे समझाकर लौटा ले जाने के लिए। राजा भेद गढ़ में नहीं थे। विश्वामित्र ने उसे बहुत समझाया-बुझाया। उन्होंने यह भी चेतावनी उसे दी कि वसिष्ठ घर-घर आग लगा देंगे। वह स्वयं महर्षि के सामने रो पड़ी थी।

"गुरुवर्य! मैं तो भेद की हूँ। मेरा स्थान यहीं पर है। भले ही मुझे मार डालो, पर उनसे मुझे न बिछुड़वाओ।"

निदान उसने उन उदारचरित महात्मा से विनती की, "एक महीने के लिए आप हमारा आतिथ्य स्वीकार करें। उसके उपरान्त यदि उचित समझें, तो भले ही मुझे उनसे बिछुड़वा दें।"

महर्षि एक महीने तक उसके और भेद के साथ रहे और उनकी पारस्परिक तन्मयता को उन्होंने पहचान लिया। दस्युओं की माता होने की उसकी आकांक्षा को भी उन्होंने देखा। एक महीने में महर्षि का समाधान हो गया। उन्होंने उसे और भेद को बिछुड़ाने का आग्रह छोड़ दिया। उन्होंने विधिपूर्वक दोनों का विवाह करवा दिया और उनका साथ देने का वचन दिया। और सर्वस्व देकर भी उस वचन को निबाहा।

अब राजा भेद पितृ-लोक को सिधार गए थे। गढ़ के छेद में से उसने अपने पति को अप्रतिम शौर्य के साथ लड़ते देखा था। सैकड़ों तीरों से घायल होकर उसे गिरते हुए भी उसने देखा था। उसके शरीर पर होकर निकल जाते हुए घोड़ों की हिनहिनाहट का भयंकर नाद आज भी उसके कानों में गूँज रहा है।

एक हरिणी की भाँति वह पकड़ ली गई। बन्दी बनाकर उसे यहाँ लाया गया। कल उसकी शुद्धि होगी और फिर कृशाश्व के साथ उसका विवाह करवा दिया जाएगा। उसका हृदय कटुता से उबल उठा। देव न्याय न कर सके तो न सही, पर उन्हें दया भी नहीं आई!

अपनी गोद में सिर रखकर सो रहे शिबि की ओर उसने देखा। नींद में भी वह रह-रहकर निःश्वास छोड़ रहा था। शम्बर के पौत्र का सम्मान यहाँ पद-पद पर घायल हो रहा था। तनिक-तनिक-सी बातों में वह रुष्ट होकर रो पड़ता। इस प्रकार प्राण धारण करने से तो प्राण खो देना उसे अधिक अच्छा लग रहा था। भेद के पत्नीत्व से वंचित होना–भ्रष्ट होना–घृणित कृशाश्व का हाथ पकड़ना, उसकी पत्नी बनकर तृत्सुओं की युवराज्ञी होना–इससे निकृष्ट अधमता और क्या हो सकती है, यह उसकी कल्पना में भी न आ सका। शशियसी को अब जीना नहीं था, केवल इस पुत्र के कारण प्राण धारण करना था।

कोई आता जान पड़ा। शशियसी किसी का मुँह भी नहीं देखना चाहती थी। यह परिचित महालय उसे नरक की भाँति जलाए दे रहा था।

कृशाश्व आया। वसिष्ठ मुनि की आज्ञा थी कि शशियसी के दुःख को कम करना उसका धर्म है। आजकल प्रतिदिन सन्ध्या में वह आया करता था। जितनी देर वह शशियसी के निकट रहता, वे क्षण उसे विष के समान लगते।

युवराज कृशाश्व सामने आ खड़ा हुआ।

"शशियसी! कैसी है?"

"अच्छी ही हूँ।"

"क्या शिबि सो गया है?"

"हाँ।"

दोनों चुप थे। कृशाश्व किंकर्तव्यविमूढ़-सा खड़ा रह गया; संवाद करने की उसकी शक्ति बहुत परिमित थी।

"कल हमारे लग्न होंगे।"

शशियसी ने उत्तर नहीं दिया।

"अपने महालय को मैंने सजाया है। पिछले भाग को मैंने फिर से बँधवाया है। नदी के तीर पर एक विशाल उपवन बनवाया है।"

शशियसी को वह स्थल याद था, जहाँ मध्यरात्रि के उपरान्त वह राजा भेद से मिला करती थी। पुरानी स्मृतियों से उसका हृदय काँप उठा।

"तू शोक न कर। जहाँ से भूले हैं वहीं से फिर गिनना आरम्भ कर देना है।" दयार्द्र स्वर में कृशाश्व ने आश्वासन दिया। उसके और शशियसी के पुनर्लग्न पर समूचा आर्यावर्त टकटकी लगाए बैठा था, इस बात का उसे भान नहीं था।

"तृत्सुराज।" शशियसी ने कहा, "तुमसे कितनी बार कहूँ? बीती बात लौटकर नहीं आती।"

"आएगी, अवश्य आएगी।"

"तुम्हारे और मेरे बीच तो राजा भेद के रक्त की सरिता बाधा बनकर पड़ी है। राजा और मुनिवर ने आज्ञा दी है, इसी से तुम मेरे साथ विवाह करने को उद्यत हुए हो। ना कहना मेरे वश का नहीं है, क्योंकि मैं तो पराधीन हो पड़ी हूँ। पर तुम्हारा और मेरा विवाह हो नहीं सकेगा।"

"यह क्या कह रही हो?"

"युवराज!" शशियसी ने निराश स्वर में कहा, "तुम्हारे साथ ही यदि मैं संसार निबाह सकती तो तुम्हें छोड़कर ही क्यों जाती? और अब? मेरा पति मारा गया, मेरी प्रजा नष्ट हो गई, मेरे मित्र काटकर फेंक दिए गए; और अब मैं रहूँगी तुम्हारे घर में? यदि मेरे ललाट में यही अधोगति लिखी है, तो उसे रोकने में कौन समर्थ है? पर युवराज तुम, आर्यावर्त के चक्रवर्ती होनेवाले हो। दाशराज्ञ जीतकर राजा सोमक की पुत्री को पुनः लौटा लाने का पराक्रम भी तुमने दिखाया है। संसार तुम्हारे सिर पर मेरे पाणिग्रहण का मुकुट शोभित होते हुए देखना चाहता है। तुम और मैं तो मात्र गुड्डे-गुड्डी हैं। इसके अतिरिक्त और कुछ तुम इसमें नहीं पाओगे।"

"मुनिवर कहते हैं कि समय अपना काम करेगा।"

"मुनिवर के लिए अभी यह जानना शेष रह गया है कि कुछ सम्बन्ध ऐसे भी होते हैं कि जो स्थान और काल से परे होते हैं।"

"जो कुछ मुझसे हो सकेगा, वह मैं करूँगा।"

"मुझे और कुछ नहीं चाहिए। मैं तो गाय की भाँति हरण करके यहाँ लाई गई हूँ। गोशाला में कुछ घास-चारा डाल देना, और कुछ मैं नहीं माँगती। अपने इस छोटे-से पुत्र का पालन-पोषण मुझे करने देना। और यदि दया कर सको तो इसके बड़े होने पर, एक छोटा-सा गाँव इसके लिए निकाल देना। तुम्हारे इस उपकार को मैं कभी न भूलूँगी। पर अपनी अतिरिक्त आशाओं से मेरे इस जन्म को नष्ट मत कर देना।" दीन स्वर में शशियसी ने कहा। उस गर्विणी स्त्री का गर्व आज चूर-चूर हो गया था।

कृशाश्व को कोई उत्तर नहीं सूझा—वह धीरे-धीरे वहाँ से चला गया। उसका दाम्पत्य-जीवन समूचे आर्यावर्त की सम्पत्ति हो गया था। न तो उस पर उसका अपना स्वामित्व ही था और न उसे विसर्जन करने का अधिकार ही उसे था। अँधेरा हो चला था। शशियसी निःश्वास-पर-निःश्वास छोड़ रही थी। सारे संसार में उसका अपना कोई नहीं था। उसके चारों ओर अन्धकार था। एकाएक वह डर गई। बाड़े पर झुक आए झाड़ की डाल पर से कूदकर एक बिल्ली महालय के छप्पर पर आ गई। धीरे-से शिबि को उठाकर वह अन्दर जाने को ही थी कि तभी उसका ध्यान उस बिल्ली पर जा पहुँचा। छप्पर पर होकर धीमे पैरों वह उसकी ओर आ रही थी।

इतनी बड़ी बिल्ली पहले उसने कभी नहीं देखी थी। उसने अपनी कमर पर कुछ बाँध रखा था। वह और भी पास आ गई और छप्पर से नीचे कूदकर खड़ी हो गई।

शशियसी घबराई-सी खड़ी रह गई। उसे निश्चय हो गया कि वह बिल्ली नहीं है। उसे लगा कि वह अभी-अभी चीख उठेगी।

एकाएक वह बिल्ली अपने चारों पैरों पर खड़ी हो गई और दौड़ती हुई उसके निकट आई; उसके सामने आकर वह खड़ी हो गई और उसने उसके मुख पर हाथ रख दिया। उसकी चीख गले में ही रुँध गई।

गुरु डड्डनाथ के यहाँ से भगवती लोमहर्षिणी कुछ बिना सीखे ही नहीं लौट आई थीं, "मैं लोमा हूँ, चुप रह!"

"लोमा!"

"पगली मुझे नहीं पहचानती? लोमहर्षिणी–सुदास की बहन।"

"तू यहाँ कैसे?"

"चुप, चुप।" लोमा ने शशियसी का कान पकड़ लिया।

"चल! शिबि को मैं उठाए लेती हूँ।"

"कहाँ? तू कहाँ से आ रही है?"

"गुरुदेव बुला रहे हैं।"

"गुरुदेव।" चौंककर शशियसी पीछे हट गई।

लोमा ने फिर उसका कान मल दिया।

"पहले जैसी ही मूर्ख तू अभी भी बनी हुई है। वसिष्ठ नहीं, भगवान् जामदग्नेय।"

"कौन?" घबराई हुई-सी शशियसी को कुछ समझ में न आया।

"महर्षि जमदग्नि के पुत्र राम–मेरे वर–अब तो समझी? विश्वामित्र ने उनसे वचन ले लिया था कि वे तुझे बचा लेंगे।"

शशियसी का हृदय हर्ष से नाच उठा। "मैं इस छपरे पर चढ़ जाती हूँ। तू शिबि को मुझे दे देना। फिर तू उस दीवार से चढ़ना; मैं तुझे ऊपर खींच लूँगी।"

शशियसी को यह सब स्वप्न लग रहा था। लोमा बिल्ली की भाँति चौपदी होकर कूदी और छपरे पर जा बैठी, और वहाँ से उसने शिबि को ले लिया। उसने दीवार के उस ओर जाकर बच्चे को उज्जयन्त के हाथों सौंप दिया।

लोमा लौटकर फिर आ गई। शशियसी कूदकर दीवार पर चढ़ गई। क्षण-मात्र में ही वे दोनों दीवार के उस ओर कूद पड़ीं।

कुछ ही देर में वे गाते-बजाते उत्सव-मग्न स्त्री-पुरुषों में जाकर मिल गईं।

[3]

मध्याह्न में सत्र आरम्भ होने को था। सवेरे ही चक्रवर्ती सुदास एकाएक मुनि के आश्रम में आ पहुँचे। वे अब वृद्ध हो चले थे। उन्होंने विजय प्राप्त की थी अवश्य, पर वर्षों की चिन्ता और परिश्रम ने उनके शरीर पर अपने पद-चिह्न छोड़ दिए थे। इस समय वे क्रोध में भर्राए हुए थे।

"आइए राजन्, विराजिए। क्यों इस प्रकार क्षुब्ध दीख रहे हैं आप?" मुनिश्रेष्ठ वसिष्ठ ने पूछा।

"अभी-अभी एक संवाद आया है।"

"क्या?"

"भृगुओं के आश्रम में ऋषि कवष ऐलुष भरतश्रेष्ठ का राज्याभिषेक करने जा रहे हैं। उसका निमन्त्रण आया है।"

"भरतश्रेष्ठ कौन?" वसिष्ठ ने पूछा।

"राजा दुष्यन्त का बालक पुत्र–महर्षि विश्वामित्र का दौहित्र भरतों के सिंहासन पर बैठनेवाला है।"

"दुष्यन्त! हाँ, समझ गया।"

"क्या?"

"वह भरत महर्षि विश्वामित्र की कण्व के द्वारा पालित पुत्री शकुन्तला का पुत्र है। वह भी योग्य है।" वसिष्ठ ने कहा।

"इसमें मुझे कोई योग्यता नहीं दिखाई पड़ती। यह तो हमें चुनौती देने के लिए किया गया है। भृगुओं का आश्रम अब ऋषियों का आश्रम नहीं रह गया है। वह तो अब शस्त्र-विद्या का एक महान् विद्यापीठ हो गया है।"

"हाँ, उसके अधिष्ठाता भार्गव हैं।"

"मुझे यह सब समझ में नहीं आ रहा है। कहा जाता है कि वह दस सहस्र शिष्यों का स्वामी है। उसके शिष्य शस्त्रास्त्र लेकर ऋषियों के आश्रमों की रक्षा के बहाने चारों ओर त्रास फैला रहे हैं। इस राज्याभिषेक में भी मैं उन्हीं का हाथ देख रहा हूँ।"

"राजन्! भरत अपने सूने राजसिंहासन पर यदि विश्वामित्र के दौहित्र का राज्याभिषेक करते हैं, तो उसमें कौन-सी बुराई है?"

"मुझसे पूछना तो चाहिए था?" सुदास ने अपने चक्रवर्ती पद का गर्व दर्शाया।

"भरत हार गए। उनका राजा रणक्षेत्र में मारा गया। पर उन्होंने अपने को झुकाया नहीं और न सामन्त-पद ही स्वीकार किया। फिर वे तुझसे क्यों पूछने लगे?"

सुदास ने होंठ काट लिए। युद्ध जीत लेने के उपरान्त वसिष्ठ चक्रवर्ती के पुरोहित-पद का पालन करने के बदले अब आर्यावर्त की विद्या और तप को व्यवस्थित करने में संलग्न हो गए थे, यह बात राजा सुदास को नहीं रुची। और वह ऋषि-पुत्र भार्गव नया बल एकत्रित कर रहा था; उसके लिए भी वसिष्ठ के मन में इतनी अधिक प्रीति थी कि उसके विरुद्ध वे कुछ भी सुनने को तैयार नहीं थे।

"और आपने और मैंने कितनी ही बार निमन्त्रण भेजे, पर भार्गव नहीं आए, क्यों नहीं आए?"

"राजन्! वह यदि यहाँ आता तो मैं स्वयं पैरों चलकर उसे लेने के लिए सामने जाता, पर उसने मुझे मना कर दिया है।"

"आपने स्वयं उससे कहा और उसने नहीं माना?"

"भार्गव किसी की माननेवाला नहीं है।"

"वह कौन है? कैसा है?"

"पराशर से पूछ देखो, वह उससे भली-भाँति परिचित है।"

"पर आप सब लोग उसे ऋषि मानते हैं। उसके पास राजाओं से भी बड़ा सैन्य है। और सुनने में आया है कि वह सैन्य भी ऋषि के शिष्यों का ही बना है। थोड़े ही समय में सारे आर्यावर्त में उसका भय व्यापने लगा है।"

"राजन्! पिछले कई महीनों में भार्गव के शिष्यों ने अत्याचारों का दमन किया है, तपोवनों को निरापद बनाया है, गायों की लूट को रोका है और स्त्रियों के अपहरण को बन्द किया है। उनमें से किसी ने भी कोई अन्याय किया है क्या? आर्यावर्त में भार्गव का

भय नहीं व्यापा है, प्रत्युत जहाँ अत्याचार का भय व्याप्त था वह भार्गव के कारण अदृष्ट हो गया है।"

"और राजा लोग उसके पैरों पड़ने लगे हैं।"

"जो धर्म-गोप्ता है, उसके पैरों पड़ना तो स्वाभाविक ही है।"

"मैंने सुना है कि सिन्धु और पारसिक देश के चक्रवर्ती मान्धाता के यहाँ उसने अपना शिष्य भेजा है।"

"यदि भार्गव उसे अपने अधीन करना चाहेगा तो वह उसके अधीन हो जाएगा।"

चक्रवर्ती सुदास बड़े झल्लाए।

कृशाश्व और सेनापति दौड़ते हुए आ पहुँचे, पर मुनिवर को देख संकोच में पड़ गए। वे दोनों बहुत घबराए हुए थे।

"आओ युवराज! आओ सेनापति! क्या बात है?"

"शशियसी और शिबि को कोई उड़ा ले गया है।"

"ऐं!" सुदास ने कहा।

"सारा गाँव छान डाला, पर कहीं कोई नाम-चिह्न भी नहीं मिलता।" सेनापति ने कहा।

किसी को भी बोल नहीं सूझा। मुनिवर अग्निकुंड की ओर देख रहे थे। "राजन्!" उन्होंने धीरे-से कहा, "राजा भेद और शशियसी का लग्न-विच्छेद देवों को रुच नहीं रहा है।"

मुनिवर के इस विचित्र उत्तर से सब अचम्भे में पड़ गए।

"कैसे जाना आपने? मैं सारे आर्यावर्त में कहीं से भी खोजकर उसे फिर लौटा लाऊँगा।"

"यह सब करने की आवश्यकता नहीं है," वसिष्ठ मुनि ने कहा, "वह तो राजा भेद की पत्नी होने के लिए ही सृजी गई है। महर्षि विश्वामित्र ने इसी से उसका विवाह भेद के साथ करवा दिया था।"

"आप! मुनिवर! आप यह सब कह रहे हैं?" वसिष्ठ के इस परिवर्तन पर आश्चर्य प्रकट करते हुए सुदास ने कहा।

"राजन्! सुनो! देवों ने तुम्हें विजय प्रदान की है। इस विजय से ही सन्तोष कर लो। देवों की इच्छा अब कुछ और ही है। मैंने वह सुनी और देखी है।"

"आपने?" सुदास ने उलझन में पड़कर पूछा, "किस प्रकार?"

"जिसकी तुम बात कर रहे थे उसे—तुम्हारे उस बहनोई को जब मैं मिला था तब..."

"भार्गव?"

"हाँ।"

"तब तो शशियसी को भी वही उड़ा ले गया है। मैं जाकर शशियसी को उसके पास से लौटा लाऊँगा।"

"तुम उसे लौटा लाओ, यह सम्भव नहीं, और तुम भार्गव के साथ युद्ध में उतर सको, यह भी सम्भव नहीं। उस युद्ध में मैं योग नहीं दे सकता। शम्बर के बालक पोत्र से प्रतिशोध लेने में कोई तुम्हारी सहायता नहीं करेगा। यह कड़वा घूँट तो निगलना ही पड़ेगा।"

"मुनिवर! आज आप इतने हताश क्यों हो गए हैं? हमने दाशराज्ञ को जीता है, सो क्या यह सब अपमान सहने के लिए?"

"राजन्! देवों ने दाशराज्ञ में हमें इसलिए विजय प्रदान की है कि वह धर्मयुद्ध था। पर उस विजय का उपयोग यदि हम विद्वेष और अभिमान के पोषण में करेंगे, तो क्या देव हमें ऐसा करने देंगे? तुम और मैं अब वृद्ध हो गए हैं। हमें तो अब ऐसी व्यवस्था करनी चाहिए कि जिससे धर्म की रक्षा हो सके। देव हमसे केवल इतना ही चाहते हैं।"

"पर उसके लिए इस भार्गव को हम क्यों अपनी राह में आने देंगे।"

"इसलिए कि तुम और मैं तो विगत काल के व्यक्ति हो गए हैं, पर वह आज का व्यक्ति है, आगामी कल का व्यक्ति है।"

"ऐसा भला कौन है वह?"

"देख लेना, उसकी इच्छा के बिना आर्यावर्त में एक तिनका भी नहीं हिल सकेगा। राजन्! हम सबका पुरोहित-युग अब समाप्त हो गया है। जो उसे गुरु स्वीकार करेगा, उसी की रक्षा हो सकेगी। यदि मेरा कहा मानो, तो उसे जाकर सत्र में लिवा लाओ और मेरे पद पर स्थापित करो। अब वसिष्ठ तुम्हें कुछ नहीं दिलवा सकेगा। विद्या और तप मेरी समूची शक्ति माँग रहे हैं।"

[4]

जिनकी आँखें सदा निर्मल रहा करतीं, वे मुनिवर वसिष्ठ भी असमंजस में पड़ गए। दाशराज्ञ की राख सँवारने की शक्ति उनमें नहीं आ रही थी। अभिमान का त्याग किए बिना भार्गव को जीतना सम्भव नहीं था।

उन्होंने राजा सुदास से विनती की और शशियसी की बात को सबने भुला दिया। युवराज कृशाश्व को शशियसी न मिली, सो नहीं ही मिल सकी।

सत्र का आरम्भ हो गया और दूसरे दिन ही मौन-प्रिय मुनि पराशर तृत्सु-सेनापति को साथ लेकर भरत के राज्याभिषेक में गए। वसिष्ठ ने उन्हें आज्ञा दी कि सत्र की पूर्णाहुति के समय वे सबको अपने साथ यहाँ आने के लिए विनती करें।

भृगु के आश्रम में उन्होंने आश्चर्यजनक परिवर्तन पाया। विश्वामित्र और जमदग्नि के आश्रम एक हो गए थे तथा एक योजन के विस्तार में एक विशाल ग्राम की रचना हो रही थी। नदी के उस पार के जंगल कट रहे थे और आश्रम का विस्तार वहाँ तक बढ़ गया था।

इस प्रवृत्ति को देखकर पराशर मुनि चकित हो गए। यहाँ थकान नहीं थी, दिन और रात नहीं थे, पराजय के निःश्वास भी नहीं थे; यहाँ तो विश्वामित्रश्रेष्ठ ऋषि शुनःशेप कोकिल-कंठ से मन्त्रोच्चार कर रहे थे और सहस्रों शिष्य विद्या और तप की अभिवृद्धि कर रहे थे। अथर्वणश्रेष्ठ ऋषि विमल सबको मन्त्र-विद्या और शस्त्र-विद्या की शक्ति प्रदान कर रहे थे। यहाँ दुष्यन्त राजा के पुत्र भरत और राजा भेद के पुत्र शिबि, दोनों ही के राज्याभिषेक का आयोजन चल रहा था।

गोशालाओं में गायों की भरमार थी। सिन्धु-प्रदेश से नए आए हुए घोड़ों से अश्वशालाएँ उन्नत हो रही थीं।

सौम्य और शान्त महर्षि जमदग्नि अब अपना सारा समय तपश्चर्या में ही बिताया करते थे। कौमुदी के समान आह्लादक और अमिय-वर्षिणी रेणुका अपने पौत्र-पौत्रियों के लिए सूत

कातती और सबको दर्शन दिया करती। पराशर उसे सगी माँ से भी अधिक मानते थे। अपनी सदा की चिन्तनचर्या के कारण दुबले और फीके-से लगनेवाले मुनि लाठी का सहारा लिये एक पैर से कुछ लँगड़ाते-से आए और अम्बा के पैरों की रज माथे पर चढ़ाकर कृतार्थ हो गए।

"अम्बा तुझे तो आना ही पड़ेगा। पितामह ने बहुत आग्रह किया है। और मेरा भी यही अनुरोध है।"

"भृगुश्रेष्ठ यदि आएँगे, तो मैं भी आ जाऊँगी।"

"तो मैं तेरा पुत्र नहीं हूँ।"

"तो फिर बाप की आज्ञा मानकर ही निस्तार है।"

गन्धर्वों तथा घायलों को दिए गए जीवन-दान तथा भार्गव द्वारा इनको दिए गए जीवन-दान की दन्त-कथा ने अम्बा को देवी बना दिया था। लोग उनके दर्शनों को आया करते और निःसन्तान जन उनकी मनौती लिया करते। दुखियों के आँसुओं को भुला देनेवाली उनकी ममतामयी माता के पय से भी अधिक प्राणदायिनी मानी जाती थी।

राम के भी अब एक पुत्र हो गया था, जो दादी माँ की गोद से नीचे उतरने का नाम ही न लेता था।

समूचे आश्रम के वातावरण में वेग और व्यवस्था थी। प्रत्येक क्षेत्र में वृहद् आयोजन चल रहे थे। शस्त्र-विद्या, मल्ल-युद्ध तथा अश्व-विद्या में अद्‌भुत विकास का साधन होते देखकर पराशर मुनि अचरज में पड़ गए। क्या दूसरे महायुद्ध का आयोजन चल रहा था? दाशराज्ञ के पश्चात् युद्ध से उन्हें अरुचि हो गई थी। मानवों के निरर्थक विनाश का विचार करके वे काँप उठते।

भार्गव के जो शिष्य शिक्षा पाकर तैयार होते वे भिन्न-भिन्न बस्तियों में बँट जाते। राज-मार्गों का रक्षण, विद्या-व्यसनियों का रक्षण तथा गाय-घोड़ों का परिपालन, यह उनका कर्तव्य हो गया था, "गाय और विद्या का जो पीड़न करेगा, उसे मरना होगा।" भार्गव की इस आज्ञा का वे पालन किया करते और निराधारों के ये आधार योजनों के विस्तार में घूम जाते।

भार्गव भी आ गए। भगवती, प्रतीप, कूर्मा और उज्जयन्त को लेकर वे सरस्वती के दक्षिण तीर पर शिबि के लिए नया ग्राम बनवाने गए हुए थे।

पराशर ने भार्गव को छाती से लगा लिया। राज्याभिषेक के अवसर पर मुनि और तृत्सु सेनापति के आगमन के लिए भार्गव ने मुनि वसिष्ठ का आभार माना। तदुपरान्त पराशर ने उन्हें निमन्त्रण दिया।

"मुनिवर की आज्ञा को मैं यथासम्भव शिरोधार्य करूँगा। महर्षि आएँगे या नहीं, सो तो मैं नहीं कह सकता। ऋषि शुनःशेप अवश्य आएँगे। वसिष्ठ और विश्वामित्रों के बीच के शत्रुत्व को अब भुलाना ही होगा। भद्रश्रेण्य आएगा। विमद अथर्वण विद्या के स्वामी हैं, वे भी शिष्यों सहित आएँगे।"

"भरत?"

"राजा दुष्यन्त आएँगे; भरत और शिबि नहीं आ सकेंगे।"

"पर आप?"

"मुनिवर्य, मुझे अपना स्थान वहाँ नहीं दिखाई पड़ता। वसिष्ठ मुनि सुदास के पुरोहित हैं।"

"पर आपकी यदि ऐसी ही इच्छा हो तो सुदास स्वयं आपको लेने आएँगे। आपके आए बिना आर्यावर्त की एकता नहीं साधी जा सकेगी।"

"सो तो मैं जानता हूँ। मैं आऊँगा–किन्तु तभी, जब मुझे विश्वास हो जाएगा कि यह विद्या का सत्र समस्त आर्यावर्त का है।"

"पर इसका परिचय कैसे हो?"

"पहले मुनिवर पुरोहित-पद छोड़ दें। वे एक राजा के होकर नहीं रह सकते। वे तो तपोनिधि हैं; राग-द्वेष से परे वे तो आर्यत्व की मूर्ति हैं। वे राजाओं के गर्व-पोषण का साधन नहीं हैं।"

"वे तो पद छोड़ने के लिए जाने कब से तैयार बैठे हैं; कोई उत्तराधिकारी मिले तब न! मैंने भी उस पद को अस्वीकार कर दिया है।"

"क्यों?"

"मैं पुरोहित-पद के योग्य नहीं हूँ। मेरा स्थान है तपोवनों में, गिरि-शृंगों पर, एकान्त में। मुझे संसार से ग्लानि होती जा रही है।"

"धन्य हैं!" भार्गव ने कहा, "सो तो मैं जानता ही था। वसिष्ठ की परम्परा तो अद्भुत है।"

"पर आप और क्या आश्वासन चाहते हैं?"

"मुनिवर तो आर्यत्व की जीती-जागती ज्योति हैं। उनके चरणों में तो सभी चक्रवर्तियों को आ जाना चाहिए। सिन्धु के उस पार मान्धाता गरज रहा है। वह आर्यावर्त पर टकटकी लगाए बैठा है। उसे यदि नहीं अपनाओगे तो तुम्हीं उखड़ जाओगे। वह बहुत सबल होता जा रहा है। चार चक्रवर्तियों के पायों पर ही मुनिवर वसिष्ठ का मंच स्थापित हो सकेगा।"

"चार?"

"तीसरा होगा दौष्यन्ति भरत और चौथा राजा भेद का पुत्र शिबि। इस सत्र के पूरा होने से पहले ही इन जंगलों में उसकी एकचक्र सत्ता स्थापित हो जाएगी।"

"आप उन्हें लेकर आएँगे?"

"हाँ, चारों चक्रवर्तियों के आ जाने पर मैं और लोमा आएँगे और आर्यश्रेष्ठ मुनि वसिष्ठ को अपने हाथों अर्घ्यदान करेंगे। वे केवल आज के ही नहीं हैं, वे तो सनातन हैं। मानवों की विशुद्धि की धारा के समान वे हमें गगन पर चढ़ा ले जाने के लिए जी रहे हैं।"

सदा के प्रशंसा-मुग्ध पराशर पूज्यभाव से देखते रह गए।

"पराशर, तुम और कृशाश्व जाकर मान्धाता को लिवा लाना। पर उसका आना सहज सम्भव नहीं है। उससे जाकर कहना कि वह आएगा, तो ही भार्गव आएँगे और नहीं तो नहीं आएँगे–तब वह अवश्य आएगा।"

राज्याभिषेक सम्पन्न हो गए। कवष ऐलुष ने भरत का अभिषेक किया और ऋषि विमद ने शिबि का। शशियसी राजमाता बन गई।

पराशर मुनि ने वहाँ से प्रस्थान किया। भार्गव और लोमा बड़ी दूर तक उन्हें पहुँचाने आए।

"भार्गव!" पराशर ने भार्गव को भेंट कर खिन्न स्वर में कहा, "मुझे यह युद्ध की तैयारियाँ अब नहीं रुचतीं। मैं फिर युद्ध नहीं देखना चाहता।"

"सो तो मैं भी नहीं देखना चाहता, पर यह अपने हाथ की बात नहीं है।"

"यदि सभी वैर बिसार देंगे तो यह रक्तपात बन्द हो जाएगा।"

"पर बिसार दें तब न..." भार्गव हँस आए।

डोली में बैठकर मुनि बहुत दूर निकल गए, तब भी मानवता के परिपाक-स्वरूप एक-दूसरे में समाए खड़े उन अर्ध-नारीश्वर को वे पूज्यभाव से भरे नेत्रों से देखते रह गए।

[5]

जिस प्रकार वरुण की दृष्टि पक्षियों के पंथ को भी जान लिया करती है, वैसे ही भार्गव की दृष्टि सिन्धु से सिंहल तक व्याप्त थी।

विद्या और तप की अभिवृद्धि तथा उनके संक्षरण और विस्तार की शक्ति—यही दोनों उनके धर्म के निश्चल पाये थे। सौराष्ट्र में उन्होंने जिस पद्धति का आरम्भ किया था, उसी में संशोधन-परिवर्तन करके उन्होंने उसे अधिक सशक्त बना दिया था। बस्ती-बस्ती में भार्गवों के थाने स्थापित हो गए थे। वे राज-मार्ग की रक्षा करते, गाय-घोड़ों का परिपालन करते और शस्त्र-विद्या का प्रचार किया करते थे। वे विद्या की रक्षा करते और अधर्म के आचरण पर नियन्त्रण रखते। मार्ग निरापद हो गए थे। व्यापार में उन्नति हुई थी। आश्रमों में विद्या का प्रचार होने लगा था। पाँच सौ शिष्यों सहित भार्गव एक राज्य से दूसरे राज्य में जाते, राजाओं की उलझनों को सुलझाते और स्वेच्छाचार पर नियन्त्रण स्थापित करते। आर्यावर्त में नया जीवन भय से मुक्त हो चला। भार्गव का शासन भी वरुण के समान ही था; वे स्वयं प्रकट न होते तब भी उनका प्रभाव सबका नियमन किया करता था।

कई महीने बीत चले। मुनि वसिष्ठ के आरम्भ किए हुए सत्र में विद्या का नवीन सर्जन हो चला। मन्त्रों का पाठ होता, रचना होती और उनमें संशोधन होते। यज्ञ-विधियों की तुलनाएँ की जातीं। महर्षिगण अपने ज्ञान और तप से प्राप्त की हुई समृद्धियों का आदान-प्रदान करते। सहस्रों शिष्य महात्माओं के दर्शन करके प्रेरणा प्राप्त किया करते। महानुभाव वसिष्ठ मुनि के छत्र-तले जीवन-कलह नहीं था, पर आत्म-विशुद्धि का अटूट प्रयोग चल रहा था।

वसिष्ठों की परम विद्या के स्वामी मुनिवर ने सुमधुर कंठ से शब्द-ब्रह्म की पूजा सिखाई। सबल शब्दों में उन्होंने राग-द्वेष और क्रोध के विनाश का उपदेश दिया।

नित्य प्रातःकाल वे उपदेश किया करते। जीवन का ही नाम है विशुद्धि। विशुद्धि की उत्तरोत्तर बढ़ती हुई उत्कंठा ही आर्यत्व है। यही आर्यत्व मानवता का ध्येय है; सफलता और उस विशुद्धि को सदेह मूर्तिमान करके उन्होंने उसको साक्षात्कार कराया।

भार्गव और भगवती लोमहर्षिणी भी शिष्यों सहित वहाँ आ पहुँचे और मुनि तथा राजा सुदास उनका स्वागत करने के लिए तृत्सुग्राम से बाहर आए।

शस्त्र-विद्या के महागुरु-स्वरूप भार्गव एक सहस्र भार्गवों के परशुवन से घिरे हुए आए, पर शस्त्रों का त्याग करके उन्होंने मुनि को प्रणिपात किया। कितने ही वर्षों के पश्चात् लोमा उन्हें मिली थी—शस्त्रों से सुसज्जित भार्गव की अर्धांगिनी के रूप में। भार्गव के साथ चक्रवर्ती भरत और शिबि, महिषी शशियसी, राजा भद्रश्रेण्य, प्रतीप, विशाखा, कूर्मा और उज्जयन्त भी आए थे।

सिन्धु तट का स्वामी चक्रवर्ती मान्धाता भी भार्गव से साक्षात्कार करने के लिए आया था। वह भार्गव से भी अधिक दीर्घकाय और विशालबाहु था। सिन्धु से पारसिक प्रदेश तक उसकी धाक जमी हुई थी। कितने ही वर्षों से आर्यावर्त पर आधिपत्य स्थापित करने की महत्त्वाकांक्षा वह लिए हुए था। उसका विचार था कि दाशराज्ञ समाप्त होने के बाद जब लोग थके हुए हों, तभी वह आर्यावर्त पर आक्रमण करे। पर इस बीच भार्गव की दन्तकथाएँ उसने सुनीं। भार्गव का शिष्य उज्जयन्त उसके यहाँ घोड़े लेने गया था। तभी घोड़ों की भेंट भिजवाकर उसने भार्गव से मैत्री स्थापित करना आरम्भ कर दिया था। इसी बीच यह निमन्त्रण भी आ पहुँचा। वह स्वयं ही जाकर आर्यावर्त की शक्ति का अनुमान पाना चाहता था।

जब से वह आया था तभी से भार्गव के प्रभाव की गूँज उसे चारों ओर सुनाई पड़ रही थी। आज उसने उस तेजस्वी मुख और भभकती आँखों के प्रभाव का दर्शन किया।

"गुरुदेव! मैं आपके लिए दो सौ घोड़े लाया हूँ।"

"इस समय तो यह भेंट मुनिवर के चरणों में ही चढ़ाई जा सकती है।" भार्गव ने उत्तर दिया।

पूर्णाहुति हो गई। एक सहस्र यज्ञ-कुंडों में अन्तिम आहुति दी गई। दस सहस्र कंठों ने स्वस्ति-वाचन किया।

श्वेत वस्त्रों से सुशोभित, श्वेत शरीर और उससे भी अधिक श्वेत दाढ़ी में विशुद्धि के अवतार-से लगते मुनि वसिष्ठ को भार्गव ने अर्घ्यदान किया।

काली दाढ़ी और जटा, पत्थर में खुदे-से लगनेवाले सुगठित और सुरेख स्नायु, भभकते नयन और अपनी दुर्धर्षता में अभेद्य गौरव और उससे भी अधिक आतंक प्रसारित करनेवाले पराक्रम—इन सबका स्वामी वसिष्ठ को अर्घ्यदान कर रहा था।

शक्ति ने संस्कार का साम्राज्य स्थापित किया। सारे ग्राम में विजय घोषणा गूँज उठी।

"मुनिवर?" भार्गव ने नम्रतापूर्वक कहा, "आप तो मूर्तिमान आर्यत्व हैं। आपसे हमें आर्यत्व की प्रेरणा लेनी है। ये चार चक्रवर्ती आपके सामने हैं, इन्हें आज्ञा दीजिए—आर्यत्व का रक्षण और प्रतिस्थापन—यही इनका धर्म हो, यही इनकी जीवन-प्रतिज्ञा हो।"

मान्धाता सोच-संकोच में पड़ गया। यहाँ बुलाकर क्या मुझसे इन्हें यही प्रतिज्ञा लिवानी थी? पर यज्ञ-मंडल का वातावरण उसके संस्कारों का परिष्कार कर रहा था। भार्गव के प्रताप को देखकर उनका क्रोध बटोरने की इच्छा उठते ही दब गई। वह सामने आया।

सुदास, मान्धाता, भरत और शिबि—इन चारों ने मुनिवर के पैर धोए।

"राजन्यो! धर्म का संरक्षण और प्रवर्तन करो, इसमें तुम्हारे चक्रवर्ती-पद की सार्थकता है। और गुरु भार्गव, आपको क्या आशीर्वाद दूँ मैं!" और कैलास पर जैसे चन्द्रिका का आह्लाद फैल जाता है, वैसे ही वसिष्ठ के मुख पर हास्य फैल गया।

"मैं तो एक ही आशीर्वाद चाहता हूँ। सिन्धु से सिंहल तक आर्यावर्त का प्रसार हो जाए..."

"तथास्तु!"

मुनिवर ने भार्गव को छाती से लगा लिया।

रात की चाँदनी में मुनिवर भार्गव के डेरे पर आ पहुँचे।

"भार्गव! यह क्या कर रहे हो? पराशर कह रहा था कि तुमने युद्ध की तैयारी आरम्भ कर दी है।"

"यह तैयारी यदि न होती तो क्या मान्धाता आज आधिपत्य स्वीकार कर लेता? आपने नहीं देखा कि प्रतिज्ञा लेने से पहले वह कैसा झिझक रहा था?"

"हाँ, भार्गव! तुम्हारे चक्षु दिव्य हैं। मुझे अब समझ में आया कि तुमने मान्धाता को क्यों बुलाया है।"

"मुनिवर!" भार्गव हँस पड़े, "आप विशुद्धि को प्रेरित करनेवाले शब्द हैं। मैं विशुद्धि का पालन करानेवाला भय हूँ।"

"जहाँ भय होगा, वहाँ क्या विशुद्धि हो सकेगी?" मुनि ने पूछा।

"आर्यत्व को जिसने सिद्ध कर लिया है, उसे तो स्वयं विशुद्धि प्राप्त होती है; पर सामान्य जनों में आर्यत्व अकेली प्रेरणा से नहीं जाग सकता। उनके राग-द्वेष को तो भय से ही जीता जा सकता है।"

"इस प्रकार तो मानव कायर हो जाएगा।"

"मुनिवर, क्षमा करिए। मैंने जो राग-द्वेष के चढ़ाव-उतार देखे हैं, उनकी तो आर्यावर्त में कल्पना भी नहीं की जा सकती। गुरु डड्डनाथ कह रहे थे कि सबसे अधिक हिंसक प्राणी मनुष्य है। अदृष्ट और सर्वव्यापी भय यदि न हो तो नर-पिशाच धर्म को स्वीकार नहीं करेंगे और आप जैसों को कोई जीने भी नहीं देगा।"

"क्या ये चक्रवर्ती अपनी प्रतिज्ञा का पालन करेंगे? भार्गव! आर्यों और दस्युओं का भेद अदृष्ट हो गया है। आर्यों की विशुद्धि—क्या राजा आर्यों की विशुद्धि का संरक्षण करेंगे?"

"जब तक ये धर्म चक्र में प्रवर्तित रहेंगे, तब तक पालेंगे ही।"

"तो एक विनती करूँ?"

"आप और विनती करें! यह कैसे हो सकता है, मुनिवर?"

"भार्गव, पुरोहित-पद छोड़ने का जो वचन मैंने तुम्हें दिया था, उसका पालन मैंने आज किया है। पराशर उसे स्वीकार करना नहीं चाहता। मेरी विनती है कि तुम उसे स्वीकार करो। राजा सुदास को यह प्रस्ताव स्वीकार है। ऋषि कवष ऐलुष तो भरतों का पुरोहित-पद त्याग देने को तैयार हैं। वह भी तुम्हीं ले लो। विमद ऋषि का स्थान तो तुम्हारा ही है। मैंने मान्धाता के साथ आज बहुत-कुछ बातचीत की है, महर्षियों की सम्मति भी मैंने ले ली है। सबकी इच्छा है कि चारों चक्रवर्तियों का पुरोहित-पद तुम्हीं स्वीकार करो। आज तक ऐसा कभी हुआ नहीं है। समस्त आर्यावर्त की एकता और शक्ति तुममें एकत्र हो जाएगी।"

भार्गव लजाकर मन्द-से मुसकरा दिए।

"मुनिश्रेष्ठ! आपने मुझे यहाँ बुलाया सो क्या इसीलिए? पर मुझे क्षमा करिए। यह चतुष्कोण-पद मैं नहीं ले सकूँगा।"

"भार्गव! भार्गव! आर्यावर्त को सशक्त बनाने का ऐसा प्रसंग देव ने किसी को भी नहीं दिया है।"

"मुनिवर, मेरा मार्ग तो सबसे निराला है।" धीरे-से भार्गव ने कहा, "आपको आर्यत्व के क्षीण होने का भय है। उसे विशुद्ध रखने का एक ही मार्ग है—विद्या, तप और संयम के

साधकों को निर्भय करना, जहाँ राज्य-शक्ति और वैश्यवृत्ति उनका स्पर्श न कर सके, वहाँ उन्हें रखना।"

"इसलिए यह चार चक्रवर्तियों के पुरोहित-पद की योजना मैंने की है।"

"नहीं, इसमें तो भय व्यापेगा। आर्यत्व राज्यभय पर अवलम्बित हो जाएगा।"

"तब फिर?"

"मैं तो राजा और पुरोहितों से अलग ही खड़ा रहूँगा। विद्या, तप और संयम—वह आर्यत्व, जो आप में पराकाष्ठा पर पहुँचा है, उसके पाये मैं ऐसे कच्चे नहीं रहने दूँगा कि किसी दिन उखड़ जाएँ।"

"सो कैसे?"

"उसका संरक्षण करने के लिए मरने तक को तत्पर रहें, ऐसा सामर्थ्य ब्राह्मणों और राजन्यों को प्राप्त हो जाना चाहिए।"

मुनि वसिष्ठ ने सिर झुका लिया।

"भार्गव! वह दिन तो मैं नहीं देख सकूँगा। जहाँ तुम्हारी दृष्टि जाती है वहाँ मेरी तो कल्पना भी नहीं पहुँच पाती।"

"मैं सबसे कुछ विलक्षण अवश्य हूँ।" हँसकर भार्गव ने कहा।

ताण्डव

[1]

आसिन्दिवत में संध्या हो रही थी। सारे गाँव में युद्ध की तैयारियाँ चल रही थीं। लोग उत्साहपूर्वक इधर-उधर घूमते, कोलाहल मचाते, शस्त्रों को घिसते, गरजते-चिल्लाते और लड़े हुए युद्धों के संस्मरणों की पुनरावृत्ति कर रहे थे।

राजा पुरुकुत्स के पौत्र त्रैयारुण राजा के महालय में हलचल मची हुई थी। अश्वारोही इधर-से-उधर आ-जा रहे थे। बाहर घोड़े हिनहिना रहे थे। गाड़ियों में सामग्रियाँ भरी जा रही थीं।

मधुमक्खियों के छत्ते में जैसे किसी ने मशाल छुआ दी हो और मधुमक्खियाँ भिनभिनाती हुई चारों ओर छा गई हों, ऐसे ही गाँव में मनुष्य छा गए थे।

संवाद आया था कि अनूप देश का चक्रवर्ती सहस्रार्जुन आर्यावर्त पर आक्रमण करने आ रहा है। उसकी सेना की गिनती नहीं थी और उसे रोक सकना किसी के लिए भी सम्भव नहीं था। पुरुओं के राजा त्रैयारुण क्रोध से भर उठे।

"आर्यावर्त पर आक्रमण करने का साहस करनेवाला यह कौन है? किसकी स्पर्धा है कि पुरु-श्रेष्ठ की आन का उल्लंघन करे?" उन्होंने ग्राम-ग्राम में सन्देशे भेज दिए। गाँव-गाँव से राजन्य और योद्धागण आ रहे थे। वीरता का प्रवाह उछाल खा रहा था। सहस्रार्जुन को तो यों चुटकी बजाते में सीधा कर देंगे; दुम दबाकर उसे अनूप देश भागना पड़ेगा।

महालय के सामने के चौक में ग्राम की यज्ञशाला थी। वहाँ लोगों की मेदिनी जमी हुई थी।

"कौन वीर पुरुओं का सामना कर सकेगा?" "यह जंगली हैहय भला क्या समझता है?" "इसे तो स्वाद चखाना ही होगा।" "इसे तो पलक मारते में धूल चाटता कर देंगे!" छाती ठोक-ठोककर योद्धा लोग इस प्रकार गरज रहे थे।

जन-समूह में जब शौर्य का वातावरण व्याप जाता है तो तनिक-सा भी विचार करनेवाला मनुष्य कायर और मूर्ख समझा जाता है। जिह्वा होते हुए भी उसे गूँगा बना दिया जाता है। जो जितनी ही अधिक डींग हाँकता है, उसे उतना ही अधिक सम्मान मिलता है।

एक व्यक्ति ने यह शंका प्रकट करने की धृष्टता की, "सहस्रार्जुन बहुत प्रबल है।"

"हाँ," पाँच जने बोल उठे, "तेरी छाती तो अभी से बैठ रही है।"

"गुरुदेव भार्गव बड़ी कठिनाई से यादवों को उसके क्रोध से बचाकर लाए हैं।" उस व्यक्ति ने किंचित् साहस दिखाया।

"तू भी शायद उनके साथ भागकर आया होगा।" एक व्यक्ति ने पूछा।

"उसका सैन्य बहुत बड़ा है।"

"स्त्रैण! कायर! जा, तू जाकर उससे मिल जा। द्रोही! नपुंसक!" चारों ओर से फटकारें पड़ीं।

"भाई!" वह व्यक्ति गिड़गिड़ाने लगा, "मैं तो यह चला लड़ने को। पर जो सच बात है वही कह रहा हूँ।"

"तू अपने घर में जा बैठ।" एक व्यक्ति ने कहा।

"तू लहँगा पहन ले!" दूसरे ने कहा।

"तू अपनी स्त्री को लड़ने भेज दे!" तीसरे ने कहा।

सैकड़ों धिक्कारों की बौछार से घबराकर उस मनुष्य ने वहाँ से पिंड छुड़ाया। तभी किसी ने कहा कि पराशर मुनि अपने झोंपड़े के एकाकीपन को त्यागकर राजा से मिलने नगर में आ रहे हैं। पहले तो किसी ने इस बात को माना ही नहीं। अभी भला वे यहाँ क्यों आने लगे!

एक वर्ष से मुनि पराशर यहाँ से कुछ ही दूर पर, जंगल में एक टीले पर अपनी कुटिया बाँधकर तपश्चर्या कर रहे थे।

पूरे वर्ष-भर पराशर ने एक शब्द का भी उच्चारण नहीं किया था। निरन्तर मौन साधे हुए वे नीची दृष्टि किए नित्य यमुना पर नहाने जाते और वैसे ही लौट आते। कोई श्रद्धालुजन यदि दूध दे जाता तो पी लेते, नहीं तो जो कुछ फल-फूल मिल जाता उसी का आहार कर लेते। रात को अपनी कुटिया के आगे एकाग्र ध्यान लगाकर वे बैठ जाते। हरिण, पक्षी और सर्प भी उनके पास निर्भय होकर आ बैठते।

उन्होंने तृत्सुओं के पुरोहित-पद को त्याग दिया था; विद्या के केन्द्र-सा पितामह का आश्रम त्याग दिया था। सैकड़ों शिष्यों की सेवा भी उन्होंने त्याग दी थी। उन्होंने राजा त्रैयारुण के निमन्त्रण की अवगणना कर दी थी। अपने एकाकीपन में अन्तर की गहराइयों में उतरकर वे जगत् के दुःखों के नाश का उपाय खोजा करते थे। आज मुनिवर अपने आप ही गाँव की ओर चले आ रहे थे। कुछ विचित्र-सी बात लग रही थी। जो किसी के सामने तक नहीं देखते थे, वे मनुष्यों से मिलने आ रहे थे। सबको बड़ा आश्चर्य हुआ। अवश्य ही मुनिवर योद्धाओं को आशीर्वाद देने को आए होंगे।

पराशर मुनि अपने दंड का सहारा लिये, एक पैर से लँगड़ाते हुए, धीरे-धीरे यज्ञशाला की ओर आए। उनका मुख दुबला और चिन्तनशील था। उनकी विरल-सी दाढ़ी उनके मुख को और भी अधिक कृश बनाए हुए थी। उनकी आँखों में एक गहरी वेदना थी और उनके कपाल पर रेखाएँ थीं। लोगों के उत्साह को देखकर उनकी आँखें गीली हो आईं।

"मुनिवर महालय में जा रहे हैं!" "रास्ता छोड़ो!" "रास्ता छोड़ो!" "राजा को आशीर्वचन देने जा रहे हैं!" "ये हैहय को अपने शाप से जलाकर भस्म कर देंगे!" लोगों की भीड़ में से ऐसे वाक्य सुनाई पड़ रहे थे। कुछ लोगों ने मार्ग छोड़ दिया। कुछ लोग राजा को सूचना देने के लिए जा पहुँचे।

लोग उत्साह के आवेश में सामने घिर आए और मुनि के पैरों पड़े। "मुनिवर! आशीर्वाद दीजिए।" एक व्यक्ति ने कहा।

"मुनिवर!" दूसरे ने कहा, "हम सहस्रार्जुन को चूर-चूर कर देंगे। हमारी बाहुओं को वीर्यवान बनाइए।"

"आप-से महानुभाव का एक शब्द भी उसे जलाकर भस्म कर देगा।"

"पधारिए, पधारिए इस ओर!" लोगों ने उनका स्वागत किया।

मुनि ने मौन, हाथ फैलाकर आशीर्वाद दिया और लँगड़ाते हुए वे आगे चलने लगे। लोगों ने उनका जय-जयकार किया। मुनि ने एक गहरा निःश्वास छोड़ा।

"पराशर मुनि आ रहे हैं!" "मुनि आ रहे हैं!" "मुनि आ गए!" राज-महालय में जन-जन के मुख पर यही बात थी। त्रैयारुण पुरुराज तुरन्त उठ खड़े हुए। पहले वे तीन बार मुनि से मिलने जा चुके थे, पर वे बोले नहीं थे। आज वे अपने आप ही कैसे चले आ रहे हैं? क्या कारण है? सभी विस्मित हो रहे।

राजा बाहर निकल आए। उन्होंने मुनि के चरण धोए। उनका सत्कार कर उन्हें अन्दर लाकर बिठाया और गन्ध तथा माल्य से उनकी पूजा की।

"मुनिवर! आपने बड़ी कृपा की है। इस क्षण आपके आशीर्वाद की आवश्यकता है।" राजा त्रैयारुण ने कहा।

बारह महीनों के उपरान्त मुनि ने मौन तोड़ा।

"राजन्! मैं आशीर्वाद देने नहीं आया हूँ।" उन्होंने धीरे-से, दयार्द्र और कम्पित स्वर में कहा।

राज-सभा स्तब्ध रह गई।

"मैं सावधान करने आया हूँ, सावधान करने!" राजा चकित हो रहे।

"राजन् आठ दिन से मुझे बड़े भयानक दृश्य दिखाई पड़ रहे हैं। अहोरात्रि मुझे प्रेरणा हो रही थी कि मैं तुम्हें सावधान करूँ। इसी से मैं आया हूँ।"

सब चुप हो रहे।

"मुझे आसिन्दिवत जलता हुआ दिखाई पड़ता है, उसकी गलियों में रक्त की नदियाँ बहती दिखाई पड़ती हैं। राजन्! क्षमा करना, मुझे आप दिखाई पड़ते हैं..."

"हाँ?"

"रणक्षेत्र में रौंदे हुए..." साश्रु नयन मुनिवर ने कहा, "तुम्हारा माथा और धड़ मुझे अलग-अलग दिखाई पड़ते हैं।" सभा स्तब्ध हो गई। कुछ लोगों के मुख पर क्रोध का आवेश छा गया। बहुतों के हृदय का साहस जाता रहा।

इस पराजय के मन्त्र-दृष्टा की बात सुनकर उनके प्रति जो सबके मन में पूज्य भाव था वह कुछ कम हो गया। वे अब तक मौन थे, तो अभी भी मौन ही क्यों न बैठे रहे?

"मुनिवर, आप स्वस्थ हैं। आप निश्चिन्त होकर रहें। किसी का साहस नहीं है कि मेरे होते आर्यावर्त में पैर भी रख सके।"

मुनि ने सिर हिलाया, "मुझे वह आता दिखाई पड़ रहा है–हिंसा का सागर–उछलता हुआ, गरजता हुआ, आर्यावर्त का सर्वनाश करता हुआ।"

"कभी नहीं, कभी नहीं! मैं और मेरे वीर मार्ग रोककर खड़े हैं।" राजा ने झुँझलाकर कहा।

"हिंसा से कुछ भी होनेवाला नहीं है, केवल हिंसा बढ़ेगी।" मुनिवर ने कहा।

"तब फिर क्या करें? हाथ बाँधकर बैठे रहें?" झल्लाकर सेनापति ने पूछा।

"तैयारी करना छोड़ दो।" मुनि ने कहा।

"तो क्या मैं कायर होकर उसे आत्म-समर्पण कर दूँ—या फिर भाग जाऊँ?" तनिक क्रुद्ध होकर त्रैयारुण ने पूछा।

"क्या पुरुश्रेष्ठ पीछे हट जाएँगे?" सेनापति ने पूछा।

"पुरुश्रेष्ठ पर देवों की कृपा है।" पुरोहित ऋषि मेघातिथि ने कहा, "विजय इन्हीं की है।"

पराशर मुनि ने अपने दोनों हाथों को मिलाकर मानो वेदना से मसल डाला, "राजन्! मैं तुम्हें कैसे समझाऊँ? मुझे जो दिखाई पड़ रहा है, वह कैसे कहूँ? हिंसा न तो कभी जीती है और न कभी जीतने ही वाली है। देवों ने मुझे इतना वाग्बल नहीं दिया है कि मैं तुम्हें इस बात का निश्चय करा सकूँ।"

"हैहय आर्यावर्त पर आक्रमण करें और कोई उनका सामना ही न करे, यह कैसे हो सकता है? मुनिवर! आप अपनी यह चिन्ता छोड़ दीजिए।"

"नहीं! उसकी शरण में जाओ। अपनी अहिंसा से उसकी हिंसा को जीत लो। और नहीं तो फिर आसिन्दिवत छोड़कर जंगलों में चले जाओ, जहाँ इस दावानल की आँच न पहुँच पाए।"

"आप मुझसे कायर होने को कह रहे हैं।" तिरस्कारपूर्वक राजा ने कहा।

"नहीं, मैं आपसे इस सामूहिक उन्माद से बचने के लिए विनती कर रहा हूँ। चारों ओर से जब द्वेष सुलग उठे तब द्वेषी होने में वीर्य नहीं है; तब तो इस द्वेष को जीतना ही सामर्थ्य का लक्षण है।"

"मैं हैहय की शरण में जाऊँ—और नहीं तो भाग जाऊँ? मुनिवर! आप पधारिए। निर्भय होकर रहिए। आपके सपनों ने आपको पराजित कर दिया है।"

"राजन्! मेरे कहने को तुम कायरता समझ रहे हो। मैं तो मरा हुआ हूँ। मुझे तो कुछ भी बचाना नहीं है जो खोने का डर हो, पर अपनी बात का निश्चय मैं तुम्हें कैसे कराऊँ?"

"वह कभी होना ही नहीं है। मैंने देवों की पूजा की है। मेरे पूर्वज सदा ही ऋत के मार्ग पर चले हैं। मैंने हैहयनाथ को कभी सताया भी नहीं है। फिर मुझे विजय क्यों नहीं मिलेगी?" राजा ने कहा, "मेरे हृदय में उत्साह उछल रहा है। मैं दिशाओं को हैहय-विहीन कर दूँगा।" उसने गर्वपूर्वक कहा।

पराशर मुनि ने सिर हिलाया।

"मुनिवर!" जैसे पागल व्यक्ति सहिष्णुता से बात करते हैं वैसे ही ऋषि मेघातिथि ने कहा, "आप निश्चिन्त रहें। देवों ने पुरुश्रेष्ठ को छोड़ा नहीं है।"

"ऋषिवर!" मुनि ने खिन्न स्वर में कहा, "आप कभी समरांगण पर नहीं गए हैं। मैं गया हुआ हूँ। मैंने योद्धाओं के प्राण भी लिये हैं। स्वयं मरते-मरते बचा हूँ। मैंने महर्षि शक्ति और पुरुश्रेष्ठ पुरुकुत्स को मरते देखा है। समरांगण में एक-दूसरे पर कैसा विष उछाला जाता है? पारम्परिक संहार का उन्माद कैसा तीव्र हो उठता है? क्या यही है देव-कृपा? क्या यही है देवों की आज्ञा?" निराश स्वर में मुनि ने कहा, "कब आएगा वह दिन जब तुम लोग इस संहार की निरर्थकता को समझ सकोगे?"

राजा त्रैयारुण का धैर्य टूट गया।

"मुनिवर! आपने चेतावनी दी सो तो आपकी कृपा है। पर मेरा धर्म यही है कि हैहय का सामना करूँ; उसका मार्ग रोकूँ। मेरी मृत्यु चाहे इसी क्षण क्यों न हो जाए, पर मेरा कर्तव्य तो युद्ध ही है।"

"कोई देखनेवाला नहीं है; कोई सुननेवाला नहीं है?" मुनि ने अपना दंड हाथ में लिया और खेद से सिर हिलाया, "चारों ओर दावानल सुलग उठा है। मैं आर्यावर्त को भस्मसात होते देख रहा हूँ। देव! देव! क्या मेरी बात कोई नहीं सुनेगा? मानव-पशु अपने द्वेष को नहीं छोड़ेगा?"

इस पराजय के द्रष्टा के आक्रन्द को सब तिरस्कारपूर्वक सुन रहे थे।

मुनि अकेले ही लँगड़ाते-लँगड़ाते महालय से बाहर निकल आए। बाहर उत्साही योद्धाओं का समूह एकत्रित था।

"मुनिवर, आशीष दीजिए!" एक ने कहा।

"देव तुम्हें सद्‌बुद्धि प्रदान करें।"

"ऐसा आशीष दीजिए कि हमें विजय प्राप्त हो।" एक व्यक्ति ने कहा।

"सो मैं क्योंकर दे सकता हूँ? वह फलनेवाला नहीं है।" मुनि ने निराश स्वर में कहा।

महालय के भीतर से एक योद्धा ने आकर दूसरे से कुछ कहा। उत्साह के आवेग से उभरते योद्धा क्रोध से भर्रा उठे।

"आशीर्वाद नहीं देंगे?"

तभी महालय से बाहर आए हुए एक योद्धा ने कहा, "मुनि तो घबरा गए हैं। उन्हें तो आसिन्दिवत का नाश निकट ही दिखाई पड़ रहा है। या तो आत्म-समर्पण कर दो, या फिर भाग जाओ, यही कहने वे अभी राजा के पास गए थे।"

"क्या हम शरण जाएँ? भाग जाएँ? शस्त्र-त्याग कर दें? क्या हम इतने पुरुषार्थहीन हैं?" जन-जन के मुँह से क्रोध के उद्‌गार निकलने लगे।

चुपचाप वेदना से सिर नीचा किए, मुनि पराशर इस क्रोधाविष्ट मेदिनी के बीच होकर आगे बढ़े। उनके द्वारा राजा को सुनाया हुआ सन्देशा ज्यों ही लोगों में फैला तो चारों ओर एक हलचल-सी मच गई।

"हमारी तो विजय ही होगी।" एक जन ने कहा।

"पापी हैहय की मृत्यु निकट आ गई है।" दूसरे ने कहा।

"क्या हम युद्ध से पीछे हटेंगे?" तीसरे ने कहा।

"ऐसे अशुभ वचन कहनेवाला वह कौन व्यक्ति है?" पहले ने कहा।

"वह है वसिष्ठ मुनि का पौत्र! उसका मुँह तो देखो!" चौथे ने कहा।

"अरे, वह मुनि है कि मूषक?" पाँचवें ने कहा।

"मूषक मुनि! भाग जाओ। यह तुम्हारा काम नहीं है।" पहले योद्धा ने मुनि के पास जाकर सबको सुनाते हुए कहा।

"दुम फटकारो, मूषक मुनि!" पाँचवें ने पराशर मुनि को आज्ञा दी।

"अरे, इससे तो यही अच्छा है कि सहस्रार्जुन के पास चले जाओ।" पहले व्यक्ति ने कहा और सब हँस पड़े।

"अरे, हाँ! आपको पुरोहित-पद पर स्थापित कर देंगे!" चौथे ने कहा।

"ऐं, क्या हम शरण में जाएँ?" एक योद्धा ने कहा।

"क्या पुरुओं ने भी कभी पीठ दिखाई है?" छठे योद्धा ने कहा।

"कभी नहीं, कभी नहीं!" सब लोग बोल उठे।

"विजय तो पुरुओं की ही होगी।" पहले योद्धा ने कहा और उसने मुनिवर पर थूका।

"मूषक मुनि, पधारिए–पधारिए!" सबने खिल्ली उड़ाकर कहा।

मुनि चुपचाप आगे बढ़ते ही चले गए। उनकी आँखें भीग आई थीं। उनके पीछे खिल्ली उड़ाते हुए युवक चले आ रहे थे।

अँधेरा हो आया। एक युवक ने उठाकर पत्थर फेंका। वह जाकर मुनि को लगा और वे गिर पड़े। वे निठल्ले युवक खिलखिलाकर हँसते हुए वहाँ से ऊपर चले गए।

गाँव में युद्धोत्साह व्याप रहा था। मशालें लेकर इधर-से-उधर घूमते हुए लोग तैयारियों में व्यस्त थे।

पराशर मुनि उठे और अपना डंडा हाथ में पकड़कर लँगड़ाते-लँगड़ाते धीरे-धीरे वहाँ से चले गए।

[2]

बीस दिन के उपरान्त–

पराशर मुनि यमुना के तीर पर खड़े थे। उनकी आँखें अश्रुपूर्ण थीं। उनके मुख पर अवर्णनीय खेद छाया हुआ था।

आसिन्दिवत एक विशाल चिता के समान हो गया था। उसमें से धुआँ उठ रहा था। कभी-कभी चीत्कारें सुनाई पड़ती थीं। जब-तब आक्रन्द सुनाई पड़ता। मुनि जहाँ खड़े थे, वहाँ से चारों ओर स्थान-स्थान पर शव पड़े दीख रहे थे।

उनके स्वप्न भयानक रूप से सत्य हुए थे। चार योजन की दूरी तक राजा त्रैयारुण और उनके वीर योद्धा मरे पड़े थे–गिद्ध, कौवों और शृंगालों के आहार बनकर। आसिन्दिवत की गलियों में रक्त के पनाले बह रहे थे। उसका महालय क्षार-क्षार होकर पड़ा था। पुरु मर मिटे थे, उनकी स्त्रियाँ पशुवृत्ति की ग्रास बनकर लहूलुहान पड़ी थीं। उनकी आक्रन्द करती सन्तानों को भयंकर मुद्राओंवाले हैहय भाले और परशु पर चढ़ाकर घुमा रहे थे।

जिनसे भागा जा सका, वे भाग निकले थे। दो पैरोंवाले पशु चारों ओर फेरी लगा रहे थे। उनका निर्दय हास्य निर्जन मार्गों पर गूँज उठता।

"मैं कैसे समझाऊँ? मेरा कहा मानते तो क्या यह दिन आता? न जाने क्या होने को है? देव! देव! मनुष्य के द्वेष का पार भी है या नहीं? देव! वह सब पहले से देख पाने की शक्ति तुमने मुझे दी थी, तो इसे रोकने की शक्ति क्यों नहीं दी?" मुनि की आँखों से आँसू टपकने लगे। उन्होंने निःश्वास छोड़ा, नदी में से अपना घड़ा भर लिया और उसे कन्धे पर रखकर कुटिया की ओर चल पड़े।

नदी की रेत के बगूले उठने लगे और कोई सौ-एक अश्वारोही आते दिखाई पड़े। वे भयंकर और शक्तिशाली थे। उनकी हुंकारों से नदी का संगीत खंडित हो रहा था। उन अश्वारोहियों के आगे-आगे दो व्यक्ति चल रहे थे। उनमें से एक व्यक्ति प्रचंड और

भयानक था। उसके शस्त्र अन्य सबके शस्त्रों की अपेक्षा बड़े थे। उसकी विकराल आँखों में आनन्द छाया हुआ था। एक दूसरा योद्धा आसिन्दिवत की भस्मसात भूमि उसे गर्वपूर्वक दिखा रहा था।

मुनि ने तुरन्त पहचान लिया। उस भयानक व्यक्ति को उन्होंने अपने सपनों में देखा था। इसी व्यक्ति को वर्षों पूर्व पितामह के आश्रम में देखा था। वह स्वयं सहस्रार्जुन ही था। उस हिंसामूर्ति को देखकर मुनि काँप उठे। कितने मनुष्यों का संहार करके, कितनी स्त्रियों को भ्रष्ट करके, कितनी बस्तियों को भस्म करके, यह भूखा दावानल शान्त हो सकेगा?

मुनि ने घड़ा नीचे रख दिया और उन्होंने आगे आकर सहस्रार्जुन के घोड़े की रास पकड़ ली। अपने घोड़े की रास पकड़ लेनेवाले उस धृष्ट व्यक्ति की ओर सहस्रार्जुन ने कठोर दृष्टि से देखा। उसके साथी ने खड्ग उठाया।

"क्या चाहता है, जोगड़े?" सहस्रार्जुन ने अधीर होकर पूछा।

"हैहयराज! मैं तुमसे विनती करता हूँ कि तुम लौट जाओ। तुम जो कर रहे हो, उसका भान तुम्हें नहीं है। हिंसा के बीज बोने से विष के वन उगेंगे। रुधिर की प्रत्येक बूँद में से रुधिर बहानेवाले उत्पन्न होंगे। हैहयराज! तुम धरती के स्वामी हो, पर यह निरर्थक विनाश कहाँ तक चलाओगे? द्वेष ने किसी को तारा नहीं है और न तुम्हें ही तारेगा। वह तुम्हें जलाकर भस्म कर देगा। तनिक रुको, विचार करो और पीछे लौट जाओ।"

इस पागल मनुष्य के वाक्यों को सहस्रार्जुन ने तिरस्कारपूर्वक सुना; फिर क्रूर हँसी हँसकर मुनि पराशर के मुख पर आड़ा वार किया।

योद्धाओं का समूह खिलखिलाकर हँस पड़ा। मुनि के मुँह से रक्त बह चला और वे बेभान होकर धरती पर लोट गए। सहस्रार्जुन और उसके नायक उस पगले की ओर देखे बिना ही घोड़े दौड़ाते हुए अदृष्ट हो गए।

उस रात हैहयों की पाशविकता में सैकड़ों असहाय स्त्रियों के शील की आहुति दी गई। सवेरे तक विजयी योद्धा रँगरेलियाँ करते रहे।

मुनि पराशर बेभान होकर पड़ रहे।

चन्द्रमा उदय हुआ।

एक धीवर की नाव तेजी से आती हुई इस किनारे पर आकर रुक गई। उसमें से दो धीवर अपनी टोकरियाँ लेकर आसिन्दिवत में मछलियाँ बेचने के लिए उतरे। इस ग्राम में उनकी पुरानी ग्राहकी थी।

नाव में से तेरह वर्ष की एक कन्या भी नीचे उतर आई। उसने मात्र एक छोटा-सा कछौटा मार रखा था। उसके हाथों और पैरों में चाँदी के आभूषण थे।

उस चन्द्रिका में वह अद्भुत दिखाई पड़ रही थी। वह साँवली थी और चन्द्रमा के प्रकाश में ऐसी लग रही थी, मानो तप्त ताम्र की बनी हो। उसके सुडौल गालों पर आनन्द छाया हुआ था। पुष्पों की कलियों के समान उसके छोटे-छोटे नवीन स्तन उसे और भी मोहक बना रहे थे।

वह नाव पर से पानी में उतर आई और वहाँ से उछलती-कूदती किनारे पर आ गई। वह एक पैर से कूद रही थी। ताल देने के लिए अपने हाथों को वह ऊँचा-नीचा कर रही थी। कुछ ऐसा लग रहा था, मानो चन्द्र-किरणों पर झूलने का प्रयत्न कर रही हो।

उसने कुछ ही दूर, भूमि पर पड़े हुए एक मनुष्य को देखा और वह दौड़कर उसके पास गई। मुनि पराशर बेसुध पड़े हुए थे। उनके मुँह से रक्त बह रहा था। बालिका चीख उठी।

वह एकाएक नीचे झुक गई और उसने मुनि को पहचान लिया। जब उनकी नाव यहाँ आया करती तो उसके माता-पिता उसे लेकर पास ही के जंगल में, उस टीले पर स्थित मुनि की कुटिया पर जाया करते थे। वहाँ वे पंगु मुनि के लिए दूध धर आया करते। वे मुनि कुछ बोलते नहीं, केवल हाथ के इंगित से आशीर्वाद दे दिया करते।

इस लड़की को मुनि बहुत अच्छे लगते थे। उनके मुख पर अगाध प्रेम का भाव था। उनकी आँखों में दया थी। मुनि को देखकर उस लड़की को रंचमात्र भी डर नहीं लगता था। वह उनके पास जाकर बैठ जाती और अपने सुन्दर हाथों में मुँह धरकर मौन मुनि की स्नेहपूर्ण आँखों को ताका करती।

उन्हीं मुनि को आज इस मूर्च्छित अवस्था में पड़े देखकर उस बाला के हृदय पर आघात-सा लगा। 'मुनि मर गए?' उनके ठीक पास जाकर जो उसने रक्त बहते हुए देखा तो वह रो पड़ी।

"मुनि! मुनि!! मुनि!!" पास जाकर उसने पुकारा।

मुनि निश्चेष्ट पड़े रहे। उस बाला की छाती बैठ गई। मुनि की छाती पर सिर रखकर वह रोने लगी। उसके रोने का स्वर सुनकर, उसकी माँ तुरन्त भागी हुई बाहर आई, "मेरी मत्स्यगन्धा को क्या हो गया?" वह किनारे पर आ गई, "मत्स्यगन्धा! क्या हो गया तुझे?" उसने पुकारा।

"माँ, माँ मुनि मर गए।" मत्स्यगन्धा ने रोते हुए कहा। माँ ने बेटी को मुनि की छाती पर से उठाकर, मुनि की आँखों पर हाथ रखा। मुनि ने आँखें खोलीं और फिर मूँद लीं।

"अरे, जी रहे हैं...जी रहे हैं..."

एकाएक वे धीवर दौड़ते हुए आए और उन्होंने स्त्री और बालिका से नाव पर चले जाने के लिए कहा।

"चलो, चलो यहाँ से। आसिन्दिवत तो आधा जलकर भस्म हो चुका है। यहाँ तो अब राक्षसों का वास है। मेरा सारा टोकरा छीनकर उन्होंने मुझे मारा है, चलो यहाँ से।" मत्स्यगन्धा के पिता ने कहा।

"पिताजी, ये मुनिजी मर रहे हैं।" मत्स्यगन्धा ने कहा।

"कौन मुनिजी!" उसके बाप ने नीचे की ओर दृष्टि डाली, "उन राक्षसों ने ही इन्हें मार डाला है।"

"इन्हें भी उठाकर अपने साथ ले लो। फिर इनकी परिचर्या करेंगे।" धीवर के भाई ने कहा।

वे दोनों पराशर मुनि को उठाकर अपनी नाव पर ले गए और उन्हें एक ओर लिटा दिया। मत्स्यगन्धा की माँ ने पानी लेकर उनका मुँह धोया।

त्वरापूर्वक नाव वहाँ से चल पड़ी। मध्यरात्रि हो आई। सब धीवर सो रहे थे। निश्वान्त मुनि अर्धमूर्च्छित अवस्था में पड़े थे। कौमुदी उनके फीके खेदयुक्त स्वरूपवान मुख को एक अपरिचित मार्दव प्रदान कर रही थी।

बड़ी देर तक मत्स्यगन्धा मुनि के मुख को ताकती रही। फिर वह कुछ आगे खिसक आई और मुनि के सिर को अपनी गोद में लेकर धीमे स्वर में लोरियाँ गाने लगी।

जगत् के विद्वेष से घायल मुनि के हृदय को उन लोरियों के स्वर से शान्ति प्राप्त हुई।

[3]

भृगु के आश्रम में जब सहस्रार्जुन के आसन्न आक्रमण का संवाद पहुँचा तब भद्रश्रेण्य और विमद ऋषि दोनों वहाँ उपस्थित थे। भार्गव और भगवती चक्रवर्ती मान्धाता के यहाँ गए हुए थे। उनके साथ चक्रवर्ती भरत, शिबि तथा प्रतीप भी गए हुए थे। कूर्मा और उज्जयन्त थानों पर पहरा देने गए हुए थे।

भद्रश्रेण्य सहस्रार्जुन को भली-भाँति पहचानते थे। इधर-उधर बिखरे बल के द्वारा, प्रलय-समुद्र के समान उसकी सेना को रोकना सम्भव नहीं था। इस बात को भली-भाँति समझकर ही उन्होंने अपना निर्णय किया और तदनुसार सबके पास सन्देशा भेज दिया। ऋषि, स्त्रियों और बालकों को किसी एकान्त जंगल में, पर्वत पर, और हो सके तो सिन्धु के तीर पर चले जाना चाहिए; योद्धागण सिन्धु के तीर पर जाकर भार्गव से मिलें; उनसे मिले बिना कोई भी अपनी शक्ति का अपव्यय न करे।

जब भद्रश्रेण्य ने जमदग्नि ऋषि से अपने साथ चलने के लिए कहा तो उन्होंने सिर हिलाते हुए कहा–

"नहीं भद्रश्रेण्य, मैं तो ऋषि हूँ। उसका परम्परागत गुरु हूँ। मैं तो यहीं रहूँगा।"

"पर महर्षि, वह तो सर्वभक्षी है। फिर कोई तपस्वी हो कि शीलवती स्त्री, किसी के लिए भी उसके मन में सम्मान का भाव नहीं है।"

"माना कि वह बलवान है, पर ऐसे बलियों की शक्ति परिमित होती है। वह मार सकता है, पर तपस्वियों के तप को भंग नहीं कर सकता। तुम सब यहाँ से चले जाओ। किसी शस्त्रधारी को आश्रम में नहीं रहना चाहिए। यदि कोई शस्त्रधारी यहाँ रह जाएगा, तो उसके पशुबल को उत्तेजन मिलेगा। यदि मैं अकेला ही यहाँ रहूँगा, तो वह उँगली भी नहीं उठा सकेगा।"

"महर्षिवर, उस दुष्ट की क्रूरता की सीमा नहीं है।"

"तो उसके प्रभाव की सीमा है, यह तो किसी-न-किसी को उसे बताना ही होगा। मैं वृद्ध हूँ। बरस-दो बरस जी लिया तो क्या, और मर गया तो क्या? पर जमदग्नि अपने शापित शिष्य के भय से भागकर जाए, यह नहीं हो सकता।" महर्षि ने दृढ़तापूर्वक कहा।

"मैं महर्षि के साथ ही रहूँगी।" रेणुका ने कहा।

महर्षि टस-से-मस न हुए। और भद्रश्रेण्य तथा ऋषि विमद पाँच वृद्धों को छोड़ और सबको साथ ले, आश्रम छोड़कर चले गए। भद्रश्रेण्य ने चारों ओर सन्देशे भिजवा दिए और भार्गवों तथा अन्य राजाओं को अपने सैन्य लेकर सिन्धु-तट पर आने के लिए कहलवा दिया। ऋषिगण स्त्रियों, बालकों तथा गायों को साथ लेकर धीरे-धीरे वहाँ से चल पड़े। कुछ शस्त्र-सज्जित भार्गव थानों पर सन्देशे पहुँचाने चले गए।

भरतों ने भद्रश्रेण्य की आज्ञा का तुरन्त पालन किया और उनके योद्धा भी साथ हो लिए। राजा सुदास पितृलोक-वासी हो चुके थे और राजा कृशाश्व अब तृत्सुओं पर राज्य करते थे। उन्होंने अपना गाँव छोड़ना अस्वीकार कर दिया और एक विशाल सैन्य एकत्रित कर, वे सहस्रार्जुन का सामना करने को तैयार हो गए।

वसिष्ठ मुनि अब पुरोहित-पद से निवृत्त होकर आश्रमवासी हो गए थे। उनका आश्रम विद्या का परम धाम था। सहस्रों शिष्य वहाँ विद्याध्ययन किया करते थे।

उस परम धाम में जब राजा भद्रश्रेण्य का सन्देश पहुँचा, तो पहले शिष्यों ने उसकी बड़ी हँसी उड़ाई। मुनिश्रेष्ठ वसिष्ठ के पवित्र आश्रम को कौन मूर्ख स्पर्श कर सकता है? पर इसके पश्चात् त्रैयारुण के मरण का समाचार आया, ऋषि मेघातिथि के आश्रम के जलकर भस्म हो जाने का संवाद आया, फिर आसिन्दिवत के भस्मसात होने का संवाद भी आ पहुँचा। चारों ओर से लोग भाग-भागकर आ रहे थे। जब यह संवाद मिला कि सहस्रार्जुन का सर्वनाशकारी सैन्य यमुना के तीर से सरस्वती की ओर मुड़ रहा है, तो वसिष्ठ मुनि के आश्रम के तपस्वी घबरा उठे।

वसिष्ठ मुनि ने अपने शिष्यों को बुलाकर कहा, "तपस्वियो! आर्यावर्त में दावानल सुलग उठा है। भार्गव के अतिरिक्त और कोई उसे नहीं रोक सकता और उन्हें आने में अभी देर लगेगी। तुममें से जो भाग सकें, वे भाग जाएँ और हो सके तो हिमालय के किसी गिरि-श्रृंग पर जाकर छिप रहें। पर वसिष्ठों की विद्या की रक्षा करना।" वसिष्ठ मुनि ने कहा।

"पर गुरुदेव! आपका क्या होगा?"

"मैं आश्रम नहीं छोड़ूँगा!"

"तो फिर हम..."

"वत्सो! आपत्काल आया है तो आपद्धर्म को स्वीकार करना ही होगा। मैं आज्ञा देता हूँ कि तुम सब यहाँ से चले जाओ।"

"पर आपको छोड़कर?"

"वत्सो! मेरी चिन्ता न करना। राजा दिवोदास और गाधिराजा के समय से मैंने आर्यावर्त की विद्या, शौर्य और समृद्धि को विकास पाते देखा है। उस विकास के लिए मैंने अहोरात्रि अविश्रान्त श्रम किया है। आज उसी आर्यावर्त को जलाकर भस्म कर देनेवाला आ पहुँचा है। अब मेरा कोई उपयोग नहीं है। मैं उसे पिघलाकर आर्यावर्त को बचा लूँगा; और नहीं तो इस प्रयत्न में मर-मिटूँगा और अविस्मरणीय कीर्ति-कथा की धरोहर तुम्हारे लिए छोड़ जाऊँगा," मुनि ने कहा, "मुझे छोड़कर चले जाओ और वसिष्ठों की विद्या का संरक्षण करो, बस यही तुम्हारा धर्म है।"

मुनिदेव का निश्चय टालना सम्भव नहीं था। रोता-अकुलाता शिष्य-समुदाय गुरुदेव के पैरों की रज सिर पर चढ़ाकर उनकी आज्ञा का पालन करने के लिए आश्रम छोड़कर चला गया। मुनिवर और कुछ वृद्ध शिष्य आश्रम में रह गए।

दसवें दिन सहस्रार्जुन का सैन्य सरस्वती के तीर पर आगे बढ़ता हुआ वसिष्ठ मुनि के आश्रम तक आ पहुँचा। हैहय सेना विजय के उन्माद में डूबी हुई थी। आसिन्दिवत भस्मसात हो चुका था। वहाँ कुछ लोग तो मर-मिटे थे और कुछ वहाँ से भाग निकले थे।

बहुत बड़ी संख्या में गायें और घोड़े हैहयों के हाथ लगे थे; कुछ आर्यों को रस्सी से बाँधकर अपनी गाड़ियों के पीछे-पीछे घसीट लाए थे। सैकड़ों स्त्रियों ने अत्याचार सहन किया था। सैकड़ों ने नदी में कूदकर या फिर जीभ काटकर अपने प्राण दे दिए थे। सैकड़ों स्त्रियों को वे बलात्कारपूर्वक अपने साथ घसीट लाए थे, जो अब सैनिकों के आनन्द-विनोद का साधन हो गई थीं।

सरस्वती-तट पर अपरिचित ध्वनियाँ गूँज उठीं। हुंकारें, अपशब्द, ढोरों और मनुष्यों पर पड़नेवाले कोड़ों की मार का शब्द, वेदना से भरी चीत्कारें, हृदय-वेधक आक्रन्द, वर्षों से हरे-भरे तपोवन की समृद्धि की आग में धू-धू सुलग उठने का शब्द, पर इस सबके उपरान्त भी यहाँ आकर वह विजयी सेना विस्मय में पड़ गई। ऐसा कोई संवाद नहीं मिल रहा था कि कोई राजा सामना करने आ रहा है। जहाँ भी वे जाते निर्जन बस्तियाँ और आश्रम ही उन्हें मिलते। लोग अपनी गायों और घोड़ों तक को साथ लेकर वहाँ से चले गए थे। सेना की प्रगति में कोई बाधा नहीं दे रहा था, इसी से उसका लड़ने का उत्साह भी क्षीण होता जा रहा था।

सहस्रार्जुन आर्यावर्त में जाकर भृगुओं के आश्रम पर अधिकार करने का संकल्प लेकर चला था। अपने शत्रु भार्गव को मारना उसका सर्वप्रथम लक्ष्य-बिन्दु था। उसे निश्चित विश्वास था कि न तो वह छिपेगा ही और न कहीं भागकर जाएगा। पर उसका कोई भी चिह्न जब उसे नहीं मिला, तो वह विचार में पड़ गया।

वसिष्ठ मुनि के आश्रम के सामने ही सहस्रार्जुन ने सरस्वती को पार किया। सामने विशाल आश्रम की विकसित वन-राशि वर्षों की समृद्धि और शान्ति का साक्ष्य दे रही थी। सहस्रार्जुन वसिष्ठ पर दाँत गड़ाए हुए था; वर्षों पहले इस सयाने वसिष्ठ ने उसे कई बार उलाहने दिए थे। अब वह उसके हाथ चढ़ा था। अब वह उसे रीति-नीति का पाठ सिखलाएगा।

नदी लाँघकर सहस्रार्जुन आश्रम के पास आया; वहाँ चारों ओर निर्जनता व्याप्त थी। किनारे पर कोई मनुष्य नहीं दिखाई पड़ता था। कहीं कोई गाय तक चरती दिखाई नहीं पड़ रही थी। केवल आश्रम के भीतर से धुएँ की एक रेखा ऊपर उठती दिखाई पड़ रही थी।

वसिष्ठ के आश्रम को निर्जन देखकर सहस्रार्जुन किंचित् असन्तुष्ट हुआ। उनके शिष्यों के समक्ष ही मुनि वसिष्ठ को सीधा करने का उसका संकल्प फलीभूत न हो सका। वह और उसका सैन्य आश्रम में प्रवेश कर गए।

उसके योद्धागण धीरे-धीरे आकर वृक्षों-तले विश्राम करने का आयोजन करने लगे। सहस्रार्जुन आगे बढ़ा, पर कोई भी सामने नहीं आया।

आँगन में, मुनि की कुटिया के सामने स्वयं मुनि वसिष्ठ तथा अन्य पाँच वृद्ध बैठे अग्नि आहुति दे रहे थे। क्षण-भर के लिए सहस्रार्जुन ठिठक रहा। उसे कुछ ऐसा आभास हुआ मानो वृद्ध मुनि और गौरव-भरे वे दूसरे वृद्ध उसकी भर्त्सना कर रहे हैं। अगले ही क्षण, संकोच को टालकर, मूँछें मरोड़ता हुआ वह आगे बढ़ आया।

"वसिष्ठ मुनि!" उसने उद्धत स्वर में मुनिवर को पुकारा।

मुनिवर एकाग्रचित्त से आहुति देते ही चले गए। उन छहों वृद्धों में से किसी ने भी सिर उठाकर नहीं देखा। सहस्रार्जुन किंकर्तव्यविमूढ़ हो गया, इसलिए वह कुछ देर चुपचाप खड़ा रहा। फिर उसका धैर्य जाता रहा।

"वसिष्ठ मुनि...ए..."

वसिष्ठ मुनि ने सिर उठाकर देखा और हाथ के संकेत से चुप रहने का आदेश किया।

सहस्रार्जुन के नायक आ पहुँचे थे। और उनके सामने वह अपनी प्रतिष्ठा खोना नहीं चाहता था।

"बहुत हुआ अब। मुझे पहचान तो लिया न?"

दर्भ के द्वारा आहुति देकर वसिष्ठ मुनि ने सामने देखा—"मैं तुझे बचपन से ही जानता हूँ।" उन्होंने शान्तिपूर्वक कहा।

"सो कुछ नहीं। अब मैं आर्यावर्त का काल होकर आया हूँ।"

मुनि ने कोई उत्तर नहीं दिया।

"तुम मुझे आर्यावर्त की रीति-नीति सिखाने आए थे, अब तुम्हें मेरी रीति-नीति के अनुसार रहना पड़ेगा।"

"वसिष्ठ एक ही रीति से रहता है—देवों की आज्ञा के अनुसार।"

"हा हा हा हा!" सहस्रार्जुन खिलखिलाकर हँस पड़ा, "देवों की यही आज्ञा है कि तुम्हें मेरी आज्ञा का पालन करना चाहिए। मैं आर्यावर्त को जलाकर भस्म करने आया हूँ, जानते हो?"

"कृतवीर्य के पुत्र!" मुनिवर ने कहा, "तू तो सदा का पाजी रहा है। लूट-पाट करना, संहार करना, जलाकर भस्म कर देना—यह सब तो कोई भी कर सकता है।"

"तुम्हारा सबकुछ जलकर भस्म हो जाएगा, तभी तुम्हें समझ में आएगा।"

"देवों की कृपा से हमने जो बोया है, उसका तू नाश कर ही नहीं सकता। ज्यों-ज्यों तू उसे जलाएगा, त्यों-त्यों उसमें से नई कोंपलें फूटेंगी।"

"ये सब बात बनाना अब बन्द करो, वसिष्ठ मुनि! उठो और अपने शिष्यों से कहो कि वे हमारा आतिथ्य करें।"

"वसिष्ठ के आश्रम में किसी भी आततायी का आतिथ्य-सत्कार नहीं होता।" कठोर स्वर में वसिष्ठ ने कहा।

सहस्रार्जुन क्रुद्ध हो उठा। वह खड्ग लेकर आगे बढ़ आया।

"अर्जुन, यह क्या कर रहा है? ब्रह्म-हत्या का पाप बटोर रहा है?"

"मुझे कोई नहीं रोक सकता।"

"मेरी विशुद्धि तो देवों के हाथ में है।" मुनि ने उत्तर दिया।

सहस्रार्जुन हँस पड़ा और मुनि की दाढ़ी पकड़ने के लिए झपटा।

मुनि ने आँखें मूँद लीं। सहस्रार्जुन ने हाथ बढ़ाया, पर वह स्पर्श कर पाए इसके पहले ही मुनि जहाँ थे, वहीं ढुलक गए। सहस्रार्जुन पीछे हट गया। वसिष्ठ का अपमान करने की उसकी साध अपूर्ण ही रह गई।

जब से मृगारानी ने उसके पैरों में गिरकर प्राण दिए थे, तब से सहस्रार्जुन मार सकता था, पर मरे हुए का मुख नहीं देख सकता था। इस क्षण निश्चेत पड़े मुनिवर का निरा श्वेत मुख वह देख न सका। आँखों पर हाथ देकर पीछे हट गया।

"तालजंघ! इस आश्रम को जलाकर भस्म कर दे। इसके आश्रम को ही इसकी चिता बना दे।"

[4]

भृगुश्रेष्ठ जमदग्नि का मन इन दिनों रंच-मात्र भी अस्वस्थ नहीं था; वे सहस्रार्जुन की प्रतीक्षा में बैठे थे। अम्बा उनके पास ही बैठी थी। जो थोड़े-से भृगु यहाँ रह गए थे, वे भी उनके साथ ही बैठे थे।

वसिष्ठ का आश्रम जलाकर सहस्रार्जुन का सैन्य बाढ़ की भाँति भृगुओं के आश्रम की ओर बढ़ रहा था। पानी की घरघराहट की भाँति उनका पग-रव निकट-से-निकटतर आता सुनाई पड़ रहा था। थोड़ी ही देर में कुछ सैनिक हुंकारते हुए आगे बढ़ आए और झोंपड़ियाँ खोलकर उन पर अधिकार जमाने लगे।

सहस्रार्जुन का समस्त द्वेष इस आश्रम पर ही केन्द्रित हो गया था। वह भार्गव से प्रतिशोध लेना चाहता था—मृगा का, रुरु का और सहस्रों मरे हुए योद्धाओं का—यही उसका प्रधान लक्ष्य था। पर उसका मन असमंजस में पड़ गया था। भार्गव का सामना करके वह उसे मारने को उद्यत था, पर वह कहीं दिखाई न दे और उसकी प्रतीक्षा करनी पड़े, इस बेढब स्थिति को सामने पाकर वह क्षुब्ध हो उठा।

आश्रम में प्रवेश करते समय सैनिक अस्वस्थ हो चले थे। डड्डनाथ अघोरी का शिष्य और महादन्ती सिद्धेश्वरी का उत्तराधिकारी कहीं से निकलकर उन पर टूट न पड़े—यही उनके मन में सबसे बड़ा डर था। भृगओं के आश्रम में कोई भी नहीं दिखाई पड़ रहा था। कुछ गायें थीं और दो-एक मृतप्राय घोड़े वहाँ थे। भार्गव का तो कोई नाम-चिह्न भी वहाँ नहीं था।

गर्विष्ठ हँसी हँसते हुए सहस्रार्जुन ने वहाँ प्रवेश किया, "यहीं पड़ाव डाल दो।" उसने आज्ञा दी।

यह अखंड निर्जनता उसे नहीं रुची। बीच के प्रांगण में जमदग्नि बैठे थे। उनके पास ही रेणुका भी बैठी थी। वार्धक्य से शोभित उस युगल जोड़ी को सहस्रार्जुन ने पहचान लिया। उसके मन में प्रश्न उठा—'क्या यह बुड्ढा भी वसिष्ठ की ही भाँति मर जाएगा?' अभी भी मुनिवर का वह फीका मुख उसकी आँखों में तैर रहा था।

"कौन भृगुश्रेष्ठ? महर्षि जमदग्नि?" सहस्रार्जुन ने खिल्ली उड़ाते हुए कहा, "मैं सहस्रार्जुन—कृतवीर्य का पुत्र—आपको प्रणाम करता हूँ।"

"यदि तू शापग्रस्थ कृतवीर्य का पुत्र है," जमदग्नि ने कठोरतापूर्वक हैहयराज की ओर देखते हुए कहा, "तो इस आश्रम को तूने भ्रष्ट कर दिया है। महाअथर्वण ऋचीक का शाप अभी भी तेरे कुल से उतरा नहीं है।"

"इसीलिए तो मैं यहाँ आया हूँ।" खिलखिलाकर हँसते हुए सहस्रार्जुन ने विनोद में कहा, "तुम्हारे पिता ने मेरे दादा को शाप दिया था, वही उतारने के लिए मैं तुम्हारे पास आया हूँ।"

"व्यर्थ ही आया है तू," जमदग्नि ने कहा, "भृगुओं का शाप तो सहस्र-जिह्वा सर्प बनकर डसता ही जाएगा।"

"इस समय तो मैं सबका काल बनकर आया हूँ। कहाँ चले गए तुम्हारे सब शिष्य, तुम्हारी धेनुएँ—और वह तुम्हारा पुत्र?" सहस्रार्जुन ने खिल्ली उड़ाई।

"तेरी घड़ी जब आ पहुँचेगी, तभी वे तुझसे आ मिलेंगे।" महर्षि ने उत्तर दिया।

"भृगुश्रेष्ठ!" सहस्रार्जुन गम्भीर हो गया, "यह विचार छोड़ दीजिए। मैंने पुरुओं के राजा त्रैयारुण को रण में रौंद दिया है और आसिन्दिवत को जलाकर भस्म कर दिया है। वसिष्ठ के आश्रम को भी मैंने क्षार-क्षार कर दिया है और अभी-अभी भरतग्राम पर भी अधिकार कर लूँगा। बात-की-बात में आधे आर्यावर्त को जीत लूँगा। आप मेरे परम्परागत गुरु हैं। आप ही मेरे पुरोहित हो जाइए। फिर मैं आपके शिष्यों और धेनुओं का कुछ नहीं बिगाड़ूँगा। आप चाहेंगे तो मैं और भी धेनुएँ आपको दे सकूँगा।"

"तू तो प्रचंड अभियान का धनी है। तुझे भला पुरोहित की क्या आवश्यकता है?" जमदग्नि तनिक हँस दिए।

"आप यदि पुरोहित हो जाएँगे तो मेरे हैहयों को शान्ति प्राप्त होगी और मेरी प्रतिष्ठा बढ़ेगी।" सहस्रार्जुन ने कहा।

"और तू आशा करता है कि मैं तेरा पुरोहित हो ही जाऊँगा?"

"इसमें आशा की तो कोई बात ही नहीं है। आपको शाप लौटा लेना पड़ेगा।"

"मेरी विद्या और मेरा तप अत्याचारियों के लिए नहीं है।" जमदग्नि ने निश्चलतापूर्वक कहा।

सहस्रार्जुन और उसके नायक किंचित् क्षुब्ध हो गए। इस भृगुकुल के गुरुओं का प्रभाव उनके हृदयों पर बहुत गहरा था।

सहस्रार्जुन जब क्षुब्ध हो जाता तो उसके स्वभाव में क्रूरता उभर आया करती थी।

"भृगुश्रेष्ठ, आप मेरी माँग को स्वीकार नहीं करेंगे? क्या आप मेरे गुरु नहीं होंगे?" उसने आँखें निकालकर क्रुद्ध स्वर में पूछा।

"जिसका उद्धार ही सम्भव नहीं, उसका गुरु भला कौन होगा?"

"तो मेरी आज्ञा नहीं मानोगे, यही न?"

"आज तक किसी मानव ने मुझे आज्ञा देने की धृष्टता नहीं की है। पिता और गुरु को छोड़ और किसी की आज्ञा मैंने नहीं मानी है।"

"जानते हो, इसका परिणाम क्या होगा? मैं तुम्हारे प्राण ले लूँगा।"

"बस!" महर्षि ने तुरन्त उत्तर दिया, "सो तो सिंह, भेड़िये और साँप भी ले सकते हैं।"

"मैं तुम्हारे आश्रम को जला दूँगा, तुम्हारे शिष्यों का वध करूँगा, और तुम्हारी गायों को लूट ले जाऊँगा।"

"यही सब तू न करेगा, तो फिर नर-पिशाच कैसे कहा जाएगा?"

"ओ हो!" उग्र होकर सहस्रार्जुन ने कहा, "क्या तुम भी वसिष्ठ की भाँति मेरे हाथ से बचकर निकल जाना चाहते हो?"

"मुनिवर कैसे बच निकले सो तो मैं नहीं जानता, पर मैं तो तेरे हाथ में कभी था ही नहीं। तू मेरे पिता के शाप में छटपटा रहा है।"

"अच्छा! यह बात है!" सहस्रार्जुन चिल्ला उठा, "तालजंघ! इसको पकड़कर इस झाड़ से बाँध दे। बोलो! शाप को लौटाकर मेरा पुरोहित-पद स्वीकार करते हो या नहीं?"

"आतंक दिखाकर और लोभ से ललचाकर तू मेरा आशीर्वाद प्राप्त करना चाहता है? पतित! जमदग्नि का आशीर्वाद यों नहीं मिला करता।"

जमदग्नि उठे और सहस्रार्जुन के दिखाए हुए झाड़ के पास जाकर खड़े हो गए।

"बता मुझे कैसे बाँधना चाहता है?"

सहस्रार्जुन इस शान्त प्रतिरोध से अधिकाधिक क्रोधाविष्ट होता गया।

"बाँध इसे!" उसने आज्ञा दी।

तालजंघ ने महर्षि जमदग्नि को झाड़ से बाँध दिया।

"बोल! शाप उतारेगा या नहीं।"

जमदग्नि मौन, शान्त भाव से खड़े रहे। उनके भव्य मुख, श्वेत दाढ़ी तथा स्थिर आँखों में किंचित्-मात्र भी अन्तर नहीं आया।

सहस्रार्जुन ने अपने तरकस में से एक तीर निकाला।

"क्यों?" वह गरज उठा।

जमदग्नि की आँख भी नहीं फड़की।

सहस्रार्जुन ने लक्ष्य साधकर एक तीर हाथ से ही मारा; वह जाकर जमदग्नि के खवे में धँस गया। मूक वेदना के गौरव में जमदग्नि स्वस्थ रहे।

"क्यों? नहीं है अब भी विचार?" सहस्रार्जुन ने पूछा, "अच्छी बात है, तालजंघ, तू इस पर पहरा देना। बुढ़िया, तू अपने पति की सेवा करना।" कहकर वह ढीठतापूर्वक हँस पड़ा और घोड़े पर बैठकर भरतग्राम पर अधिकार करने के लिए चल दिया।

अम्बा ने साश्रु नयनों से, घाव से बहते हुए रक्त को पोंछा और महर्षि को पानी पिलाया। जमदग्नि ने मन्द और ममता-भरी मुसकराहट से इस परिचर्या का स्वागत किया।

रात को भरतग्राम की रही-सही समृद्धि को लूटकर सहस्रार्जुन लौट आया। हैहय सेनाओं ने भृगु और विश्वामित्र के आश्रमों तथा भरतग्राम पर अधिकार कर लिया। सारी रात महर्षि जमदग्नि झाड़ से बँधे रहे। रेणुका उनके चरणों में बैठी थी। घाव से अभी भी रक्त बह रहा था।

"महर्षि, क्या बहुत वेदना हो रही है?"

"नहीं, रेणुका!"

"राम कब आएगा?" रेणुका ने कहा।

"आएगा, इसकी मृत्यु तो मुझे निकट ही दिखाई दे रही है।"

सवेरे सहस्रार्जुन फिर महर्षि के पास आ पहुँचा।

"क्यों? शाप उतारोगे या नहीं?" उसने व्यंग्य के स्वर में पूछा। महर्षि ने कोई उत्तर नहीं दिया।

सहस्रार्जुन ने फिर एक तीर उठा लिया और तानकर हाथ से ही मारा। वह महर्षि के दूसरे खवे में जाकर गड़ गया। पल-भर के लिए उन्होंने आँखें मूँद लीं। उनके मुँह से एक भी शब्द न निकला। घाव से रुधिर का प्रवाह बह रहा था और उनकी श्वेत दाढ़ी पर रक्त के दो-चार छींटे आ पड़े थे।

"महर्षिवर, इस वेदना को कब तक सहन करना होगा?" अम्बा ने पानी पिलाते हुए गद्‌गद कंठ से पूछा।

"यह वेदना नहीं है। यह तो पशु और आर्य के बीच युद्ध चल रहा है। इसमें तो आर्यत्व की ही विजय होगी।"

"और आपका क्या होगा?"

"अपना मनचाहा वह नहीं करवा सकेगा। उसे तो निदान हाथ मलते हुए ही मरना पड़ेगा।"

सहस्रार्जुन चला गया। सारे दिन और रात महर्षि मूक भाव से उस वेदना को सहन करते रहे। अम्बा सजल नयनों से अगले दिन की प्रतीक्षा करती रही।

"राम! राम! तू कब आएगा?" उसके रोम-रोम में यही स्वर गूँज रहा था।

"महर्षि! इस प्रकार कब तक तिल-तिल खपते रहेंगे?"

सवेरे फिर सहस्रार्जुन महर्षि के पास आया।

"कहो महर्षि, क्या विचार है?"

महर्षि ने उत्तर नहीं दिया।

"अच्छा!"

सहस्रार्जुन ने क्रम-क्रम से तीन तीर उठा-उठाकर मारे। महर्षि के शरीर से तीन नए रक्त-प्रवाह बहने लगे। क्षण-भर की वेदना अदृष्ट हो गई, और उनके मुख पर गौरव छा गया। उनकी आँखें मूक भाव से देव का आराधन करती हुई, तेजस्वी और दयार्द्र हो उठीं।

महर्षि के मुख से सिसकारी तक नहीं फूटी और न वे झुके ही। उससे चिढ़कर सहस्रार्जुन ने चौथा तीर भी फेंक मारा।

"तालजंघ! तीर निकालकर इन्हें खाने को दे। कहीं ये जल्दी ही न सटक जाएँ।"

अम्बा के लिए आँसू के घूँट उतारते जाना अब सम्भव नहीं था। महर्षि पर होनेवाला एक-एक आघात उसके हृदय में सहस्र-सहस्र आघात कर रहा था। श्वास-श्वास में उसके अन्तर से एक ही प्रार्थना निकल रही थी–'मेरे राम! तू कब आएगा?' उसकी दृष्टि क्षितिज पर टकटकी लगाए थी। उसके कान घोड़े की पद-चाप की प्रतीक्षा लगाए थे, 'कब आएगा वह?' राम की प्रतीक्षा भी तो अब असह्य हो रही थी।

दोपहर में सहस्रार्जुन अपना सैन्य लेकर राजा कृशाश्व से युद्ध करने तृत्सुग्राम की ओर चल पड़ा।

मध्यरात्रि में तालजंघ महर्षि के पास आया, "महर्षि! गुरुदेव! चक्रवर्ती आपको मारे बिना नहीं मानेंगे।"

जमदग्नि ने अपनी सूजी हुई आँखें खोलीं, "मैं जानता हूँ।" उन्होंने कहा।

"यदि आपकी आज्ञा हो तो मैं आपको इस दुःख से मुक्त कर दूँ।"

"किस प्रकार?" अम्बा ने पूछा।

"मैं छोड़ तो नहीं सकता। आप यहाँ से भागकर भी नहीं जा सकते। यदि आपकी आज्ञा हो तो एक तीर से आपके प्राण लेकर इस वेदना का अन्त कर दूँ।"

"वत्स! जमदग्नि वेदना से नहीं डरता। मैं तो देखना चाहता हूँ कि सहस्रार्जुन में कितनी पाशवता भरी है।" कहकर महर्षि ने आँखें मींच लीं और अशक्ति से उनका माथा, एक ओर झुके हुए कन्धे पर आ ढुलका।

"रेणुका!" थोड़ी देर निस्पन्द रहकर जमदग्नि ने फिर आँखें खोलीं।

"नाथ!"

"यदि राम मिले तो उसे एक ही सन्देशा देना।"

"क्या?"

"इस क्षण-क्षण में जिस आर्यत्व का मैं अनुभव कर रहा हूँ वह पशुबल और मृत्यु से भी कहीं अधिक वीर्यवान है। इसकी पराजय होती ही नहीं है। इसकी विजय तो स्वयंसिद्ध है..." और महर्षि को मूर्च्छा आ गई।

आठ दिन बाद लौटते हुए हैहयदल की हुंकारों और पग-रव से धरती काँप उठी। उसने तृत्सुओं पर विजय प्राप्त कर ली थी।

कृशाश्व को हराकर और उसे मारकर, तृत्सुग्राम की समृद्धि को लूटकर तथा सहस्रों बन्दियों को साथ लेकर सहस्रार्जुन लौट आया। अगले दिन हँसता हुआ और मूँछों पर ताव देता सहस्रार्जुन महर्षि के पास आया।

"महर्षि!" उसने उद्धत स्वर में पूछा, "आर्यावर्त का चक्रवर्ती धूल में मिल गया है। मैंने तृत्सुग्राम को जलाकर भस्म कर दिया है। मैंने आर्यावर्त का सर्वनाश कर दिया है। मैं दो सहस्र पुरुष और पाँच सहस्र स्त्रियों को बन्दी बना लाया हूँ। मैं तृत्सुओं की धेनुएँ लूट लाया हूँ। अब क्या विचार है? शाप उतारना है या नहीं? मेरा पुरोहित-पद स्वीकार करोगे या नहीं?"

किंचित् प्रयत्न से महर्षि ने आसन्न मूर्च्छा को वश में कर लिया और स्थिर दृष्टि से सहस्रार्जुन की ओर देखते रह गए। उन आँखों में निश्चलता थी। वह दृष्टि स्पष्ट रूप से सहस्रार्जुन से कह रही थी कि शक्ति की तुलना में तो वह हार गया है।

उसकी डींग हाँकने की वृत्ति अब जाती रही। उसका हाथ खड्ग खींचने ही जा रहा था कि उसने वापस खींच लिया। उसने अपने तरकस में से खींचकर चार तीर निकाल लिए।

"क्यों?" उसने पूछा।

उत्तर नहीं मिला। होंठों पर होंठ पीसकर उसने एक-एक कर चारों तीर फेंक दिए। वे चारों तीर जाकर महर्षि के शरीर में भिद गए। चारों बार जमदग्नि ने आँखें मींच लीं। अम्बा सिसकने लगी। महर्षि ने एक तिरस्कार-भरी दृष्टि हैहयराज पर डाली और मूर्च्छित हो गए।

"तालजंघ, देखो, इसे जीवित रखना होगा, यह मुझे बहुत अच्छा लगता है।" पर सहस्रार्जुन के क्षोभ का पार नहीं था। आर्यावर्त को उसने राख में मिला दिया था, पर जमदग्नि उसके सामने नहीं झुक रहे थे।

[5]

सिन्धु नदी के तीर पर भार्गव का पड़ाव था। चक्रवर्ती मान्धाता का पुत्र हरित अपने चुने हुए योद्धाओं के साथ वहाँ उपस्थित था। अठारह वर्ष का चक्रवर्ती भरत, शिबि, युदु, तुर्वसु, अनु और द्रुह्यू योद्धाओं के साथ वहाँ आ पहुँचे थे। भद्रश्रेण्य और विमद ऋषि भी भार्गव योद्धाओं को लेकर आ गए थे। भार्गवों के थानों से आए हुए योद्धा उज्जयन्त के नेतृत्व में लड़ने के लिए तत्पर खड़े थे। पदाति, रथ और घोड़े चारों ओर से उमड़ रहे थे। परशु, खड्ग, गदा और धनुषों के मानो वन-के-वन वहाँ चारों ओर फैल गए थे। चारों ओर से भागकर आए हुए और आते हुए वृद्धों और स्त्रियों को सिन्धु-पार ले जाया जा रहा था। कूर्मा उन सबकी व्यवस्था कर रहा था।

एक टीले पर भार्गव खड़े थे। उनके पास ही भगवती और प्रतीप भी तथा आसपास अन्य महारथी भी तैयार खड़े हुए थे।

चारों ओर कोलाहल और दौड़-धूप मची हुई थी। भार्गव अकेले ही अपनी प्रशान्त उग्रता में स्तब्ध थे। उनकी भौंहें, उनकी विकराल आँखों पर कुछ झुक आई थीं। उनकी दृष्टि विद्युत की भाँति एक ओर से दूसरी ओर चमक रही थी। उनका मौन वाणी से भी अधिक भयंकर था। उनके आसपास असह्य तेज का वर्तुल प्रकाशित हो उठा था। जो रात और दिन उन्हें देखा करते थे, उनके लिए उन्हें देखना और सहन करना असम्भव हो गया था। जब से उन्होंने चार चक्रवर्तियों के पुरोहित-पद को अस्वीकार कर दिया था, तब से वे चक्रवर्तियों के भी पूज्य हो गए थे। मुनिश्रेष्ठ वसिष्ठ जैसे महापुरुष भी उनके अनुकूल होने में आनन्द मानते थे। महर्षि शुनःशेप तो उन्हें साक्षात् देव ही मानते थे। आश्रमों और राजमार्गों में लोग निरापद हो गए। स्त्री-पुरुष उनका नाम सुनते ही वन्दना में नत हो जाया करते।

ज्यों-ज्यों उनकी शक्ति बढ़ती गई थी और उनकी ओर लोगों का पूज्यभाव बढ़ता गया था, त्यों-त्यों वे निःसीम प्रभाव की सरिता के दुर्गम मूल की भाँति दूरस्थ, गगनचुम्बी और अभेद्य वातावरण से संवृत्त होते चले गए थे। निर्मम हास्य से उल्लास जगाते हुए, प्रखर नयनतेज से सबको मुग्ध करते हुए, भयंकर भ्रू-भंग से हृदयों को कम्पित करते हुए, वे एक अलंघ्य दूरी पर रहकर सबकी भक्ति को अपनी ओर आकर्षित किया करते थे। किन्हीं अनजाने पलों में उनके हृदय का प्रसाद झेलकर भगवती लोमहर्षिणी शक्ति के स्रोत के समान बन गई थीं, अतएव वे उनकी महत्ता की प्रेरणा सबको पिलाया करती थीं।

निदान भगवान् जामदग्नेय बोले। उनका स्वर गुफाओं में गूँजनेवाले गर्जन की भाँति गूँज उठा—

"हरित! तू सिन्धु के किनारे-किनारे ही आगे बढ़ता जा। भरत और सेनापति गृध्र, तुम पर्वत के सहारे-सहारे शतद्रु तक धीरे-धीरे बढ़ चलो। ज्यों-ज्यों आगे चलो, राह के थानों को अभेद्य बनाते चलो। ऋषियों, स्त्रियों तथा बालकों की सुरक्षा का प्रबन्ध करो। आज के पच्चीसवें दिन भृगु के आश्रम में आकर एकत्रित हो जाना। मैं वहीं पर आ मिलूँगा; जिसने आर्यावर्त को भस्मीभूत किया है, उसका एक अवशेष भी लौटकर नहीं जाएगा।

"उज्जयन्त, तू अपने योद्धाओं को साथ ले जाकर थानों पर अपना अधिकार जमा ले। धीरे-धीरे जाना, पर जहाँ भी जाए, वहाँ अपनी शक्ति को अभेद्य बना देना।

"तुम सब जाओ और चारों ओर यह सन्देश पहुँचा दो कि भार्गव आ रहे हैं।"

भार्गव की आज्ञा को शिरोधार्य करके हरित, भरत, शिबि, गृध्र और उज्जयन्त गुरुदेव के पैरों पड़कर वहाँ से विदा हो गए।

"प्रतीप!" भार्गव ने कहा, "परशुधर भार्गव के साठ शतक हैं। तीन दिन में सबको कटिबद्ध हो जाना चाहिए। चौथे दिन ब्रह्म मुहूर्त में हम यहाँ से प्रस्थान करेंगे।"

वातावरण में जितना उत्साह था, उतनी ही उग्रता भी थी।

चौथे दिन सवेरे भार्गव ने प्रस्थान किया। अन्य सैन्यों की भाँति उनके सैन्य में रथ, टट्टू और पदाति नहीं थे। छह सहस्र सुन्दर घोड़े, छह सहस्र कसे हुए भार्गव योद्धा, छह सहस्र प्रचंड परशु, छह सहस्र महाधनुष—ये सब एक प्रचंड आत्मा की प्रेरणा और भक्ति से अभेद्य बनकर, मानो किसी पर्वत पर से गर्जन और बिजली के साथ उतरकर आते हुए झंझावात की भाँति आर्यावर्त पर उतर आए।

"भार्गव आ रहे हैं!" भागते हुए स्त्री-बालकों के हृदय को आश्वासन मिला।

"भार्गव आ रहे हैं!" पर्वतों और गुफाओं में छिपे हुए ऋषिगण एक-दूसरे से मंगल-वचन कहने लगे।

"भार्गव आ रहे हैं!" प्रत्येक थाने पर चर्चा चल पड़ी।

"भार्गव आ रहे हैं!" त्रस्त, घायल और अत्याचार-ग्रस्त जन आशापूर्वक कहने लगे।

"भार्गव आ रहे हैं!" तृत्सुग्राम में पड़ाव डाले हुए हैहय सेनापति ने सुना, "भार्गव आ रहे हैं!" उड़ते हुए घोड़े पर हैहय सैनिक सहस्रार्जुन के पास सन्देशा लेकर गया, "भार्गव आ रहे हैं!" हैहय योद्धाओं में से प्रत्येक के मुख से वाणी फूट पड़ी और उनके हृदयों में आतंक व्याप गया।

"भार्गव आ रहे हैं?" सहस्रार्जुन गरज उठा, "सैन्य को रणसज्जा में प्रस्तुत करो।"

"भार्गव आ रहे हैं!" सिन्धु नदी की ओर से आते हुए समाचार मिले, "भार्गव आ रहे हैं।" पर्वतों पर से आता हुआ संवाद मिला, "भार्गव आ रहे हैं!" उत्तर की ओर पता लगाने के लिए भेजी गई टुकड़ी के नायक ने सहस्रार्जुन के पास संवाद भेजा।

"भार्गव आ रहे हैं!" तालजंघ ने रेणुका से कहा और उनका हृदय हर्ष के ज्वार से उमड़ने लगा।

"राम आ रहा है!" उसने महर्षि से कहा।

"मैं जानता था।" महर्षि ने मन्द स्वर में श्रद्धा प्रकट की।

पर भार्गव कहाँ से आ रहे हैं और कितने सैन्य के साथ आ रहे हैं, इसका उत्तर किसी के पास नहीं था। चारों ओर से केवल यही शब्द सुनाई पड़ रहे थे कि 'भार्गव आ रहे हैं।' झाड़ों में से, नदी के भीतर से और मरुतों के मुख से केवल यही शब्द सुनाई पड़ रहे थे कि 'भार्गव आ रहे हैं।'

सहस्रार्जुन ने सैन्य को सज्जित करके प्रस्तुत किया। सभी दिशाओं में उसने खोज करवाई। पर समझ में नहीं आ रहा था कि भार्गव कहाँ से आ रहे हैं। सामान्य सैनिकों को मानो कुछ ऐसा आभास होने लगा जैसे हवा भार्गव को उड़ाकर ला रही हो। अब तक सुनी हुई दन्त-कथा उन हृदयों पर छा गई। वे महाप्रतापी गुरुओं के उत्तराधिकारी, शापित हैहय जाति के काल, डड्डनाथ अघोरी के सहचर और महादन्ती सिद्धेश्वरी की शक्ति के स्वामी, अकल्प्य प्रभावमूर्ति उनकी ओर धँसे आ रहे थे। हैहय सैनिक नर्मदा के तीर से सरस्वती के तट तक जय-घोषणा करते हुए उनकी खोज में गए थे। पर अब वे स्वयं आ रहे थे; और उनके नाम की प्रतिध्वनि चारों ओर गूँज रही थी।

टुकड़ियाँ पता लगाकर लौट आईं। ऐसा सुना गया था कि तीनों दिशाओं में से भार्गव आ रहे हैं। सहस्रार्जुन ने भृगु के आश्रम के सम्मुख ही अपने सारे सैन्य को एकत्रित कर अपने शत्रु से युद्ध ठानने का निश्चय कर लिया था। महर्षि जमदग्नि अभी भी झाड़ से बँधे हुए थे। अभी भी, जब सनक आ जाती, सहस्रार्जुन जाकर उन्हें एक तीर मार आया करता था। अम्बा में अब आँसू बहाने की शक्ति नहीं रह गई थी। तालजंघ हाथ में खड्ग लेकर वैसे ही पहरा दिया करता था।

"भार्गव आ रहे हैं!" इस सर्वव्यापी ध्वनि की प्रतिध्वनि सहस्रार्जुन के हृदय में बज रही थी। अपनी जागृति में वह उस भय को स्वीकार न करता, पर रात में उसे भयंकर सपने आया करते।

एक दिन सवेरे वह महर्षि के पास गया।

"क्यों महर्षि! अब भी शाप उतारना चाहते हो या नहीं?" पर अब उसके स्वर में खिल्ली उड़ाने का भाव नहीं था।

महर्षि ने वेदना पर नियन्त्रण रखने के लिए होंठ-पर-होंठ दाब लिए। बड़ी कठिनाई से उन्होंने आँखें खोलीं और स्थिर दृष्टि से क्षण-भर सहस्रार्जुन की ओर देखते रह गए। उन्होंने कोई उत्तर नहीं दिया।

हैहयराज ने चार तीर निकाले और एक-एक कर जमदग्नि को मार दिए। रुधिर के चार प्रवाह बह चले। महर्षि के मुँह में झाग भर आए और वेदना का एक निःश्वास निकल पड़ा।

"तुम्हारा बेटा आ रहा है," सहस्रार्जुन ने व्यंग्य के स्वर में कहा, "अब दोनों बाप-बेटे को यहाँ साथ ही बाँध दूँगा।"

महर्षि की आँखों में तेज उभर आया। उन्होंने उपकृत भाव से आँखों-ही-आँखों में देवों को अर्घ्य चढ़ाया और उन्हें मूर्च्छा आ गई।

सबसे पहले हरित का सैन्य सरस्वती के तीर पर आ पहुँचा और सहस्रार्जुन उस पर टूट पड़ा। तृत्सुग्राम से हैहय सेनापति भी अपना सैन्य लेकर आ पहुँचा। दोनों के बीच हरित जकड़ लिया गया। एक सहस्र मनुष्य का संहार हुआ। सरस्वती मानो रक्त की ही होकर बहने लगी। हैहय सेना की विजय हुई।

हरित ने प्राण खो दिए, पर सहस्रार्जुन पूरी-पूरी व्यवस्था कर ही न पाया था कि भरतों का सैन्य भी आ पहुँचा। सहस्रार्जुन का सैन्य थका हुआ था, पर विजय के मद में चूर था। उन्मत्त होकर वह भरतों के साथ भिड़ गया।

पहले हैहय दल ने यह मान लिया था कि भार्गव हरित के सैन्य में होंगे। फिर उन्होंने सोचा कि शायद वे भरतों के सैन्य में होंगे। जिन्हें देखने की दर्प-भरी कामना सबके हृदयों में बसी हुई थी, वे भार्गव इस सैन्य में भी उन्हें नहीं मिले। सूर्योदय के समय से युद्ध आरम्भ हो गया। बड़ी देर तक दोनों में से एक भी सैन्य टस-से-मस न हुआ। पर हैहय सैन्य संख्या में बहुत बड़ा था। विजय के उत्साह में वे आगे बढ़ते ही आ रहे थे। विजय पर उनका जीवन अटका था, अतएव उनके उन्माद में रंच-मात्र भी अन्तर नहीं आया था।

चक्रवर्ती भरत ने तो भार्गव से ही युद्ध-विद्या सीखी थी। अत्यन्त धीरता, दृढ़ता और कुशलतापूर्वक वे युद्ध का खेल खेल रहे थे।

भार्गव के सचोट और स्वस्थ युद्ध-कौशल की शिक्षा पाए हुए भरत की यह परीक्षा की घड़ी थी।

[6]

मध्याह्न तक दोनों में से कोई भी सैन्य टस-से-मस न हुआ। मध्याह्न के सूर्य का प्रखर प्रकाश चारों ओर व्याप्त था। फिर भी उस टीले से आनेवाले मार्ग पर एक बिजली-सी चमक उठी। एक नहीं, अनेक भरत-सैन्य घोषणा कर उठे—"गुरुदेव की जय!" प्रत्येक के मुख पर जामदग्नेय का नाम था।

मानो कोई उसका मुख पीछे से खींच रहा हो, ऐसे सहस्रार्जुन ने उस टीले की ओर देखा।

टीले पर घोड़े झूक-झूम रहे थे। असंख्य परशुओं के वन वहाँ खड़े थे। सबके बीच और सबसे आगे एक काला घोड़ा आ रहा था—अग्नि-ज्वालाओं के श्वास-निश्वास लेता-सा। उस पर वही शरीर—वही मुख, वही काली जटा और दाढ़ी, पर कुछ अधिक भरी हुई, वही परशु, पर कुछ अधिक बड़ा, वही आँखें, उसे बींधती-सी, जलाती-सी!

झंझावात जिस प्रकार वन को विदीर्ण कर देता है, उसी प्रकार उस सैन्य ने हैहय दल को विदीर्ण कर दिया। उनकी अप्रतिहत वीर्य-दारुण टक्कर से हैहय-समूह थर्रा उठा, मुँह मोड़ चला और छिन्न-विच्छिन्न होकर भाग निकला। कुठारों के आघात से शिरच्छेद हुए सहस्रों धड़ भूमि पर आ गिरे। घोड़ों ने मनुष्यों को कुचल दिया, रथों को उलट दिया और यों भार्गवों के घोड़े एक-दूसरे से जुड़े-गुँथे-से गरजती हुई बाढ़ के समान वेग-भरे आगे बढ़ते ही चले गए।

सहस्रों हैहय मारे गए, सहस्रों कुचल दिए गए और सहस्रों नदी में कूदकर डूब मरे। कई सहस्र भाग निकले—या तो पैरों से दौड़कर या फिर नदी तैरकर।

भरत शौर्य से उन्मत्त हो उठे। वे भी तांडव-नृत्य करने लगे। हैहयों ने भी अपने वीरत्व को पराकाष्ठा पर पहुँचा दिया। सहस्रार्जुन ने अतुल पराक्रम दिखाया। उसने अपनी गदा से सहस्रों घोड़ों का संहार किया, सहस्रों योद्धाओं के सिर फोड़ दिए। जहाँ-जहाँ भी वह दिखाई पड़ता, वहाँ मरे हुए वैरियों के अम्बार लग जाते।

सहस्रार्जुन का थोड़ा-सा सैन्य पीछे हटता हुआ भृगु के आश्रम में प्रवेश कर गया। भार्गव और भरत उसके पीछे पड़ गए। इस संहार-तांडव में सहस्रार्जुन और भार्गव एक-दूसरे को खोज रहे थे। निदान दोनों एक-दूसरे के सामने आए। भार्गव ने परशु उठाया। अर्जुन ने गदा उठाई। दो प्रचंड शस्त्र टकरा उठे। चिनगारियाँ बरसने लगीं। अर्जुन की गदा की मूठ टूट गई और उसने उसे फेंक दिया। भार्गव का परशु गदा के संघर्ष से लक्ष्य चूक गया और उसने अर्जुन के घोड़े की गरदन काट डाली।

अर्जुन गिरते हुए घोड़े पर से कूदा और गरज उठा। उसने अपना खड्ग निकाला और वह भार्गव पर टूट पड़ा।

पचास परशु उसे मारने के लिए उद्यत हो पड़े। भार्गव ने हाथ ऊँचा करके आज्ञा दी। सब पीछे हट गए।

सब योद्धा स्तब्ध हो गए। चक्रवर्ती सहस्रार्जुन और भगवान् जामदग्नेय का संघर्ष अस्खलित वेग से, भयंकर परिणाम की ओर बढ़ता जा रहा था। उनके शस्त्र अधर में थमे रह गए।

भार्गव अपने स्थान पर ही खड़े रहे और परशु के द्वारा अपने ऊपर चढ़े आ रहे अर्जुन के हाथ से खड्ग को उड़ा दिया। अर्जुन इस शस्त्र-संघर्ष के वेग से पीछे हट गया।

भार्गव स्वस्थ और शान्त भाव से खड़े रहे। उनकी आँखें उन्मत्त अर्जुन को ललकार रही थीं।

अर्जुन की आँखों से मानो शोणित की धाराएँ फूट रही थीं। द्वेष की पराकाष्ठा को अनुभव कर उसका मुख विक्षिप्त, विकृत और भयंकर हो उठा। हाथों की उँगलियों को मोड़ता हुआ वह भार्गव की ओर टूट पड़ा और उछलकर उनके गले को दबाना चाहा कि बीच में ही वह अटक गया और उलटे पैरों पीछे खिसक गया।

उसकी रक्ताक्त आँखों ने देखा कि भगवान् जामदग्नेय विराट हो उठे हैं। उनका मस्तक गगन का स्पर्श कर रहा है। उनका परशु मध्याह्न के प्रखर सूर्य के समान तप रहा है। उनकी आँखों से अग्नि की सरिताएँ बह रही हैं।

पहले कब देखा था यह स्वरूप? याद आ रहा था–पर कहाँ? मृगा जब मरी थी, तब।

क्या इस गगनचुम्बी परशु से वह उसका शिरच्छेद करेगा?

मन्द मुस्कान के साथ भार्गव ने परशु फेंक दिया और एक पग आगे बढ़ आए। उस क्षणिक भय पर सहस्रार्जुन ने नियन्त्रण किया और उछलकर भार्गव पर टूट पड़ा। भार्गव ने पीछे हटकर, उस संघर्ष के बल को झेल लिया और उसे पकड़ने के लिए हाथ बढ़ाए। अर्जुन हाथ से छिटककर निकल गया। पीछे हटकर वह फिर झपटा। राम उससे भिड़ गए और जूझने लगे।

दोनों ही प्रचंड थे। अर्जुन अधिक भारी था, तो भार्गव अधिक स्वस्थ। दोनों एक-दूसरे की बाहुओं में जकड़ गए। अर्जुन ने अपना समस्त बल एकत्रित कर भार्गव को गिराने का प्रयत्न किया। पर जिस प्रकार मरुत पर्वत-शृंगों पर निष्फल झंझावात बनकर टकराते हैं, ठीक उसी प्रकार अर्जुन की टक्करें निष्फल हो गईं।

अर्जुन अपना समस्त बल एकत्रित कर भार्गव पर टूट पड़ा। उसके हाथ भार्गव का गला टटोलने लगे। चपलतापूर्वक भार्गव पीछे खिसक गए और तुरन्त उससे चिपट पड़े और गरदन, हाथ, शरीर के भार तथा पैरों के चापल्य से अर्जुन के शरीर के साथ एकाकार हो गए। स्नायु तड़तड़ा उठे और अर्जुन सीधा-सपाट लम्बा होकर धरती पर लोट गया।

भार्गव उसकी छाती पर चढ़ बैठे और उसके मुँह पर घूँसे मारते गए। अर्जुन मरते हुए प्राणी की भाँति चीत्कार कर उठा और भार्गव के पैरों के पाश से छिटकने के लिए छटपटाने लगा। निदान उसके प्रयत्न शिथिल हो चले...मन्द हो चले...और अर्जुन मूर्च्छित हो गया।

"विमद, इसे बाँध ले!"

भार्गव अर्जुन का शरीर छोड़कर उठ खड़े हुए। खड़े होते ही उनकी दृष्टि पिता पर पड़ी।

झाड़ से बँधे हुए महर्षि जमदग्नि, टकटकी लगाए इस द्वन्द्व को देख रहे थे। उनका अंग-प्रत्यंग रस्से से बँधा हुआ था। अनेक घावों से रक्त बह रहा था। अनेक छेदों से पीप निकल रहा था। चार तीर उनके शरीर में गड़े हुए थे।

महर्षि नितान्त निर्गत हो गए थे। उनकी गर्दन और सिर की नसें वेदना से तनकर तैर आई थीं। उनकी असाधारण रूप से बड़ी हो उठी आँखों में अपार्थिव और चंचल तेज झलक रहा था।

पास ही अम्बा खड़ी थीं।

महर्षियों में श्रेष्ठ, अपने पूज्य पिता की यह अवस्था देखकर भार्गव के मुँह से भयंकर गर्जना फूट पड़ी।

"पिताजी! पिताजी!" पुकारते हुए वे उनके पास दौड़ आए। स्तब्ध हो रहे योद्धागण तुरन्त भान में आए और भार्गव तथा भरत हैहयों को मारने और पकड़ने के लिए दौड़ पड़े।

इस हलचल के बीच ऋषि विमद और प्रतीप अर्जुन को बाँधने लगे।

भार्गव पिता के निकट पहुँच गए।

सहस्रार्जुन की मूर्च्छा दूर हो गई थी, पर वह अभी भी मूर्च्छित होने का ढोंग कर रहा था। उसने एक धक्के से ऋषि विमद और प्रतीप को दूर ठेल दिया, पास ही पड़े हुए दो तीर उठा लिये और एक हाथ टिकाकर वह अधबैठा-सा हो गया।

एक ही हाथ से दो तीरों के द्वारा, दो भिन्न-भिन्न व्यक्तियों को मारने का कौशल अर्जुन दिखाना चाहता था। उसने एक हाथ से दोनों तीर फेंके।

पास ही खड़ी भगवती लोमहर्षिणी, प्रतीप तथा विमद ऋषि चिल्ला उठे। झाड़ के पास खड़ी अम्बा ने आँखों पर हाथ दे लिए और उनके मुँह से गगन-भेदी चीत्कार फूट पड़ी।

अम्बा की फिर दूसरी चीत्कार सुनाई पड़ी। एक तीर महर्षि जमदग्नि की छाती में भिद गया।

भार्गव ने सनसनाते हुए तीरों को देखा; उसके मुँह से सियार के आक्रन्द के समान भयंकर शब्द फूट पड़ा—ऐसा कि जैसा पहले कभी किसी ने सुना नहीं था।

किसी की समझ में न आया कि यह सब क्या हो रहा है। एकाएक सब अवाक् हो गए। ज्यों ही वह तीर उड़ता हुआ आया कि उन सबों ने भगवान् जामदग्नेय को हवा में अधर, वृक्षों के शिखर से ऊपर उड़ते देखा। उन्हें लक्ष्य करके मारा गया तीर आकर भूमि पर गिर पड़ा।

भार्गव के चमत्कारों की बातें सबने सुनी थीं, पर यह चमत्कार भगवती को छोड़ और किसी ने नहीं देखा था।

भार्गव गगन में ऊपर उड़ते ही चले गए। उनके मुख से भयंकर अट्टहास फूट पड़ा। सबके हृदय की धड़कन मानो रुक-सी गई।

बीच का अन्तर भाँपकर, भार्गव कूदकर वहाँ जा पहुँचे जहाँ सहस्रार्जुन विमद को पकड़ रहा था। उन्होंने कब भूमि को स्पर्श किया, कब वे फिर झपटे, सो किसी ने नहीं देखा। अपने हाथों को लटकाकर उन्होंने अर्जुन के मुख पर दे मारा।

अर्जुन की आँखें मारे भय के फटी रह गईं। भार्गव के नख अर्जुन के गले में भिद गए।

रुधिर की धाराएँ फट पड़ीं।

अर्जुन का सिर धड़ से विच्छिन्न होकर दूर जा गिरा।

□□□